《渼陂文史宝典》编委会 编

MEIBEI WENSHI BAODIAN

文史宝典

渼陂

西安出版社

西安曲江出版传媒股份有限公司

图书在版编目（CIP）数据

渼陂文史宝典 / 《渼陂文史宝典》编委会编 . -- 西
安：西安出版社，2016.4
ISBN 978-7-5541-1430-8

Ⅰ . ①渼… Ⅱ . ①渼… Ⅲ . ①文史资料—户县 Ⅳ .
① K294.14

中国版本图书馆 CIP 数据核字（2016）第 082918 号

渼陂文史宝典

编　　者：	《渼陂文史宝典》编委会
责任编辑：	张增兰　张广孝　邢美芳
责任校对：	张爱林　陈　辉　张忝甜
装帧设计：	冯　波
责任印制：	宋丽娟
出　　版：	西安出版社
	（西安市长安北路 56 号）
电　　话：	（029）85253740
邮政编码：	710061
网　　址：	www.xacbs.com
发　　行：	西安曲江出版传媒股份有限公司
	（西安曲江新区雁南五路 1868 号影视演艺大厦 14 层 11401、11402）
印　　刷：	陕西龙山海天艺术印务有限公司
开　　本：	787mm×1092mm　1/16
印　　张：	24
字　　数：	320 千
版　　次：	2016 年 5 月第 1 版
	2016 年 5 月第 1 次印刷
印　　数：	1-5000 册
书　　号：	ISBN 978-7-5541-1430-8
定　　价：	268.00 元

△读者购书、书店添货或发现印装质量问题，请与本公司营销部联系、调换。
　电话：（029）68206213 68206222（传真）

前言

汉唐渼陂映秦川

肖云儒

　　关中自古帝王州，古都长安以其辉煌灿烂的汉唐文化光耀世界，彪炳千古；关中山河大地壮丽秀美，深得历史文化浸润涵养，山光水色与人文精神交相辉映，在辽阔的中国版图上透射着迷人的光彩。渼陂就是其中一颗千古闪耀的明珠。

　　渼陂在古都长安西南 90 里，户县城西 5 里。宋人张仅《空翠堂记》云："关中多山水之胜，而渼陂在终南山下，气象清绝，为最佳处。"汉唐以至宋代，渼陂水面广阔，周长 14 里；高岸环堤，修竹蔽岸；波涛万顷，水天一色。它上接终南山谷及胡公泉、渼泉、白沙泉之水，下通涝河，北连渭水，地脉贯通，形成山、泉、河、湖相连的自然生态和物华天宝、山水相映的天然美景；碧波浩荡的水面像广阔无垠的明镜，倒映着终南山，水光潋滟，山峰参差，尽得关中山水之灵气。

　　"慈恩寺俯曲江池，雁塔层高望渼陂。"清代诗人阎尔梅在他的诗句中，把渼陂与长安城南人文荟萃的曲江池相提并论，足见渼陂在关中山水人文中的重要地位；在大雁塔的宏阔视野里，渼陂在关中腹地独领风骚，成为关中地理空间中的重要标志之一。这是历史记忆建构起来的关中格局和渼陂品格。

　　渼陂曾经是皇家的渼陂。汉武帝扩建上林苑后，关中八水尽入上林，涝河流域成为上林苑的一部分。位于涝河中游的渼陂自然也在上林苑中，当时称为西陂，是上林苑十池之一。司马相如《上林赋》曰："日出东沼，入乎西陂。"既言上林苑之大，也说明了西陂的广阔。朝廷设有名为池监的官吏，专职管理西陂的水量、水产、船只及其岸边的廊台水榭。在距西陂不远的涝河上游，有宜春观和秦萯阳宫，建元三年（前138年），汉武帝出巡游猎，投宿萯阳宫，西陂一带千骑相随，旌旗猎猎，歌舞升平，盛况空前。唐敬宗宝历二年（826年），由于渼陂鱼味至美，天下独绝，皇帝诏令渼陂由朝廷直接管辖，隶属尚食，禁民渔，禁止私设碾硙；唐文宗即位后方颁布诏令，还渼陂于户县管辖。这两段历史把大汉雄风和盛唐气象都深深地镌刻在渼陂的记忆里。

渼陂是文人士大夫陶醉其间的渼陂，是诗人歌咏不尽的渼陂。唐天宝十三载（754年）六月，杜甫与岑参兄弟从长安城来到渼陂，一连数日泛舟水上，纵酒高歌。杜甫创作了《渼陂行》《城西陂泛舟》《渼陂西南台》等脍炙人口的诗歌，岑参也创作了《与鄠县源少府泛渼陂》《与鄠县群官泛渼陂》等诗。此时的渼陂不但景色幽奇，而且富庶繁华。杜甫在《城西陂泛舟》中吟咏道："青蛾皓齿在楼船，横笛短箫悲远天。春风自信牙樯动，迟日徐看锦缆牵。鱼吹细浪摇歌扇，燕蹴飞花落舞筵。不有小舟能荡桨，百壶那送酒如泉。"这是自然与人文水乳交融的美，十年以后，当杜甫贫病交加困守夔州的时候，他深深地怀念这次渼陂之行。在其著名的《秋兴八首》第八首中，他深情地写道："昆吾御宿自逶迤，紫阁峰阴入渼陂。香稻啄馀鹦鹉粒，碧梧栖老凤凰枝。佳人拾翠春相问，仙侣同舟晚更移。彩笔昔曾干气象，白头吟望苦低垂。"在这首诗里，渼陂已与开元、天宝的盛世时代紧紧联系在一起，让诗人留恋不已。一代诗圣开启了歌咏渼陂的先声，从此渼陂与中国诗歌结下不解之缘。

唐代以来，直接吟咏渼陂的诗歌多达百首以上，这是有幸亲临渼陂的诗人们的亲身感受之作，而凭借想象歌咏渼陂的诗歌不可胜数。诗人们无论在何处临水泛舟，往往都会想起杜甫的《渼陂行》，以渼陂喻其河湖之美，因此，渼陂已经成为中国山水诗歌中的典型意象。而因诗慕景，思一往之，也成为文人士大夫的梦想。北宋著名爱国诗人陆游随抗金将领王炎驻扎汉中南郑时，经常登高眺望关中，他在《东楼集序》中说："凭高望鄠、万年诸山，思一醉曲江渼陂之间，其势力无繇，往往悲歌流涕。"

对陆游来说，曲江、渼陂已成为中华民族的象征和祖国山河的标志。而明代著名文学家、前七子之一的王九思却是幸运的，他自号渼陂，罢黜回乡后，在渼陂东岸营建十亩园和渼陂书院，终日流连吟咏于渼陂的碧波林泉之间，创作了大量的诗文词曲和著名杂剧《杜甫游春》。他的诗文集《渼陂集》、《渼陂续集》和散曲、杂剧作品不仅是渼陂文化的珍贵遗产，也是中国文学的宝贵财富。

渼陂当然也属于世世代代生活于斯的人们。千百年来，他们依靠渼陂的滋养，创造着自己的生活和民俗文化，世代传承并不断丰富着渼陂独特的地域文化，使今天的渼陂拥有极其丰富的文化遗存。它们包括建筑、墓葬、雕塑、遗迹、遗址等物质文化遗产和宗教文化、民间艺术、民间传说、民间信仰、生产生活习俗等大量的非物质文化遗产，这些文化遗产是渼陂文化的宝贵财富，对于构建新的时代文化有着不可低估的价值。

> 治秦先治水，浩浩乎八水润西安；
>
> 富业更富民，荡荡兮渼陂映秦川。

曲江，是唐代长安最具魅力、风雅之所在，是建筑、园林、绘画、诗歌、宗教等汇聚的"盛唐气象"典型代表。而今的曲江新区，已成为国家级文化产业示范区、国家级生态区。2016年初，陕西省和西安市决定启动涝河渼陂湖水系生态修复工程，由曲江新区具体负责渼陂湖的水系修复、生态修复和文化修复工作。曲江新区前些年编撰了《曲江文史宝典》，影响深远，意义重大，而今又编撰了《渼陂文史宝典》，这一举措，再续曲江和渼陂两个汉唐文化名胜的历史奇缘，令人敬佩。2016年元月20日始，曲江新区党工委李元书记亲自牵头，曲江团队和相关文物、规划专家现场踏勘，组织段景礼、赵丰、刘珂等相关专家，用三个多月时间，梳理、研究相关历史文献和资料，汇集编撰成为《渼陂文史宝典》，字数共计32万，图片55幅。在编撰过程中得到了张锦秋、韩骥、李令福、耿占军等专家的指导帮助，得到了省委办公厅杨琦处长的大力支持。原户县文化馆馆长马宏智的家人、县新华书店陈海洲，户县玉蝉乡陂头村村主任马永虎等同志，给予了无私的帮助。《渼陂文史宝典》将成为修复渼陂历史水系、修复文化生态的主要依据。希望能够为广大读者和建设者以资借鉴。

是为序。

第一编·概况

作为曾经在历史上繁华富丽的渼陂，其自然地理、历史人文与遗址风貌等都有许多详细记载和研究。单从自然概况、沿革与景观、人文概况等最基本的层次，便可以初步看到渼陂的丰厚和灵秀。

【自然概况】

户县位于陕西关中平原中部，属暖热带半湿润大陆性季风气候，四季冷暖干湿分明。南依秦岭与宁陕县接壤，北临渭水与兴平市相望，东界高冠、沣河与长安区毗邻，西以白马河与周至县为界。东西最宽处30公里，南北最长处53公里，总面积1255.36平方公里。南部秦岭山区占总面积的56.1%，北部平原占43.9%。平原地区海拔在388～600米之间，最低处为渭河河道；低山分布于海拔680～1000米之间，中山分布于海拔1000米以上，最高峰静峪垴海拔3015米。

涝峪位于县域中南部，其水源于秦岭深处的涝峪，涝水出山后有支流涝水，北流形成涝泉、胡公泉、白沙泉等，进而形成涝陂。涝水从山基线至涝水入口（陂头村）全长约20公里，由山基线海拔700米到陂头村海拔418米，落差282米。

县域在东经108°21′59″至108°46′07″，北纬33°45′51″至34°16′33″之间。县城在东经108°37′、北纬34°07′之交点，海拔418.8米，涝陂终点距县城仅2公里，其与县城的经纬度接近。

涝陂，包含于户县的大环境，所以，其水文要素、地理地貌、气候气象等情况，都与全县诸方面的境况基本吻合。

第一节　地理水文

地理地貌

西安南依秦岭，北环渭水。南部为秦岭山区，山区以北为平原。平原构造属渭河地堑的一部分，按地貌特征分为秦岭北麓山前洪积扇地、扇缘洼地、黄土台原、渭河阶地、河漫滩地。海拔从南向北由 600——700 米递降至400——500 米。

户县南部山区为北秦岭褶皱带组成部分，北部平原为渭河地堑组成部分。

北秦岭褶皱带为长期活动的复杂构造带，岩浆侵入活动多样，岩石变质作用强烈，构造变动频繁。其地层时代

◎秦岭静峪垴第四纪冰川遗迹

属地质史上的太古代至元古代，以前震旦系秦岭群和长城系宽坪群为主体，组成岩石为中深变质岩，主要有各类片岩、片麻岩、变粒岩、大理岩、斜长角闪岩、混合岩等。

渭河地堑是自中生代以来长期下降的断陷盆地。县境地堑地区分布着地质史上最新时期的第四纪沉积物，包括中更新统、上更新统及全新统。中更新统主要分布在浅山及山前低缓坡地上；上更新统分布于山前区；全新统主要分布于渭河、涝河、太平河等河床、河漫滩及河流阶地上。

县域山区除秦岭梁为东西走向外，其余山梁均为南北走向，山势陡峭（45度以上），峰峦重叠。按地表形态分为中山、低山、陡坡。中山分布于海拔1000米以上，分水岭陡峻，起伏较大，多为对称山脊，山脊有孤峰存在。河谷一般呈"V"型，谷宽5~20米，多为林地及荒山草坡。低山分布于海拔680~1000米之间，山脊起伏不大，分水岭呈浑圆形。

秦岭梁北各山岭由南向北呈叶脉状分布，形成大小支脉175道，成为各沟峪的分水岭。

县域平原构造上属渭河地堑的一部分，按地貌特征分为秦岭北麓山前洪积扇地、扇缘洼地、黄土台塬、渭河阶地、河漫滩地。海拔从南向北由600米递降至388米。地面从南向北、从西向东微倾斜，渼陂位于扇缘洼地和黄土台塬。

水文

西安境内的秦岭山地、骊东南丘陵、黄土台塬与渭河平原构成一个较完整的水文地质单元。地下水文特征，由单元内自然地理和地质构造特点决定。

沣河以西也即涝河水系由南向北流。西安市区因地形东南高西北低，地下水总体上亦由东南流向西北。而户县由于地形由西南向东北倾斜，涝河水系流向则与地形倾向相一致。渭河两岸为东西流向，户县与之大势相一致。黄土台塬区潜水流向，总趋势与地形大致一致。但在塬边呈放射状流动，潜水面以台塬中部为中心，形成穹丘状，浸润曲线向沟谷方向迅速落降。降水垂直入渗是地下水的主要补给来源，尤其渭河干流冲积平原的河漫滩、多级阶地，地形平坦，表层疏松，降水垂直入渗约占总补给量的50%。河流侧渗也是地下水重要补给来源，邻近河流地区，地下水位动态深受河流水位影响。

西安市及户县农田灌溉历史悠久，渠系纵横，对地下水补给也起重要作用。据统计，每年田间灌溉入渗补给量和渠道渗漏补给量合计可达 1.96 亿立方米。此外，秦岭山地的基岩裂隙水、山前断裂带出露的温泉，在涌水过程中也能补给部分地下水。

鄠陂地区在县域中南部，且属涝河水系，全县水文资料适用于鄠陂。

据《陕西省户县水资源评价及开发利用现状分析报告》，1956—1990年深山太平峪年均降水 882.2 毫米，涝峪八里坪 850 毫米；平原地区县城 649 毫米，秦渡镇 690.6 毫米，加权平均计算，县域年均降水 798 毫米。地面年总降水量 10.01 亿立方米，蒸发蒸腾损失约占 47.6%。年产地表水 30051 万立方米；河流年均总流量 28400 万立方米。冬季 11 月至次年 2 月流量占年总流量 9.9%，7—10 月流量占全年 54.8%。涝河年均径流量 12786 万立方米，11 月至次年 2 月为 1271 万立方米，占全年 9.9%，7—10 月为 7061 万立方米，占全年 55.3%。

20 世纪 80 年代初，对 48 个点取样检测，地下水酸碱度（pH）6.25～7，钙镁盐、氯化物、氰化物、砷、汞、铅等含量均在允许范围内，适合于灌溉和人畜饮用。

扣除地表水与地下水重复量 29758 万立方米，水资源总量为 41527 万立方米。

户县终南山诸峪形成的 36 条河流，总长 385 公里，其中山区部分 203.7 公里。流域面积 868.45 平方公里，其中山区 721.59 平方公里。年径流量 28414.6 万立方米。36 条河流分别向北汇入涝河、沣河，最终汇入渭河，故全县所有河流均属渭河水系。连同沿边境而过的渭河、沣河，县域共有河流 38 条。

渭河 为户县北部与兴平市的界河。渭河户县段西起涝店镇永安村，东至大王镇宋村滩，长 11.5 公里。1974 年 4 月，根据陕西省治渭方案调整，渭河户县段西起周至新范村，东至长安区曹家庄，长 15.8 公里。

涝河 县域最大河流，为渭河一级支流。发源于秦岭梁静峪垴，全长 75.1 公里，其中山区 43.8 公里；流域面积 411 平方公里，其中山区 346 平方公里。在山内接纳沟水 15 条，出山后从县域中部由南向北，直接或间接接纳西至白马河、东至暴峪的18个支流，流经石井、甘亭、玉蝉等乡镇，至涝店镇北转流东向，于渭丰乡保东村北汇入渭河，总落差780米。平均年径流量1.46亿立方米。

涝河是渼水及渼陂的水源，也是渼水和渼陂的归流道，千百年来滋养着渼陂，使渼陂几度辉煌、闻名于世，同时也给沿岸人民带来广植水稻、设置碾磨之利。

南宋淳祐七年（1247年），栖云真人王志谨率道众千余人，从涝峪口开渠二十余里，引涝水到祖庵，投入甘河。渠道两侧建有水磨、莲塘等。

太平河　发源于秦岭梁静峪垴，流经县域，长34.8公里，其中山区长28公里；流域面积180.5平方公里，其中山区163.5平方公里。

沣河　源于长安区沣峪，出山后向西北流至秦渡镇东南处，成为户县与长安区的界河，向北经沣惠渠大坝、秦渡镇东城墙外，于镇北门外又入长安境，流经户县2.4公里。

甘河　源自首阳山，长38.3公里，其中山区长17.3公里。出山后流经蒋村、祖庵、甘河，东折至涝店入涝河。

高冠河　源于秦岭梁，长28.2公里，在户县境内集水面积45.7平方公里，年均径流量1828万立方米。从高冠口出山后，北流至长安区南强村东南入沣河。峪口有高冠瀑布远近闻名。

涝惠渠　为水利专家李仪祉倡导的"关中八惠"灌溉渠之一，是在原涝河东西渠基础上修建的，至今仍是县域重要的水利工程。

民国二十九年（1940年）春，陕西省水利局派泾（惠）洛（惠）工程局房宝德、黄朝建等来县勘察。民国三十二年（1943年）春陕西省政府批准省水利局向农民银行贷款修建涝惠渠。经过四年的施工建设，于民国三十六年（1947年）八月十五日竣工。拦水坝设于西涝峪口，长31.7米，高1.2米，分河东、河西两条渠引水。东干渠设计长18.5公里，经石井村、潘家堡、赵家堡、马营、罗什、县城东关、韩村，至宁羌附近入涝河；西干渠原设计经新城、上涧子至水磨头，长3.5公里。在渠首打隧洞25米，出洞后即与老引水渠（即通往渼陂的人工渠）相连接。

涝惠渠为涝河水系，尤其西干渠直接影响着渼陂水源。

第二节　鄠邑的水源

"八水绕长安"的涝河

涝水，古称潦水，因潦与醪糟的醪同音、同意、同源，经考证，秦汉时辑录的《古帝王世系谱》记载，夏代"仪狄造酒醪，辨无味"，应是在醪（涝）河流域造酒，或者说用涝（醪）水造酒。这说明涝水还是中国酒的发祥地。

《尚书·禹贡》载户县为禹父鲧的封地——崇，鲧去世以后，禹继承其父封地为崇伯子。《尚书·禹贡》："弱水既西，泾属渭汭，漆、沮既从，沣水所同。荆、岐已旅，终南、敦物至于鸟鼠。"说明大禹治水曾活动于渭水、沣水以及终南山涝水一带，也说明涝河也是大禹当年疏浚导流于渭水的。司马相如《子虚赋》记上林苑有涝、潏二水。

乾隆四十二年（1777年）《鄠县新志》载涝河在县西关外，北流入咸阳界。《山海经》：牛首之山，涝水出焉。西流注于潏水（今涝水入渭，不合于潏水）。《子虚赋》：上林苑有涝、潏。《水经注》：（涝）水出南山涝谷，北径汉宜春观东，又北径鄠县故城西。涝水际城北出，合美陂水，……流入于渭。宋敏求《长安志》云：涝峪有东西二水，

其源各别。东涝源出秦岭经八里坪，行三十里始与西涝合为一。自峪口经县西南熊家堡，伏流十里至罗什始见。《山海经》所云，牛首山涝水出焉，西流注于潏水者，应是其东涝之分派。

涝水上流二源，东涝河发源于秦岭梁静峪垴。静峪垴，海拔3015米，坐落于涝峪与太平峪的分界处。其上有第四纪冰川遗迹，在高山之巅，磐石横卧，以其特有的方式叙说着250万年的沧海桑田。

东涝河汇秦岭北坡之水，逶迤西北流经八里坪，又西折而北至西涝与西涝（源出迤西南之山谷）合为一。又北经东西流水，又北经上下子房，过北经教场，至土门子出峪口，上下约百余里。自峪口分二支，东支出峪口而东北，经涝峪口堡（旧名熊家堡）西，北经白云寺，接纳栗峪水；又东北伏流十里至罗什堡始出。其西支东北流经羊圈堡，至水寨北与东支汇而北经遥指头，又北经东伦公村，东北经县西关过太史桥；接纳吕公河水，北经南河头北、六老庵，西折而北经宁羌堡，北至涝店镇，汇白马河水，又东北十余里入渭。

涝河出峪口土门子有渠一道，引而北流，经丈八寺村东，与胡公泉及鄠

泉之水汇。又东过割耳庄，复折而北经玉蟾台，又东经王季陵，至陂头绕空翠堂，东北经九女冢东，复入于涝河。自陂头至曲抱村障之为陂，所谓渼陂者。今则丈八寺、曲抱村、陂头各堡，皆利赖以灌溉稻田。涝河上游支渠交错，沿河居民引以灌溉，为涝河水利年代久远。

20世纪50年代中期，在涝河中游的丈八寺发现仰韶文化类型半坡遗址，除发掘出石斧、石环、夹砂彩陶、细泥红陶外，还有距今7000多年的炭化粳稻，标志着户县先民原始农业的发达，也成为我国粳稻向北分布到北纬35°（黄河流域）的实物见证。一经发现，即备受考古界关注。在甘河、涝河交汇处的鲁家寨、里贤庄、眉坞岭上的真守村新石器时代遗址，先后出土完整的尖底瓶、彩陶钵等珍贵文物。这些陶器造型工艺精美绝伦，令人赞叹先民的心灵手巧。里贤庄遗址出土的鱼纹和几何纹彩陶片，让户县古文化和半坡仰韶文化紧密携手，共迎人类文明曙光。

汉唐在长安建都，经过一定的疏通导流，即形成"八水绕长安"的形势。"八水"指的是渭、泾、沣、涝、潏、滈、浐、

灞八条河流，它们在西安城四周穿流，均属黄河水系。西汉文学家司马相如在《上林赋》中写道："荡荡乎八川分流，相背而异态。"描写了汉代上林苑之美，后世即有了"八水绕长安"的说法。八水之中涝河为长安最西部水流，也是渭河的最大支流。《诗经·洞酌》中有"洞酌彼行潦"，意思是"远去挑水潦（涝）河边"，说明它从商周时就滋养着户县人民，壮大了渭河，滋润了西安，成就了渼陂，也可以说是渼陂的母亲河。

三泉济渼陂

"三泉"为胡公泉、白沙泉和渼泉。三泉的水俱来自涝河。涝河在经过天桥地区河道时，即伏流地下，河面无水，因之也称天桥。三泉所在的丈八寺、割耳庄等与天桥东西一线，且距离不足十里，其泉东应是涝河伏流所致。

胡公泉，在县西十里的丈八村，泉上有庙，祭祀胡公或曰吴公。据明崇祯年间《鄠县志》："胡公，舜后而封于陈，不知何以得祀于此？意者：大舜平分水土后，分封庶职，按行四方，而胡公尝莅于兹土也。躬濬斯泉水以利百姓。百姓爱念之。泉东北流，可溉罢亚之田千顷不竭，竭则岁大旱。"

胡公泉水流入渼水，为渼陂主要水源之一。明清时期水势旺盛，既是灌溉稻田用水，也是当地村民的饮用水，更是文人士大夫旅游观赏的景观。明嘉靖年间罢官归里的王九思，与鄠县知县康汝修友善，二人于某年二月，来胡公泉，见胡公庙倾圮，父老叹息，便答应"新庙亟成何焕赫"。事后王九思作《同康侯观胡公泉歌》，可见胡公泉昔日的风采。

诗中"绕岸甃瓦几十围"句，见证了胡公泉圆周之大；"旱亦不竭潦不溢"句，说明水源旺盛；"东北万顷树秜稳，岁资灌溉蒙膏泽"则描述了灌溉面积和兴利一方，以及泉水的清澈见底、绿萍的如拭、花茗的映带、鳅鲫的游泳，等等，加之泉水煮茶"试一啜"，居然如"七碗茶"的卢仝，竟然"顿觉清风生两腋"了。于是乎，"康侯兴狂起欲舞，笑歌声击浪花白"。

胡公泉到清代仍然气势可观，如清代康熙年间诗人乔振翼《初夏观胡公泉歌》诗："终南山下胡公泉，古迹由来作胜传。一水喷珠从地起，千峰竞秀与天连。野人供馔惟樱笋，牧竖行吟当管弦。望里膏禾千万顷，我将庐处学耕田。"

白沙泉 据民国二十二年（1933年）《重修鄠县志》：在县西南割耳庄西北，北流而东。一支流经曲抱村以灌田，至玉蟾台与胡公泉等水汇。一支东流至西伦公村，与龙家寨来之渠水汇。旧志刘士龙云：白沙泉，色如银而加湛，味如饴而加冽。按，泉在割耳庄，荒废如潦，然其中水泡如珠，时时喷涌如白沙，颇为美观，故名。

《重修鄠县志》中还有："在县西七里有白乐天（白居易）读书处，村名割耳庄，有白沙诸泉。长安逸士张光裕汇泉为湖，种竹十亩，倚树为楼，故曰巢阁。冯恭定讲学其上，富平刘解元士龙有记。"

白沙泉为渼陂重要水源，邻近有白居易读书的巢阁，因而也是文人骚客的旅游之地。据有关资料，民国年间其水面尚有100多平方米，水深两米以上，清澈见底，泉水终日喷涌，十分壮观。明代解元富平人刘士龙游白沙泉，写有《白沙泉游记》（清代、民国县志均有辑录。见本书《诗赋散文》部分）。

此《记》首先赞美白沙泉为众泉之最、众泉之美，其水清冽，其味甘甜。再赞美泉涌如汤沸、如波腾；水溅如珠喷，如玑跃。赞其声如"哀玉出声，霜钟递响"。其周芳草葱郁，风牵翠带。这样的景观，无疑使游者流连忘返，"肺肠都濯，魂梦亦清"。因此作者拟想泉之高雅，应以白璧砌栏，瘿瓢汲水，煎茗取其灵液，漱盥不得轻试；要使芝兰丛种，松竹环列……当然，这里主要反映作者追求清俊高洁的人生修养，其不容"恶草""俗禽""凡鳞"的耿直心性，寄托着其对世俗污浊的抗争。

涉及白沙泉的诗歌还有《白沙别墅漫兴》《白沙山房春事》《白沙草堂》等10首。

渼泉 在胡公泉南，北流与胡公泉合，亦为渼陂重要水源。渼泉之名，大概因其曾经是渼水的水源。但也有人认为渼水是由涝河上游人工开凿的水渠，以济三泉水之不足。

第三节　气候物产

渼陂位于县域中南部，气候要素与全县一致。

气候

户县属暖热带半湿润大陆性季风气候，四季冷暖干湿分明。

气候要素： 1959—2004年观测统计数据的平均值显示，年太阳总辐射为每平方厘米109.69千卡，6月最多，12月最少。全年日照时数为4482.6小时，年实际日照平均为1748.2小时，占可照时数39%。全年平均气温（地面上1.5米处）为13.7℃。全年地面温度平均15.9℃，7月最高，平均30.4℃；12月最低，平均1.6℃。无霜期年平均219天。县城区年平均降水649毫米，因地貌地形差异，秦岭山区年均800毫米以上，沿山700～800毫米，中部平川600～700毫米，渭河滩600毫米左右。全县年平均降水量627.6毫米。年平均相对湿度72%，9月、10月相对湿度最大，为79%～80%；1月最小，为70%。年蒸发总量1094.7毫米，大于历年平均降水量627.6毫米。各月蒸发量除9月和10月小于降水量之外，其余各月均大于降水量。县域西面来风最多，其次是东北风。年平均风速每秒1.0米。

物产

渼陂位于县域中南部，除部分特产，物产与全县基本相同。

"鄠杜竹林，南山檀柘，号称陆海，

为九州膏腴"(《汉书·地理志》)，足见其物产之丰富。"鄠杜南山下，清流散百泉。稻田千顷旷，桑里一川连"（清代诗人池南《游鄠县》），可知户地盛产稻米，尤以鄠陂周边区域为最。终南山出峪36条河流，水质清醇，甘甜清冽，优质水资源十分丰富。尤以太平河、涝河之水为最，既能灌溉农田，也是周边百姓饮用之水。在涝河流域、鄠陂周边发现了数处新石器时代遗址，说明户县的先民早在四五千年前，就依赖涝河水生存。

1. 粮食作物

户县地处关中平原，新石器时代先民们就在此开始农耕生活。在漫长的岁月里，经过数千年物竞天择，农作物的分布和种类日趋合理。

户县粮食作物分为夏粮和秋粮两大类：夏粮主要有小麦、大麦、豌豆、扁豆等；秋粮主要有谷子、玉米、水稻、高粱、糜子等。

稻子：户县丈八寺和甘河新石器时代遗址均出土有炭化稻谷，其中丈八寺遗址在涝河流域的鄠陂上游。这说明四五千年以前户县全境已经种植稻子了。《诗经·丰年》说，"丰年多黍多稌"。稌，为稻，一说专指糯稻。

这说明周代户县就已广泛种植水稻。汉唐时期稻子种植面积较大，明代占全县耕地一半左右的"民地"（明清时期，户县粮赋分为民粮、王粮、军粮，其中民粮土地占全县耕地一半以上）种植15285亩。清代和民国时期，县南、县西南鄠陂地区均有种植，鄠陂周边在3万亩以上。后因河泉干涸，水田逐渐减少。

谷子：西安半坡遗址发现的大量谷壳遗迹和炭化谷粒，说明关中种谷子已有六七千年历史。据《诗经》记载，春秋时期关中种植的农作物有粟（谷子）、黍（糜子）、菽（豆）、来（小麦）、牟（大麦）、稻、麻等，其中谷子列首位。从春秋战国至汉代，关中谷子种植面积始终居首位。大约在宋代，谷子逐渐为小麦所取代。谷子，古称稷、粟，脱皮后称小米。小米是户县黄酒的主料之一，尤其稻米种植逐渐萎缩，农家都以小米酿制黄酒。

小麦：古称来牟（大麦小麦的统称），为中国本土主要农作物。春秋战国时期，关中已有冬小麦种植，西汉时武帝下诏关中广种小麦，从此种植面积逐渐扩大。唐以后加工面粉的碾、磨普及，关中种植小麦更为普遍。

从气候、土壤、水肥等条件看，小麦是户县优势最大的粮食作物。

玉米： 明朝末年传入我国，当时户县即有种植，并逐渐成为户县秋季主要农作物，产量和种植面积与小麦相当。因其对水要求较高，因而在涝河及渼陂周边广为种植。

糜子： 古称黍，周人种植的秬和秠，即如今的黏糜子。糜子有一种红壳品种，也称酒谷。此糜子似乎专为酿酒而种，户县农家有以黏糜子酿酒的。《诗经·小雅·信南山》有"疆场翼翼，黍稷彧彧。曾孙之穑，以为酒食"；《诗经·周颂·丰年》有"丰年多黍多稌，……为酒为醴"，可见西周时酿制黄酒多以黍为主料。

2. 土特产

凡陂之地，皆以灌溉、水产著称。《风俗通义》曰："陂者，繁也，言因下钟水以繁利万物也。"渼陂地理条件优越，得天独厚，除种植业发达，土特产也多。

乌药： 户县人也叫附子，生食有毒。以药用为主。黄酒的酒曲以乌药为主。乌药对水和土质的要求严格，涝河与渼陂周边宜于种植，因而明清以至于民国时期为主产区。

渼陂鱼： 在汉唐宫廷中，渼陂鱼可算得上美味佳肴。苏东坡在《渼陂鱼》诗中曾有生动的描述："霜筠细破为双掩，中有长鱼如卧剑。紫荇穿腮气惨凄，红鳞照坐光磨闪。"志书记载"陂鱼甚美，可以疗痔"。唐代在渼陂设尚食使，禁止百姓捕鱼，所产全归宫廷专有。元末乱兵也因为取陂鱼而毁陂决堤，使渼陂败落。

渼陂鱼中最著名的为鳝鱼，其中以黄鳝为多，以白鳝为贵。鳝鱼肉含蛋白质、维生素、核黄素、硫胺素等多种营养成分。鳝鱼入药具有滋补作用，如《本草纲目》记载："鳝鱼性味甘温无毒，入肝、脾、肾三经，能补虚劳，强筋骨，祛风湿。"渼陂鱼可蒸、煮、炙，其中以清蒸为佳。主料、辅料、调料一次给足，一气呵成，肥美细腻，汤质鲜浓清香。"

斑竹： 渼陂的自然条件宜于竹子生长。渼陂竹子特别丰盛，因此诗人说："百里皆修竹，阴森入渼陂""曲引一泓新陂水，斜穿千亩绿筠枝"。这些说法都有些夸张，但渼陂周边修竹蔽岸总是事实。现在河湾里仍有"百亩竹林"。渼陂斑竹既有经济价值，又有观赏作用。它茎细、叶窄，满身斑痕，根梢粗细相当，适于馆园庭院栽植，供人观赏；又因竹材收缩性小，具有高度的弹性与韧性，且具有体轻、耐水湿、不易腐朽、纤维细长等优点，所以在建筑、制作家具等项用途上可以代替木材。斑竹瓤厚并能劈成大小薄厚不同的篾，是纺织业的主要原料，也可做成竹耙、竹帘、竹篮、箩筐、蒲篮等生产、生活用具。

香稻：渼陂畔出产一种半透明、形状近似粳稻的香稻，是一种珍稀名贵的优质大米。历代民间将之作为贡品，供宫廷享用，故有贡米之称。根据杜甫"昆吾御宿自逶迤，紫阁峰阴入渼陂。香稻啄馀鹦鹉粒，碧梧栖老凤凰枝"之诗句推断，它的发展和育成大约可以追溯到唐代以前。根据渼陂上游丈八寺新石器时代遗址出土的炭化稻谷推测，渼陂是我国北方水稻生产历史悠久的地区。香稻碾成之米，不但芳香浓郁，而且营养价值很高。蛋白质含量比一般大米高 8.6%，还含有十几种氨基酸及数种维生素。

香米还有药用价值，如李时珍《本草纲目》记载：古时名叫"粳谷奴"，有"滋阴补肾、健脾暖肝、明目活血"的作用，还说香米能"润心肺、和百药，

久服轻身延年"。此外，香米还有促进食欲，帮助消化，改善新陈代谢，增强身体抵抗力等作用。

香稻，应是渼陂水稻中的珍宝。

渼陂黄酒：也称户县黄酒。在4000余年的漫长历史中，户县及渼陂一带酿制黄酒的习俗鲜有中断，流传着许多名人饮酒的轶事和众多诗人饮酒的诗篇。

唐代诗人李白多次到户县终南山下与朋友共饮户县黄酒。如《下终南山过斛斯山人宿置酒》中有"欢言得所憩，美酒聊共挥"；《春归终南山松龛旧隐》中有"且复命酒樽，独酌陶永夕"；《山人劝酒》中有"称是秦时避世人，劝酒相欢不知老"，连隐居山野的人（山人）都自酿黄酒用以招待朋友，可见其时黄酒在户县的普及。

诗人杜甫屡次游户县城西渼陂，写有"不有小舟能荡桨，百壶那送酒如泉"（《城西陂泛舟》），又有"无计回船下，空愁避酒难"（《与鄠县源大少府宴渼陂》）。连杜甫这种豪饮者都感觉"空愁避酒难"，可与"百壶那送酒如泉"相印证，实在是户县黄酒太美了！

诗人白居易在《朝归书寄元八》中写道"柿树绿阴和，王家庭院宽。瓶

中鄠县酒，墙上终南山"，生动地描写出诗人被贬归朝，百无聊赖，而痛饮户县酒的情景。在另一首题为《宿紫阁山北村》的诗中，更具体地写道："晨游紫阁峰，暮宿山下村。村老见余喜，为余开一尊。"户县紫阁峰下的寻常百姓家，能够随时拿出酒来招待客人，可见其时酿酒在这里是很普遍的事。

诗人韦应物曾任鄠县令，十分喜爱户县黄酒，其《扈亭西陂燕赏》诗中有："公堂日为倦，幽襟自兹旷。有酒今满盈，愿言尽弘量。"其在公事之余，为解除忧烦，满杯痛饮，可见其对户县黄酒的情怀。韦应物饮户县黄酒诗今存 10 余首。

唐代其他诗人，如岑参有"饮酒溪雨过，弹棋山月低"（《澧头送蒋侯》。澧头，指户县秦渡镇）；贾岛有"立马柳花里，别君当酒酣"（《二月晦日留别鄠中友人》）；韦庄有"归来满把如渑酒，何用伤时叹凤兮"（《鄠杜旧居二首》）；高骈有"吟社客归秦渡晚，醉乡渔去渼陂晴"（《寄鄠杜李遂良处士》）；张籍有"鄠陂鱼美酒偏浓，不出琴斋见雪峰"（《寄徐晦》）；姚合有"老来诗兴苦，贫去酒肠空"（《赠终南山傅山人》）。

他们都与户县黄酒有着不解之缘。

明代"前七子"状元康海，与"前七子"领袖何景明和邑人王九思经常在户杜南山游览，饮户县酒作诗抒发情感。康海在户县逗留其间与朋友饮酒有"醉客挑灯坐，中人笑我狂"（《夜坐》）诗句；在白龙庙与王明叔等宴集有"但拚今日醉，莫笑楚狂人"句。何景明到户县访王九思有"好陪王学士，杯酒日从容"（《到鄠简王敬夫》）的诗句。

户县的酒坊与农家酿酒，大都在桑叶落后的农历八九月至腊月进行，因而所酿黄酒也叫桑落酒。明代"前七子"邑人王九思诗文中多有提及。其《碧山乐府》与《渼陂集》、《渼陂续集》中涉及酒的诗曲 124 首，324 处。其对户县黄酒的精品桑落酒特别青睐。

清朝末任鄠县知县，也是民国首任鄠县知事的缪延福，为襟带三吴的江阴人，虽为绍兴黄酒熏陶出来的江浙名士，却特别喜欢户县黄酒。他在赠某画家诗中称："鄠酒名唐代，白甫诗中收。烹鹅煮佳酿，聊以作报酬。"诗中的"白甫"指白居易和杜甫。

陂头酒：指专用渼陂水、渼陂糯米酿制的黄酒。渼陂之水钙质少比重大，易于沉淀。生水喝起来、清净凉冽，甘甜爽口，用来酿酒，特别润滑芳香。经过"洗米、蒸煮、冷却、发酵、压榨"等几道工序而成。它不像一般酒那样澄清，液体类似豆浆，并略带粘稠，适于温饮。不但醇香味美，而且有健胃、活血、止渴、润肺的功效。

除以上唐代诗人对鄠县黄酒（包括陂头酒）的颂词，还有郑谷的《渼陂》诗，一开始就说"昔事东流共不回，春深独向渼陂来"。领略了这里的山水景物，感慨万分，最后还是以饮陂头酒作为精神寄托而抒发情怀："潸然四顾难消遣，祇有佯狂泥酒杯。"明进士邑人韩期维在他的诗中也说："倦来更醉陂头酒，不数猖狂阮步兵。"

第四节　人口与民族

涝河流域及渼陂周边因其自然条件优越，向来为户县人口密集之地，以汉族为主，还有少量回族。历代虽然没具体的人口资料，但从史籍遗留的有关数据，可推测出涝河流域及渼陂周边人口的大概情况。

距今六七千年前的新石器时代，先民们即在户县活动。西周时期作为丰京所在地，汉唐时期又为京畿之地，县域人口应较为繁盛，但无具体统计数字。宋初至明天顺年间约500年，县域人口始终徘徊在万余人左右，其中元朝末年不及万人。清代康熙至乾隆年间人口迅速增长，至乾隆四十二年（1777年）全县增至11.2万人。民国二十二年（1933年）为11.6万余人。

宋太平兴国年间（976—984年）全县有2500户1.25万人（《太平寰宇记·关西道·雍州》）。元末由于战争频繁，加之灾荒、瘟疫等原因，人口大量减少，全县不及万人。明王朝建立之初，采取移民垦荒、减轻赋税和鼓励人口增殖的政策，至天顺年间（1457—1464年），全县2530户12650人（《大明一统志·天顺志》）。

明中期由于手工业的发展和商品经济的活跃，人口有明显的增长。嘉靖年间（1522—1566年）有3304户23632人（《陕西通志·康熙志》）；至万历四十年（1612年），全县4518户，军卒（军户成年男子）20003人（清康熙二十一年《鄠县志》）。崇祯十三年（1640年）全县有军卒2万人。

清初，受明末战乱影响，土地撂荒，

人口减少。康熙时采取奖励垦荒政策，并于康熙三十五年（1696年）实行更名田（明藩王皇庄地归耕种农民所有）措施；康熙五十一年（1712年）颁布"滋生人丁，永不加赋"的诏令；雍正时又推行"摊丁入亩"政策，生产得以较快恢复和发展，人口有所增加，民间隐藏户口现象亦较前减少。康熙二十年（1681年），全县有4578户8614丁（康熙二十一年《鄠县志·田赋门》）。至雍正元年（1723年）仅丁口44154人（《陕甘通志·雍正志》），40年间，丁口增长5倍多。乾隆四十二年（1777年），全县18371户、112143人、44337丁（乾隆四十二年《鄠县新志》），为全县人口增长高峰时期。咸丰三年至同治五年（1853—1866年），因清廷政治腐败以及白莲教、回民起义等影响，民生凋敝，人口增长缓慢。

民国前期军阀混战，民国十八年（1929年）关中遭特大旱灾；民国二十一年（1932年）秋，霍乱流行，不到10天遍及全县，死亡3856多人；至民国二十二年（1933年），全县21825户116247人，中男65256人，女50991人（《重修鄠县志》）。1949年初，全县人口为171219人，比民国二十二年增加54972人。

据道光三年（1823年）《陕西通志稿》、光绪二十四年（1898年）《鄠县乡土志》、民国二十四年（1935年）《中华民国统计提要》以及民国十二年至民国三十七年（1923—1948年）户县政府上报省政府统计资料，户县历代人口数量情况如下表：

宋至民国时期户县人口择年统计表

年份	户数（户）	人口（人）	军、卒（人）	备注
宋太平兴国年间 （976—984）	2500	12500		
明天顺年年间 （1457—1464）	2530	12650		
明万历年间 （1612）	4518	25632	20003	
明崇祯年间 （1640）			20000	
清康熙二十年 （1681）	4578		8641	
雍正元年 （1723）			44154	
乾隆四十二年 （1777）	18371	112143	44337	
乾隆四十四年 （1779）		131225		男 76450 女 54775
道光三年 （1823）		134900		
光绪二十四年 （1898）	16270	99510		
民国十七年 （1928）	22864	101565		
民国十九年 （1930）	24056	112218		男 51284 女 60934
民国二十二年 （1933）	21825	116247		男 65256 女 50991
民国二十六年 （1937）	23710	125067		
民国二十七年 （1938）	24040	130016		
民国三十年 （1941）		127670		男 67749 女 59921
民国三十四年 （1945）	27531	126636		男 65702 女 60934
民国三十五年 （1946）	28071	134416		男 70682 女 63734
民国三十六年 （1947）	28371	135891		男 70116 女 65775
民国三十七年 （1948）		136497		男 70904 女 65593

第二章

【沿革与景观】

从有历史记载以来，随着朝代更迭，溴陂的名称在不断演变，景观也经历了兴盛、衰败与重建。无论是「西陂」、「五味陂」到「溴陂」的沿革与变化，还是溴陂「三胜」「八景」的历史印记与历史记忆，无不在诉说着溴陂的文化与历史意义。

第一节　名称的演变

渼陂在西汉时属于上林苑十池之一，称为西陂，朝廷设有专员管理。据史籍记载，秦辟上林苑，其西界至沣水，汉武帝时扩大上林苑至周至境。《汉书》有："独不闻天子之上林乎？左苍梧，右西极，丹水更其南，紫渊径其北。终始灞浐，出入泾渭，丰镐潦潏，纡馀委蛇，经营乎其内。荡荡乎八川分流，相背而异态。"文中潦水即涝水，由此可知，汉上林苑向西包括了涝水。西汉时期司马相如所著《上林赋》中有"日出东沼，入乎西陂"，形容上林苑很大，其最东端为东沼，最西端为西陂。成书于南北朝的《三辅黄图》记载：上林苑有十池，其中有东陂池、西陂池。把涝水和西陂的位置关联起来看，西陂就是后来的渼陂。这一点在杜甫的诗中也得到了印证。杜甫有《城西陂泛舟》诗，以西陂为题，内容皆述渼陂；另一首《与鄠县源大少府宴渼陂》诗中，有"应为西陂好，金钱罄一餐"的诗句，诗题"渼陂"与诗中的"西陂"化而为一，说明在唐代人们尚知道渼陂的前身为西陂，两个名称可以通用。这一点在韦应物《鄠亭西陂燕赏》和《任鄠令渼陂游眺》诗篇中也有印证。

渼陂之名，最早见于北魏郦道元《水经注》。其《渭水》一节有："（涝）水出南山涝谷，北径汉宜春观，又北径鄠县故城西。涝水际城北出，合美陂水。水出宜春观北，东北流注涝水。"

唐代武周时期梁载言撰《十道志》有"陂为湖塘，有五味陂，陂鱼甚美"，因鱼美而得名。可见渼陂在早期还有一个名称叫五味陂。

"渼"，在《水经注》和《元和郡县志》中均作"美"。《说文解字》曰："美，甘也，甘部曰美，甘者，五味之一，而五味之美皆曰甘。"对于渼陂名称的由来，南宋时期程大昌撰的《雍录》说得很清楚。这本书主要记述周秦汉唐时期关中的宫殿、山水、地理等，其中有如下记述："渼陂，在鄠县西五里，源于终南山，有五味陂，陂鱼甚美，因加水以为名，其周一十四里，北流涝水，即杜甫所赋渼陂也。"从唐代以后，渼陂的名称渐渐固定下来，无论是文人的吟咏，还是官方的称谓，抑或是民间的叫法都一直沿用着"渼陂"这一名称。

第二节　唐代的盛况

在唐代，渼陂无疑是理想的旅游胜地，虽无具体的文献记其盛，但从唐代诗人留下的诗篇可见梗概。这当首推杜甫的《渼陂行》（诗见本书《诗词歌赋》部分）。

杜甫被称作现实主义诗人，史称"诗圣"，其诗被称作"诗史"。所以他的诗可以当作史实。但此诗多有夸张之语，应是感情所致，不应苛求。这是一首乐府诗。诗写杜甫与岑参兄弟于天宝十三载（754年）同游渼陂，看到天气变化中渼陂的不同景象，以丰富的想象表达了自己的独特感受，全诗充满浓厚的浪漫气息。但我们仍然可以从中透视出基本史实。

据明代王九思《杜甫游春》，应是岑参令其弟前一日在长安大雁塔与杜甫相约，次日成行。来到渼陂天气突然变化，天地异常昏暗凄惨，万顷波涛汹涌，涌起的水波如堆砌的琉璃，清澈晶莹。在漫无边际的惊涛骇浪中，他们还是泛舟入陂。这种冒险行为非同一般，但岑参兄弟兴致很高，不免使杜甫感到担忧，惧怕被鼍（即扬子鳄）吞噬，在这恶风白浪中后悔都来不及。天气忽然晴朗，岑参兄弟陆续将漂亮的船帆挂开，船上的人也因这了无尘埃的晴朗天气而欢喜。

这时船上歌声齐发，惊散了水中的野鸭和水鸥。丝管齐鸣，唤来了满眼翠绿的草木，一片晴霁景象令人心旷神怡。将竹竿探入水中或将丝线连结起来，也难以测出水的深浅，那水面上的菱叶、荷花像擦拭过一样干净。船到陂心仿佛到了空旷清澈的渤海；终南山倒映于无边无际的陂波中，使山影变成了黑色。

渼陂的南半部浸满了终南山的倒影，那倒影轻轻地摇动于平静的水面上。黄昏时船舷擦过云际山的大定寺（《长安志》：云际山大定寺，在鄠县东南六十里）；渼陂水面上倒映的月光，正是从蓝田关上升起的月轮。夜晚渼陂岸边灯火遥映，如同骊龙吐珠，音乐远闻，如冯夷（相传为河伯）击鼓，游船竞渡犹如群龙趋逐。

游船上的美女若湘妃汉女（《洛神赋》：从南湘之二妃，携汉滨之游女）再现，为人们载歌载舞，金支、翠旗的光芒随月光闪烁，时隐时现。

片刻之后，就看到云气低沉，于是担心雷雨将至，苍茫之中，真不晓得神灵是何等心思。由此想到人生年轻力壮能有多久，老年将至怎么办？人生的哀乐交替一贯如此，这样的时候又能经历多少！

尽管杜甫以诡谲波折、跌宕起伏的渼陂奇景，抒写人生的磨难，进而责问苍天神灵的不公，寓意深刻，用心良苦，但我们却从诗歌中看到了当年"浩渺渼陂映终南"的史实。渼陂的奇景，变幻莫测的天气，无疑给游人带来无穷的乐趣和无限的遐思。

此后不久，杜甫又以极度欢快的心境，写下了《城西陂泛舟》（诗见本书《诗词歌赋》部分）：诗人观赏着楼船（甲板上起三层的大船）上"青蛾皓齿"的美女，谛听"横笛短箫"的美好音乐。让春风任意地吹动着象牙帆樯，在"春日迟迟"中，不经意地浏览着锦缆（以彩锦为舟缆，以示奢华）牵动的船只。佳人摇着歌扇，欣赏着跃出水面的鱼儿溅起的浪花。踩踏了飞花的燕子，也纷纷斜刺点击着歌舞筵席。那荡桨的小舟来来往往，送来百壶如泉的渼陂稠酒。

这足以说明天宝年间渼陂作为长安西郊游览胜地的奢侈与豪华。游人无不陶醉在这纸醉金迷、歌舞不休的温柔乡。

时隔12年，杜甫流落滞留夔州，穷愁多病，在国家战乱未息，不得北归之际，写下名篇《秋兴八首》，沉雄悲壮，感人肺腑。其中第八首即是对当年游历渼陂的回忆，可见其对渼陂的深切怀念。诗曰："昆吾御宿自逶迤，紫阁峰阴入渼陂。香稻啄馀鹦鹉粒，碧梧栖老凤凰枝。佳人拾翠春相问，仙侣同舟晚更移。彩笔昔曾干气象，白头吟望苦低垂。"

从长安到渼陂，途经昆吾和御宿，从紫阁峰北进入渼陂。这使我想念起一路的香稻和碧梧，在丰收的季节吸引着鹦鹉啄食，碧梧的老树引来凤凰栖息。春天，妙龄仕女们捡拾漂亮的羽毛，采摘花草相互赠送，伙伴们暮晚时分还要移棹出发夜游。昔日我也曾在渼陂痛饮美酒，凭借诗歌干预时事世风，而今我只能低头回忆渼陂当年的盛况。虽然悲观，却也映出昔日渼陂的盛况。

岑参曾几度与杜甫以及户县的官员同游渼陂，也留下美好的诗篇。《与鄠县群官泛渼陂》中"万顷浸天色，千寻穷地根"，形容万顷陂面与蓝天成为一体，陂深千寻也探不到根底。"舟移城入树，岸阔水浮村"，舟行驶到县城及树木的倒影中，远望陂岸，那村庄好像浮在水上。"闲鹭惊箫管，潜虬傍酒樽。暝来呼小吏，列火俨归轩"中的"闲鹭""潜虬"皆为涉险，"箫管""酒樽"俱为作乐。到了傍晚，呼来小吏在轩榭里生上烈火，真乃乐而忘

返。韦应物曾任鄠县县令，得东道之便常游渼陂，其《任鄠令渼陂游眺》有"野水滟长塘，烟花乱晴日。氤氲绿树多，苍翠千山出"之句，也道尽了渼陂的奇谲景色。其他如白居易、郑谷、韦庄、温庭筠、张籍等均有游渼陂的诗歌。

唐朝这些大诗人的作品，使我们认识了一个盛唐时代的大渼陂，见证了渼陂作为长安郊区胜景的辉煌时期。

第三节　衰落中的重建

宋代，渼陂虽有所衰落，但仍有唐代之形制。宋代理学家程颢，于嘉祐年间任鄠县主簿，公事之余遍览南山诸胜，当然少不了对近在咫尺的渼陂的观赏。其在《春日偶成》诗中有"云淡风轻近午天，傍花随柳过前川"句，所谓前川者，即渼陂周边景色也。魏野（960—1019），字仲先，生活在北宋太宗、真宗年代。其《用晦上人游渼陂》诗："渼陂寒水碧溶溶，野客江僧望不穷。更值晚来风雨歇，终南一半浸波中。"从这里的"望不穷"与"终南一半浸波中"可知，渼陂仍然具有如杜甫当年所谓"半陂以南纯浸山"

的形制。"苏门六君子"之一的李廌，其《渼陂》诗中有"青山如黛水如蓝，波静天澄翠满潭"，说明其时渼陂景色依旧。张舜民，文学家，诗人陈师道（"苏门六君子"之一）的姊夫，于宋英宗治平二年（1065年）游渼陂，作《游渼陂观水磨赋》（明崇祯张宗孟《鄠县志》为《浮休居士赋》），通过水磨运行的昼夜不息，言其水势"汹汹浩浩，砰砰硞硞，鼓浪扬浮，交相触击，飞屑起浪，雪翻冰析"，说明即使到宋代中后期，其水势依然汹涌。李駧，崇宁二年（1103年）任秦中通判，与鄠县县令崔琪友善，其《渼陂二首》有"日斜林杪增光去，风静山尖倒影来"，说明陂水临近终南山；"万顷澄澜春涨碧，一川秀色暝阴开"，也说明了陂水的宽广。苏轼与苏辙兄弟就渼陂鱼所发的感慨，也可透视出渼陂的壮观。"长鱼如卧剑""惊呼得巨鱼""朱鬣金鳞"，都说明水深面广方有巨鱼。

作为一方胜景，除得于自然造化，更多的是人为的维护以及对景观的不断修复，方能永葆盛况。而到了北宋末年徽宗时代，国困民穷，官员腐败，地方糜烂，渼陂无疑得不到应有的维护与修复。而更为可悲的是终南县的设置，使渼陂置于天不收地不管的境地。

宣和元年（1119年）冬，张佖任管勾劝农公事兼兵马监押，来鄠县发现渼陂衰败、空翠堂失修。在他的协调下，渼陂的重要景观空翠堂得以修复，而后他又作《空翠堂记》一文。其文说"余昔时尝闻士大夫称关中多山水之胜，而渼陂在终南山下，气象清绝，为最佳处"。尤其读了杜甫有关渼陂的诗篇，"爱其语大而奇，益欲一往游之，以慰所闻"。及至到鄠县履职，"始得偿夙昔之愿"。在张佖的眼里，渼陂依然"翠峰横前，修竹蔽岸；澄波浸空，上下一碧"，认为渼陂"气象清绝"，仍"为关中山水最佳处也"！这说明当时的渼陂犹可观也。

同时，张佖发现"陂之北岸有堂，旧矣，久弗加葺，栋宇倾挠，来游者怗压是惧"，不禁喟然兴叹曰："有此佳山水而堂构不修，晏赏无所，大非其宜。"

究其原委，原来北宋徽宗大观元年（1107年）朝廷为军需之计，于周至清平镇（今终南镇）设立清平军，旋改终南县，将涝水以西包括渼陂在内划归终南县管辖。正如《空翠堂记》中所言：渼陂景观及空翠堂等日久圮废，"虽近鄠县而地非所属，虽属终南（及其以后的周至县）而距邑为远"，结果造成"远者不喜修，近者不得修"的局面。

宣和四年（1122年）春二月，"以寒食休暇，率联事诸公，会于陂上"。因相与为议曰：渼陂之地虽在他邑，不久曹台移檄，将令我鄠邑就近管辖。此堂不修邻邑无罪，但却是我户邑的罪过也。"今欲缮完，稍加宏壮，以称山水之胜"，也可备邑人岁时之游乐。于是鸠工备料，进行修葺。当时吴景温摄政清平，闻讯也派工徒，共力成就。

从二月底动工，至五月初竣工。"升堂远望，豁达无碍。南山之秀，陂水之广，举目可尽。猗欤，此堂庶几不负佳山水，而吾将东归为无憾矣。"

于是率邑居士大夫，置酒庆贺。当日"小雨乍收，微风四起；岚光水气，相为氤氲。若烟之浮，若露之润。有见于帘楹轩槛间者，明灭变态，不一而止，是何清且丽耶"（宋·张俣《空翠堂记》）。

酒至半酣，坐客共咏杜工部诗行，大家提请以"空翠"名其堂，取杜工部诗中语。这也是空翠堂之名的来历。

150余年后的元代至元年间，终南县整建制划归周至县，渼陂又处于"远者不喜修"的境地。直到至元十八年（1281年）渼陂复归户县管辖。

明代王九思于嘉靖末年所作《渼陂镇重修石桥记》有："渼陂镇在县西三里许，人有数百家，因住陂水之上，故自古称为陂头云。镇西南七八里有胡公庙。庙下泉水涌出，东北流，灌溉秔稬（水稻）之田。又合诸泉水，流于镇之东南。钟而为陂，空旷阔远，可行舟楫。唐杜子美诗所谓：'半陂以南纯浸山'者是也！"九思生年距元代不远，此段记述当是元代渼陂境况，与宋代景象相比又有所衰败，但其唐代盛况的形迹依稀可寻。

王九思同时述及，元末兵起，由于陂鱼美，可疗痔漏。因此"盗决堤岸取鱼，其水散出，流为数支，不复为陂也。其一支北流经镇之东复转而东流入于涝水"，由此可知渼陂昔日景象正如九思所言，不复为陂了。

据《户县文物志》记载，明嘉靖四十五年（1566年）知县王玮、张宗孟曾先后两次重修渼陂，恢复部分胜迹，使这里成为"菁葱掩映，白羽萃止，前有紫阁，后有菱池，气象清幽，松竹丛中，水磨之声不绝"的地方。《户县碑刻》注："（空翠堂）创建于宋宣和四年五月。明嘉靖四十五年御史方公新以使事过鄂，命知县王玮创修堂三楹，厨三楹，始具规模。"这说明王玮重修过渼陂和空翠堂。

大约 50 年后，陕西富平解元（万历三十一年中举）刘士龙在其《游渼陂记》中记载："余坐空翠堂，把酒远眺而慷慨当年之胜地也。山谷之水并胡公、白沙诸泉，合而北注，渼陂受之。自陂头至曲抱村，可数里许，高岸环堤，一泓荡漾，层峦叠嶂，影落于数百顷之波涛，摇黄横青，其难名状。'半陂以南纯浸山'，此实际语也。"这里"把酒远眺而慷慨当年之胜地也"，其实也有慨叹当年渼陂胜景之不再的成分。

九思文中还有："宋元祐间，县令张君伋，尝筑空翠堂于镇之东南冈上。自为记刻诸石，堂今废而石存焉。"据此可知空翠堂已废而仅存石基。而刘士龙比王玮晚 50 余年，言"余坐空翠堂，把酒远眺"（《游渼陂记》），可知此时的空翠堂是王玮修复过的，因而也有可观的风物景色。

至明末崇祯年间，鄂县知县张宗孟曾修复渼陂。其在《重建渼陂记》中记载："余任鄂时，即有寇警，于是四乡建堡，使民避贼锋。去城西三里为陂头镇，有高阜，上有空翠堂。按

其地可拒寇，因建堡濬壕。"由此可知，张宗孟修复渼陂意在建堡御敌。

其在渼陂巡查，感慨元人决陂取鱼，陂之亡迄今三百余岁矣！"水落石出，尽为稻垄，惟渼水无恙，仅留陂之一字，与渼水共存焉耳。"连昔日的空翠堂亦倾圮莫识。

因鸠工庀材，相形度势，移堡后古道于北百步外而高大之。而渼陂当年所决处也，为桥以通往来，桥北建武曲庙镇之。虽然也"间植桃李梅杏、榆柳松桧之属……松涛篁韵，相映参差，不恍然旧胜之犹存乎"（《明·张宗孟《重建渼陂记》）！这种以御敌为目的的修复，甚至连"恍然旧胜"也大打折扣了。即使对空翠堂进行修复，也必然是简易的，致使空翠堂不足 50 年又废圮。

清康熙三十八年（1699 年）知县朱文卿重建空翠堂（其时称杜工部祠），有《创建杜工部祠记》记其事。其中有："宋令张公伋，亦尝于其上为空翠堂。今堂虽废，而址则存。即其旧址构堂以祀，庶几远山拱翠，碧水呈波，如睹先生风采焉。鸣泉水碓，松韵竹声，如闻先生啸歌焉。以表前贤芳徽不坠。"观察贾可斋捐俸四十金，不足，朱文卿"倍以俸补之"。前后花费百二十余贯，

三月告成。所以，后世也有将空翠堂称杜工部祠的。

康熙年间著名理学家王心敬有《和令公过涝陂空翠堂有怀子美先生》诗，其中有"万顷波澄涝浦西，孤亭霜后柏还凄。何时锦缆随流水，依旧峰阴入断堤"，自是表现了昔日盛景不再的凄凉。康熙二十一年（1682年）知县康如琏修《鄠县志》言：涝陂"今其地为百姓水利，前代胜游不复观矣，旧惟水硙（磨）存焉"。康如琏在《游涝陂》诗中有："青青禾草与云连，讴歌俱是力田子……只今草树亦迷离，追寻胜迹诚不易。野老群谈意惘然，余亦注目望前川。千畦万畦如栉比，老妇稚儿俱馌田。昔日歌舞繁华地，今日稻秔民永利。"这时的涝陂已完全沦为农家稻田，致使野老"意惘然"，而为官的只能"注目望前川"了。

再如清代诗人康行僩写有《涝陂吊古赋》。其"携良朋散步"于残缺的涝陂，回忆杜甫、岑参时代涝陂的繁盛，不禁感慨："孰意有元之后，每生雅士之怜。而梨花雨里，寂寞空开，寒鸦枝头，啁啾如烟。问锦缆则荒草一丘，访牙樯则浮萍几叶。斯固韦庄之涕泪潸然，郑谷之伴狂凄切者也……"

而康如琏的叔父康弘祥，从山西解州来户县，闻涝陂盛名，游览后大失所望，作了《涝陂吊古》诗："子美当年夸胜游，于今此地不通舟。层岩高下陂仍在，急水潺湲溪自流。漠漠云烟寂古水，悠悠禾稻静浮鸥。独怜多少浣纱妇，不是青娥戏彩楼。"这简直是给涝陂唱挽歌了……

尽管如此，仍有大量文人创作涉及涝陂的诗赋，但却大都是追溯昔日的盛况，慨叹时下风光不再。如清初名士王士祯（渔洋山人）《涝陂》诗云："百里皆修竹，阴森入涝陂。朝朝看紫阁，倒影散凫鹥。"其实是在破败的景观废墟上，抒发文人的追古幽思之情。再如清康熙五十一年（1712年）鄠县知县吴庭芝《甘亭十二景·涝陂泛舟》："涝陂晴泛木兰桡，石畔鸣泉杂洞箫。曳上布帆风送棹，拖成练匹浪漂绡。波澜转折仙源路，桃李阴秾太史桥。佐酒鱼羹牛首茅，流连日暮乱云飘。"因为是歌颂户县的景色，虽有洞箫之乐、游船拖练之情致，大概是酒力所致，但终归是"日暮乱云飘"。

民国初年，上游泉水于涝河故道汇成"牛轭湖"，附近村民略加拦筑即成现在的涝陂湖。水顺涝陂故道而流，即是渼水，经曲抱村玉蟾台，又向北经锦绣沟，绕空翠堂，由东北经九女冢东，复与涝水汇合。其实还是昔日渼陂的南北主线。民国中期，为灌溉之利，又在东涝峪口土门子西凿一渠道，经丈八寺东注入渼水，使之流量加大。在渼水两岸形成"稻田千顷旷，桑里一川连"的景象。这期间仍有名人前来吊古，如民国元老于右任来户县，凭吊渼陂故址，作《游渼陂》五绝："醉寻怀素集，醒游渼陂湖。半醉半醒归，吟诗颂杜甫。"于老先生的"湖"，大概就是牛轭湖了。另，户县的文人如杜肇卿、王觉生、张嘉谋等均有关于渼陂的诗，皆为怀古类。

第四节　渼陂古镇

渼陂镇位于渼陂北岸。明代正德年间，著名文学家王九思在《渼陂镇重修石桥记》中记述："渼陂镇在县西三里许，人有数百家，因住陂水之上，故自古称为陂头云。"

渼陂古镇在唐朝时期最为兴盛。那时的渼陂集产鱼、碾硙、灌溉和游览于一体，物阜民丰，风景优美；人民安居乐业，文人墨客、达官贵人接踵而至。杜甫在《秋兴八首》的第八首诗中描写渼陂："香稻啄馀鹦鹉粒，碧梧栖老凤凰枝。佳人拾翠春相问，仙侣同舟晚更移。"从中可以感受到渼陂的物华天宝和欣欣向荣的气象。其时渼陂面积广大，周十四余里，沿岸设有陂头、观音、马家、梁家四个码头。码头上有渡船往来，载送行人客货；有渔船载鱼而归；还备有小舟、楼船以供游人水上游赏。镇上有酒坊、商铺、客栈，常年客来客往，热闹繁忙。很多人远道而来游览渼陂，达官贵人和诗人们常在湖上宴饮，享受陂头酒和渼陂鱼。公元754年6月，一代诗圣杜甫与著名的边塞诗人岑参兄弟从长安城来到渼陂，鄠县县尉亲自接待。他们乘坐楼船，逍遥泛舟，"春风自信牙樯动，迟日徐看锦缆牵"。连续数日流连湖上，宴饮赋诗，忙坏了镇上的船家和酒家。岑参在《与鄠县源少府泛渼陂》诗中写道："载酒入天色，水凉难醉人。"渼陂之境，清幽绝伦，虽饮千杯，人依然清醒不醉，有多少酒都不够喝。杜甫在《城西陂泛舟》中感叹，"不有小舟能荡桨，百壶那送酒如泉。"由此可以想见镇上酒家储酒之多。除了畅饮陂头酒，大家还能品尝渼陂鱼。渼陂鱼味美之至，渼陂便是因鱼之美味而得名。到唐敬宗时，渼陂鱼成为皇宫专享美味。《旧唐书》载："癸巳，敕鄠县渼陂尚食管系。"《新唐书》有："敬宗（809—826年）时七月癸未，衡王绚薨。以渼陂隶尚食，禁民渔。"这一时期，朝廷设"尚食使"的官职，管理渼陂，禁止百姓捕鱼，所有水产全归宫廷享用。渼陂镇设有朝廷命官的官署，常年有宫廷的车舆往来运送渼陂鱼，渼陂镇有了浓厚的皇家气息。到文宗初年，渼陂还归户县，但所产鱼类仍上贡朝廷。渼陂镇依然和皇宫有着千丝万缕的联系。

王九思曰："夫此渼陂者，关中之奥区也，自有子美之诗而其名益著海内。"（《渼陂镇重修石桥记》）唐代以后，文人士大夫慕名而来者络绎不绝，渼陂镇又是户县通往兴平大道所经之地，往来车马商贾，殆无虚日。千百年间，渼陂镇在历史的沧桑岁月中虽有兴衰更替，却一直在它独有的灵气和文脉的撑持下屹立着，在水丰物茂的富庶中发展着。值得一提的是，在元末散兵决堤后，水落石出，尽为稻垄，渼陂水天一色的自然美景虽然不如从前了，却换来了稻畦相连、

桑里成片的田园美景和百姓的富裕，这也为古镇发展奠定了物质基础。

明崇祯年间，知县张宗孟为了御敌保民，曾在渼陂镇修筑城堡。兵事平息后，他"相形度势，移堡后古道于北百步外而高大之，而渼陂当年所决处也，为桥以通往来，桥北建武曲庙镇之。堡东建书院，楼房三楹，东西号房各三楹。又东旧有文昌庙，亦更新之"。这些举措使渼陂镇面貌为之一新。

根据清顺治十八年（1661年）所立之《周王季陵碑》记载："邑之西三里为渼陂镇。"说明清初渼陂依然为镇，至乾隆四十二年（1777年）前后才改称陂头堡。但是，直到20世纪50年代初，陂头堡依然保持着古镇的建筑格局。全镇以蕡阳宫为中心，以周王季陵、秦九女冢为两翼，布局严谨。既有高大的城墙，又有大小对应的城门，堡内街道井然有序。还有关王、三官等十二座庙宇，分别设在镇内各街道尽头或丁字街的对过，起着屏风或照壁的作用。各式古建与民房形成明显的对比。镇内屋舍栉比，镇外阡陌纵横，东有连片的修竹，西有茂密的林木。更有严整的规划，显得十分雄伟、大方、清幽。镇内含有一宫（秦蕡阳宫）、一堂（空

翠堂）、二观（玄真观、去溪观）、四城、五堡、十一门，巧妙地形成五组建筑，像一朵久开不谢的梅花，见证着古镇悠久的历史和昔日的辉煌。

第五节　鄠陂景观

鄠陂作为关中胜景，唐宋以来形成了所谓的"三胜八景"。这些景观虽然随着时代的演进，盛衰有时，有的今天还能见其昔日风光，有的已不复存在，但它们遗留下的历史印迹和历史记忆，仍然具有文化与历史意义。以下简介"三胜""八景"。

鄠陂三胜

鄠陂泛舟

鄠陂，上自曲抱村南，下至陂头以东，蜿蜒七八里，是以自然地理形成的不规则湖泊。杜甫《鄠陂行》说"半陂以南纯浸山"，可见昔日的水面十分广阔。全陂以终南山为屏障，湖光天色浩浩森森，与山石树木、廊桥亭榭融为一体，构成一幅自然山水图画。若以轻舟荡漾于烟波浩淼的岚光水气之中，就更加引人入胜。历代文人墨客

泛舟鄠陂者不胜枚举。其中以诗圣杜甫与诗人岑参最为典型。杜甫《鄠陂行》首句即是"岑参兄弟皆好奇，携我远来游鄠陂"。杜甫在诗中以夸张的笔墨，写了泛舟鄠陂的兴奋心情，以其诡谲的笔触描绘了鄠陂的波涛浩荡，并以"骊龙吐珠""冯夷击鼓"等典故，营造了鄠陂的神秘莫测。在《城西陂泛舟》中，以"鱼吹细浪摇歌扇，燕蹴飞花落舞筵。不有小舟能荡桨，百壶那送酒如泉"，记述了终日泛舟饮宴、歌舞相伴的趣味与游乐过程。后世人多有以杜甫《鄠陂行》等诗为由头，来到鄠陂泛舟。明代"前七子"之一的王九思，亦以此为题作了被视为古今名剧的《杜甫游春》。

清代鄠县知县吴庭芝《鄠陂泛舟》诗曰："鄠陂晴泛木兰桡，石畔鸣泉杂洞箫。曳上布帆风送棹，拖成练匹浪漂绡。波澜转折仙源路，桃李阴秾太史桥。佐酒鱼羹牛首荇，流连日暮乱云飘。"

绣沟春禊

绣沟，即锦绣沟，指由曲抱村玉蟾台逶迤而下，至鄠陂空翠堂的一段峡谷地带。据县志记载，明永乐年间有一名叫冯俊的举人，贬官回乡后，在此一带广植竹木花卉，使之"两旁翠障如

屏,中间溪谷似锦",因名之曰锦绣沟。沟内地势起伏,空气湿润。每逢仲春,花木早发,夹岸桃花开放,杨柳婆娑。因此,天朗气清、惠风和畅之时,游人纷纷来此踏青。文人雅士则效法王羲之兰亭春禊:曲水流觞,即席赋诗。

清代鄠县知县吴庭芝有《绣沟春禊》诗:"绣沟滟潋漾清波,会稽兰亭忆永和。座有群贤联坐次,庭余逸韵杂音歌。携尊俛仰观无极,结伴临流喜若何。到处徜徉忘物我,春风沂水怡情多。"

玉蟾稻塍

渼陂南五里,是"清江一曲抱村流"的曲抱村。村北有玉蟾台,相传老子西行曾于此以轩辕剑刮青牛,故名刮牛台。后因紫清真人白玉蟾云游于此,遂更名玉蟾台。相传"刘海戏金蟾"的故事就发生在这里,民谣有"刘海生来有仙根,家住鄠县曲抱村"。昔日此台陂水环抱,稻莲相映,葱绿幽静,佳景天成。杜甫《渼陂西南台》赞美这里:"高台面苍陂,六月风日冷。蒹葭离披去,天水相与永。……错磨终南翠,颠倒白阁影。"宋代大哲学家程颢任鄠县主簿时,曾写诗描绘这一带的风景:

"参差台殿绿云中,四面筼筜一径通。曾读华阳真诰上,神仙居在碧琳宫。"清代鄠县知县吴庭芝有诗《玉蟾稻塍》:"井楼沟阴陌阡连,月印塍痕绣错褊。葱葱返入麦浪滚,飘飘拂袂稻风喧。斜穿石径依台榭,曲抱村墟列涧躔。野色苍茫烟雾起,还将归路下花田。"民国时期,玉蟾台依然大片玉立的修竹,环抱着美景如画的道家小庙。玉蟾台台高地阔,在今台南40余米处的竹林南面,有一道宽约3米的水渠,一股清流环绕竹林四周,然后北折,东北向注入渼陂中。行人跨越古桥,穿越竹林,就来到一处典雅朴素的院落,南端是九间带楼的瓦房,北边紧邻的两旁有厢房10余间。院中央一座殿宇。院的北部坐落三清殿、刘海殿等建筑。今天台上有玉蟾宫,附近有玉蟾池、吐丹桥等遗迹。

渼陂八景

王陵神灯

渼陂西岸有周文王之父季历陵,也称王季陵。每当夏季月暗星隐之时,黑沉沉的王季陵上就会涌出无数荧荧亮光,时大时小,时聚时散,忽东忽西,忽明忽暗。民国时户县文人张嘉谋有

《王季陵》诗曰："道弥六合垂无穷，子文孙武歌升平。帝业八百犹未尽，香花芳草伴神灯。"实际为夏夜磷火。

空翠野烟

陂心岛上的空翠堂，是诗人杜甫游渼陂时旅居过的地方，也称杜工部祠、杜公祠。堂周曲桥长堤，四面环水。深秋晨昏，雾霭夜烟缭绕，房舍修竹时隐时现，游人至此，仿佛进入神话世界。张嘉谋有《空翠堂》诗曰："稻田屈曲卧水鸥，野烟成带断修竹。昔日泛舟人何在？清溪徒绕空翠流。"

金碑夕晖

金碑，又名金沙碑，立石不知何时，撰文、书丹人不详。碑上金粒颗颗，灿灿发光。乡人称它宝石神碑。每当霞光横空、日落夕照之时，碑上流光溢彩，闪烁着金色光芒，与披着霞光的青山、竹林相映成趣。清代诗人黄池有《金碑夕晖》诗曰："春水悠悠流不尽，芳园迢迢喜盈痕。烟树发佛香味浸，金碑夕晖映古今。"

土莲映月

土莲位于空翠堂西南的陂沿上，是陂中拔地而起的土柱，亭亭玉立，千年不溃。在一个万籁俱寂的明月之夜，土柱顶部突然"开花"。透过月光望去，宛若一朵盛开的莲花。后来土莲花就成为渼陂一景。元兵竭泽而渔以后，胜景土崩瓦解。清代诗人黄池有《土莲映月》诗曰："滚圆若珠清香恋，美景如画人往还。似亮似晴映明月，不雕不饰土成莲。"

杜堤三桥

三桥，指通往县城大道上的三孔石洞桥，距空翠堂百余步，也称百步三桥，三桥之间相距200余米，间隔全以土方垫平，高出地面3米。桥所在位置便是有名的杜公堤。桥上柳荫铺地，桥下流水潺潺；堤旁稻花漠漠，晴荷映日。前人有诗："三孔桥上四望通，杜公堤上醉春风。归来细数渼陂意，尽在石桥烟柳中。"

三台乘凉

三台，指陂中隆起的三个小洲，呈"品"字形，雄踞于空翠堂西侧。大台称天灵台，二台称下月台，三台称观鱼台。三台相通，有曲桥连接。三台居于四水环绕之中，远望若瑶池仙境。

古时，每逢仲秋，蚊虫肆虐。相传汉光武帝刘秀西征曾栖息此处，竟成了蚊虫的禁区。所以每逢夏夜，人们纷纷来此乘凉，躲避蚊虫叮咬。清诗人黄池有《三台乘凉》诗曰："渼陂湖里三星台，亭榭窗牖四望开。榛子何曾生夏爽，游客常爱乘凉来。"

庙桥倒影

关王庙位于渼陂北岸，庙堂肃穆，洋洋大观，与空翠堂遥遥对峙。庙前右方一桥空架，桥上人马往还不息，桥下竹树成荫，碧水盈盈。庙影桥影映入水中，真乃"水浮桥上庙，映入图画中"。前人有诗："关庙桥，水满足，风平浪静倒影幽。仙客隔岁重相遇，携觞盛酒再回楼。"

河湾雪涛

渼涝二水汇合之处，弯弯曲曲的河道形成天然的溪谷。其地修竹万株，挺拔秀丽，绿波泛泛，四时风景各异。尤以大雪纷飞时，登上九女冢俯瞰河湾，但见修竹摇曳，百顷雪涛，随风回荡，如银龙飞腾，如山谷玉倾，气势磅礴。前人有诗："回风度雨渭城西，细草新花踏作泥。秦女峰头雪未尽，

胡公陂上日初低。"

附：唐宋时渼陂沿岸村民利用陂水南北落差大的特点，建置水磨、水碾。如唐敬宗时，渼陂虽"禁民渔"，但百姓用以灌溉和碾硙（磨）不限，说明当时的水磨水碾较为普遍。宋代张舜民《游渼陂观水磨赋》，除描述水磨的运行原理和水机运转相搏的气势，又有"曾无崇朝之久，而可给千人之食"，意思是一个早晨的工夫磨的面，可以供千人食用。又说这水磨"真为一乡之赖，岂止一家之事"。这些足以说明当时水磨效率高、工艺先进。渼陂虽然逐渐衰落，但其地水磨、水碾却一直延续。如上述清代知县康如琏语："前代胜游不复观矣，惟余水硙（磨）"；清代康行偘《渼陂吊古赋》有"水碾轰雷……觉天地之沉浮"。民国年间，陂头上下即有水磨数处，其中户县首富王文轩就有水磨两处。水碾多以碾米为主，因为渼陂周边多种水稻；也有用以碾树皮做火香的。

另据记载：渼陂上下十余里，唐宋时沿岸设有陂头、观音、马家、梁家四个码头，备有商船，以利行人客货。据考证，著名的宋代民居——江西渼陂村梁家，即是由渼陂迁往江西的。

第三章

【人文概况】

渼陂属涝河水系。新石器时代先民们为了生活的便利，一般都是临水而居，所以，渼陂周边的新石器时代遗址均沿涝河古道分布，这些遗址见证了渼陂周边的古老文明。渼陂及涝河流域还有古代的宫观遗址，这些遗址和遗迹，无疑增加了渼陂地域的人类文明的含量，为古老的渼陂胜景增色添彩。渼陂位于户县中南部，其民风民俗、文化艺术甚至历史人物都与户县的历史文化融为一体。

第一节　史前遗址

真守村南堡遗址

位于距县城 6.5 公里的渭丰乡真守村南堡、涝河古道东岸之二级台地。以真守村南堡为中心,向四方延伸。先后经三次普查,采集有石器、骨器和陶片等标本。征集到红陶类大尖底瓶、大黑彩钵、黑彩罐、指甲纹瓶、宽下腹小平底瓶、大口钵、小口钵、直口钵、敞口钵等一批国家二级新石器时代珍贵器物。遗址面积大,灰层厚,范围比较明显,出土文物丰富,研究价值较高,为省级重点文物保护单位。

城关村遗址

位于县城西北部,原涝河东岸。地势南高北低呈缓坡状。先后出土石器、骨器、彩陶片、灰陶片、铜削等器物。属新石器至周代遗址,为省级重点文物保护单位。

丈八寺南堡遗址

位于距县城 8 公里的渼陂上游丈八寺南堡、涝河古道西侧台地上。其西与雷家寨接界,东、南为涝河冲积低川平地,断崖高达丈余,遗址范围明显。出土有石斧、石锛、石凿、石刀、石环等,还有大量陶器,特别是细泥红陶、彩陶、大小夹砂陶片、小直口尖底瓶等较为精致。还发现灶炕、窑址、房基和粮食窖穴等遗迹。其粮窖中出土的炭化稻谷，距今已6000余年，为研究稻谷在黄河流域的种植时间提供了重要的实物资料。属新石器时代仰韶文化半坡类型，为县级重点文物保护单位。

丈八寺北堡遗址

位于距县城7公里的涝陂上游丈八寺北堡东南20米处。与涝河川地形成鲜明的断土层，东为先民住宅区，西为墓葬区。发现有大量灰坑、墓穴，亦有兽骨、鹿角和鬲、壶、罐等器物及红灰夹砂陶片、云纹瓦当。还有殉葬坑，葬有20人的骨骼。属周代遗址，为省级重点文物保护单位。

鲁家寨遗址

位于距县城8公里的涝店镇鲁家寨村、涝河东岸台地上，以村为中心向四周延伸。出土有石器、骨器、陶片等，属新石器时代遗址，为县级文物保护单位。

崔家堡遗址

位于县城外西南方向，包括崔家堡、姬家堡，向南延至涝河湾一带，面积约为3万平方米，先后出土周代玉玦及父丁铜簋。南段发掘出土14件铜器。后又发现周代诸侯墓，挖掘清理出6簋、7鼎、1壶及銮铃、马衔、车饰等青铜器。为省级重点文物保护单位。

第二节　宫观书院等遗址

秦葳阳宫遗址

《三辅黄图·秦宫》载："葳阳宫，秦文王起，在今鄠县西南二十三里。"明崇祯十六年《鄠县志》载："秦葳阳宫，在鄠县西南二十有三里，秦惠文王所造也。秦王政九年，嫪毐作乱，族，迁太后于雍葳阳宫，即此。"清康熙二十一年（1682年）康如琏修《鄠县志》载："秦葳阳宫，在县西三里，秦惠文王所造也。秦王政九年，嫪毐作乱，族，迁太后于雍葳阳宫，即此。父老相传，今陂头东岳宫即其旧址。旧志西南二十三里，误矣。"此后屡次重修鄠县志皆沿其说。

1982年在县城西南约二十三里的白庙乡曹村东门外，发现元延祐六年（1319年）刻立的《创建崇真观碑》，有"秦之葳阳宫故址在焉，信夫天壤间自昔为佳处也"。

两说虽异，但都属涝河流域，一在渼水上游，一在渼陂北岸的陂头村。

汉上林苑遗址

上林苑创建于秦。汉武帝恢复并扩建上林苑，将大片地方划为禁区，"帝初修上林苑，群臣远方各献名果异卉三千余种植其中"（《三辅黄图》）。扩建后的上林苑"延亘四百余里，有离宫七十所，皆容千乘万骑"（《三辅故事·关中记》），成为皇帝游乐狩猎的场所。《三辅黄图·杂录》又云："关中八水皆出入上林苑，……沣水出鄠南沣谷，北入渭；涝水出鄠西南，北流入渭。"涝水纵贯户县中部，沣、涝二水皆出入上林苑，可知户县大部分地区包括渼陂皆入上林苑中。

宜春观遗址

《水经》记宜春观曰："此秦上林故地也。"《史记》载上林所起曰："作朝宫渭南上林苑中，先作前殿阿房……则宜春、阿房皆秦苑故地也。"

北魏郦道元的《水经注·渭水》有："（涝）水出南山涝谷，北径汉宜春观东，又北径鄠县故城西。涝水际城北出，合美陂水。（渼陂）水出宜春观北，

东北流注涝水，涝水北注甘水而乱流入于渭，即上林故地也。"这里所说的宜春观，指的是位于户县城西、渼陂水南的一处台观。

隋甘泉宫遗址

《古今图书集成》："甘泉宫，隋宫。在鄠县西南二十里，对甘谷。"清康熙二十一年（1682年）《鄠县志》载："甘泉宫在鄠县西南二十里，对甘泉谷。"据考证，甘泉宫遗址在县西南约10多公里的石井乡栗峪口之老牛坡下。其宫虽废，但遗迹尚存，依稀可见依山建筑，有甘泉，水甘冽，天旱不涸。明正统元年（1436年）在其址修建明阳寺。明正德十二年（1517年）立《重修明阳寺记》碑一通，载有"甘泉故址"等字。栗峪河入涝河处即是渼陂的上游。

唐平阳公主庄所遗址

《旧唐书·平阳公主传》："平阳公主，高祖第三女也。……义军将起，公主乃归鄠县庄所，遂散家资，招引山中亡命，得数百人，起兵以应高祖……掠地至周至、武功、始平，皆下之，每申明法令，禁兵士无得侵掠，故远近奔赴者甚众，得兵七万人……营中

号曰'娘子军'。"清康熙二十一年（1682年）《鄠县志》："唐高祖举晋阳，平阳公主起兵应之，陈兵于此。"今陈兵坊即其旧址，属甘亭镇，位于县南2.5公里处，在涝陂东岸。

甘亭遗址

《史记·夏本纪》云："于是启遂即天子之位……有扈氏不服，启伐之，大战于甘。"《史记集解》马融曰："甘，有扈氏南郊地名。"《史记索引》又云："夏启所伐，鄠南有甘亭。"从《集解》和《索引》对《史记》"大战于甘"的注释看，甘即甘亭，是有扈氏国（今户县）南郊地名。《后汉书·郡国志》云："鄠县属右扶风，有甘亭。"宋代宋敏求《长安志》云："甘亭，在鄠县西五里。"清《关中胜迹图志》云："甘亭，在鄠县西南五里。"甘亭位于户县西南五里处，是一处古战场遗址，当在涝陂范围以内。由于其名屡见于古籍，便有以甘亭作为户县的代称。如清康熙年间鄠县知县吴庭芝所撰书诗碑标题为《甘亭十二景》。

故城遗址

《元和郡县志》载："故鄠县城在县北三里。"《陕西地理沿革》载："鄠县故城，在今户县北二里。相传夏有扈氏居此。秦设鄠县，鄠与扈古时通用。隋大业十年（614年）县治迁至今县城。"《太平寰宇记》："汉于故鄠城置县，其城周四里，颓垣尚在，今泯矣。"其遗址在今甘亭镇韩村附近，距涝陂北岸不足五里。

涝陂书院遗址

王九思授徒处。遗址有二：一、在县城西北五里涝陂畔，又称十亩园。《古今图书集成》载："十亩园即涝陂书院，内有春雨亭、紫阁峰，阁内遗像存焉。康对山石碣记其胜。"清雍正十年（1732年）《重续鄠县志》云："空翠堂（位于涝陂）建于北宋，与涝陂书院东西连接。"二、康熙二十一年（1682年）《鄠县志》县治图中，绘有涝陂书院一处，其位置在今县城北街县剧团附近，传为王九思后人重建。

明道书院遗址

清乾隆三十四年（1769年）知县舒其绅为纪念明道先生（程颢）与地方士绅创建。位于县城西街，即今西街小学址。

二曲书院遗址

位于县城西南五里的玉蝉乡孙家砭学校内。清乾隆四十二年（1777年）《鄠县新志》载："王徵士心敬为别墅于此，期以成日，邀其师二曲李徵君颙讲学。维时学宪毗嵩高公闻其事，为之建坊，书'二曲书院'，……嗣前令金君廷襄建后堂。"

第三节　民风民俗

历代《户县志·官制》云：（户县）讼简民醇，粮完易治。说明户县民风淳厚，民人忠实。

以下为民国二十二年（1933年）记述历代修志者对户县民风民俗的演变见识。虽然是从时风世态观民风，未对具体民俗事项予以论述，但可见时势对民风的影响。

（明）太史王九思曰："班固言丰镐之民有先王遗风，好稼穑务本业。其后去本就末，崇侈靡远先王矣。呜呼，此就汉世言之耳，其后盖又可知也？如吾邑成化初，服食器用、嫁娶送死，俗尚简朴。闾阎多敦厚长者，尽力于田亩，无游荡者。以此多富实，兴于礼让矣。

一变而弘治初，渐入于奢，然旧风未殄，其犹可观焉。逮其末年益大变，相兢以弊浸淫，至正德极矣。……乡邑老少习为浮华，见朴实忠厚者，不侮则笑之。又抉人短长以为能，不论德行，论富论势力。以此成俗，求如成化时不可，况望其上乎？"当然这里主要说的是乡村的富裕阶层的风气，但富裕阶层正是社会风俗的引领者。

明成化年间，也算是明代的所谓盛世，所谓仓廪实而知礼仪。到正德、嘉靖之世，大明在一步一步走向衰落，世风必然每况愈下。到万历年间，王九皋竟曰："延至今大朴日散。或用机械变诈之巧，所争者蝇头利耳。藉令太史公见之，又不知何如其恫也？"

到万历末崇祯初，至王九思论风俗100余年，知县刘璞列举了当时户县的种种弊端，以及造成民不聊生的原因，但作为当政者也无能为力，感慨道："民所重累在此矣。他犹有淳朴之遗也？"

到了康熙年间，知县康如琏认为："户事惟士风民俗甚有可观，缙绅爱鼎竽牍不入，青衿多守卧碑之训，绝迹于公庭，而野无吞舟之民，衙鲜舞文之吏，令行禁止，易于从风。"

乾隆年间，太史孙景烈认为：户

县"士习端而风俗正……无惭民表，以故民间风俗纯良，急公尚义，赋不鞭笞而早输，役则招呼而即赴"。此二修志者，正处康乾之世，民人相对殷富，正所谓"仓廪实而知礼仪"，民风自然淳厚。

"今之时为何如乎？入其村半属荒墟，昔日之疮痍犹在，至其乡多成瓦砾。近年之痛苦犹深，水旱连年，兵匪交迫，政繁赋重，人不聊生。民穷至此，其风俗盖可知矣！"清末至民国二十二年前后，战乱频仍，灾荒不断，尤以民国十八年（1929年）关中大旱三年，酿成大年馑。如此情境何谈民风民俗？

以上记述虽有时代原因，致使民风刁悍、人心浇薄，但综观户县民风民俗，也正如班固所言："丰镐之民有先王遗风，好稼穑务本业。"户县作为传统的农耕社会，其民风民俗必然附着于其社会肌体上生发、演变、延伸。

户县人重年节，四时八节均有相应的活动，尤以春节隆重，清明节各家族也庄严祭祀祖先。除通行的年节活动之外，户县各村社都有社会，一般在夏忙罢或秋忙罢，有一年一会的，有一年两会的。届时亲友互相走动，联络感情，交流生产经验。虽时间较短，但特别隆重，往往唱戏三天助兴。

婚丧嫁娶基本上遵循古老的礼仪程序，随着时代推移虽有形式的变化，但实质或隐或显地保留着。比如婚仪，虽明里没有了"父母之命，媒妁之言"，但父母干涉子女婚姻时有发生；虽不遵循"六礼既成"的规程，但彩礼是少不了的，甚至越是贫穷的地方彩礼越重。迎娶的仪式虽然复杂，但都是以喜庆为目的；也有各种讲究和忌讳，如"姑不娶，姨不送，妗子婆送没了命"等，但多是应景，并不十分严格。

丧仪比较重视传统。有钱者极尽哀荣，披麻戴孝，七天祭祀。有所谓家祭礼，哀乐配响，礼宾奠仪，甚至有"通神点主"的。无钱者也哭丧祭奠如仪。丧仪中的忌讳，老年人还是非常重视的，如挖墓的不回食、报丧者不理熟人等。

衣食住行上，户县人基本上奉行祖辈传统：以简朴为主，民间有"吃饭穿衣量家当"的通则，鲜有追求奢华的。民国年代，多穿清代民间服装的演变形，不管男女上身均为宽大的大襟袄，下身多为宽大的裤子，并扎上裤脚。饮食以面食为主，早晚稀饭馍加小菜，午饭较为讲究，也不过是油泼辣子黏面。

住房多是土木结构，讲究者三间大房，外带两厢厦；轻者也有住草房的。

户县作为农耕地区，其生产上的习俗颇多。除了不违农时，如"参后晌，麦种上；参端咧，种欢咧；参不落地不冻，豌豆麦子尽管种"。在具体作业上也有许多讲究，其中有"八月犁地不拿糖，不如家里坐"，撒种讲究"一步一扬手，漫天撒星斗。不稀又不稠，来年吃馒头"等。其他如灌溉、攒粪、碾场、晒麦、摞积、铡草、打胡基，都有一定的讲究，这些都是农民群众在长期生活生产中的经验积累，进而形成民俗。

户县人有普遍的泛神信仰，见佛信佛，遇道信道，马王爷、牛王爷、送子娘娘、关老爷无不信奉。而县域北部还有三尊游城隍，每年甲村接乙村送，十月中旬则举办祭祀大会，届时大戏、杂耍、商肆、食摊，规模宏大，形成了实际上的物资交流会。

户县民间将刘海视为散财之神，人们常张贴此类画，以取吉利。在传统年画《福字图》中，刘海戏金蟾与和合二仙、天官、财神、麒麟送子、状元及第等合绘在一起，充满了吉祥、喜庆的气氛，很受人们欢迎。地方戏曲有《刘海戏蟾》《刘海砍樵》《刘海与梅姑》剧目，木版年画有《刘海撒金钱》。千百年来，户县民间称他为"增福财神"，将他视为能给人带来钱财、子嗣的吉祥神。

第四节　历史人物

渼陂周边及涝河流域自古至今有许多名人与渼陂有着不解之缘，他们或对渼陂的维护建造有所贡献；或游览渼陂留下美好的诗篇，为渼陂提高知名度贡献了才华；或在渼陂周边居住占位，厚重了渼陂的历史沉淀，增添了景观的知名度。

3000 余年来，无声无息地坐落在渼陂西岸的王季陵，见证了渼陂的兴起、繁盛以至于衰落。虽然它也从昔日金碧辉煌的王室陵墓沦落为一座孤零零的墓冢，然而它像沦落到民间的王子，难以掩饰的高贵身份与不同凡响的名位，使人们感到它存在的不可或缺。凡到渼陂游历的古今雅士，无不顺便瞻仰它的风姿，留下脍炙人口的诗篇。无疑它与渼陂共同建树了盛唐时期的辉煌。陵墓主人就是季历。

季历，本名姬历，古公亶父第三子。周文王之父。殷王祖甲二十八年（前1231年）即位，称公季，周武王灭商后追尊为王季，也称周王季。季历继位后，秉承古公遗道，治理周宗，发展农业，推行仁义，使周逐渐强盛，很多诸侯都来归顺。商王承认季历为西方霸主，号称西伯。周的强大终于引起商王的不安。商王文丁为了遏制周族势力，以封赏为名，将季历召唤到殷都，封为方伯，号称周西伯，实则软禁了一段时间后，以莫须有的罪名将其杀害。

季历死后，先"葬于楚山之尾，灓水齧其墓"，露棺而出，改葬于渼陂西侧，为渼陂之古迹。

王季的孙子，姓姬，名旦，周文王的第四子，周武王的同母弟。因采邑在周，称为周公。在周灭商之战中，"尝左翼武王，用事居多"。武王死后，其子成王年幼，由他摄政当国，建树很多。在任期间制定了影响中国数千年的"周礼"，为孔子、孟子以及后世大儒所推崇，被尊为儒学的奠基人。周成王十七年，周公作《无逸》，请求告老于丰。退休后居住在户县城郊的姬家堡，距其祖父季历陵仅三里。古今雅士先到渼陂，再来瞻仰王季，必然感受到周王业的伟大，联想到近在咫尺、周公曾居住的姬家堡，无疑使游历的心理得到升华并产生一种神圣的崇高感。

建元三年（前138年），汉武帝微行始出，北至池阳，西至黄山，南猎长杨，东游宜春，微行常用饮酎（师古注：三重酿醇酒也）已。八九月中，与侍中常侍武骑及待诏陇西北地良家子能骑射者，期诸殿门，故有"期门"之号自此始。微行以夜漏下十刻乃出，常称平阳侯。旦明，入山下驰射鹿豕狐兔，手格熊罴。这也验证了茂陵（汉武帝陵在兴平）人与熊格斗的石雕。一方面说明汉武帝饮过三重酿的酎酒，不顾帝王金玉之体，冒风险与猛兽搏斗的勇武；另一方面为户县涝河流域留下一段佳话。

也就是这一次，汉武帝确定将上林苑扩至周至县界，户县全境含于上林苑内。因而，当时称为西陂的水域，也即后来的渼陂成为皇家游览之地。所以文人雅士游历渼陂，即联想到西陂，由西陂连带出汉武帝遗事，使渼陂的历史文化品位得到提升。

杜甫，字子美，自号少陵野老。我国伟大的现实主义诗人，留下1400多首诗歌（一生作诗3000多首），深刻地反映了"安史之乱"前后唐代社会由盛而衰的真实历史面貌。自唐以来，其被看作一代诗宗，被尊为"诗圣"，其诗歌被公认为"诗史"。在艺术上力倡"转益多师"，吸收融合各家之长，又坚持"别裁伪体"的批判精神，成就极高，以律诗和古体见长，具有"沉郁顿挫"的独特艺术风格。

杜甫于天宝十三载（754年）前后多次游览渼陂，留下了《渼陂行》等诗篇，为渼陂胜景与史实留下了宝贵的资料，成为研究盛唐时期渼陂的第一手资料。

韦应物，京兆万年（今陕西西安）人，是唐代著名的山水田园派诗人，与王维、孟浩然、柳宗元并称"王孟韦柳"。其山水诗言辞优美，感受深细，清新自然而饶有生意，也有反映民间疾苦的政治诗。韦诗各体俱长，七言歌行音调流美，五律一气流转，情文相生，耐人寻味。五绝、七绝清韵秀朗，以五古成就最高，风格冲淡闲远，语言简洁朴素，有"五言长城"之称。

韦应物于唐代宗大历十三年（778年）任鄠县县令。"公堂日为倦"时，常到渼陂游览，留下许多美好诗篇，成为研究渼陂的重要史料。

程颢，字伯淳，北宋嘉祐二年（1057年）中进士，任鄠县主簿，学者称"明道先生"，是北宋哲学家、教育家、诗人和北宋理学的奠基者。

程颢任鄠县主簿时，遍游终南山诸胜迹，所留文字为研究户县地理历史的宝贵资料。其有《游月陂》诗，似为游渼陂所作。

王九思，字敬夫，由进士选翰林院庶吉士，授检讨，擢吏部郎中。因刘瑾案罢官归里。

王九思家居县城北街，距渼陂仅三里之遥。童年时因其家在河湾有田地，经常到渼陂附近玩耍。罢官后，在渼陂东岸建有渼陂书院，著书立说，教授生徒。写有《渼陂镇重修石桥记》等有关渼陂的诗文，也自号"渼陂"。

张宗孟，字泗源，山西定襄人。由戊辰进士授鄠县令。到任后，为抵御李自成农民军，重葺县城四门，创悬楼二十四座，建堡六十六处，设火具。又建市中心楼，重修大成殿，移泮池棂星门外。张宗孟因军事之需，修复渼陂部分景观，修起空翠堂。

王心敬，字尔缉，学者称"丰川先生"，县城北街人，著名理学家。为周至李二曲高足，一生著作等身。

曾受清廷两次征召，皆以胸疾未应。

王心敬居县城北街，距涝陂仅三里之遥，经常与友人共游涝陂，歌颂残存的景物，感叹世事的沧桑，同时以物喻人，清操永葆。

杨伟名，县城北街人，20世纪60年代曾以《当前形势怀感》上书中共中央及省市各级党委，受到当时省地一级领导人的重视。中共八届十中全会重提"阶级斗争"，杨伟名受到毛泽东主席的批评。"文化大革命"期间杨伟名被批斗，受到人格上的侮辱，夫妻双双自杀。20世纪80年代以后，该文再次引起社会的关注，一些历史学家、经济学家、新闻媒体纷纷发表文章，高度评价《当前形势怀感》，杨伟名也被誉为农民思想家、乡村哲人。其《当前形势怀感》的事实，大量取材于涝河及涝陂周边的农村。杨伟名去世后葬于涝陂岸边。

马宏智，原户县文化馆馆长，中国民俗学会会员，陕西民俗学会理事，民俗学专家，农民画辅导家，也是20世纪70年代户县农民画活动的主要领导者。其与同仁共同策划，将户县农民画推向全国，尤以1975—1976年在北京美术馆展出和全国八大城市巡展出名。著有《年节趣话》《上林苑风情》《户县氏族寻根》《关中风情》《涝陂胜迹要览》等民俗学专著。其研究精到，内容广泛，深受同行与读者的推崇。其中历时十数年编纂的《涝陂胜迹要览》，为涝陂文化的研究提供了大量翔实的资料。

户县农民画闻名全国，在涝河流域、涝陂周边生长了十几位农民画家。他们都以自己的画笔抒写涝河流域及涝陂周边的风土人情、风物地貌，为涝陂增色不少。

第二编·文化

建筑文化、书院文化、祠堂文化、园林文化、墓葬文化、宗教文化、戏曲文化等，都是历史文化的凝聚，反映了时代的变迁、社会的演进。而民俗文化包括生活习俗、社会习俗、节令习俗、生产习俗等，更是所有文化的根本所在。

【建筑】

渼陂周边有许多古代建筑，大都以历史的久远、形制的古朴，映射出渼陂文化的含量，即使像蕢阳宫、宜春观那样的遗址，也透露出渼陂文化的历史价值。像公输堂那样国宝级的木制建筑，更反映出渼陂文化的辉煌，太史桥横亘在涝河古道，诉说着历史的沧桑。渼陂周边的民居，则凝固着当地人民生存与生活的节律，透视着劳动人民的聪明智慧。

第一节　皇家建筑

秦萯阳宫

萯阳宫遗址的具体方位，历来有曹村和陂头之争论。但从大的范围来说，两处都应属于涝、陂范围。

清代康熙年间康如琏编《鄠县志·古迹》载："秦萯阳宫在县西三里，秦惠文王所造也。秦王政九年，嫪毐作乱，族，迁太后于雍萯阳宫，即此。父老相传，今陂头东岳宫即其旧址。"萯阳宫之"萯"，《说文解字》谓：萯者，王萯也。由此可知，萯阳宫在王陵之侧、渼水之阳，占据着风水宝地。

山之南为阳，水之北亦为阳。秦萯阳宫建在一泓碧水（渼陂）北岸，其名称与地理位置相统一。民国初年，陂头村北堡吴孝春、吴孝友在处理后墙地基时，挖得萯阳铜鼎卖给西安古董商。1995年11月，周晓在《文物》杂志发表文章，论证此鼎为萯阳宫遗物，并做出萯阳宫在渼陂的论定。

宋代鄠县有萯阳乡，管五萯里。宋人所撰《太平寰宇记》和《长安志》载鄠县设有萯阳乡，而此时曹村尚归周至县所辖。据明代《鄠县志》载，鄠县仍然设有萯阳乡，下辖渼泉里（陂头地区）。不同历史时期的萯阳乡、五萯里、渼泉里皆指陂头，直到新中国成立后此地仍称渼陂乡。渼陂湖北侧至今有萯阳宫遗址。

萯阳宫在涝河上游曹村一说，依据是《三辅黄图·秦宫》的记载："萯阳宫，秦文王所起，在今鄠县西南二十三里。"明崇祯十六年《鄠县志》载："秦萯阳宫，在鄠县西南二十有三里，秦惠文王所造也。秦王政九年，嫪毐作乱，族，迁太后于雍萯阳宫，即此。"1982年在县城西南约二十三里的白庙乡曹村东门外发现元延祐六年（1319年）刻立的《创建崇真观碑》，文中有："秦之萯阳宫故址在焉，信夫天壤间自昔为佳处也。"

以上诸说，均有一定根据，因之一并入志，供参考和留待进一步考证。

秦萯阳宫的来历，源于"秦王囚母"这一事件。清康熙《鄠县志》载："萯阳宫在县西三里，秦惠文王所造也。秦王政九年（前238年），嫪毐作乱，族。迁太后于雍萯阳宫，即此。父老相传，今陂头东岳宫即其旧址。"秦王政九年四月，在秦故都雍县（今凤翔县）蕲（qí）年宫举行冠礼，准备次年亲政。同太后私通多年且被封为长信侯的假宦官嫪毐（lào ǎi）害怕丑行暴露、大权旁落，就用太后的印玺调兵包围秦王嬴政的驻地蕲年宫，企图叛乱，事败后被车裂。之后秦王又在太后住地搜出其与嫪毐的两个私生子"捕而杀之"，

并将太后迁囚于萯阳宫。一年后齐人茅焦冒死相谏，才得以迎回咸阳。萯阳宫远离咸阳，免于秦末兵火，在汉武帝、宣帝、成帝时还被作为上林苑的离宫使用，后来史书再未提及，很可能在西汉末年毁于兵燹战火。此事在《史记》《资治通鉴》中均有记载。

宜春观

《关中记》载，秦上林苑中有三十六苑、十二宫、三十五观。三十六苑中有供游憩的宜春苑。南宋政治家、学者程大昌在他的《雍录》一书中，对上林苑做了颇有见地的表述："秦之上林，其边际所抵，难以详究矣！《水经》于宜春观曰：此秦上林故地也。《史记》载上林所起曰：作朝宫渭南上林苑中，先作前殿阿房。……则宜春、阿房皆秦苑故地也。"

依据程大昌的定位，宜春观和阿房宫都在秦上林苑中。阿房宫位置清楚，而宜春观却在何处？北魏郦道元的《水经注·渭水》有记："（涝）水出南山涝谷，北径汉宜春观东，又北径鄠县故城西。涝水际城北出，合美陂水。（渼陂）水出宜春观北，东北流注涝水，涝水北注甘水而乱流入于渭，即上林故

地也。"这里所说的宜春观，指的是位于户县城西、涝陂水南的一处台观。

《史记·秦始皇本纪》中的"以黔首葬二世杜南宜春苑中"，即指此苑；唐颜师古在注说此苑时，也讲"即今曲江池"之地。因该苑中又建有宜春宫，故后人往往将曲江池的宜春宫与户县的宜春观混为一谈。对此，颜师古在注《汉书·东方朔传》时已经做了澄清："宜春宫也，在长安城东南……在户者，自是宜春观耳，在长安城西。"显然，虽"宜春"同名，却宫、观异地。

第二节　宗教建筑

公输堂

又名源远堂、祁村宫。位于距县城 11 公里的涝河下游渭丰乡祁南村，为全国现存唯一的小木作天宫楼阁式古代建筑。其雕刻精细绝伦，巧夺天工，似乎得木匠祖师鲁班（公输班）真传，故得此名。

据传元代天历年间，山西太原府祁县南渠里李金荣创立"圆顿正教"（亦称"白阳三会"《户县文物志》），被尊为教主，其势力逐渐发展到陕西关中一带。明天顺至成化年间（1457—1487 年），人称"单四爷"的教徒为传教从四方集资，在祁村组织能工巧匠，历时 11 年建成"源远堂"。堂内天宫楼阁的各个佛龛内原供有众多佛像，故又名"万佛堂"。

公输堂是集建筑、雕刻、绘画于一体的明代建筑瑰宝。原有殿堂四进，由于年代久远，前三进已荡然无存，只留下藏有天宫楼阁的最后一进。此进面阔三间，进深 7.13 米，高 6.10 米。外观朴实无华，为普通的硬山式建筑。但内部却是"满腹锦绣"，楼楼并列，阁阁相连，层层叠叠，气象万千。

公输堂最可贵的是内部的雕刻和彩绘，堂内东次间中室门框上雕刻的一副沥粉贴金楹联云："法堂巍巍雕刻若得公输巧，圣像翼翼彩绘似有道子能。"这是公输堂雕刻和彩绘技艺的真实写照。由于刻工异常精细，虽是木雕，却给人以象牙雕刻之感。所雕的花卉不但刀笔洗练，美轮美奂，而且形态丰润饱满，生气盎然。公输堂每间外檐都设有极其精细的六抹透花隔扇门，步入堂内，犹如进入雕刻艺术之宫，宛若置身于天宫仙境之中，满目是精雕细刻、玲珑剔透的木雕艺术品，其技术堪称鬼斧神工。门额上饰以出五跳斗拱，斗拱上又置异常华丽的重楼。门内则为富丽堂皇的天宫楼阁，阁顶为斗八藻井或斗四藻井。天宫建筑极富变化，有各式繁复精巧的重楼、三重楼、角楼等，堂阁多达213栋。阁与阁之间用飞廊连接。天宫结构自下而上共六个层次，最下为隔架，向上依次为垂挂平台、斗拱平座、楼阁底层、楼阁二层、楼阁三层，最上为藻井。上万件构件，件件相套，层层组合，交织出密集的几何形图案，此种格板套合的箱体结构，是一种比较少见的独特的结构方式，其特点是用材轻巧，整体性好，不易变形。现代新型集装技术以及航空方面多采用此种结构方式。公输堂结构除轻巧牢固之外，还具有很强的装饰效果，如同《阿房宫赋》中所说的"廊腰缦回，檐牙高啄；各抱地势，钩心斗角。盘盘焉，囷囷焉，蜂房水涡"。这种斗拱密集如蜂房、藻井回旋似水涡的造型，既严谨又华美，富于韵律感。

堂内有八块镂空板门，上半部均由各种不同形状的花朵组成，花心均镶有明珠，犹如满天繁星，更增添了天宫楼阁的豪华景象与神秘色彩。每朵花都称得上一件雕刻艺术珍品。一个很小的套锁梅花竟由24件形态各异的花瓣组成，而且不用任何黏合剂，全部镶套穿锁而成，合缝严密，浑然一体，精巧至极。这些雕刻能给人以愉悦和享受，还能给建筑设计、艺术家以借鉴和灵感。

公输堂遍饰彩绘，沥粉贴金，五彩缤纷。其用料系由石蓝、石青、石绿等石质矿物颜料和赤金等调配而成。作画方式采用现已濒于失传的"卧金点翠"与"紫龙罩"工艺，故而色泽鲜艳，经久不变。虽然画面不大，却极其精致纤巧，一笔一画，异常工整，线条、设色俱佳。所绘仙草花卉、龙凤博古等各富神姿，尤其是数十幅人物画，或道侣捧圭，或仙姬出游，或讲经论道，或捧茶献果，无不传神达意，栩栩如生，令人叹为观止。

公输堂的珍贵价值引起了国内有关专家的高度重视。著名文物、古建专家郑孝燮、罗哲文、单士元于1990年6月13日来户县对公输堂进行极其仔细的考察。陕西省文物事业管理局1990年6月19日印发的一号"送阅件"中，三位专家认为："户县公输堂是600多年前按照宋代《营造法式》建造的天宫楼阁小木作实物的再现。它比北京故宫建造的年代要早，它不仅是模型，而且也是历史实物。公输堂应是国家一级国宝，全国目前尚未发现第二个这样的小木作。这个小木作是按比例做的。历史、科学、艺术三个方面的价值都具备。"

玉蟾宫

古朴的玉蟾台道院，朱红色庙门坐北朝南，两侧有楹联："碧水长流传道楼台怡胜景；绿云环抱吐月纳福济苍生。"庙门两侧墙上各有两组垂直排列的八卦符号，左侧为"坎卦"卦象，坎为水，表现出阳入阴中内刚外柔的表象；右侧为"离卦"卦象，离为火，内空外明，为光明接连升起之表象。庙院居中建有三门五间的三清殿，供奉道教三清仙境的三位尊神，即玉清元始天尊、上清灵宝天尊、太清道德天尊。西侧为三间五圣宫，供奉北帝、龙母、天后、三界、伏波，合称五圣。东侧便是三间刘海殿，正面刻有"玉蟾台刘海庙"，供人们奉香祭拜。门外东侧廊下有一通石碑，一面刻有刘海像，左右两侧刻着苏东坡的诗句："仙根曲抱生刘海，神水渼陂戏金蟾。"另一面刻有刘海戏金蟾的神话故事。走进殿内，中间穿蓝色长袍的就是增福财神刘海。只见他右手高扬牵着一根金线，拽着三足的蟾蜍。蟾蜍挺身直立，红舌长伸，身下涌起层层水浪。

这只三足金蟾大有来历，被认为是灵物，系上古厥阴之气所化生，其身青黑，遍布金点，白睛金珠，集五行之气于一身，以天地精气为食，善嗜咬金而储，三足乃应三才之数。刘海庙被称为"玉蟾台"，也是因为能吐出金钱的蟾蜍肚白如玉。

曲抱村西边有三角池（即金蟾池）、点丹桥、吐丹桥等遗址，台南 500 米处有刘海戏金蟾之三角金水池和古石桥遗迹。

化羊庙

亦称东岳庙，位于距涝河 15 公里的庞光镇化羊峪口，为省级重点文物保护单位。

化羊庙，雄踞于庞光镇之南化羊坡上。南连秦岭叠峦，东有鸡头（山），西有牛首（山），一水傍依，松柏环围，竹林葱翠。1957 年被列为省级第二批重点文物保护单位。

化羊庙以其山奇水秀赢得历代文人宦士的溢美之词。明代著名文学家、邑人王九思称："吾户山水之胜，兹地为最。"

据史考，化羊庙始建于五代后唐时期，至今已有千年历史。该寺主供道教崇敬之神——东岳大帝，故名东岳庙。宋真宗大中祥符五年（1012年）改名华阳庙，始由道士住持。后因道士后继无人，于清初将庙产交由庞光镇七堡（穆家堡、杨家堡、宁家堡、化东、化中、化西、五庄）。七堡以华阳庙地处化羊坡，遂改名为化羊庙。从此，化羊庙和庞光镇七堡相依共存。七堡各推神头一名，由神头推举一名主管，称庙主，统管庙事。20世纪70年代，七堡成立化羊庙景区建设理事会，负责庙会秩序及庙宇修葺。

化羊庙原占地500亩，有古建筑群130间，殿宇20多座，依山傍水，分布于化羊坡上，错落有致，互相对应。从寺外入内依次为头天门、二天门、马仙楼、戏楼、五岳献殿、五岳正殿、山门、五瘟殿、东西廊坊、亭阁、东岳献殿、东岳正殿、东岳寝宫、娘娘殿、菩萨殿、药王殿、财神殿、三星殿、库官殿等。

五岳正殿供奉东岳黄飞虎、南岳崇黑虎、北岳崔英、西岳蒋雄、中岳闻聘，皆为《封神榜》中所封之神。正殿门楣：

春季为四季之首，东岳乃五岳之魁。足见武成王黄飞虎地位之显赫。庙中心位置专修东岳献殿、正殿及寝宫。

娘娘殿供奉"三霄姐妹"：中为送子娘娘云霄，右为催生娘娘碧霄，左为褓生娘娘琼霄。民间祈子，先由大姐云霄恩准，再由二妹碧霄催生，降生之后交由三妹琼霄以襁褓包裹，交给祈子之人。

化羊庙历经沧桑，古建屡毁屡修，上述殿堂多为元代重建。从明宣德元年（1426年）至清宣统二年（1910年），曾七次修葺。1939年，为避日本飞机轰炸，西安师范和女子师范迁至化羊庙，合并后成立陕西省立户县师范学校。新中国成立后原建筑大部尚存。1958年至1968年，户县又先后于此办起太平农中和庞光农中，庙内古建少有损毁，至"文革"中几被毁尽，仅存古建19间，五间东岳献殿完好无损。

东岳献殿至今约700年，历代均有修葺。殿5间6楹，进深6.3米，单檐式庑殿顶，檐下施平身科出两挑五踩斗拱。1988年县文管会大修一次，梁柱等主要构件仍保持元代建筑风格。有金刚殿5间6楹，硬山顶，檐下施以斗拱，为清嘉庆、道光年间修建。有戏楼 3 间，进深 9.62 米，硬山顶，斗拱出两跳双下昂，为清道光后期修建。20 世纪 90 年代以来，当地群众多方筹资重建了东岳大殿等多座殿宇，欲逐步恢复昔日规模。

东岳庙

东岳庙位于距涝河 10 公里的甘河堡东北。据残碑载，该庙创建于汉武帝建元六年（前 135 年），历晋、唐、宋、元，皆有所修葺。传说明万历年间，四川王状元（名佚）来东岳庙还愿，重托东滩（今胜利村）人王贯翻修庙宇，改换金身，其整体布局和建筑颇为宏伟。庙基宽 30 丈，长 130 丈，总面积 60 余亩。

南端正中城楼式的山门楼，以砖、石砌成门洞，安着铁皮包裹的两扇大门，台上盖着若似户县中楼的三间楼房，二层是一间楼阁，塑着魁星神像，称魁星楼。北距山门楼 40 丈，盖有面北的三间小戏楼，前檐四柱皆明，故两侧的人都能看见演员的动作。此楼距五岳献殿约 25 丈，其剧场之宽广鲜有伦比。

五岳大殿和献殿，是五间一线起的两对檐，檐下是青石丹墀，上有铁丝网络。献殿前檐东西两间，安着满间大窗，当中三间是十二扇格子透花门，雕刻精细，玲珑秀丽，正中悬挂着一面斜镶刻花边的金字牌，刻有"生死都尉"四字。为赵山嵋书，铁画银钩，笔力苍劲。

大殿高耸巍峨，供台中塑着东岳黄飞虎，左边依次为南岳崇黑虎、北岳崔英，右边是中岳闻聘、西岳蒋雄。台下东西列着四位帅神，四壁绘着《封神演义》中人物，工笔彩色，形态万千，惟妙惟肖。殿房上五脊六兽，碧瓦琉璃，殿内雕梁画栋，山节藻棁，立平卧枋，升斗狼牙，榱题数尺，一檩五件，更有青石台阶，方砖铺地，朱红漆柱，支撑殿宇。院中竖着雕像石碑八块，东边三碑一条龙，一碑大小两狮子；西边两碑雕凤凰，两碑刻麒麟，画图逼真、精致，现存省历史博物馆。

五岳殿后六七丈处是三间拴马房（人称马神殿），中间为走道，两边塑两匹骏马和牵马将军，身躯魁梧。四周以方木做栏，以防破坏。

马神殿北五六丈处盖着五间面向北的大戏楼，两边有两座三间大房，以供演员住宿。戏楼与三间大房中间，盖着出入门楼（人称鸳鸯门），双扇红漆大门扇，大泡钉横列四排，青铜双环悬挂中间，斜阳照射璀璨耀眼。

戏楼隆脊高起，气势恢宏，前檐一条通檩，斗拱结构，彩绘新颖，中间青龙，左右相对为凤、鸡、羊，姿态自然，活泼如生。戏台基高五尺，前面浮雕狮子滚绣球，西北角浮雕卧牛犁地。

戏楼北二十五六丈处，即东岳殿前门楼，偏东南有铁烧纸炉（新中国成立前伐树损坏），稍东北有钟鼓二楼分建左右，一对铁旗杆矗立东西(毁于地震)。左右偏旁建有鞍间厢房四间，东两间做账房，西两间做汤房。更有六七座记事石碑，屹立两边（破旧无存）。

步入前门，一眼望见东岳三间献殿和两厢二十四间走廊庙。前门内是长方形四合院，院中筑着十字通道，两行古柏四季常青，牡丹、秋菊、冬梅，红、绿、黄、白，罗列其中，游人到此，莫不心旷神怡，如入仙境。西厢十二走廊庙，塑着十殿阎君地藏孤魂。东厢十二间走廊庙，塑着三官、文王后妃、财神、城隍、土地神像。

东岳大殿、献殿、寝殿是三间三进一线起。据说献殿前檐中间是四扇透花格子门，东西两间是八扇花窗，式样相对，雕刻精细，比五岳殿尤工，该殿两偏另盖着蚕姑、醋婆庙各一大间。

四橼庭式的东岳大殿后明柱中间是粉墙和供台，以木板做成暖阁，顶上有天花板，阁中坐着"武成王"，台下两边站着四位帅神，四壁绘着黄飞虎的故事。四橼的中间，是通寝宫走道，东西两檐墙上绘有《墨龙三显》《雄鹰独立》，东岳像粉墙北面画着一只猛虎，这三幅画与两廊庙的屏画都是县南杨会堂老画师的大作，别具魅力，耐人观赏。

大殿北一丈五尺，即东岳寝宫，供台上塑着武成王及夫人坐像，左右两个仕女相对站立，前檐外两角塑着两位将军，目光炯炯，威风凛凛。东西壁上，画着黄家父子的忠、孝、节、烈事迹，安着四扇透花格子门，八扇花格窗。总之东岳三殿的制作，比五岳两殿要大方富丽（为纪念翻修庙宇者，在东岳寝殿供台西边塑着王贯坐像）。

夷齐庙北有厢厦两间，寝殿两旁有两座后门楼，石门墩、高门槛，大门常锁，铁环双悬，以备推敲。寝殿至大戏楼周围全是砖石砌墙，高且厚，利于防匪防盗。

东岳庙历史悠久，规模宏大，布

局严谨，建筑精巧，雕像绘画活灵活现，是关中地区独具特色的庙宇建筑。

娄敬庵

位于户县四大水系之一的古涝河东岸，距县城2公里。

昔娄敬庵地理位置特殊，地势高凸，林木茂盛，清静秀丽。庵西北侧之北坡岭，即青冈岭，是一片古木参天的原始森林，与娄敬庵东侧之原始森林遥相辉映，都是皇家的猎场。庵背后之河岸，是一片竹林。登高望远，南屏终南，圭峰峻美；涝水西绕，清澈见底；古木苍天，鸟语婉转；竹林茂密，景色宜人。因此，自周秦时起，官府就在其地建有驿站，过往官员常在此停歇，观赏风光，围兽打猎。今天驿站的旧址虽已变桑田，但娄村的群众至今还把娄敬庵以东之地叫寨子，就是这个缘故。同时，在今之娄敬庵山门前约200多米处的公路两侧，新中国成立前后有几户人家居住的地方叫汤房，就是因为过往娄敬庵的平民百姓在此喝水而得名。

此地幽静清雅，地理环境特殊。娄敬作为汉朝廷郎中，接受高祖刘邦交付的迁徙六国贵族豪杰的任务。他在关中各地视察之际，就看中此地是个修行的好地方。果然，西汉十一年（前196年）吕后专权，朝廷腐败，韩信、彭越被斩，张良、娄敬激流勇退，连夜逃走，辞官隐居。张良（字子房）初期曾隐居户县紫阁峰北之子房峪（为纪念张良故叫子房峪），而娄敬则"以修仙养性之术择吉居此"。

当时该地仅在驿站西侧涝河东岸风景秀丽的高地上建有一处茅庵。相传公元前400多年的春秋末期，老子由楚入秦讲经，路过此处，曾暂居住。现保存有明万历年所立的《汉关内侯娄敬修道处》大石碑一座为证（石碑现存于光明中学院内）。直至娄敬去世之后，为了纪念娄敬才改称娄敬庵。后经历代扩建、重修，形成了一座规模宏伟的古刹圣地。据明嘉靖十二年（1533年）《鄠县志》载："娄敬庵在今县北安太里（今娄村东边），为海内第二十五福地。"而且历代县志均记载："鄠之有娄敬庵则载诸仙经图志者为日已矣。"娄敬死后，葬在娄敬庵东北300米处的娄村地界。墓为圆形，直径为6米，占地面积160平方米。墓前立有两座相连的高6米、宽3米的砖角楼青石碑，上书"汉关内侯娄敬之墓"并记述其历史功绩。至今碑墓虽已无存，但娄村人一直把此地叫双碑子，即是此故。

相传春秋末期（前400多年）老子由楚入秦讲经时，骑着青牛由此经过，其时天色已晚，就住在这座茅庵之中，至今尚有"老君倒坐娄敬庵"之说，并相传老子曾住过的这块地方是"早种晚收"之宝地。之后的老君殿就建立在这块地方。殿的建造工艺精致，雕梁画栋、刻砖秀瓦、狼牙斗拱、龙头凤翅。尤为可贵的是，殿内老子的身像连石座是用一整块2.5米高、1.5米宽的汉白玉雕刻的，极为精美，实为无价之宝。四方香客前来朝拜，无不敬仰。还有个神话故事，说是"人从娄敬庵过，不知道白兔那里卧"。据传，这个白兔是老君身边的一只神兔，白天上到老君殿前的屋檐下，卧在狼牙木上，晚上下来到草地上吃草，当人们追赶时，又跑到屋檐下卧着。因此，凡到娄敬庵朝拜的香客及游人，都要到老君殿门前仰望这只用木头雕刻的十分精致的白兔，一饱眼福。由于老君在娄敬庵留下许多传说，因而，人们也把娄敬庵称为老君庵。自古以来，娄敬庵就成为有名的道教活动场所。

第三节 人文建筑

文庙（孔庙）

位于涝水东岸县城中楼东北侧，明洪武年间所建，为省级重点文物保护单位。原庙壁、牌楼、名宦祠、乡贤祠、两庑等已经拆除或改建，主体建筑大成殿、明伦堂、崇圣祠和尊经阁等保存完好。历史上数次维修，1996年和2005年先后对明伦堂和大成殿、崇圣祠、尊经阁进行了全面维修，大部分的梁、柱、斗拱仍用明代旧物。

大成殿阔7间8楹，进深16.5米，单檐歇山顶，9脊10兽，四坡流水，周环围廊，外檐施五踩单下昂斗拱，梁栋宏丽，檐楹高耸。殿前露台轩敞，为祭祀孔子奏乐之所在。

明伦堂5间6楹，进深13.2米，硬山顶（原为悬山顶，1984年翻修东山墙时改为现状），5脊6兽，檐下施五踩双下昂斗拱。

崇圣祠与尊经阁是合二为一的二层建筑，楼下为崇圣祠，楼上是尊经阁，面宽13.2米，进深8.73米，5脊6兽，硬山顶。

中楼（文昌阁、大观楼）

位于涝水之滨的县城中心。建于明崇祯八年（1635年），中楼通高24米，楼阁下有砖砌基座，呈方形，四望如一，边长22米，座中有阔5.58米、高4.12米的十字券洞与4条大街相互贯通。"仿会城（西安）之制而为之"，原名文昌阁，清乾隆十年（1745年）重修改称大观楼，因位于县城东、西、南、北四街中心，习惯称为中楼（亦有称钟楼的），为省级重点文物保护单位。楼体为木质结构，广深各3间，外加围廊成5间，楼阁有两层，形制为重檐三滴水，四角攒尖顶。两层楼檐下均施出一跳单下昂斗拱。楼内有扶梯，可登上四面有木格扇门的二层大厅，厅外有回廊环绕，可凭栏远眺四周景色，使人赏心悦目，心旷神怡。在东、南、西、北券洞上端各嵌有长1.83米、宽1米的青石匾额，分别刻有"迎旭、览胜、瞻紫、拱极"八个结体端庄的大字。

中楼历代均有维修，1947年鉴于过往行人车马穿楼过洞诸多不便，将楼四周的房屋拆除，拓宽道路，绕楼而行。1957年和2000年曾两度"亮椽揭瓦"，更换腐朽的椽柱和旧瓦。1980年为了防止基座崩塌，于外围加修40厘米厚的钢筋水泥层，外砌30厘米厚的仿明大青砖，并将原由东南角登楼单台梯改为由东西两边登楼的双台梯，又将原基座上面的砖围墙改为水泥围栏。

据邑进士张宏襟《邑侯张公建文昌阁记》，其初衷为："数年以来，流寇窃发，居人震荡，迁徙不宁。是时，适我邑侯，定襄张公来临兹邑，以为不逞之徒，飘风骤雨，难与争锋，吾独可以固吾圉耳。于是下令邑人，各于险塞筑堡，团结保甲，呼吸相应。又于县城四隅筑为敌台，间以悬楼。城门又各为高楼，冠于其上，于凡守御之备，纤悉必具，寇来野无所掠，攻城不敢，人恃以安。公犹居恒深念，以为彼狡计百出，窃窥可虞，又况城楼列峙，中心无主，必至地脉散越，人文不振，议建文昌阁于城之中以镇之。"可见其实为军事设施，以便城中心居高指挥调动全城军队。当时主要是抵御李自成的农民军。

"鄂之士民，富者输财，贫者效力，欣然赴役，略无龃龉。"而知县张宗孟"又心计腹画，创为成规，躬操绳墨，指授方法，立为程期，数月而竣"。其建筑"不恧于素，高阁嶙峋，上薄云汉，缘于栏楯，周为复道"，可见其宏伟。

此阁之建成，正如文中言："今公于斯阁之建，既有益御寇患，又有以振文风，所谓文事武备，交藏互用，寓大顺于不测，寄军容于俎豆，斯真有得于关雎麟趾之意者，使其经济之才，大展于时，则西周盛不独行之一邑，且以见之天下矣。"300余年来，文昌阁虽屡次修葺，但格局不变，至今仍是户县的标志性建筑。

清康熙五十九年（1720年）立石，吴庭芝撰并书《中楼远眺》：

镐京东渐一西被，此地犹传丰坰遗。
近眺炊烟杂晓露，远瞻山色带晴曦。
冲霄鹤向圭峰缺，泼眼花重渼水遗。
气象万千凭太乙，登临直上逼南离。

空翠堂

北宋徽宗宣和四年（1122年），县令张伋为纪念杜甫而建此堂。"空翠"二字，取自杜甫诗《渼陂行》中"丝管啁啾空翠来"之句。当时的形制，张伋在《空翠堂记》中曰："于是增卑补薄，基址廓焉；去故取新，栋宇壮焉。前驾虚阁以临清流，后辟轩窗以快雄风，规度适中，不僭不陋，气象具存，苟完苟美。"建成后的景观为"升堂远望，豁达无碍。南山之秀，陂水之广，

举目可尽"。与邑居士大夫置酒以乐。但见"小雨乍收，微风四起；岚光水气，相为氤氲。若烟之浮，若露之润。有见于簾楹轩槛间者，明灭变态，不一而止，是何清且丽耶"。

清康熙年间，知县朱文卿重建形制："其制为台五尺，为堂三楹，外缭以垣，涂之白垩也。正前为门，外为坊，共费钱凡百二十余贯。越三月而告厥成。观察手题匾联悬檐楹，书片石置诸壁间。"

今之空翠堂，曲桥长堤，澄波碧流环绕，茂林修竹掩映，气象清绝。每逢深秋晨昏，水汽上升，野烟缭绕于其间，房舍修竹在雾霭中时隐时现，若断若续，煞是美丽，颇有"挹岚光之秀，带清流之美"的感觉。游人至此，仿佛置身于神话世界。前人吟诗曰："稻田屈曲卧水鸥，野烟成带断修竹。昔日泛舟人何在，清溪徒绕空翠流。"

明嘉靖四十五年（1566年）、崇祯十二年（1639年）、清康熙三十九年（1700年）、雍正九年（1731年）空翠堂先后多次重修。现存清代建筑西堂，3间4楹，进深8.40米，硬山式屋顶，正间宽3.39米，次间宽2.70米。东堂为民国建筑，基本保持着它

的原貌。院内现存宋张伋《空翠堂记》及明张宗孟《重建渼陂记》等碑石，记载着当年渼陂的往事胜景。

第四节 桥梁建筑

太史桥

俗称西桥，横跨于县城西门外涝河之上，为省级重点文物保护单位。桥为东西走向，原是东去西安，西走凤翔、汉中之要道。明嘉靖二十一年（1542年）邑人太史王九思倡议并主持修建。桥墩与桥面均用花岗石条砌筑，颇为坚固，桥面长82.8米，宽8.25米，高5.3米，10拱洞，从东第5洞起两侧洞楣上有石刻浮雕23块（南15、北8），分别雕有龙、凤、狮、马、仙鹤、麒麟等。桥体正中有圆雕石龙一条，头南尾北。

时任陕西巡抚的赵廷瑞，撰写《创建太史桥记》，表彰王九思不顾年老（76岁）体弱，率众建桥的功绩，并说："桥梁有司之职也，而乃俾一方耆硕，率其里人自为之，长吏者愧矣。虽号曰太史桥可也。"王九思曾任翰林院检讨（史官），人称王太史，因桥以"太史"命名。

据民国二十年（1931年）《重修鄠县太史桥碑记》："据考诸邑志，桥至康熙四十四年，王丰川记中已称凡四修。此后垂二百年，讫无大损。至光绪中叶，桥洞年久渐淤塞。邑侯中江刘少芸，惧碍行水，醵金谋增高。时董役者弗谙工，拆卸未如法，即增筑潦草竣事，桥内之病自此伏矣！民国辛酉秋，山淫雨洪发，冲圮桥两洞。余虽未圮，亦矼碑不胜车。当议兴修，以兵荒接轸而止。客春干戈弭宁，合邑绅约踵前议。"遂有民国二十年重修太史桥事。碑由邑人赵继声撰文，宋伯鲁书丹。碑原立于县城西门外太史桥西头，今存县文物管理委员会。碑圆首，龟座。首高60厘米、座高45厘米，碑身高173厘米、广78厘米、厚21厘米。碑文正书，24行，行48字，字径2.5厘米。通体保存完好，文字清晰如新。

按：宋伯鲁（1853—1937），字子纯，号芝田，陕西礼泉县人。光绪十二年（1886年）进士。历任翰林院编修、山东道监察御史、清政府掌印御史等职，是杰出的维新志士和著名学者。维新失败后，弃政就文，为名重一时的书法家。

第五节 园林建筑

钓台

钓台者，钓鱼之台，位于城南十里古涝河道、河水之滨西侧的甘亭镇摇西村。

《鄠县志》载："县南十里许，涝水中起一洲，高二寻有奇，名曰钓台。建庙宇，缭以栏杆，堪登眺，不知起于何时。"往事如烟云流失，仙境已不复存在，却有秦砖汉瓦佐证，"鄠之钓台，汉陈平钓鱼处"，可知先为陈平钓台。

明代解元富平刘士龙《游钓台记》曰："钓台，广不逾亩，高仅倍寻，屹立涝河中央。……自美陂而外，胜无逾此矣。台之西，稻畦相错，沿岸皆桃杏间植，春来花发，红霞烂漫，临风欲妖，照水增妍。"可见昔日山明水秀，芳草萋萋，岸上桃柳相映，水中落花粼粼，恰是"半点红尘飞不到，一曲绿水绕将来"的桃源仙境。"钓台花浪"之美，曾为户邑一绝。

民国《重修鄠县志》对钓台的建筑风格做了详尽描述：

钓台广不逾亩，高仅倍寻，屹立涝水中，如金焦数点，汛汛长江，千峰秀色，逐波俱来，几许红尘，一水隔断，泊渼陂而外，胜无逾此矣。台之西，稻畦相错，沿畦皆桃杏间植，春来花发，红霞烂漫，临风欲妖，照水增妍，光华乱射乎远山，姿媚映发于疏柳，此余友张克甫所爱而忘返者也。余谓克甫此中春事固妙矣，至秋冬之际，更难为怀，水石清冷，蒹葭苍瘦，空洲沙明，晴峦雪霁，凭栏四望，体气欲仙。私为评之，春夏蒨润如西湖，秋冬淡爽如山阴，虽四时不同景，而各具一妙也。昔之垂钓者，未详姓名，意其人落落高韵，有登眺而会心者，我知其意不在鱼矣。台之上，最宜虚敞，不知何代于此作阁，叠床架屋，殊为障碍。今年夏，淫潦暴涨，啮台址而阁将倾，则涝水善解人意，而无识者犹眷眷于此阁，是智不如水也。普告韵人，量输金钱，筑其基而去其阁，周围作石栏缭之，使半亩之地一片宽闲。荫古柏而设簟，藉细草以命觞。尘情随清流俱涤，浩歌与空山响答。不居然千古超旷之观也哉！

今之钓台虽存，但不在涝水中央。"花浪"已不可寻，"垂钓"亦无其地。台上仅存庙宇六间，1986年重修了玉皇阁。《游钓台记》碑，镶嵌于阁之东侧。阁内壁间两块石碑，为清光绪间通三氏刊石。

注：秦砖汉瓦佐证：1960年，附近的陈兵坊村掘得古砖一块，上有"鄠之钓台，汉陈平钓鱼处"字样，据此应为陈平钓台。

第六节　民居建筑

涝河、鄠陂一带的传统民居体现了关中民居特点，又有本地特色，展现了长幼有序、主次分明、男女有别的传统文化，体现了儒家文化中"仁、义、礼、智、信"的思想。所用的集大木作、小木作、砖雕、石雕等于一体的表现手法，表达了天人合一、人与自然和谐相处的传统的、朴素的建筑哲学思想。

依据对涝河东岸户县城区现存的西街的王文轩和北街张见龙民居分析，由于这一带传统建筑材料主要为就近采用黄土和木材，因此民居是以木结构以及土坯作为围护。建筑特征是：建筑立面沿街，结构简单合理，住宅平面为一面两次三个开间。堂屋后设门通后院，院内栽植树木，有的设有一檐厦房或简易柴房，供儿女居住或放置柴草。主要结构为木框架和土坯混合，坡顶覆青瓦，台基上立木柱，室间分割

用土坯砌墙。屋顶构造为：在木檩条上搭椽条，椽条上垫草席或木板一层，上抹黏土一层，黏土上贴瓦片。一般的正屋里盘火炕连接锅灶。

距涝河5里的崔家堡村为周代生活聚集区，清末时期建的这个崔氏民居基本代表了涝河、鄠陂一带的民居特点。

崔家堡中巷的民居，仍存有一些传统民居的痕迹。有的人家前院虽盖了新房，后面的房子却是木椽阁楼，三进的四合院，有门房、厅房、厦房、楼房。土木结构，硬山顶，青瓦屋面，清水脊。正中间开长方形上下两扇格子花支摘窗。室内地面铺着条砖。厅房前面本有两对檐厦房各一间，也是土木结构，单坡青瓦屋面。厅房明间隔扇门缺失。二层上安装了格子花窗。下部额枋上刻有"琴、棋、书、画"图案，两侧刻着已经模糊的飞天，飞天衣袂飘飘，图案中间刻着现已辨认不清的各种字体的"鼎"形纹路。

崔氏民居建于清代，坐南向北，整个院落呈长方形布局。厅房三间，砖木结构，硬山顶，小青瓦屋面，灰陶脊。原为二进四合院，有门房、厅房、厦房、上房。上房也是露明式楼房，硬山顶，

青瓦屋面，瓦陶脊。明间开四扇格扇门，两边次间安有上下扇棂格支摘窗。两个次间相对，都是向内开门，门为两扇小板门。两次间里面设有暖阁，都在北面。

据介绍，原来的院子最前面是缩门道三间，房上有五脊六兽，房子的顶额上挂着"兵部正郎司马第"牌匾，门的左右两旁有东厅门和西厅门，门前有上马石和下马桩、落轿石。厅房上面的脊兽用瓦制成，为的是保护木栓和铁钉，防止漏水和生锈，对屋脊的连接部起固定和支撑作用。后来脊兽发展出了装饰功能，并有严格的等级意义，不同等级的建筑所安放的脊兽数量和形式都有严格限制。所谓的五脊六兽，就是这样得来的。厅房的暖阁，是仿皇宫的样式。暖阁外面的半间是佛堂，原有楠木刻的佛龛、佛像，后面的楼房是放兵器的地方。暖阁一般都是大房子隔出来的小房间。暖阁里小小的窗户、精巧的门，门和窗都向内开，有方形格花窗，窗上安着两开四扇步步锦纹隔扇。暖阁的空间很小，一个床占据了暖阁90%的空间，床头上有个小案几，床的正面有木刻的垂花，古典雅致。

崔氏民居现存的几处院宅，虽已残缺不全，但并不影响它的气势，站在街心看过去，一溜儿的飞檐棱角、木质阁楼，这样的一个大户，在当时是怎样的气势？如果保存完整，堪与山西的乔家大院一比！

第二章

【书院文化】

在数千载的中华文明的历史长河中，书院是最清凉与最厚重的承载。书院之名最早见于唐代，但真正具有学术教育组织属性的书院则出现于唐之后。当唐王朝明辉陨落之时，中国历史进入了金戈铁马的五代十国。社会动荡、政治昏聩促使文人士子结庐而居，潜心学问，民间书院渐趋勃兴，从而使得中国古代的教育组织体系在传统官学和孔子创立的启蒙类民间私学组织之外，又增添了一种新的教育组织形式，并在宋代渐趋完善、成熟。北宋时期，出现了闻名天下的四大书院——坐落于峻峭挺拔的石鼓山上的石鼓书院、庐山五老峰南麓的白鹿洞书院、橘子洲头岳麓山间的岳麓书院、古城商丘南湖畔的应天书院。

陕西关中地区自古就沉醉于文化浸润的沃土，从西周起，便出现了集学堂、飨射、祭祀等功能为一体的辟雍，唐代著名文学家、大诗人白居易曾入户县巢阁学习……虽然它们早已化为历史的尘埃，但其精神与内涵却薪火相传、延续不息。

书院的兴起一方面来源于统治阶级兴文重教的一贯传统，另一方面与儒学的新形式——理学的兴起密不可分。理学是书院的精神和灵魂，理学大师朱熹亲自主持拟定《白鹿洞书院揭示》，标志着书院已经成为一种新兴、独特的教育组织跻身于中国古代教育组织之列。宋代理学共分为四大学派，即朱熹的「闽学」、周敦颐的「濂学」、程颐和程颢的「洛学」以及张载的「关学」。其中张载的「关学」正是关中理学之简称，众多关中书院都是以崇仁重实、养气蒙正为关学核心传播儒学教育的，张载及其关学以独特、深邃的理论被关中学人一代代承传下来。从明至清，吕楠、南大吉、冯从吾、张舜典、李颙等思想家兼收并蓄张、程、朱、王众家思想，使关学的格局、内涵和实力不断壮大，也使书院在关中地区保持着强劲的发展动力。在此背景下，从明代中叶到清朝末年，涣陂湖畔先后出现了涣陂书院、二曲书院、明道书院三座名闻遐迩的书院。

第一节　渼陂书院

明代中期，文学复古思潮日趋活跃，以"前后七子"为代表，"前七子"为李梦阳、何景明、王九思、康海、边贡、徐祯卿、王廷相七人。

渼陂书院的创建者是"前七子"之一的王九思。王九思（1468—1551），字敬夫，号渼陂，陕西鄠县（今户县）人。他"生有警敏之性，颖悟之姿，而眉目清秀，颜色充和，如神仙中人"（李开先《渼陂王检讨传》）。弘治九年（1496年），王九思高中进士，并以第一名考选庶吉士，后得授翰林院检讨，一年后即在翰林院参与编修国史。正德三年（1508年），刘瑾专权，之后刘瑾被诛，王九思被定为"瑾党"，谪为寿州同知。王九思在寿州政绩卓著，如处理诉讼、防备盗患、修城防和阳河渠等，深受当地百姓敬重与爱戴。次年，王九思43岁，正当中年有为时，又以瑾党根除未尽之由被迫归乡，从此绝仕。王九思落职之后，在家乡修涝河桥，施舍医药、教育生徒，并致力于戏曲杂剧创作，历40年，84岁辞世。著有《渼陂集》《渼陂续集》等。

渼陂湖水一路从秦岭纵歌而来，合胡公泉、渼泉、白沙泉之水而成，自古以来便为文人墨客偏爱之地，王九思亦深爱渼陂湖。他将自己的别墅与书院筑在渼陂湖畔，即有期盼汇聚灵气的湖水抚慰洗涤自己的落魄情怀之意。

渼陂书院与宋张公佋所建空翠堂东西相接，正门斜朝向渼陂湖，正门上为敬夫先生手书牌匾"十亩园"三个大字，笔法清秀俊朗。进入正门，首先映入眼帘的是紫阁峰，康海石碣记录了它的盛状。阁内有先生画像。紫阁峰本为终南山的一座山峰，其苍松翠柏，高秀俊美。诗人李白曾有诗云："紫阁连终南，青冥天倪色。凭崖望咸阳，宫阙罗北极。"王九思把自己的小阁楼命名为"紫阁峰"，足见他对自然的热爱与隐逸心境。绕过紫阁峰，便是两座亭子——春雨亭与且坐亭，同样是康对山为之记。

人生在世仕途坎坷，如遇知己便又是大幸。陈田《明诗纪事》引《本事诗》中语曰："敬夫与德涵放逐鄠杜间，日夕过从，征歌度曲，以相娱乐。""德涵"所指便是康海。康海（1475—1540年），字德涵，别号对山、浒西山人、太白山人，陕西武功县人。与王九思为终身挚友，史称"康王"，两人为陕西文学史上的双子星座。王九思与康海为同乡，同列"前七子"，同被诬为"瑾党"而落职，又同钟情于诗词曲赋，两人性灵相通，一世之绌百世留名。

王九思在渼陂书院的活动主要分为三类：一是接待名流，如李开先、白贞夫等；二是带来户县的教育官员；三是教授生徒。王九思晚年有一忘年之友——李开先。他是"复古派"的反对者，认为"诗不必作，作不必工，只是顺口直写所见"。但在复古的"前七子"里，他却推崇康海和王九思，尤其对王九思异常崇拜。两人曾一同创作诗词，王九思的杂剧创作也接纳了李开先的许多宝贵意见和建议。李开先在其《渼陂王检讨传》中说，九思"和予小令百首，远近传诵。其他和者不下数十人，未能有上之者"，并进而说"予初碌碌，赖二翁（指九思与康海）称扬有名，鄙作亦赖之得进"。此指九思将《南曲次韵一百首》与李开先之《百咏》合刊，流传甚广。李开先有着与九思相似的人生历程，所以他们相见恨晚，一拍即合，成为忘年挚友。九思死后，李开先两写"九思传"，足见两人情深。

作为一介名儒，王九思深知教育的重要性。嘉靖初年，鄠县知县康汝修将县学宫修葺一新，"诸士乐而美之"。于是九思作《南山诗》（《渼陂集》卷一）赞赏此举，歌颂康汝修的功德，也因此与康汝修结为终生挚友。王九思罢归40年，经常教授生徒。《渼陂集》

卷四有《送徐生入试》和《代徐生赠杨令》两首诗。徐生是九思的入室弟子，其虽"弱冠游文苑"，但时运不佳，"苍天困尔才"。九思收其为徒后认为他是可造之才，在徐生即将入试时，九思作诗鼓励，说徐生"鹿鸣迟岁序，龙蛰待风雷"。此外还向杨令推荐徐生，即《代徐生赠杨令》。其诗曰："泣别尽沾襟，鲰生思独深。青萍怜薛下，钟子赏鸣琴。道路元非远，门墙许更寻。倘蒙引手力，不负白头心。"

王九思落职返回渼陂之后，诗文创作主要表达两个方面的内容：一是宦海失意后的惆怅与悲凉，特别是对李东阳的打压讥讽；二是纵情山水、远离尘世、摆脱名利枷锁的释然。本有报国之志，却遭污蔑而仕途失意，心中深蕴怨恨与惆怅，这在杂剧《杜子美沽酒游春》中有强烈的体现。《杜子美沽酒游春》写杜甫在长安春游时四顾春景萧然，便触景生情，抨击奸相李林甫的罪恶。典衣沽酒之后，杜甫居然不受翰林学士之命，渡海隐居而去。借子美之言，一吐自己胸中之不快；借李林甫而影射李东阳的罪恶。心中的忧郁与怨恨难以排解，王九思只能纵情于山水，消极适应，遁世入乐。王九思本渴望着再为国为民，一展宏愿，有一番扬名千古、流芳百世的作为，但终远离朝堂寄情山水。就如康海说的那般："大丈夫穷达一情，夷险一致。彼一不为世用而逃行忘世，视人与我漠然无干者，硁硁然小丈夫尔，吾不愿为也。"康、王两人虽处江湖之远，仍心系天下。

王九思晚年在渼陂的文学思想中还有一特点就是求"真"。他在诗中有这样的描写："盈盈荆山瑛，雕琢丧天真。"这种对于"真"的推崇与赞扬充分表现了他敢于同传统文学观念发生离异的勇气。其杂剧代表作《杜子美沽酒游春》与《中山狼》，较之先前的创作也更注重内心情感的挖掘，思想境界阔大沉郁。无论是提倡"真诗"还是杂剧创作，都表现了王九思对于俗文学的重视，这促进了雅、俗文学的互动和交融。

四十年的田间岁月，让王九思静在渼陂书院内"安得遁世翁，中扃绝尘埃"，完成了他质与真的人生。

第二节 二曲书院

关中地区在清代（从康熙中后期到乾隆中后期）有一段相对稳定的时期，经济、文化得到很大的恢复和发展，二曲书院正出现在此时，为陕西书院教育留下了浓墨重彩、彪炳史册的一笔。

二曲书院创建者为王心敬。王心敬（1656—1738），字尔缉，号丰川，学者称丰川先生，陕西鄠县（今户县）人。早年为诸生，25 岁时，在其母亲的支持下，彻底放弃了举业，前往周至师从李颙学习。李颙（1627—1705），字中孚，自号二曲，当时"与河北孙奇峰、东南黄宗羲并称为海内三大儒，顾炎武、王夫子其声名尚在其次"（方广华《古都西安：关学及其著述》）。

王心敬跟从李颙学习 10 年，深得其思想精髓，也深得恩师赏识，"业日粹，声闻日彰"。康熙四十八年（1709年），王心敬应湖广巡抚陈诜之邀，讲学于江汉书院。康熙五十三年（1714年），又应江苏巡抚张伯行之请，至姑苏紫阳书院讲学。后来湖广总督额伦特闻知王心敬之名，荐之于朝，王心敬以疾力辞。随后，他又先后两次辞去朝廷的征召，在家乡终老一生。王心敬著作有《丰川全集》（正续编）、《丰川续集》《丰川易说》《丰川诗说》《尚书质疑》《春秋原经》《礼记汇编》《关学续编》和《江汉书院讲义》等。

王心敬认为创办书院是培养人才的好方式。他对书院的体制、格局和教学有一整套非常成熟的想法：一、环境要幽静。"古之学宫皆在城外旷野之地，环以渊水。故天子之学宫谓之壁痈，壁痈者四面皆水也；诸侯之学谓之泮宫，泮宫者前半在水中也。而皆谓之泽宫。"二、选址当在郊外。"今日特建书院，似宜于城外逼近寺观为止。若当下就便置诸城中，将不惟目前贵贱公私逐日搅扰，妨诸生之业，亦且异时不久即为当途公共之用，久之，并其迹泯没矣。"三、布局应精妙雅致。"凡书院必前有坊，坊后有门、有堂、有阁。上安圣贤，旁贮书籍。主堂阁前中两旁必广为号舍，号舍之旁必处处有厨。而其间静处必就地之洼下或逐水亭，或为水阁；宽长处又必为射圃，以寓习射观德之意。凡门前门内甬道两旁、堂前堂后必广树松柏杉槐于其空间，又必种植诸竹；凡池皆种莲芡。一则培植树木使成蔚葱之观，以增书院气象；二则春夏藉竹树木之荫；三则诵读之余可玩物适情，以助清逸潇洒之性耳。"四、广有经济来源。"欲长久不废，必置学田，则除正赋外长足留百余石学租，以供三二十人终岁之费，使不至于一过而废。"五、延请名师执教。"非得名师为之指迷导觉，令之共识于大学之路。……盖师道立，然后人知方向；师道正，然后士学不止于他崎。故求师以端，学趋以造实才，尤为第一要义也。"六、精选购置书籍。标准是"当世共尊的道德经济文章之书"，如"四书通鉴、小学武备志、诸葛武侯集、陆宣公奏议王文成、历代名臣名言、五经、周程张朱诸名儒集、诸史诸名贤集"。七、严格规章制度。"设一奖励之法，设一督戒之法；择公正知体统一人专任散给月量之责；设圣贤之主，诸生行三叩九拜之礼；立礼制须严，质疑则揖而侧立。"

然而创建二曲书院却颇费了一番周折。它初建于涝河西岸、渼陂之滨的孙家碣村西，其地基后宽五丈，前宽三丈，共有十三间房。常州高学宪公为之建坊，大书"二曲书院"，匾其堂曰"斯文未坠"。可惜，在以后的 50 年间，书院损毁严重。因未设专门人员看管，不幸被盗贼拆其房屋七间，树木也被洗劫一空。后丰川先生坚志恢复，在原

址东边筑起堡城，将辅仁堂移至堡内，并补建一坊，重悬常州高学宪公为书院题写的"二曲书院"牌匾。进入堡内，辅仁堂现于眼前，厅堂上高悬"斯文未坠"四字，同为高学宪所赐，古朴苍劲，让人望之顿警精神。除辅仁堂外又加盖了二三间小房子，供求学之人食宿之用。原辅仁堂之地，因地势较高，有水泉之胜，特另起小亭三间，取《论语》中"暮春者，春服既成，冠者五六人，童子六七人，浴乎沂，风乎舞雩，咏而归"之意以造境，供学生春风浴咏，读罢怡情。青年才俊读书乏累，便在这水泉之中春风浴咏，当真是快哉妙哉。二曲书院将关中大地与生俱来的灵气与运气集结起来，在春夏秋冬的更迭中汲取着每一个季节最迷人的一抹风采。在这座并不恢宏华丽的书院中，一群彬彬弱质的书生文人用他们的笔墨，为古老的关中大地注入一股股文化清流。

"二曲"，山曲与水曲；"心敬"，正心与诚敬。二曲书院的主人王心敬师承李二曲，两位先生都是关学的主要代表人物，他们的易学与哲学思想在促进关中地区思想转变的方面起到了不可泯灭的历史作用。清初思想界"尊朱辟王"的风气盛行，而关学学

者却主张融会程朱、陆王之学，强调心学与经世致用相统一。在学术范围上，王心敬继承和发扬了其师李二曲"儒学即理学"的主张，倡导以传统儒学如孔、曾、思、孟（即"四书"）为宗旨，而在"四书"中又尤为推崇《大学》，倡导《大学》"明亲止善"之旨。在他看来，"明亲止善"的为学宗旨也是其师二曲所倡导的。他曾说，二曲先生"崛起道蔽学淹之后，不由师传，独契圣真，居恒所以自治与所以教人，一洗从前执方拘曲之陋，而独以《大学》明亲止善之旨为标准"。故此他断定，"论造诣须以孔、曾、思、孟为准极，论学术须以明亲止善为会归"。这是在深刻思索了几千年来所传孔孟儒家道统和现实社会需要后做出的理性的学术选择。遵从礼教而行，十分注重实践和经世致用思想，也便成了王心敬所倡导的道德和精神修养的重要组成部分。所以清人唐鉴才概括道："关中之学，二曲倡之，丰川继起而振之，与东南学者相应相求，不失切近笃实之旨焉。"指出了王心敬与其师二曲一道，对推动明清之际的关学振兴事业做出了巨大的贡献。

王心敬不仅以"二曲"命名书院，

还力邀尊师至此讲学。二曲书院中，最基本的功夫便是静坐了。二曲先生教他们要"主静归寂"，使念虑齐一，防非止恶，肃然警惕，保持道德精神的严正达到"湛湛澄澄、内外无物"的虚明寂定境界，即可使"本体""往复无际，动静一原"，展现本体的真面目。

第三节　明道书院

清朝统治者为利用儒家思想控制汉族人的思想，建朝伊始就极为尊孔崇儒。思想家深刻反省明亡的教训，提出要务实学，经世致用，虽反对晚明空言心性、个性解放、崇尚率直浅俗的思想倾向，但同时也肯定了私欲的合理性，将"欲"与"理"统一起来。明道书院便是在这种思想文化背景下步入关中大地的。

明道书院的创建者是时任陕西西安府知县的舒其绅。舒其绅（生卒不详），字佩斯，号兰圃。其父舒人龙，候补州同，早逝。舒其绅历官陕西鄠县、咸阳知县，榆林府同知，浙江盐运使，乾隆四十二年（1777年）任西安府知府。主修《西安府志》（乾隆四十四年刻本）。

舒氏家族是任丘八大家（分别是边、李、刘、高、郭、舒、闵、谢）之一，历代都有行善的义举，第一世舒成龙（1700—1771）爱民如子，勤政廉洁，深受百姓的尊敬与爱戴。自第三代舒文进起，该族几乎代代都有人兴办义学。舒其绅为舒氏家族十世，明道学院便是其为纪念程颢先生与地方乡绅创建的。

程颢（1032—1085），字伯淳，河南伊川人，世称"明道先生"。北宋嘉祐二年（1057年）进士，历任鄠县主簿、上元县主簿、泽州晋城令、太子中允、监察御史、监汝州酒税、镇宁军节度判官、宗宁寺丞等职。与其弟程颐并称"二程"，在学术思想上与程颐同为"理学"的奠基人。二程的著作有后人编成的《河南程氏遗书》《河南程氏外书》《明道先生文集》《伊川先生文集》《二程粹言》《经说》等。二程尝从学于周敦颐，后开创了"洛学"。洛学以存理去欲为价值准则，开创了宋明理学的先河，具有彪炳史册的历史意义。

明道书院的建立经历了一番波折。丁亥年冬，邑中人士提出建立书院的建议，知县舒其绅深表同意并认为书院的设立乃当务之急，可是却苦于无所凭借。于是便发动乡绅捐俸，得到千五百余金。越戊子，购得了一所谭氏房基，位于城西街。这年秋天开始建造，己丑之夏落成。《明道书院碑记》载："关中伊古名都，人文荟萃，郡邑书院不乏。户为丰邑故区，鼓钟辟雍，誉髦斯士，藉甚当时，辉流奕祀，独□略无闻。为长吏者，责将奚委？丁亥冬，余承乏兹土，邑人士有建书院之请，余既深嘉其当务之急，又虑无所凭借，肇造□银□捐俸□□□绅士俱乐输襄事，得千五百余金。越戊子，购得城西街谭氏房基一所，并西偏两段为一□以原值，爰鸠工庀材，经始于是岁之秋，落成于己丑之夏。"

明道书院有大门五间，仪门一间，讲堂五楹，题名为"定性"；卷棚三楹，堂后楼三楹，名为"吟风弄月"。此外齐舍前后共十六间，厨房浴室齐备无缺。历史上关于明道书院形制的记载颇多，稍有出入，此处引用舒其绅撰《明道书院碑记》："大门五间，仪门一间，讲堂五楹，卷棚三楹，堂后楼三楹，齐舍前后一十有六，庖湢悉具无缺。"县城以北设有专门的祠堂祭祀先生，年久失修，残缺不堪，于是便把祠堂迁到了书院之中。楼上写着"明道书院"四个苍劲有力的大字。康熙年间，前令金公廷襄重修明道祠堂。舒其绅开其先，捐收俸禄延请老师授课讲学。从乾隆三十年（1765年）起，西安府知县汪以诚开始为学堂师生置备灯火费用，邑镇乡绅捐赠三千缗钱，筹办学田一百二十亩。汪以诚为其撰写后记，并请孙酉峰为学堂主讲。明道学堂设院长一人，由知县礼聘，管理学生课业；设管院一人，管理日常事务，由学生推选；设斋长一人，管理学舍，由院长选任。院考每月两次，评出甲乙两等，发榜公示，奖品为灯火费用；官考每月一次，历时三天，知县亲自到学院出题，同样评出甲乙两等，分别奖给灯火费用。光绪三十一年（1905年），明道学院改为高等小学堂。

明道书院为纪念程颢而建，明道，即明理也。程颢曾说过："吾学虽有所受，天理二字却是自家体贴出来。""自家体贴出来"足以见其对"天理"二字的独到见地，早已变为"自家"，内化而自省了。明道，何谓之道？程颢说："生生之易即为道。""生生"，茫茫宇宙万物生成，世间万物和谐共生。对于程颢来说，阴阳变换，四季更迭，周而复始，无不体现着生生之道。

此外，他还以心为基础统一天地万物。明道学堂的讲堂以"定性"命名便充分诠释了这一点。"定性"，何谓之"性"？程颢说"理与心一""道者一心""只心便是天""人为天地心"，由此可见，在程颢看来，性即心也，心即性也。定性便是定心。程颢以心为性，认为人本具与理为一之心，人只要扩充此与理为一之心，那么，己之心便是圣人之心了。

如今户县县城的西街小学便是曾经的旧学堂。坐在校园的石板台阶上似乎还可以隐约听到当年书院内朗朗的读书声。

第四节　辟雍

公元前1046年，牧野之战中商王朝覆灭，周王朝开启了新的历史篇章。西周在经营政治、发展经济的同时，形成了具有强大包容特征的文化体系，即周文化，主要体现在礼乐、宗教、卜史、天道观等方面。在当时等级制度森严、礼乐系统完备、宗教传统延续、文化体系健全的社会环境下，必须存在一处能够支撑起强大的西周王朝，集学堂、乡（飨）射、祭祀、观天象等多重功能于一体的场所，那就是——辟雍。

在古代文献中，"辟雍"一词最早见于《诗经·大雅·灵台》：

虞业维枞，贲鼓维镛。

於论鼓钟，於乐辟廱。

於论鼓钟，於乐辟廱。

鼍鼓逢逢，矇瞍奏公。

今陕西户县是辟雍的故乡，在3000多年前，约公元前11世纪，周文王于此地建辟雍。"辟雍"与"大学"、"明堂"关系密切，学者们形成了两种观点："大同小异说"和"名实皆异说"。汉代的一些学者以蔡邕为代表，认为"辟雍"、"大学"与"明堂"其实为同一事物。孔颖达《毛诗正义·大雅·灵台》引东汉蔡邕《月令论》说："取其宗庙之清貌则曰清庙，取其正室之貌则曰太庙，取其堂则曰明堂，取其四门之学则曰太学，取其周水圆如璧则曰辟雍。异名而同耳，其实一也。"《礼记正义·明堂位》孔颖达引蔡邕《明堂月令章句》亦云："明堂者，天子大庙，所以祭祀。夏后氏世室，殷人重屋，周人明堂。飨功养老，教学选士，皆在其中。"《礼记·王制》说："小学在公宫南之左，大学在郊，天子曰辟雍，诸侯曰泮宫。"孔颖达《毛诗正义·大雅·灵台》引《韩诗说》云："辟雍者，天子之学，圆如璧，壅之以水，示圆，言辟，取辟有德。不言辟水，言辟雍者，取其雍和也，所以教天下春射秋飨，尊事三老五更。在南方七里之内，立明堂于中，'五经'之文所藏处，盖以茅草，取其洁清也。"《韩诗说》指出，"辟雍"就是天子"大学"，是在"明堂"之中。这就证明了三者名异实同。

最早提出名实皆异的是东汉郑玄，孔颖达《毛诗正义·大雅·灵台》概括其意："郑以灵台、辟雍在西郊，则与明堂、宗庙皆异处矣。"同时认为西晋袁准《正论》中也体现了郑玄的意思。袁准认为明堂、宗庙是祭祀鬼神之处，而"大学"是飨射之处，放在一起则会亵渎祖先神，所以"大学""辟雍""明堂"名异实同的说法为无稽之谈。不过，根据近代学者的深入研究，目前学界主要认为，在西周时期"大学""辟雍""明堂"实际上是辟雍之中不同处所的异名，正如孔颖达《礼记正义·明堂位》所言："故言取正室之貌，则曰大庙；取其正室，则曰大室；取其堂，则曰明堂；取其四时之学，则曰大学；取其圆水，则曰辟雍：虽名别而实同。"

关于西周辟雍的形制，铭文中曾

记载：

（1）雪（粤）若二月，侯见于宗周，亡（无）述（尤），迨（会）王飨京酌（肜）祀。雪（粤）若翌日，才（在）壁盥（雍），王乘于舟，为大豊（礼）。王射大鼙（鸿）禽，侯乘于赤旂舟从，死咸。（作册麦方尊铭，《集成》6015）

（2）佳（唯）六月初吉，王才（在）京。丁卯王令静丰（司）射学宫，小子暨（暨）服、暨（暨）小臣、暨（暨）厥仆学射。雪（粤）八月初吉庚寅，王以吴□、吕刚）（合）豳、（师）邦周［君］射于大池。静学（教）亡（无）咒（尤），王易（赐）静鞞剥（璲）。（静簋铭，《集成》4273）

（3）佳（唯）六月既生霸，穆王才（在）丰京，乎（呼）渔于大池。王卿（飨）酒，遹御亡（无）遣（谴），穆王亲易（赐）遹雀（爵）。（遹簋铭，《集成》4207）

（4）乙卯，王馔禖饗京。［王］棄，辟舟临舟龙，咸棄，白（伯）唐父告备。王各（格），乘辟舟，临棄白旂，［用］射儿，拌（整）虎、貉、白鹿、白狐于辟池，咸棄。（伯唐父鼎铭，《近出》356）

从这些铭文资料可以看出，西周

"大学"辟雍的整体形制，是在圆形大水池中心建有"圜丘"状的高台及学宫。据学者考辨，西周作册麦方尊中"壁盥"是本字，《诗经·大雅·灵台》等古文献中"辟雍"实际上是假借字，又称"大池""壁池"。《白虎通义·辟雍》说："辟者，壁也，象壁圆，又以法天，於雍水侧，象教化流行也。"这里所说"辟者，壁也，象壁圆，又以法天"与西周金文作册麦方尊"壁"相互印证，作册麦方尊中正是玉壁之"壁"。辟雍的形状如其命名，十分肖似玉壁之状，外围是一个人工修建的圆形大池，中心是圆形的高台，古文献中又称为"灵台""台榭"，高台上建有高大而没有墙壁的"宣榭"和宗庙，这就是"大学""辟雍"。《诗经·大雅·灵台》"於乐辟廱"；毛亨传"水旋丘如壁曰辟廱，以节观者"；汉桓谭《新论·正经》云"王者作圆池如壁形，实水其中，以环壅之，故曰辟雍"；《诗经·大雅·灵台》"於乐辟廱"朱熹集注曰："辟、壁通。廱，泽也。辟廱，天子之学，大射行礼之处也。水旋丘如壁，以节观者，故曰辟廱。"灵沼之西岸修建有"灵囿"，养育飞禽走兽，是"大学""辟雍"射击的对象，也是用来祭祀上帝和祖先神的祭品；

"辟雍"台榭靠船只或舟梁与外界交通连接。"辟雍"作为古代的一种学宫，供男性贵族子弟在里面学习各种在帝王之家生存需要掌握的技艺，如礼仪、音乐、舞蹈、诵诗、写作、射箭、骑马、驾车等。总之，西周时的辟雍是一个集学堂教育、射猎比赛、祭祀、大型礼仪活动为一体的场所，是西周国家政体的重要组成部分。

但是随着时间推移与朝代更替，"辟雍""大学""明堂"的职能逐渐发生了分化，到东汉时期，三者的分工变得明确，明堂乃宗庙祭祀之所，辟雍是养三老五更之所，太学的教育功能更为突出。同时，三者场所也不再融为一体而是各自独立，显示着教育逐渐由礼制独立出来的结果。

第三章

【家族与宗祠】

家族文化有其特定的含义，一般是指以家族的存在与活动为基础，以家族的认同与强化为特征，注重家族延续与和谐，并强调个人服从整体的文化系统。

户县是古长安京畿的一块文明地域，不但农耕条件优越，也是家族文化的源头，传承中国人的血脉，涵盖着中华民族的道德准则和文化习俗。从出土的文物、文献资料以及家谱、宗祠中，可以洞悉历代社会的变迁、大自然的造化，以及氏族自东、南、西、北的迁徙和融合，可以领略到传统美德在构建中国民族人文精神上的熠熠光彩。

第一节　鄠陂周边与涝河流域家族文化概述

在涝河古道西侧的高台地上，即今天桥乡丈八寺南堡南边的丈八寺新石器时代遗址，出土了非常丰富的文物，不仅有各种石器，如石斧、石锛、石凿、石刀、石环等，还有大量陶器，特别是细泥红陶、彩陶、大小夹砂陶片等，还发现炕灶、窑址、房基和粮食窖穴等遗迹。其粮窖中出土的炭化稻谷，距今已六七千年。这些石器、陶器以及人类生活所必需的炕灶等遗迹，证实了涝河流域家族文化的久远和繁盛。

涝河与鄠陂一带早在新石器时代就有人烟，且不乏影响中国历史进程的名门望族和重要人物，如涝河东岸的姬氏家族。

世居于户县县城西关的姬姓氏族，是有据可考的周公后裔，也是户县境内最早定居的氏族之一。姬姓是中国最古老的大姓之一，起源于母系氏族社会，从"尧立后稷"而传至周。武王克商分封诸侯，兄弟十五人，同姓四十人，都是姬姓。周灭亡后，王族中有不少人皆以姬为姓氏。到唐玄宗时，为避李隆基之讳（基与姬同音），令天下姬姓皆改为周姓。后虽有部分人恢复姬姓，但终形成了周姓多而姬姓少的现状。

根据文献考证：《史记》载黄帝姓公孙。《说文》说黄帝居姬水，因水为姓。皇甫谧《帝王世纪》中黄帝生于寿丘，长于姬水，因以为姓。《晋语》所谓黄帝于姬水成也，盖本公孙。《国语》胥臣曰：黄帝之子二十五宗，其得姓者十四人，为十二姓，姬、酉、祁、己、滕、箴、任、荀、僖、姞、儇、依是也。惟青阳与苍林氏同于黄帝，故皆为姬姓。又曰：青阳苍林为姬姓，尧复以姬姓赐后稷，故周姬姓。此乃姬氏之源流。

周公名旦，西周初年政治家，周文王姬昌第四子，辅助其兄武王灭殷，建立周王朝。因采邑在周（岐山北），史称"周公"。武王死后，成王年幼，由周公摄政。他协调内部，又率军东征，平定管叔、蔡叔及武庚等人和东方夷族的反叛，为周王朝的巩固和强大立下了显赫功勋。他又为西周王朝制定了一套完整的典章制度，即所谓"周礼"，对中国历代的政治制度产生了深远的影响。周公一生礼贤下士，主张"明德慎罚"。

周公老年辞朝，退居于丰。丰，即丰京，址在今户县秦渡镇及其以北一带。《古今图书集成·西安府纪事》和清康熙二十一年（1682年）编《鄠县志·古遗迹考》均记："成王十七年，周公作《无逸》而请老于丰。"因此，户地就被称为"周公退老明农之乡"。

周公生八子：长伯禽，次君陈，余为凡、蒋、邢、茅、胙、祭。伯禽肇封东鲁，君陈"留相王室"，余六人皆食小国者。

因周公退老告终于户，次子传焉，而世居户，袭爵西周公，为王卿士。自十五代黑肩被周庄王夺其爵位，其子备依采邑以赡养亲属，二十五代揭复爵，随周王室迁居洛阳。秦灭六国，子孙散居貑狐。至汉武帝元鼎四年（前113年），封三十六代孙嘉周子南君，秩比列侯，回迁长安，自是历代俱袭爵公侯，主祀无替。宋太祖封六十代秀周南公始，使其长子统仍居户县，专守王季陵（王季：周文王之父。陵在户县城西渼陂）。迁次子绍于咸阳守毕陵。统之后代经宋末兵乱又失爵，历元及明俱袭奉祀生，由上级供给衣服。清康熙二十五年（1686年），授七十四代篆奉祀生员。七十六代缵祖（例贡）读书娴武略，因受帝王的特权而赴西域征战，奋勇阵亡。子大谟，性至孝，往寻父尸死于中途。乾隆四十二年（1777年）陕西巡抚毕沅访先圣后，行文至户，大谟子兆兰尚幼，其母虑其祖、父死事未归，隐不敢报，继乃题秦咸阳裔某授翰林院五经博士，而户地周公后裔始微然无声。今尚有姬姓83户427人，居涝河东岸户县城西关，地名姬家堡，人皆忠厚，耕读传家，丁众族兴，颇具影响。

世居于涝河东岸户县城北街的王氏家族，也是关中名族，自元末迁户县以来计 600 余年，族中人才辈出。在明清两代，家族中受皇命诰封就有 29 人（次）之多，其中佼佼者当属七世王九思，官拜翰林院检讨、吏部郎中，是明代著名的文学家、戏曲家，"前七子"之一。著有杂剧《杜子美沽酒游春》《中山狼》等。

县城外西南方向，包括崔家堡、姬家堡，向南延伸至涝河湾一带，为周代遗址，从此地 1973、1982 年两次出土的文物（铜鼎、铜盘、玉玦、车饰、马衔等）分析，在周代这里的家族文化就非常兴盛，有不少家境殷实的人家。崔家堡的崔氏家族在明清两代，一共有进士 3 人、举人 6 人、贡生 15 人、生员 36 人，属于当之无愧的书香门第。崔氏家族曾有过两个辉煌时期：第一个时期是明朝，有崔瑛官至兵部员外郎，回家省亲，修建了崔氏的祖宅；第二个时期是清代，家族中做官的人很多，成为一方书香门第。咸丰九年（1859年），崔氏后裔崔玉徽（时任内阁中书）在皇帝准许回家省亲的时候，曾续写家谱，

寻根查源，只追溯了八代，家里的管家偶然在家里祠堂一个废弃的箱子中，发现了多幅宗堂，才逐渐追溯到明代永乐年间的崔瑛。

此外，涝河上游的涝峪石折沟的刘氏家族、余下镇安善坊的韩氏家族、中游户县城北街的陈氏家族、太平庄的杜氏家族、陂头村北庄的朱氏家族、下游三过村的王氏家族都属于当地的名门，文化历史源远流长。

涝河流域的家族一般都修建有祠堂，供后裔祭祖。家境殷实的人家，祠堂甚至分为几进，供有祖先的塑像或画像，存放家谱家训。像距涝河 7 公里的祖庵镇郝村南门外的关西夫子祠，东西宽 60 米，南北长 130 米，面积 7800 平方米，并有山门、戏楼、卷棚、正殿及廊厢等 30 间，题匾曰：四知杨公祠，内祀其祖先杨震（诸儒称关西孔子）。祭祖一般在春节和清明节时进行，摆香火贡品，磕头稽首，念诵祭文。家谱并非家家都编修，但在大户人家是非修编不可的。据调查，这一带上万户人家，有家谱的不过上百户。

涝河流域的家族文化传承基本上以儒家文化为根基，崇尚孝、悌、忠、信、礼、义、廉、耻，即使没有文化的家庭，

也会以四书五经中的内容管理家庭、教育后代、做人处事。

男耕女织是这一带家庭的基本特征。男人种田建屋，女人纺织教子。家里的核心是男人，户口簿上的家长也是男人，其子女都随男姓。

家族是后代延续的最佳展现形式，延续香火是我国千百年来流传下来的传统。在涝河流域，重男轻女，传宗接代更为家族重视，在计划生育政策之前，一般的夫妻都会生育三至四个孩子。重男轻女思想尤为突出，前边生了女孩，后边就非得有个男孩不可。

在宗教信仰上，由于靠近重阳宫，多数人是以道教信仰为主的，大多数村子建有道观，也有极少数是信奉佛教或天主教的。涝河以西的不少村子，如上涧子、付家庄等都建有天主教堂。

既为京畿之地，崇尚教育就成为涝河流域一带家庭的文化传承。供孩子求学是家里最大的事情，即使缺衣少食，也要把孩子送进校门成为每个家庭的坚定信念。因此，古往今来，在户县境内涝河流域就涌现出了王九思、王心敬、张玉德、崔志道、杨伟名、李强华等文化名人。

第二节　渼陂梁氏家族的迁徙

在江西省吉安市青原区美丽的富水河畔，有一个古老而又神秘的村落：渼陂古村，被誉为"庐陵文化第一村"。改革开放后的今天，它以厚重的历史、古典的明清建筑群、璀璨的明清雕刻艺术及可敬可颂的红色文化，成为旅游胜地，越来越受到世人的瞩目。可谁能想到，究根溯源，这个渼陂正是南宋初年从户县的陂头村迁徙到此的。

公元1127年（南宋建炎元年）的一天，户县陂头村一个叫梁仕阶的中年汉子，正带领族中子孙艰难地行进在山间小路上。他们步履沉重，不时回首北望，想把位于渼陂畔的两座码头多看几眼，还想着再饮一碗渼陂水，再吃一口渼陂鱼，留下他们对世代乐居的宝地的记忆！

此时，关中大地狼烟四起，民不聊生，历为京畿之地的户县，更是处在穷兵黩武、改朝换代的风口浪尖上，梁仕阶便把目光投向相对安稳的南方，于是横下一条心，背井离乡，逃亡到南宋领地。跋山涉水之后，他们在江西吉安的富水河畔落了脚，并把落脚之处的一条小溪称作渼水，以应家乡渼陂源流之名。从此，中华大地就出现了两个以渼陂为称谓的地方。

梁仕阶把户地固有的精神追求的优秀文化传承给了他的子孙，使得江西的渼陂古村最终成为远近闻名的"庐陵文化第一村"。

宋元时期，梁氏家族按照祖源地户县陂头村宗法制度及家族文化修建梁氏宗祠、制定族规，形成了一套尊祖敬宗、强化族权的宗法制度。受悠久的户县渼陂文化的影响，吉安的渼陂古村人才辈出，"江州教授""太常博士"诞生于此，仅清朝就出了6个二品官。民主革命时期，从这里走出了共和国的4位将军，他们分别是中国第一个王牌军——38军军长梁兴初中将、38军政委梁必业中将（曾任中国人民解放军总政治部副主任）、文武双全的梁仁芥少将（曾任兰州军区副政委），此三位都是1955年第一批授衔的将军，而且都是受当时在这里召开的著名的"二七会议"和红军活动的影响，1955年同时授衔，在全国颇为罕见。还有一位是2000年授衔的少将——梁必骎，现供职于中国军事科学院，是位精通军事理论的儒将。吉安县因此成为全国著名的将军县之

一，并建有将军园、将军馆。由此可见，户县渼陂湖畔的家族文化在江西的吉安得以发扬光大。

渼陂古村有大小祠堂20座，而这正是户县氏族文化的重要特征。梁家的祠堂又分总祠、房祠、家祠等大大小小的不同类型。永慕堂是梁姓家族的总祠堂。1930年前后，"朱毛"率红四军进驻渼陂，军部就设在这里，团级以上干部住在二楼。葛优的父亲葛存壮在"文革"期间演出的电影《决裂》中有关"马尾巴的功能"的台词，是那个时代几乎为全民所熟知的，葛存壮的那段精彩镜头就取景于永慕堂。

渼陂古村有名的祠堂还有孝友堂、节孝堂、求志堂等，单从名字看，就体现着户县涝、渼流域教育子女的基本准则。

渼陂村有两块贞节牌坊，记述着一对母女的人生经历。母亲21岁时就成了寡妇，而她的女儿还没等到过门未婚夫也死了。以后母女都未再嫁，老死家中。这也是受到户县涝、渼流域家族文化对妇女从一而终的要求的影响。

前些年，吉安的渼陂村曾来户县寻根，并邀请户县陂头村的人前去做客。

户县的渼陂家族文化，最终在江西一个叫吉安的地方闪耀出夺目的光芒，既让我们引以为自豪，又令我们唏嘘再三。

第三节　祠堂

祠堂是汉族人祭祀祖先或先贤的场所。祠堂的用途除了崇宗祀祖之外，各房子孙平时有办理婚、丧、寿、喜等事时，也利用这些宽广的祠堂作为活动场所。另外，族亲们有时为了商议族内的重要事务，也利用祠堂作为会聚场所。宗祠祭典代表着汉族祖先信仰的优秀文化形式，具有较大的影响力和历史价值。

王家祠堂

在涝、渼流域，最具影响的是涝水东岸、县城北街王九思家族的王家祠堂。2013 年，户县文物管理所对王氏宗祠前殿维修时，在其北山墙内发现一通清代石碑，碑文载："尽栋雕梁，翠飞鸟草，庙貌巍然……"宗祠坐东向西，占地约 1000 平方米；建筑四进，依次为祠门、照壁、献殿、中殿及祭堂；

中殿阔五间，进深三间，灰陶瓦屋面，卷棚顶，前后檐施斗拱，五架梁；前后檐带单架梁；祭堂面阔进深各三间，灰陶瓦屋面，硬山顶，前后檐施五踩斗拱，五架梁，山墙前后均饰砖雕。

晏家祠堂

渼陂西北方向的甘河乡晏平寨村有座明代时期的晏家祠堂。初建于明崇祯时期，该祠堂建筑全长 19.58 米，宽 8.45 米，坐北朝南，一院两进，正厅南面有一影壁。祠堂正门上方有木匾一块，上书"晏家祠堂"四个大字。祠堂房屋正面各开有一户棱窗，正门前面竖有木质栅栏；祠堂两侧的山墙正面有青砖雕刻浮雕图案，东墙为"凤凰麒麟"，西墙为"山猪吃桃"。正房两边有相互对开的厦房式耳房，长为 2.86 米，宽为 2.8 米。影壁的最里面为祠堂正房，砖木结构，青砖砌筑，为一檩五件构造；屋脊为浅浮雕花瓦，两边有兽吻；屋顶中间有三排筒瓦，两侧各有一排花瓦。

该祠堂记录了历经几百年风雨沧桑的晏氏家族繁衍和发展的历程。因年久失修，晏家祠堂山墙于 2002 年倒塌，后曾进行过一些修缮，现改为晏平寨老年活动室。

关西夫子祠

位于渼陂以西 5 公里祖庵镇郝村。关西夫子即后汉华阴杨震，明经博览，诸儒称关西孔夫子。有夜拒贿金事，传为四知先生。民国十四年（1925 年）庞文中《周至县志·建置》载："关西夫子祠在郝村，其后裔徙郝村者建。王渼陂，张仰山记碑。"

原祠在郝村南门外，题匾"四知杨公祠"。内有杨震像。今为郝村学校。

骆公祠

位于县西祖庵镇。骆钟麟，字挺生，浙江临安人，清顺治年间任周至县令。民国十四年庞文中《周至县志·建置》载："骆公祠祀知县骆钟麟。《旧志》在祖庵，久圮。乾隆十三年知县邹儒重建，以中三楹及两厢为义学，有薛敦仁碑记。"现祠已废。

张公祠

位于县城大观楼东路北，祭祀明末鄠县知县张宗孟。

涝河、渼陂一带的数百个村子，大多都曾有家族的祠堂，历经岁月的流逝，现存的为数寥寥。

第四节　族谱

人类的生命史，家谱是最早的源头。家乘谱牒是一个家族或宗族的世系表情。自古以来，有着深厚文化积淀的涝、渼流域的家族就注重家乘谱牒的编修和传承。曾任户县文化馆馆长的陂头村人马宏智先生退休之后，从最基本的田野调查入手，对户县 75 个姓氏家族源流资料进行调查、分析与考证，编出了一部《户县始祖寻根》，从中可以看到大量涝河、渼陂流域家族承袭的影子。

《姬宗世谱录》

涝河东岸户县县城西郊现在有村曰姬家堡，83 户，427 人，多为姬姓，属周公后裔。

《姬宗世谱录》题以下简称《谱录》长 29.3 厘米，宽 18.5 厘米，谱面左上角印有"姬宗世谱录"，宋体字。该谱为线装 1 册，黄锦缎封面。原存县城西大街姬家闻家中，老先生 1986 年 11 月 16 日上交户县档案馆。目前有复印本传世。

《姬宗世谱录》系清道光年间黄麻纸木版印刷的线装本，计 58 页（其中 32 页残一角），约 9400 余字。内容分 11 个部分：（1）姬宗世谱序（宋代理学家程颢撰）；（2）丰京姬支世系谱序（清康熙朝五经博士、周公旦 73 代嫡孙东野沛然撰）；（3）姓氏流源；（4）周公德业；（5）周公陵庙；（6）周公赞；（7）周公封号；（8）历代封爵；（9）周公祀典（含陈设图、祭器、乐章）；（10）世系谱记；（11）附：诗、祭文、碑文、疏奏。其《世系谱记》详载了第一代元祖周公旦（约公元前 1134 年）至 78 代孙姬忠（清道光年间）约 2970 余年的族系史，其记述之久远，早《孔子家谱》600 年，堪称"天下第一谱"。

《谱录·历代封爵》记载："隋文帝开皇九年诏拜五十二代孙姬勋为昭德侯，奉诏修宗谱，书成进之，宠嘉备至。"据此，《谱录》当创修于隋开皇九年（589 年）。又按《谱录·世系谱记》中 62 代辅修家谱与主簿程先生友善，请序以弁其谱之记载，则姬辅修家谱，当为续修。程在文中未提及谱之创修时间。《谱录·世系谱记》中还载有："七十四代篆于康熙二十五年（1686 年），鲁公裔世袭翰林博士东野讳沛然，奉敕来祭毕郢陵，出宗谱印证，

序为侄行，□赴京复命，题奏授奉祀生员。"据此，则东鲁、户县虽逾千里，其谱同宗。唯篆晚沛然一辈，均为元圣周公旦之后裔。《谱录·世系谱记》还载有："始祖周公讳旦，因武王有天下，追文王祀于宗庙，遂不敢宗王室，而以周公为始祖。"周公生八子，长伯禽，次君陈，余为凡、蒋、邢、茅、胙、祭。长伯禽肇封东鲁，次君陈"留相王室"，余六人皆食小国。但从《谱录》程明道序文中所述"……姬公出其家乘，问序于予，予阅其世系，乃元圣仲子之裔……"等记载，说明户县姬姓为元圣仲子君陈之裔无疑。周公讳旦，文王子，武王弟，成王叔，辅佐武王灭商，代成王摄政平定东方之乱及治国安邦的过程中，对周王朝的建立、巩固、强盛有盖世功绩，且其勤于政、恤于民，礼贤于士，致力于国，千百年来被世人称颂。9000 余言的周公传世家谱，详载了以上周公德业及后世繁衍情况。

该《谱录》追记姬宗与黄帝渊源和公刘、后稷等先贤德业及所附诗、祭文、碑文、疏奏等资料面世，揭示了数千年来史学上未曾明了的西周代系情况，无疑将成为研究周公史迹、宗族繁衍、社会发展史等诸多方面不

可多得的资料。

宋代理学家程颢曾为《姬宗世谱录》作序。嘉祐四年（1959年。实际应为六年，待考），程颢在户县任主簿时写下420余字的序，赞扬姬氏家族"其世系乃元圣仲子之裔。世德衍庆，虽维（微）显各异，而其忠厚传家。世世象贤，不愧家声，则一也……"详核该《谱录》，确认其最迟始修于隋。《谱录》载："隋文帝开皇九年，诏拜五十二代孙姬勋为昭德侯，奉诏修宗谱，书成进之，宠嘉备至。"隋文帝能诏修其谱，谱成能阅览，且宠嘉备至，一个帝王对一个家谱能如此，历史上实属罕见。此次修谱权作第一次。该《谱》又载："六十二代辅，修家谱，与主簿程先生友善，请序，以弁其《谱》。"该《谱录》得程颢序，也实在为幸。此次权当二次，其后续至七十八代成册，起码是修过三次了。始修不晚于隋，终修当在清道光年间。

纵观周公家谱，实际也是一部家族迁徙史，周公旦辅佐武王始发祥于丰（户县）；二至八代留相王室在镐；九至十四代随周王室徙都洛阳；十五代失周公爵位，依采地自赡；二十五代才又秩封王城（洛阳）；三十六代姬嘉诏封周子南君，秩比列侯，以奉先祀；四十代爵为卫公回居咸阳；六十代于北宋初年迁居户县守王季陵，完成了第一代始于户县、六十代回归户县的一个大轮回，也从代王摄政的峰巅跌落到了守祀王陵的平民阶层，返璞归真。

《王氏族谱》

《王氏族谱》为七世王九思创修于明嘉靖十一年（1532年），迄今400多年。《族谱》面世，历受赞誉，被称为"名族良谱"。长安张治道在《王氏族谱》序中写道："……余闻王氏九世以前勿可悉考矣。九世以后代不乏德，至渼陂公，始以文章节行为当代钜儒。故今海内虽三尺童，无勿知渼陂公者。其视欧阳诸公何让焉。百世之下，因人以信谱，稽谱以名其族。景慕靡休，诵说斯远。斯谱也，盖将千世万世传也。"清代武功孙太史酉峰在户县王氏重刊旧谱序中说："余阅古今族谱多矣，求其当于谱义而文复足传，惟宋之欧苏谱为最。欧谱六一居士撰，苏谱老泉氏撰者。……客岁乙未，余来户得洪陂谱，读而好之。窃谓其不欺世不诬亲，与欧、苏、康、李诸谱，义既合符而文亦与之相伯仲也。"《户县志》（1987年版）

谓《王氏族谱》是户县现存的最典型、最完整的族谱之一。

《王氏族谱》从创修以来历经后裔180余人先后11次续修（其中11修族谱于民国三十五年由王世铎等人续修），延续至今。1994—1996年王氏后裔王恩荣、王来梦等人在"文革"浩劫之后，完成了第12次续修，将这一珍贵的历史文献抢救下来，行之于世。

新谱在遵循先祖修谱宗旨的原则下，对族谱从形式到内容做了较大的创新和调整。

一、形式上的改动：旧族谱四卷分订共约14万字，第一卷为各修序文及世系一表，第二卷为世系二表，第三卷为列传，第四卷为续传。新谱改为三卷合订本，第一卷世系表（包括世系一表、世系二表），第二卷为列传、续传，第三卷为新增的家族史料（包括序文、谱例、记事、修纂人等，同时还收集了各类书籍报刊有关王氏家族的资料）。

将原表格式的世系表改为科学的检索式的世系表，方便了查阅，是一个创新。

二、内容上的改动：

1. 新谱将妇女和男子一样入谱。

2. 原谱设"义子"门，新谱将"义子"注明插入世系表。

3. 新谱增加了家族史料部分。有关王氏家族的民间传说不少，但只限于口头，从未形成文字。孔子曰："言之无文，行而不远。"为了让这些传说能广泛而长久地流传下去，新谱收集了六则传说。

新谱除以上改动外，还收集了明清两代诰封文及照片和家族遗迹照片等。特别是王九思、王丰川等名人的生平业绩、著作等，很多都是从未面世鲜为人知的极其珍贵的史料，有很高的研究和收藏价值。此外也有涉及明"前七子"康海、何景明、李梦阳以及长安张治道、王丰川的老师周至李二曲等人的有关史料，对于研究明代文学家王九思和清代理学家王丰川以及当时的社会历史亦具有极为重要的史学价值。

新谱32万字，资料丰富，图文并茂，版式考究，装帧精美，已被北京师大、上海师大、陕西师大、西北大学图书馆及陕西历史博物馆收藏。

《韩文公家谱》

韩氏宗谱，尊韩文公（名愈，字退之）为一世祖。

《韩文公家谱》系涝河上游余下

镇安善坊韩氏38代孙韩振周在20世纪90年代由原籍河南带来，珍藏于家中。谱系薄道林纸，竖排、铅印本，淡黄色封皮，有加花边的黑色手书"韩文公家谱"五字。谱长26厘米，宽18.5厘米，厚1.2厘米，共272页（有文字者265页，空白7页）。文献：包括韩文公像、韩氏后裔迁居图、家谱序（四篇）、文公年谱、文公墓志铭、文公神道碑、谕祭碑、蠲免儒籍差徭碑记等。世系表：系孟县西武章村昌黎伯37世孙思先汇综，40世裔孙清波校正，历时三载，于1991年成卷付梓。

乾隆四年（1739年）六月，适嵩县支脉谒祠宇、省坟墓事毕，文公30代裔孙法祖与宗兄煟暖、作相等在论及宗族之世系源流的基础上，就目睹耳闻，所已知者，自宜阳迁嵩县之数代，著为一册，世袭宝藏之，并自为序，此即《韩文公家谱》首稿。经嵩县藤王沟34代孙维言，于清道光年间（1821—1850年）前后三次续谱，考核增订，臻于完善。沿至民国六年（1917年）35代裔孙金标，率道从、源清、孟琪、绶荣等再续。20世纪80年代以来，经38世孙子荣倡议，各支派人员组成修谱小组，重修家谱。此属七修。

《刘氏族谱》

涝峪石折沟（今《户县地名志》作十寨沟）刘氏，为彭城望族刘氏刘巨容暨其子开国公汾的后代。据民国时期户县为省通志整理的《采访汇存》，《刘氏族谱》民国二十年（1931年）以前尚存24部，今仅存两部。《刘氏族谱》始自唐宣宗大中八年（854年），宋朱静庵、蔡元定、直秘阁等曾续修过，清道光六年（1826年）丙戌"彭城刘氏福田公裔重修"。谱系线装木刻印本，长33厘米，宽21厘米，一册82页，二册72页半，均缺封面和封底。卷前有吕蒙正题"簪缨世胄宰相名家"，岳飞题"传家至宝"。目录第一页右下方盖有"辰字三号"方印。二册在红色龙纹图案中心篆书"奉天诰命"四字。谱中有张九成状元及第、太子舍人进士知礼部尚书王十朋、吏部尚书兼龙图阁直学士马廷鸾、朝散大夫谢枋得等所作序。《刘氏族谱》今存户县档案馆。

《朱氏宗谱》

该谱珍藏于涝河西岸玉蝉乡陂头村北庄的朱容理家中。谱长33厘米，宽19厘米，竖排，线装，木版印刷，共25册（现存21册），每册封皮左上角有"朱氏宗谱"字样，是至今县域发现容量最大的宗谱。

分部目录：取惟、至、圣、为、能、聪、明、睿、智、宽、裕、温、柔、发、强、刚、毅、端、庄、中、正、文、理、密、察25字（依次每字为一卷成册）。如"惟字部"包括以下内容：宗派、原序、续修序、庚寅年续修序、己巳年续修序、道光己酉年续修序、原祭田序、续置祭田序、启元公祭田序、宝一公祭田序、沧公祠堂祭田序、芃公祭田序……凡例、家训、名贤录。从"至"字部起，至"密"字部均为"世系表"。最后的"察"字部，包括传赞、收谱字号两部分。

此谱创修于明嘉靖二十三年（1544年），康熙三十四年（1695年）复续修之。此后，于雍正元年（1723年）、乾隆三十五年（1770年）、嘉庆十四年（1809年）、道光二十九年（1849年）凡七修。最长历138年、最短只有14年，平均约50年修一次，自1850—2005年间隔155年无人续修。

《杜氏宗谱》

杜氏一支脉名克（字崇俭）者，于清乾隆时迁居湖北郧阳府郧西县，被后世尊为一世祖。传至三世东升（字旭日），于嘉庆年间携家迁至涝河中游太平庄双石头。七世继文家有《杜氏宗谱》二册，竖排、石印、线装本，长30厘米，宽19.5厘米，厚17厘米，两册共86页（空白16页）。首页书"家乘"，上款题"京兆郡新辑"，下款题"忠谏堂梓"，眉书"光绪乙巳年镌"。谱列：诏、上谕、宗谱序、原谱牒、凡例、家规、遗像、派行、世系长江图、世系十目。系清光绪三十一年（1905年）四世万荣、万有，在"嘉庆元年（1796年）同治甲子（1864年）迭次乱世，家遭兵燹，宗谱残缺，幸有牌位并其墨单"的情形下刊修的。湖北壬寅举人夏逢时作序；壬辰科进士刑部主事杨洪勋追叙原谱牒。谱中载有唐杜子美、杜牧、杜敬俭、杜审、杜君卿，后晋杜元凯，宋杜士昌、杜筠、杜莘、杜普、杜宁和修谱者清杜万荣、杜万有等遗像13幅，并注有官位名衔。

谱目之首篇"诏"载有：宋咸平二年（999年）正月十一日《宋真宗皇帝命文武群臣修谱诏》和宋绍圣元年（1094年）正月二十日宋哲宗指示司马光校核杜甫的《敕谕》，以及同年正月二十二日司马光对杜氏的考校结果，向皇帝上奏的"奏章"，均具重要的史料价值。

《陈氏族谱》

陈氏，世居涝河西岸户县县城北街，为明、清时有名户族。明万历四十三年（1615年）始修族谱，清康熙五十一年（1712年）再修，道光二十一年（1841年）三修。据说曾有四修，惜散佚无考。现存为道光本，谱长30厘米，宽20厘米，厚1厘米，无封面、封底，43页。内容有序、墓制、圣谕、世系、列传五部分，列传有缺页。三修序为潼津刘瑞符（辑五）于道光二十二年（1842年）作。二修序中有"科第继美、明经多人，补博士弟子者多且优，不可谓非鄂之望族"及"科第蝉联，衣冠累代"等语。据族谱所记，明代即与同里王九思家"讲邻谊"。王去官在林下与族人陈彬"朝夕相处"，"王每对人言，陈彬吾老友，吾亦当一筹"。族人陈谟"与渼陂兄弟同笔砚，入黉宫有声"。同学、同游、同世交好，可谓情谊弥笃。

《王氏家乘》

王氏，系涝河流域大族之一。"其先江南太仓州人也，来游京兆，遂家鄠邑。"自明以来，世居涝店镇西北二里许的三过村。于乾隆十五年（1750年）由九世秉彝创修《王氏家乘》，谱序为辛酉科举人王思周撰。后于咸丰九年（1859年），又有十二世孙清涟（字鹭洲，岁贡，侯铨训导）谨遵前例续修。1983年又有县政协委员、王氏十五世孙如愚编纂《续修王氏家谱》。谱为竖排仿线装油印本，长27厘米，宽19厘米，厚1厘米，共204页。十六世孙乃武作序。（注："家谱"在明清以后也称"家乘"）

第五节　匾牌楹联诰封

匾牌、楹联、诰封是一个地域文化的最高表现形式，它不但表明了这块地域历史的深邃，也印证着这块地域的人才辈出、文化灿烂。仅从现存的匾牌、楹联、诰封来看，涝、渼流域的人文就深受皇家宠爱，深得文化学者青睐。

牌匾

守经堂

该牌匾原悬挂于县城内西大街五魁巷王志新庭堂内，是清初理学家王心敬给王家写的堂匾。

牌匾高1.6l米，宽0.9米，黑底金

字，右上方有"丰川题书"四个行书小字，中间楷书"守经堂"三个大字。1983年夏，王志新将其捐献给县上保存展出，今展于大观楼上。

陈树楠书匾

2008年，户县文物管理处工作人员发现了由清代光绪年间进士陈树楠书写的木匾，现珍藏于甘河镇晏平寨一村民家中。匾为木制，长198厘米，宽103厘米，厚3厘米，金底黑字，正中楷书"没世难忘"四个大字，字径盈尺，笔力苍劲有力，浑厚古朴。上款"大清光绪十七年岁次辛卯十一月毂旦乡党亲友为例授修职郎吏部侯铨儒学训导星查晏老先生大人立"，下款"进士出身授奉政大夫赏戴花翎湖北咸宁县知县加十级授业陈树楠顿首拜书"。

该匾为研究陈树楠的书法艺术提供了难得的实物资料。

【注】陈树楠，涝水之滨户县北街人，曾任湖北咸宁知县。为官清廉严正，"吏畏其威，民怀其惠；创修书院，捐俸倡凑膏火，文风丕振"，并修社仓，筑桥梁，建养济院，倡慈善事，咸宁士民有《陈公去思碑》以示纪念。

楹联

高岳崧家书

这副楹联是清代榜眼高岳崧所书。属木板刻字对联，正面一幅，反面又一幅，是用于教育家中人员的，其文为：

耕织继家风愿百世箕裘勿替

诗书启我后望千秋堂构增辉

宇宙间亲疏远近若肯让人几步即是善行

家庭内慈孝友恭必须尽我数端乃为庆事

该楹联高2.5米，宽0.22米，上下联大小一样，黑底金字，今展于大观楼上。

【注】高岳崧，字峻生，号幼潭，长安县（今西安市北院门）人。清同治十年（1871年）辛未科一甲第二名赐进士及第，善书法。因王志新六祖父王梦麟（字阁臣，家在今西安钟楼西开铜铺）与高岳崧之父春潭友善，特给王家庭房题写楹联。

清朝户县城隍庙楹联

户县城隍庙建于明朝洪武四年（1371年）。清顺治二年（1645年）、康熙八年（1669年）先后重修。今在户县北街路东。据民国二十二年（1933年）《重修鄠县志》记载：城隍庙月台

渼陂文史宝典

前的剧场下，竖铁旗杆一对，高三丈余，上悬铁板，楹联文曰：

> 鼓铸斯民以正直端其表率
> 钧陶大化从幽冥树之风声

该楹联为户县庠生张玉德（字比亭）所撰并书。

张玉德，户县北街人。为人做事生性耿直，不慕科举仕途，不贪做官封妻荫子之事，惟平生专心致力于诗词书法研究。其书法博采众家所长，独创一格，擅长行草。其创作《雁字回文诗》三百首、遗著《香雪斋雁字回文诗》等石刻作品，为中国艺林杰作、石墨奇珍。

张玉德题写的这副楹联，上下联平仄相谐，对仗工整，联意相关，不失一代名家厉笔之风。楹联对城隍保佑百姓教化民众做了褒赞。上联以"正直"为联魂，教育和启示人们做好人、做好事，也渗透了自己对人生的追求和处世观点。"表率"二字，意即父母做子女楷模，长做幼、兄做弟、姐做妹、君做臣、师做生表率。该楹联充满悲悯和博爱思想。"大化"，最高境界的人生追求，最静美的人间风化。城隍，树立人间正气，将孜孜不息流传千古。

赵氏宗祠楹联

这副木牌对联位于涝河上游余下镇赵家堡赵氏宗祠内，长2.5米，宽0.25米，额长2米，高0.6米（联存赵家堡）。

联曰：

> 傍终南卜止以垂以创宏丕绪
> 衍涝水同流尔昌尔炽发长祥
> 额题：万派一源

【注】赵氏宗祠头进前檐左右挂文魁牌，左为：大清乾隆壬午科赵重华，右为：大清乾隆壬子科赵策。

诰封

"诰封"是封建帝王为了笼络人心、巩固地位，对其各级官吏之三代祖妣赠封的虚衔文告名称，属于以上告下的文书。

明弘治皇帝给王九思父的诰封。王九思任翰林院检讨，按例诰封其父王儒（任河南南阳府学教授）为徵仕郎翰林院检讨，"纶章赫奕，远贻林坚之光，世泽绵长，益衍家庭之庆"。同时封其母刘氏为孺人，"茂膺冠帔之华，益衍家庭之庆"。

明正德皇帝给王九峰之父王儒的诰封。王九峰中进士，官至浙江金华知府，特赠其父王儒中宪大夫浙江金华知府，"匪徒彰裕后之休，亦以表光前之盛"。同时对王九峰之母刘氏加封为太恭人，"累膺纶勃之华，安享庭闱之乐"。

明弘治皇帝给王九思妻、继室的诰封。王九思加封徵仕郎，追封其结发妻赵氏为孺人，"庶懿灵之有知，服休光于无斁"。同时封其继室张氏为孺人，"尚其祗奉，益迓宠光"。

明正德皇帝给王九峰妻的诰封。王九峰加封徵仕郎河南道监察御史，封其妻全氏为孺人，"尚敦祗慎之风，益迓骈蕃之宠"。

明正德皇帝给王九峰妻的诰封。王九峰加封中宪大夫浙江金华知府，加封其妻全氏为恭人。"尚敦祗慎之风，益迓骈蕃之宠"。

明代皇帝的其他诰封：王崇惠任徵仕郎裕陵卫经历司收粮经历，封其母、妻为乳人。

清代皇帝的诰封：文登知县王郁，赠其父为文林郎山东文登县知县，赠其母为孺人，赠其旗为孺人。

广西浔州知府王勃，赠其祖父王忻广西浔州知府。赠其之父广西浔州知府，赠王勃之母为孺人，又加封其母为恭人。

湖南常宁知县王功，赠其妻为孺人。

现存的两面诰封，是雍正皇帝给清代大儒户县王心敬家的封文。

1. 王心敬之次子王勃（由拔贡任知县，升知州知府，擢升安徽道员）任广西浔州府知府时，雍正皇帝给勃的祖父（忻）祖母（李氏）（即王丰川之父母）的封文。赠封王忻为中宪大夫广西浔州府知府衔，赠封李氏为恭人。"诰封"首行篆书"奉天诰命"四字，正文为汉、满两种文字书写。文后盖有皇帝玉玺。全部封文，系由彩色锦缎装裱而成，长368厘米，宽31.3厘米。

2. 雍正皇帝给王勃之母魏氏的封文，赠封魏氏为恭人。其书写形式和质料同前，所不同者，文字内容及长宽不一。这面长为348厘米，宽31.1厘米。

以上两面诰封最后，均书有"雍正十三年九月初三日"字样，是研究王心敬的史料之一。两面诰封现收藏于户县文管会。

第四章

【墓葬】

墓葬文化在中华民族的氏族文化中占有十分重要的位置，在户县的涝、渼流域，人们对于墓葬的重视和保护意识更为强烈。在墓葬前祭祀祖先、缅怀名人成为人们节日里不可缺少的生活内容。

第一节　名人墓葬

王季陵

周文王之父季历陵墓，为省级重点文物保护单位，坐落于县城西 2 公里的渼陂湖畔陂头村西。

据史书记载，王季系后稷十三世孙……太王古公亶父共生三子：长太伯、次虞仲、幼季历。古公传位意属于季历，于是太伯、虞仲逃往吴越荒蛮之地，让季历继承周国。季历时周渐强盛，号称西伯。后被殷王文丁所杀。姬昌继父季历位，晚年自号为文王。姬发（武王）即位，追尊季历为王季。据《战国策》载："魏惠王死，葬有日矣。天大雨雪……请驰期更日。太子曰：……勿复言。……惠公……驾而见太子曰：……昔王季历葬于楚山之尾，水啮其墓，见棺之前和。文王曰：嘻，先君必欲一见群臣百姓也夫，固使水见之。于是出而为之张于朝，百姓皆见之，三日而后更葬。"《史记·周本纪》皇甫谧注云：葬鄠县之南山。旧志云：陵在渼陂西，护陵地为民侵占。知县王九皋从公丈量，陵内地共九亩八厘，内陵冢占地二亩一分五厘，实有护陵空地六亩九分三厘。门外西南角地一段，该地五厘，永为抛荒。复将墙垣四角并门两旁，俱立封堆，埋界石，仍刻碑竖仪门外，春秋致祭。

陵墓封土呈覆斗状，高 12.21 米，陵基 1052 平方米，陵园面积 7345 平方米。地面建筑早毁，唯留土阙两个，碑石二通。一碑高150厘米，清顺治十八年（1661年）刻立，陕西按察司金事张宗孟撰文，记述知县骆钟麟捐俸修葺陵地建筑情况。另碑高230厘米，乾隆四十一年（1776年）刻立，隶书"周王季陵"四个大字，上款正书"赐进士及第兵部侍郎兼副都御史陕西巡抚毕沅敬书"，下款正书"知鄠县事汪以诚立"。1980年农田基建时，在陵西侧曾出土大量秦汉瓦当，说明当时曾有规模较大的殿堂建筑，地方官员每年要来此祭拜。

据1982年实地勘察，陵园南北长113米，东西宽65米，占地总面积为7345平方米。陵基东西长41.40米，南北宽31.80米，面积为1052平方米，护陵地6293平方米。陵高12.21米，为覆斗形陵墓。

陵前约400米处有东西对称的两个土阙，因取土略有破坏。

清代朝邑人杨树椿（号损斋）有诗《王季陵》："户西四里余，王陵有陵树。拜谒眺平冈，忽忆孟子注。毕郢近丰镐，竟失文武墓。遥遥咸阳原，恐是秦家误。好事偶传疑，历代遂袭故。祀典或可更，说本亭林顾。追怀心旷然，忧商亦有初。"

娄敬墓

娄敬，汉初齐人，戍陇西有功封关内侯。曾建议汉高祖建都长安。

《关中胜迹图志》云："娄敬墓在鄠县北五里娄村。"即今涝河东侧光明中学东北约600米的西户路拐弯处。墓为圆形，直径约6米。墓前竖石碑一通，上书"汉关内侯娄敬之墓"。碑高2米，宽0.80米。"文化大革命"中被夷平，碑亦遭毁，墓圹尚存。墓旁娄敬庵内存明万历四十年（1612年）石碑一通，文曰：汉关内侯娄敬修道处。为先后任鄠县知县的吕大章、白应辉等刻立。

该墓究竟在何处历来有不同记载。清雍正十年（1732年）《敕修陕西通志》卷七十第35页载："'敕汉建信侯娄敬墓：在安太里有庵。'《鄠县志》载：'在郡县北五里娄村'；《咸阳志》载：'娄敬墓在县东北三十里'；《陇州志》载：'敬墓在州西四十里'；俱无所据。惟永寿有种金坪，有祠，差为可信。然以马、班两史，地近时同，尚且阙如，则永寿之说，亦难遽信。惟郡县娄村，马、冯两志，俱无异词，废彼取此，庶几近之。"

陈平墓

陈平，西汉阳武人，佐高祖刘邦定天下，封曲逆侯。

其墓坐落于县南 5 公里的涝河上游石井乡曹家堡西北约 100 米处。宋代宋敏求《长安志》云：陈平墓"在县南十里"。民国二十二年（1933 年）《重修鄠县志》载：曲逆侯陈平墓在县南十里。

墓冢周长约 120 米，高 17 米，圆形。因砖瓦厂取土损坏，形状已不甚规则，现存封土高约 3.2 米。

墓前有"汉曲逆侯陈公平之墓"石碑一通，高 2.13 米，宽 0.88 米，为清乾隆四十一年（1776 年）孟秋陕西巡抚毕沅书，知鄠县事汪以诚立石。现放于曹家堡学校内保存。

西南 30 米处有小冢两座。"文化大革命"中封土已平，成为农田。

杨砺墓

史载，杨砺为北宋第一状元。其墓位于距涝河东南 10 公里的庞光镇杨家堡东北 300 米处。宋真宗咸平二年（999 年）建。墓前石碑书"宋进士杨砺墓"，为清乾隆陕西巡抚毕沅所书，鄠县知县汪以诚立石。墓基东西长 18.30 米，南北宽 21.50 米，高 4.90 米。

王九思墓

王九思，字敬夫，号渼陂，晚号碧山，戏曲家，明"前七子"之一。

其墓坐落于距县城 3 公里的六老庵王氏祖茔内，"文化大革命"中封土已平。茔园原占地顷余，柏树约千株，郁郁葱葱。穴位以昭穆次第排列，井然有序。亦有石马、石羊、石虎置于道侧。九思之墓，略大于一般，为省级文物保护单位。20 世纪 70 年代辟为县花卉苗圃。王九思墓冢不存，唯陕西省、鄠县文物保护标志碑竖立路旁。

张宏襟墓

坐落于渼陂湖畔陂头村西。1970 年群众取土被挖掘，墓室为砖砌，为墓主与夫人合葬墓，出土有墓志铭一合。盖文："诰封奉政大夫山西督学道布政司参议兼按察司金事，前礼部仪制清吏司郎中张公暨元配宜人王氏，继配宜人闫氏合葬墓志铭。"

王心敬墓

王心敬，字尔缉，号丰川，清代

理学家。

其墓坐落于距县城 1.5 公里涝水之畔的南河头村西北约 80 米处。墓为圆形，直径 3.30 米，高 1.30 米。墓前有石碑一通，碑面隶书："大清理学名儒丰川王先生之墓"。上款为"乾隆五年岁次庚申孟春谷旦"，落款为"太子太保文渊阁大学士海宁后学陈世倌盥手谨题"，系清乾隆五年（1740 年）正月，太子太保文渊大学士海宁陈世倌所题。

民国二十二年（1933 年）《重修鄂县志》卷九"古迹"载："王徵士心敬墓在县城外西北隅三里许南河头鹁鸽塬。"

第二节 其他墓葬

春秋墓

位于甘亭镇南关西南约半公里的老涝河岸断崖处，出土的青铜器有 7 鼎、6 簋、2 壶、1 盘、1 匜等 40 余件。另外还有石器、陶器百余件。经专家鉴定是春秋时期的墓葬。

战国至秦汉时期墓葬群

新华网 2009 年 12 月 25 日电（记者冯国）西安市文物保护考古所在户县渼陂附近发现一处战国至秦汉时期的大型墓葬群，其面积约 12 万平方米，对于研究当地及其时的墓葬习俗等具有重要意义。

这处大型墓葬群东西长约 400 米，南北宽 300 米。墓葬群范围内原有九女冢。由于砖厂取土，九女冢现仅留一冢，存于砖厂中部高地上。除九女冢以外，在取土场断壁上可见暴露出来的墓葬数座，取土场内仍有陶片、砖瓦残块。此前，渼陂一带的村民在此处曾挖出陶罐、陶壶、茧形壶等器物。在砖厂西侧的现有断壁上明显暴露的一座墓葬中，发现陶器 5 件，分别为夹细砂红陶釜和泥质灰陶罐、盆。根据器形判断，该墓的年代可能为战国晚期，其中有一个罐的肩部可见戳印的陶文，为"杜市"两字。

除了战国晚期遗存之外，考古人员还发现汉代青砖多块，其中一块完整的长条形，长 30 厘米、宽 13 厘米、厚 5 厘米，表面饰有绳纹。

虽然墓葬群地处河流故道二级台地上，地势相对较高，但是砖厂取土成为墓葬群遭破坏的主要原因，现代村庄的扩张也是破坏原因之一。

专家认为，纵观整个墓葬群的时代范围，应为战国至秦汉时期。该墓葬群的发现，为研究渼陂一带的墓葬形制及随葬习俗提供了重要的实物资料。

九女冢

位于玉蝉乡陂头村东北，渼陂水与涝水汇合处西北岸土坎上。原有九个冢，现仅存 7 号冢。

据民国二十二年（1933 年）《重修鄠县志》卷九"古迹"载："九女冢在陂头东北，旧志在渼陂之阳。"

传说九女冢是埋葬秦始皇九个女儿的地方。秦始皇平生未立皇后，但其子女见于史书有名可考的有长子扶苏、少子胡亥、公子高、公子将间四人。在《史记·李斯列传》中，赵高在说服李斯出面和他一起扶持胡亥篡位时曾说出皇帝有二十余子。据专家考证，秦始皇共有子女 33 人。公元前 209 年，秦二世登上皇帝宝座，怕其弟兄不满，偷偷将自己的担忧告诉赵高："大臣不服，官吏尚强，及诸公子必与我争，为之奈何？"赵高抓住胡亥因继位不正当而产生的畏惧心理，递了一招毒计，让胡亥将朝廷上下有罪的人杀干净，"上以振威天下，下以除去上生平所不

可者"。于是，一场大规模的杀戮开始了。据《史记》记载：杀大臣蒙毅等，公子十二人僇（戮）死咸阳，六个兄弟和十个姐妹在杜邮（现陕西咸阳东）被碾死，刑场惨不忍睹。

《诸史汇编》：秦二世用赵高之言僇死十二公子于咸阳，矺死十公主于杜县，冢今落户县渼陂，其一冢水崩去，户人相传为九女冢云云。

1937 年秋，洪水冲崩西南之冢，墓门外露，出土文物四五十件，均被村民盗卖。

1958 年文物普查时，尚有九冢。大者直径 12.50 米，小者直径 7 米。分布范围东西约 120 米，南北约 100 米，呈平行四边形。封土最大者 4 号冢早年墓门外露。1937 年秋，淫雨洪发，3 号冢南侧断崖塌裂，甬道露出，墓室保存完好。墓穴枕西履东。墓室砖砌，长方形，宽 3 米，长 5 米，深 2 米，两边有侧室。其中出土陶器、首饰、玉带、宝剑、五铢钱等四五十件文物，现均已遗失。

1979 年 5 月 25 日至 6 月 2 日，秦都咸阳考古工作站和户县文化馆又对 5 号、8 号冢进行了清理。依据出土器物及五铢、货泉、大泉五十等货币，

当为西汉至新莽时期的墓葬。（见《清理简况汇报》，户县文管会档）

1号冢虽未正式清理过，但亦做过部分试掘，形制和二冢相似。1、2、6、9号冢还未发掘，但与3、4、5、8号冢相似，从1958年以后封土陆续被破坏。今仅存7号冢。

西坡村唐墓

1983年7月15日，涝河岸边的西坡村一村民于后院打井，于1.06米深处发现一古墓，墓主不详。出土三彩天王俑、三彩镇墓兽、三彩骆驼、三彩马、三彩骑马女俑等各两件。据文物造型、质地、工艺等特征，应为唐代墓。

【宗教】

第五章

【宗教】

「宗教」一词源于印度佛教，佛教以佛陀之言为「教」，以佛弟子之言为「宗」。《说文解字》解释：「宗者，尊祖庙也，以宀从示。示者，天垂象见吉凶所以示人也，从二。三垂，日月星也，观乎天文以察时变示神事也。」由此可见，宗教为人类对神灵与祖先的信仰、尊敬与崇拜。宗教不仅仅是一种单纯的信仰与崇拜，它的背后蕴藏着巨大的文化底蕴与思想内涵。宗教体现在文化上，表现为名人、建筑、文学、绘画以及音乐，等等。

陕西关中地区的宗教信仰主要为道教、佛教、天主教以及民间信仰，历史悠久，具有广泛影响。道教以「刘海戏金蟾」的传说为载体，标志性建筑为曲抱村玉蟾台；佛教则依托佛学大师鸠摩罗什及其所译经典，标志性建筑是晋朝逍遥园的罗什寺与草堂寺；天主教在渼陂地区影响甚广，而今陕西地区共分为八个教区，户县天主教归属于周至教区，涝河流域的建筑代表便是上涧子天主堂；户县的民间信仰主要为龙王信仰、牛王信仰与马王信仰，标志性建筑便是涝河畔的龙王庙、牛王庙与马王庙。

第一节　道教——刘海蟾与玉蟾宫

道教是中国土生土长的传统宗教，它由张道陵于东汉时期创立，至今已有1000余年的历史。道教接受先秦的神仙思想，把"长生不死"作为核心教义，并综合了易学、阴阳五行知识构建起神仙理论。道教与中华本土文化紧密相连、息息相关，经过岁月的发展与变迁早已深深植根于中华沃土之中，并对中华文化的各个层面产生了深远的影响。

户县鄠陂地区有浓厚的道教氛围。"全真七子"丹阳真人马钰云游鄠陂时曾作诗两首：若非云游到鄠陂。争知此处隐瑶池。人人怪我不留题。壁上珠玑碑上玉，交光灿烂有馀辉。何须马钰再吟诗。（《玩丹砂·过鄠陂道友索词》）色即是空空是色，色空空色两俱忘。自从悟彻空中色，顿觉心莲翠碧香。（《遇鄠郊鄠陂空翠堂作诗赠耀州梁姑》）在户县还有"十二景"，其中之一便是"玉蟾稻塍"。"井楼沟阴陌阡连，月印塍痕绣错编。葱葱返入麦浪滚，飘飘拂袂稻风喧。斜穿石径依台榭，曲抱村墟列涧蹀。野色苍茫烟雾起，还将归路下花田。"这"玉蟾稻塍"之景便在县城西南五里的曲抱村，得名于唐诗"清江一曲抱村流"之句。村西北有玉蟾台，也传为老子西行到此以轩辕剑刮青牛而得名刮牛台，又名鄠陂西南台。有马呈图《曲抱村瓜牛台》诗云："春日早上瓜牛台，五百年前似到来。种得老松枝干在，不知多少鹤徘徊。"台上有刘海庙,曾被元世祖敕封为玉蟾宫,相传这玉蟾宫为刘海蟾祖师修道成仙之处。

刘海蟾,即刘海,本名刘操,也有记载称其名刘哲,字昭远,又字宗成、玄英,号海蟾子,户县玉蝉乡曲抱村(一说燕山)人,约为五代时人。宋人李石《续博物志》卷二记载:"海蟾子,姓刘名昭远,华山陈抟馆之道院,与种放往来。"他是道家南宗之祖,也是全真教祖师之一。清俞樾《茶香室三钞》中对刘海蟾有这样的描述:"为辽进士刘操,纯阳弟子也,道家南宗奉以为祖,观此知在宋真宗时,已著仙迹也。"也有传言说,刘海蟾为辽朝进士,后事燕主刘守光,为丞相,因进谏不纳,遂托疾挂印而去,并改名为刘玄英,道号"海蟾子"。在元泰定三年(1326年)的《金莲正宗仙源像传》中记载了王重阳之词:"正阳的祖,又纯阳师父。修持深奥,更有真尊惟是叔。海蟾同居三岛。弟子重阳,侍尊玄妙,手内擎芝草。"这段内容在《金莲正宗记》中也有大致的描述。由此可见,钟离权、吕洞宾与刘海蟾三人与王重阳都有师承关系。钟离权师承东华帝君,度吕洞宾、刘海蟾,三人又共度王重阳成仙。全真教以北宗东华帝君为第一祖、钟离权为第二祖、吕洞宾为第三祖、刘海蟾为第四祖、王重阳为第五祖也由此而来。那么刘海蟾是如何由朝堂重臣变为道教祖师的呢?前人有所考证。清翟灏《通俗编》卷一云:"《湖广总志》:刘元英,号海蟾子,广陵人,事燕王刘守光为相。一旦有道人谒,索鸡子十枚,金钱十枚置几上,累卵如钱,如浮图。海蟾惊叹曰:'危哉!'道人曰:'人居荣乐之场,其危有甚如此者。'尽掷之而去。海蟾子由是大悟,易服从道人历游名山,所至有以遗迹。宋初与潭州寿宁观题诗,乃自写真与旁。"这便是刘海蟾悟道修仙的传说之源。

在"道士戏"《刘海戏蟾》(又名《海青成神》)中,刘海蟾是个朴实勤劳的樵夫,以打柴为生,虽家境贫寒但却十分孝顺自己的老母亲。他的行为感动了王母娘娘,王母娘娘决定度化海蟾成神,并送他一把宝斧。一日,海蟾上山砍柴,遇到了一个迷路的姑娘,姑娘说自己无家可归,甘愿随海蟾回家与其结为夫妇。海蟾应允。又一日海蟾遇到一位老者,说其妻为狐狸精所化,它每晚将一颗珠子放入口中,吸其精血,妄图成仙。海蟾恐惧,老者便献计于他。当晚海蟾按照老者的指教吞服这颗珠子，其妻原形毕露，仓皇逃离。海蟾吞珠之后，具有了狐狸精的法术，被金蟾精获知，金蟾精想将珠子占为己有。老者又教海蟾以口中之珠去引诱金蟾吐出口中的金钱。海蟾如计用神斧砍死金蟾精，又得到了金蟾精的金钱和法术。海蟾送终老母，便随老者入山修炼。老者正是王母娘娘，从此刘海蟾成为王母娘娘的徒弟，跟随她到处斩妖除魔，最后功德圆满，得道成仙。

作为一部道士戏，《刘海戏蟾》将道教祖师刘海蟾的故事传奇化、神秘化、民俗化，使其渐渐深入人心，在民众的思想中起着潜移默化的作用。不过，在民间广为传颂的"刘海戏金蟾"与这部道士戏的内容还存在些许的差异。民间传说中，刘海的狐仙妻子叫胡秀英。她对刘海心生爱慕，绝无半点歹意。他们结为夫妻一事被三角潭一只修行了五百多年的三腿金蟾得知，金蟾心生嫉妒，便化身为道人暗示刘海盗取胡秀英的金丹。刘海依计行事，果得金丹。胡秀英用反间计，令刘海用金丹引诱金蟾吐出蟾丹。金蟾因羡慕金丹之精美，欲占为己有，因神情过激，口齿失控，吐出了自己的蟾丹而昏倒。从此，刘海双丹俱

得，修为人间神仙。刘海戏金蟾，金蟾吐金钱，刘海把金钱撒向劳苦大众，造福了一方百姓。

刘海蟾周济百姓深受爱戴，被民间尊称为"准财神"。后来刘海又经道教祖师钟离权、吕洞宾二仙点化，遁迹于南山朝阳洞，修成正果。玉帝颁旨，封刘海为"赤脚大仙"，主治穷、避祸、攘灾之事。在户县当地的戏曲中，仍有"刘海本事小八仙，行走步步撒金钱；金钱撒在福地上，一变十来十变千"的唱词。

"玉蟾宫前溪水绕，九曲弯转地腴沃。青牛留恋传佳话，刘海善行竟成道。"沿着渼陂湖一直向南走，便来到了曲抱村。玉蟾宫、刘海庙便静静地坐落在流经古村的潺潺溪水旁。玉蟾台正门掩映在松林之间，朱红色的庙门上高悬着阿工题写的门匾"玉蟾台"，两侧有楹联："碧水长流传道楼台怡胜景，绿云环抱吐月纳福济苍生。"步入院中，庙中建筑一览无余。正中央为三清殿，供奉着道教三清仙境的三位神尊，分别为玉清元始天尊、上清灵宝天尊、太清道德天尊。正殿西侧为五圣宫，供奉五圣，即北帝、龙母、天后、三界、伏波。东侧便是刘海殿了。殿前放置着一顶方形香炉，香火气浓，正面刻有"玉蟾台刘海

庙"。跨入殿内，神台上供奉着三尊神像：西边为身穿杏黄色长袍手持圆球的神医华佗；东边为身穿朱红色长袍骑虎戏龙的药圣孙思邈；中间供奉的便是刘海蟾，他鹤发童颜，一副天真可爱的模样，身穿蓝色长袍，右手牵着一条金线，身前立着一只金蟾，吐着红色长舌，身下翻涌着层层波浪，殿东侧廊下有一块石碑，石碑正面刻有刘海像与苏东坡的题词："仙根曲抱生刘海，神水潀陂戏金蟾。"石碑的另一面记载着刘海戏金蟾的神话故事。在玉蟾台西边，还有刘海戏金蟾的三角金水池和古桥遗址。整片土地古朴神奇，有传说的熏染，有灵气的滋养，有神仙的庇佑。宋代哲学家程颢任鄠县主簿之职晚宿草堂寺时，曾作诗描绘曲抱玉台之美："参差台殿绿云中，四面笐筜一径通。曾读华阳真诰上，神仙居在碧琳宫。"

第二节　佛教——鸠摩罗什与罗什寺

"昔汉哀帝元寿元年，博士弟子景卢受大月氏国王使伊存口授《浮屠经》……"（《三国志·魏书·乌丸鲜卑东夷传》裴松之注引《魏略·西戎传》），佛教初传中国。汉明帝永平十年（67年），史传天竺僧人竺法兰、迦叶摩腾以白马驮《四十二章经》及佛像到达洛阳。东汉桓帝建和元年（147年），大月氏僧支谶到洛阳宣扬佛法，后翻译《道品行经》等，大乘佛教经典传入中国。建和二年（148年）安息国僧人安世高到洛阳弘法，后译出《人本欲生经》等，小乘佛教经典传入中国。自此，在汉末和魏晋南北朝时期，大量佛经被译成汉文传入中原，中原地区出现了众多的佛教高僧及译经家，其中，鸠摩罗什便是非常著名的一位。

鸠摩罗什（344—413），又译作"鸠摩罗什（耆）婆"，略称"罗什"或"什"，意译为"童寿"，原籍天竺（今印度），出生于西域龟兹国（今新疆库车），为中国佛教四大译经家之一。其父鸠摩罗炎出身天竺望族，后娶龟兹国国王的妹妹，生罗什。罗什7岁随母出家，初学小乘经典。9岁随母赴罽宾（今克什米尔地区），从槃头达多诵读《杂藏》《阿含》等经。12岁与母返龟兹途中，在疏勒驻留年余，修习阿毗昙及六足论，从大乘僧人、莎车王子须利耶苏摩诵读《中论》、《百论》和《十二门论》，复从佛陀耶舍授读《十诵律》

等。后佛陀耶舍一直和他合作翻译佛经。罗什回龟兹后，广习大乘经论，讲经说法，成为中观大师。时槃头达多从罽宾到龟兹，罗什晓以大乘宗义，使之垂信。从此罗什在西域声名大噪，其美名甚至传至中原汉地。为得到这位高僧，前秦后秦共发动了两次战争。前秦建元十八年（382年）苻坚派大将吕光率军七万左右西伐龟兹迎鸠摩罗什入关，不料淝水之战苻坚兵败为姚苌所杀。吕光得知旧主遇害便在凉州（今甘肃武威）自立为王，建立后凉。鸠摩罗什在后凉弘法十六七年。后秦弘始三年（401年）皇帝姚兴遣硕德率军讨伐后凉，亲迎鸠摩罗什入长安，待之以国礼，起先居住在西明阁及逍遥园，后在逍遥园千亩竹林之心"茅茨筑屋，草苫屋顶"建筑草堂寺。自此的十余年中，鸠摩罗什率众僧在此译经。据记载，当时与罗什一起译经的僧侣有"八百余人"，"三千弟子共翻经"，甚至皇帝姚兴也经常协助罗什译经，"什执胡本，兴执旧经，以相考校"。据《出三藏记集》载，罗什在弘始四年至十五年期间，译出经论35部294卷，《开元释教录》作74部384卷。其中重要的有《大品般若经》、《小品般若经》、《妙法莲华经》、《金刚经》、《维摩经》、《阿弥陀经》、《首楞严三昧经》、《十住毗婆沙论》、《中论》、《百论》、《十二门论》、《成实论》及《十诵律》等。

弘始十五年（413年），鸠摩罗什在草堂寺圆寂，据说鸠摩罗什圆寂后火化，"薪灭形碎，唯舌不烬"。其舍利子藏于草堂寺中，是为鸠摩罗什舍利塔，又名"八宝石玉塔"。明代赵崡所著《石墨镌华》卷七《游城南记》载："高冠谷之西，则草堂寺也理论，有鸠摩罗什葬舍利石塔，精殊甚，宋人作亭覆之。今尚在。"

鸠摩罗什译经在当时以及后世都产生了重要的影响，较之之前的旧译被称为"新译"，有些经文译作甚至比玄奘译本更受欢迎、流传更广。以著名的《维摩诘经》为例，在鸠摩罗什翻译《维摩诘经》之前，已经有了五个汉译本。虽然这些译本在当时也产生了深远的影响，但鸠摩罗什译本一经出世，便使其他译本从此销声匿迹。

借鉴和摒弃旧译的经验与不足，鸠摩罗什开创了自己的"新译"。他精通梵语和多种西域语言，又因滞留凉州十余年，对于汉文也分外熟识，所以能够用汉文精准地翻译佛经的内涵。鸠摩罗什不仅摒弃了旧译的"理滞于文",还融入了自己的特色。第一,梵文经典行文与记述过于繁琐,所以罗什在翻译时特别注意删繁就简。据《高僧传》记载,鸠摩罗什临终时对众僧说:"几所出经论三百馀卷,唯《十诵》一部未及删繁。"他保留了原文的真谛与含义,做到了"文约而诣,旨婉而彰"。第二,鸠摩罗什的译文在遵循"文虽左右,而旨不违中"的前提下,注重"依实出采",增强文学的趣味性。鸠摩罗什的译经广为流传有一个重要的原因,就是统治阶层的大力支持。前秦与后秦两次西征迎鸠摩罗什入中原,之后为其建造专门的译经场所,后秦皇帝姚兴还经常与罗什共同译经。统治者对旧译的不满也促进了新译的形成,"大秦天王(姚兴),……每寻玩兹典以为栖神之宅。而恨支竺所出理滞于文,常恐玄宗坠于译人",于是便"以弘始十年二月六日,请令出之","于常安大寺请罗什法师重译正本"。

渼陂地区佛教繁盛,宋人魏野有诗《用晦上人游渼陂》云:

渼陂寒水碧溶溶,野客江僧望不穷。

更值晚来风雨歇,终南一半浸波中。

在户县涝河流域有一座有着悠久历史和深厚文化底蕴的古刹——鸠摩罗什寺,简称罗什寺。相传罗什寺为三论宗祖庭,是后秦时期的逍遥园译经场,创建于苻坚建元十三年(377年)。清康熙《鄠县志》《鄠县文物志》分别记载,罗什寺创建于"弘始三年前"和"姚秦之前"。罗什寺位于县城南余下镇罗什堡,传说鸠摩罗什曾游此地,因此建寺。明成化二十年(1484年)重修,"文革"时期再次遭到损毁,后来由已故方丈世空禅师重建。老禅师曾多方查证,此寺院为当年鸠摩罗什译经的晋朝逍遥园。现今的罗什寺由青砖砌成,寺院门高大雄伟,正中央写着"鸠摩罗什寺"五个描金大字,两旁墙壁上刻有"译传三藏""真空妙有"字样。进入寺院,映入眼帘的是逍遥三藏殿鸠摩罗什大师法像,正上方悬挂一金字匾额,上书"姚秦国师"。此外寺院中还有大雄宝殿等,寺内到处悬挂着当代诸山长老的贺匾,颂扬鸠摩罗什大师,其中有"知恩报恩""作狮子吼""悲智兼修""弘法利生""道光同寿""宽严相济""法乳流长"等等。在寺院的一处角落有株竹篱笆围成的树,树旁立一石碑,写着"净土树"。据民国二十二年(1933年)吴继祖《重修鄠县志》载,寺内有净土树一本六株。俗传鸠摩罗什憩此,复履中土于地而生者，春华秋实，壳内结实似土，故名净土。清代王宽《罗什寺净土木》云："净土标奇迹，攀条仰大贤。七株双凤立，万古一灯传。树老犹留晋，僧高可订禅。道心真不朽，长此柱金天。"这种树又名西域梧桐，一般只有西域才有种植。鸠摩罗什尝有诗："心山育明德，流薰万由延。哀鸾孤桐上，清音彻九天。"

除了罗什寺，户县还有一座著名的寺院，名曰：草堂寺。草堂寺位于圭峰山北麓，东临沣水，南对终南山圭峰、观音、紫阁、大顶诸峰，创建于东晋末年，为逍遥园的一部分，也被视为三论宗祖庭，为鸠摩罗什译经道场，由于其以草苫盖顶，故得名"草堂寺"。寺院中有鸠摩罗什舍利塔、烟雾井、明代巨钟、碑廊，等等。

第三节　天主教——上涧子天主堂

在历史上，天主教共有两次大规模的传入中国：第一次在元朝铁穆耳时期（13世纪末），时称"也里可温教"；第二次在明末（1582年），正式定名为"天主教"。

明朝末年，天主教正式传入陕西，"泰西两教之播布关内，始至明末清初"。据史料记载，此次天主教传入的一个关键人物是王徵。王徵，陕西泾阳县鲁桥镇尖担王家堡人，自1595年起曾多次进京赶考，于1622年中进士，在此期间，与当时京城里的一些西方传教士熟识，1615年受教洗礼，圣名斐理伯，是明末陕西第一位天主教徒。王徵于1625年（天启五年）邀请法籍传教士金尼阁来陕开教；1627（天启七年）年德籍神父汤若望到西安接替金尼阁；1628年（崇祯元年）王徵协助汤若望在西安购买住宅，并建立了陕西境内第一座天主教堂——崇一堂，之后，汤若望在王徵的协助下在三原县北城购地建堂一座。经过金尼阁、汤若望、曾德昭、杜奥定、方德望、南怀仁等十位耶稣会士在陕西的传教，天主教在陕西境内得到了迅速发展，至1949年，天主教在陕西境内已有8个教区10万多教徒，成为中国内陆重要的传教地区。

19世纪40年代以前，陕西并没有独立的教区，一直被其他教区代为管理。1618年中国教省成立时，传教区分为华北、华南两个主教区，陕西隶属于以南京为中心的华北教区。1694年

（康熙三十三年），葡萄牙国王将中国教区划分为北京主教区、南京主教区、澳门主教区，陕西天主教务由北京主教区管辖。1696年（康熙三十五年），葡萄牙国王与教皇协商，在划分北京、南京、澳门三个主教区的基础上，又在中国境内新设立九个代牧区来分治教务。其中，陕西不再隶属于北京主教区，与甘肃、青海组成陕西代牧区，由方济各会（O.F.M）修士叶宗贤（1648—1704）出任第一任代牧。1712年（康熙五十一年），罗马教廷将陕西代牧区与山西代牧区合并为秦晋代牧区。之后在鸦片战争的背景下，天主教在中国境内迅速传播，1844年（道光二十四年）传信部将秦晋代牧区一分为二，各自成立代牧区。自此，天主教陕西教区正式形成，之后发展迅猛。由于陕西省南北跨度较大，自北向南被黄土高原、秦岭依次分割为陕北、关中、陕南三个自然区，致使陕西教区教务管理极其不便。因此1887年（光绪十三年）罗马教廷以秦岭为界将陕西分为陕西北部代牧区和陕西南部代牧区。陕西北部代牧区以西安为中心，包括陕北与关中两个地区，管理西安府、同州府、凤翔府、延安府、榆林府和乾州、邠州、绥德州、商州北

部的教务；陕西南部代牧区以汉中为中心，管辖秦岭以南的汉中府、兴安府和商州南部的教务。1911年（宣统三年），陕西北部代牧区又划分为陕西中部代牧区和陕西北部代牧区。1924年12月3日，罗马教廷批准中国教区更名，陕西中部代牧区改为西安代牧区，陕西南部代牧区改为汉中代牧区，陕西北部代牧区改为延安代牧区。随着天主教在陕西的快速传播，传信部不断增加教区以满足持续增长的信徒人数。截至1944年，陕西先后形成了八个教区：1.西安教区。1887年成立代牧区，最初辖关中与陕北两个自然区，管理西安府、同州府、凤翔府、延安府、榆林府和乾州、邠州、绥德州、商州北部的教务。之后，分出延安教区、三原教区、同州教区、盩厔教区和凤翔教区。2.汉中教区。1887年成立，主教座堂设立于汉中。3.延安教区。1911年从陕西北部代牧区分出，主教座堂设于延安，管辖陕西北部的延安府、榆林府、邠州和绥德州等地。4.兴安教区（即现在的安康教区）。1928年，汉中代牧区新分出兴安监牧区。5.三原教区。1931年，西安代牧区分出三原监牧区，主教座堂设于三原辕门巷。三原教区初为监牧区，1944年升为代牧

区，1946年升为主教区。6.同州教区（即现在的渭南教区）。1931年由西安代牧区分出。7.盩厔教区（即现在的周至教区）。1932年西安代牧区中再分离出盩厔监牧区。8.凤翔教区。1932年从西安教区分出，由国籍方济会管理。

户县天主教由盩厔教区（即周至教区）管辖。1930年，陕西户县的张指南大司铎提出成立盩厔教区，得到赵连山等数名神职人员的强力支持。经请核准于1931年7月14日由罗马圣部发出一项谕命，决定从陕西中境教区划分出盩厔、鄠县、郿县、兴平、武功和扶风六县组成盩厔教区，同时提名张指南神父为盩厔教区首任宗座监牧主教。至1940年7月张指南主教逝世时，盩厔教区已有本籍神父20余人，教友14000余人。次任监牧主教为中国籍神父高正一（1941—1951）。至1949年，盩厔教区已成为陕西境内信徒人数最多的教区。

上涧子村位于户县城南约10公里处，村中大多数村民都信奉天主教。据村碑介绍：清咸丰四年（1854年）以前，本村先民在涝河西涧上群居成村，故得名"上涧子村"。清咸丰七年（1857年）天主教传入户县。开始在石井村、站马一带传播，最初只有几户人家信奉。后在石井村中堡建立教堂，接着又传到上涧子。后在上涧子修建教堂，住外国神父，管理石井沿山一带教务。光绪二十四年（1898年）前后，德国传教士胡主教来上涧子，主持周至、户县教务。由于在当时的半殖民地半封建社会形态下，天主教徒受到西方教会的保护，致使户县地区的天主教迅速发展，信教人数大量增加，教堂数量也不断增多，其中著名的有上涧子天主堂、付家庄天主教堂以及半个城天主教堂。

第四节　民间信仰

早在遥远的远古时代，中华大地上便出现了神话传说，它以故事的形式表现了远古人民对于自然、社会现象的认识和愿望，是"通过人民的幻想用一种不自觉的艺术方式加工过的自然和社会形式本身"。传说与信仰息息相关，信仰往往是以传说为载体，在传说的基础上逐渐形成的。从意识形态方面来说，它是一种非官方非正式的文化；从形式与功能方面来说，它注重社会功用、较少利用文本并以方言的形式传承；从信仰群体方面来说，它具有民俗性，由社会中的多数（即农民）支撑并与民间的生活密不可分。每个地区都会根据当地传说与自身生活的需要形成不同的民间信仰。在陕西省户县，其民间信仰主要包括两个方面的内容：一个是龙王信仰，另一个是马王、牛王信仰。

一、龙王信仰

龙王是中国农业社会一位倍受尊敬的神灵，它的存在与"水"密不可分。作为一种信仰之神，龙王的主要功能便是布雨，传说龙王平时潜居深渊，身体的每个鳞片内都储存有充足的水分。

户县的龙王庙坐落在太史桥旁（据《户县文物志》第二章"古遗址"第七节"桥梁遗址"载：太史桥今俗称西桥，在县治西关，横跨涝水之上，昔为户县"西走凤汉，东走省会"之要冲），原来的庙门正对着涝河。每年农历三月十五（现改为二月初二）有庙会。原来在庙会时有饮龙、舞龙的活动。所谓饮龙，就是让龙在涝河里面饮水。在如今布满尘埃、尽显沧桑的太史桥畔，龙王庙也早已不复当年模样——红砖青瓦筑起的门楼非常小，走进去院中只有一间大殿，供着龙王，两边有壁画，久经岁月的侵扰，图案都已变得斑驳，模糊不清。殿中还供奉着斗门镇石公和魁星。相传斗门镇石公原为河南洛阳人，因医术高明、悬壶济世而被广为供奉。魁星是我国神话中所说的主宰文章兴衰的神，即文昌帝君。此外庙中还供奉着五方菩萨，居中为观世音菩萨。

户县的龙王信仰与一则王心敬的传说有关。相传王心敬结交了一位高额长须的朋友，并对他极其敬重。一日王心敬辞朝回家，友人答应要为他送行并赠薄礼一份，却一直都没有出现，王心敬便登车上路了。事后再遇见时，王心敬问其缘故，友人说心敬归家那日他用一片彩云为其遮挡阳光便是那份薄礼。心敬惊讶不已，再三追问其身份，友人终于说出自己是涝河龙君，因犯了错被玉帝贬到人间受罚。心敬将信将疑，便让其现出真身，只见朋友先后在酒杯与盆中变成了小龙。出于好奇，王心敬想见识洪涛巨浪中的龙象，两人便约定八月十五涝河发大水时在西关城楼相见。八月十五午时三刻，天气骤变，涝河洪涛从南而下。突然惊雷响起，一条巨龙跃出水面，张牙舞爪扑向城头。王心敬惊叫一声昏了过去，从此再也没有醒过来。事后，涝河龙君化作一风水先生，为王心敬在南河头村西北、涝河岸边选了一处墓地。此后涝河虽然经常发洪水，或淹没房舍农田，却从未威胁王心敬坟墓。民谚有："涝河涨水浪滔天，漫不到夫子坟边边。"

二、马王与牛王信仰

马王，又称马神、马祖、马明王、水草马明王、青山水草马王，是主宰和护佑马、骡、驴乃至其他飞禽走兽的神祇。在传统社会，主管马政的衙门与官吏、军队、警察、驿站、骡车夫、赶大车的、仆御牧卒、马骡驴商贩、磨坊、驮运帮、农民、车马旅店、钉掌匠等，大多都会供奉马神。马王的形象多为红面多须，四臂或六臂，手执刀枪剑戟，身披铠甲，三眼，一眼竖立额中，俗称"马王爷三只眼"。祭祀马王的时间大都在农历六月二十三，相传这一天是马王的生日，又称马王节。祭祀马王多在马王庙，也有在马号和马厩的。民间关于马王的由来有很多种说法，有的说是天驷星下凡，有的说是殷纣王的儿子殷郊，还有的说与灵官马元帅相联系。

官方与民间对马有不同的信仰和崇祀。在官方，马主要做交通、作战之用，所以古人认为马神信仰的盛衰决定着战争的胜负。《新都县志》记载："马政为国家要务，故古者重马，祀马神。有四周官，春祭马祖，天驷星也；夏祭先牧，始养马者也；秋祭马社，始乘马者也；冬祭马步，乃神之灾害马者也。隋用周制，祭以四仲之月，唐宋因之。明并诸神为一坛，以春秋二仲月甲戌庚日致祭。永乐中立马神庙，今天下厩牧者所在皆祀之。"但在民间，马王与农耕社会的需求有极其紧密的关系，主要体现在农业生产与生活方面。在农业生活中，马在交通、运输、耕作等方面作用突出。关中地区属于旱作农业，需要借助马、骡、驴等畜力进行耕作、运输，以保证农作物的产量，故马王在农民心中是位很重要的神灵。

在民间信仰中，牛王与马王的性质别无二致。牛在中国传统文化中通常以朴素无华、任劳任怨的形象而受人尊重。牛肉美食、牛乳补身、牛粪肥田、牛革御寒、牛黄医病……民间百姓对牛可谓是深为敬之。坐落在渼陂湖畔的马王庙与牛王庙，深深地体现了自古以来当地百姓对丰收与安宁的渴望，对这片关中大地的热爱与赞美。

第六章

【园林文化】

园林是文化艺术的载体，也是民族文化的重要组成部分。中华园林文化遵循「阴阳平衡」「五行相生」「天人合一」的思想理念，集策划、设置、建筑艺术与园艺、花木等工艺之大成，把自然景观与人文景观融为一体，以供人们休闲、消遣、游乐。

历史上的园林，有皇家的园林和官僚士大夫的私家园林，极少有开放性的公共园林。如户县地面曾是秦汉的上林苑，虽然宏阔壮美，但却是供皇家贵胄及官僚游乐的。明代「前七子」文学家王九思有名为「十亩园」的私家园林，想必普通人也是难以光顾的。

然而，渼陂及其十里绣沟却是公共性质的开放型园林，供普通人游览观赏。

秦汉辟上林苑，并将周户划入其内，源于这里自然条件优越，周户南依终南山，北临渭水，一半山一半平原，户县境内有涝、沣、太、甘等近三十条河流，遍布泉涌溪流，滋润着这一方土地；兼之气候温和，四季分明，聚南北草木，物产丰富，为天然的动植物宝库。正如《汉书·地理志》所谓：「秦地有鄠杜竹林，南山檀柘，号称陆海，为九州膏腴。」而渼陂及其附属的十里绣沟、十亩园等园林，在昔日上林苑遗址上兴起，有得天独厚的自然条件，才形成一时的美景，而且为后世留下咀嚼不完的话题。

第一节　上林苑

上林苑为秦汉时皇家园林。户县境内的沣水、涝水、甘水以及渼陂等皆处其腹地。上林苑自然景观、人文景观浑然一体，相映生辉。其景观的繁盛、规模的宏大、饮宴的盛况、娱乐的档次、狩猎的场面、军演的规模，等等，在司马相如的《上林赋》中描写得淋漓尽致、无以复加。

战国时期，强秦崛起，移都咸阳。秦惠文王时，于渭水南辟上林苑，筑阿城，建离宫别馆十数处。其规模东自蓝田，西至沣水。沣水为长安与户县的界河，说明秦上林苑不及户县。

《汉书·东方朔传》："（武帝）建元三年，微行始出，北至池阳，西至黄山，南猎长杨，东游宜春。微行常用饮酎（师古注：三重酿醇酒也）已。八九月中，与侍中常侍武骑及待诏陇西北地良家子能骑射者期诸殿门，故有'期门'之号自此始。微行以夜漏下十刻乃出，常称平阳侯。旦明，入山下驰射鹿豕狐兔，手格熊罴，驰骛禾稼稻粳之地。民皆号呼骂詈，相聚会，自言鄠杜令。令往，欲谒平阳侯，诸骑欲击鞭之。令大怒，使吏呵止。猎者数骑见留，乃示以乘舆物，久之乃得去。"这段故事是说汉武帝微服到鄠杜狩猎，自称平阳侯，驰射鹿豕，徒手与熊罴搏斗，糟蹋百姓的粳稻之地，百姓呼号叫骂，并上告到鄠杜县令。

县令不明事理，去见"平阳侯"，险遭毒打。这一事件也是汉武帝将周至、户县扩充进上林苑的起因。

"时武帝使吾丘寿王举籍阿城以南，盩厔以东，宜春以西，提封顷亩，及其贾直，欲除以为上林苑，属之南山，又诏中尉左右内史，表属县草田，欲以偿鄠杜之民。吾丘寿王奏事，上大悦称善。"汉武帝欲扩充上林苑西至周至境，吾丘寿王等促成此议。"时朔在旁上疏谏，历陈三不可，上乃拜朔大中大夫给事中，赐黄金百斤。"汉武帝虽不接受东方朔的建议，却以加官赐金封东方朔的口。从此，户县全境包括在上林苑内。

扩建后的上林苑纵横三百里，泾渭沣涝、潏滈浐灞，八水穿流其中。《汉书·旧仪》载："苑中养百兽，天子春秋射猎苑中，取兽无数。其中离宫七十所，容千骑万乘。"栽种各地名果异木千余种。苑中溪流纵横，湖池连通，其中有"东池西陂"的记载，所谓"西陂"当是后来的渼陂。司马相如《上林赋》中也有"日出东沼，入乎西陂"的记述。盛唐时期杜甫的诗篇中将西陂、渼陂并称，可见西陂是渼陂无疑。

所以说渼陂在当时的上林苑为一大景观。上林苑随着时代进程而衰落，而渼陂却保留至唐宋，成为长安西郊的盛大景观，这与渼陂自身的魅力是分不开的。

第二节　十里绣沟

渼水流经曲抱村玉蟾台，至渼陂空翠堂的一段峡谷地带，景色秀丽。明代又经过人工开发，妙手天成"十里绣沟"，既是渼陂区域一胜景，又是一处开放式园林。踏青游春、绣沟修禊，成为数百年来人们的赏心乐事，流传出许多美谈佳话。

绣沟园林的开发者，首推明初的冯俊。据明崇祯《鄠县志》记载：冯俊，字子英，户县渼陂人，性格豪爽，好大言。十八岁中举入太学。正好遇见朝廷兴兵出师，便上书言他能造吕公战车。中贵人（皇帝亲近太监）召他问话。他大概看不起太监，言语颇有冲撞。中贵人发怒，指责他狂慢。被削国子监籍，回乡为农。其在毗邻渼陂的峡谷广植竹树，遍种花卉。不数年花木相间，错落有致，故名锦绣沟。冯俊晚年尝叹息曰：我，将才也，可惜世人无知也！也许有此性格的人，才有营造十里绣沟这样的大手笔。

民国二十二年（1933年）《重修鄂县志》记载：锦绣沟，即渼陂上游自瓜牛台北而下，至渼陂二里许，昔元游兵曾决堤取鱼处，其地多处变为稻田。明崇祯《鄠县志》载，知县张宗孟重加修筑，恢复了绣沟与渼陂相映为景的面貌。

绣沟的曲水，其源头是胡公泉、白沙泉、渼泉。三泉是涝水出峪经过"十里天桥"渗沙汇水而成。其水"色如银而加湛，味如饴而加冽"。"问渠那得清如许，为有源头活水来"，可知绣沟曲水清新，并与花草树木相映成趣。

绣沟蜿蜒起伏，溪水屈曲回转，"两岸翠嶂如屏，中间溪谷似锦"，气温湿润，清新宜人。每逢仲春，花木早发，夹岸桃花映日，垂柳迎风。士农工商，男女老少，纷纷临水曲径，嬉戏于花香鸟语之中。同时，历代名士于此效法兰亭春禊，曲水流觞，即席赋诗，饮酒作乐。

如清代名士姚社的《绣沟春禊》："渼水南来入绣沟，阳光透开万树愁。鱼戏萍叶吹细浪，蝶舞花心弄清流。点也歌咏留沂上，羲之修禊忆沧州。三两但得知心友，祓除灾异不复忧。"

民国时期户县名流杜肇卿也有《绣沟春禊》："不问绣沟路几条，随山万转上东皋。春风吹长堤边柳，暖风烘开路边桃。隔溪流觞声热闹，沿途畅谈兴轩豪。莺梭燕剪娇痴甚，飞傍游人掠几遭。"

第三节　十亩园

明正德、嘉靖年间，户县城西渼陂东岸与涝水之间，有一环境古朴优雅、风景别致的园林——十亩园。其主人是与渼陂有着不解之缘、自号"渼陂"的王九思。渼陂先生在园内吟诗作画、教授生徒，因也称十亩园为渼陂书院。

王九思生于户县北街王家大院，其曾祖、祖父、父亲或为官或经商，在"蕞尔之邑"的户县，也算是名门望族。九思29岁中进士，为翰林院庶吉士，官至翰林院检讨、吏部郎中，后因刘瑾案罢官归里。正当"强仕之龄"而罢归，王九思精神受到极大的打击。痛定思痛，他选择了与仕途隔绝的诗酒生涯，于是便建十亩园作为隐逸的场所。

清雍正十年（1732年）《鄠县志》称，空翠堂与渼陂书院东西连接。《古今图书集成》载："十亩园即渼陂先生书院，内有春雨亭，康对山为之记。又有且坐亭、紫阁峰，阁内有先生遗像。康对山先生石碣记其盛。"《古今图书集成》康熙四十年（1701年）始编，这说明康熙年间渼陂书院尚在。王氏后裔、康熙年间的理学家王心敬，曾游历园亭旧址，并赋《和张令公吊渼陂先生春雨亭遗像》三首，其中有："十亩园林地，萧条剩数橡。亭铭反陷壁，遗像仅中悬。"面对"萧然遗像在，相对两凄然""且坐留春色，行窝乏片椽。独余春雨后，紫阁雅题悬"，他不禁感叹："浮世真如梦，荣华那久传。达人观大化，万世只悠然。"可见十亩园虽在，但已十分萧条了。

十亩园的确切地至今已难以指认，据王九思《九石记》一文记述："弘治十八年（1505年），予于翰林院检讨归省期间，买地西城之隅，作衍庆堂，奉二亲以居。乃以堂下两隙地辇石为山，艺植花卉，以供耳目之娱焉。"其园虽称十亩园，而非十亩之大。与九思同被罢官的武功状元康海，在其《春雨亭记》中记述："渼陂子宅后有园几十亩，近宅百步为场，以纳禾稼，场以后皆园也。列植花木，荟蔚蓬勃，

奇诡逶迤；其后又有修竹万竿，及场西望，邃若丰林城市中。能若此者，其亦鲜也。"

十亩园建成后，九思读书、为文、教授子弟生徒、宴请宾客、休闲消遣都在这里，甚至作曲弹唱、家班演出也在这里进行。

遥想当年九思步入园中，衍庆堂、书房客舍、春雨亭、且坐亭、紫阁峰（假山）错落有致，掩映于绿茵翠竹之间；芳草艳花，青砖曲径，蝶舞春花鸟鸣啾。主人于园中栽花种竹、植树铺路，劳作不息俨然陶翁。九思曾在《画葡萄引》中回忆道："吾家十亩后园里，长条几架南山侧。龙须时袅水风斜，马乳尽垂秋雨色。"

春雨亭是园中标志性建筑。据康海《春雨亭记》，九思欲于园中建亭，亭基已筑，因财力不足，拖而栋梁未树。嘉靖三年（1524年），陕西巡抚滦江公王珝过户县访九思于衍庆堂，询过民事，"倡酬斯作，于是携榼至园。卉木荣新，好鸟群至，公欣然自适，不知逸兴之所自也。辄已诗成数首，击缶微歌，若将神游八极之表。地虽有然，而公之胸次亦可知矣"。此园能将堂堂巡抚的逸兴激发得"若神游八极之

表"，足见其规模之可观，环境之优美。酒酣兴激之际，当场许以廪余之资，并嘱知县黄生建亭园中，作为渼陂子憩游居所。于是便有了十亩园的春雨亭。春雨亭之意为：建亭时适逢春雨，其又返耕于乡，致力于农耕稼穑，赖之于春雨。对于此园林，康海叹曰："安知百世之下，不以右丞之辋川别业，晋公之绿野堂视此亭。"

王九思酷爱奇石。在《九石记》中记述：嘉靖十四年（1535年）夏，九思将园中假山遗石九片，分别以二三四置于春雨亭、书屋、竹林之侧，寓以萧墙之意。一日忽然发现其二者为阴阳之象，其三者为天地人三才之意，其四者寓之春夏秋冬，居然见器道之说。

又一日，"暑雨乍霁，清风徐来，绿荫掩映。而所谓九石者，或若牛首，或若蹲猊，或若虎头，或若秉笏，或若冠之峨峨，或峻而立，或拱而揖，或恭而安，或俯而俟，罔不各有志焉！予挂杖临之，亦足以忘世也"。又数日有客来，见而笑曰：这石头在公之左右，便有了用场，并非奇绝。终南之坳，涝水之滨，奇绝的石头不知有多少！是公没有时间去寻求，实在可惜！九思说：

你说得有道理。客大笑曰：我非评石也，正以况世之用才者耳。过了数月，九思得石于危墙之下，奇绝之态较之前九石更甚。将之置于春雨亭北四石之前，"宛若奎聚（天上星宿，亦称天豕）之象焉"。于是九思叹曰："数亩之间，眉睫之下，尚有遗而未见者，何说清涝之滨，南山之坳也！"可见九思的园林寓意深刻。

陕西左布政使安厓黄公，在四川任职时游峨嵋山，作《登峨山诗》集，请九思作序。从《序》（《渼陂续集》卷中）中可见九思因酒致情："峨山之秀闻天下，然登者亦鲜，登而赋诗闻天下者，益愈益鲜。山东去峨五六千里，安厓黄先生少尝梦游焉，不意其果能至也。及至甚喜，得诗七十余首，以示渼陂子。竟难曰：'是与峨山争秀闻天下乎？'举头见南山，恍疑三峨之在空也。继而笑曰：'其梦耶，胡俯而读，仰之而见也！'因坐春雨亭，命童子酌桑落酒而饮，且饮且读，击指节铿铿不休。忽青衣人自外而来，向予揖曰：'还我峨山诗，归报主人。'遂书其后而归之。既去，乃大笑曰：又是一梦也。"

这篇美文竟使春雨亭成为梦幻般的佳境，在此妙境中的诗人，于迷离中将峨山美景与安厓诗境融合，又将春雨亭能看见的终南山恍然幻化为"三峨在空"，再将虚幻的终南山的山色景物还给诗境，这种融合与幻化的玄思，将远在五六千里外的峨嵋山与举目可见的终南山及自身所在的春雨亭完全融为一体，诗人在欣赏中创造的超越时空的化境美感，皆因脚下之基的春雨亭与户县的桑落美酒作用所致。

假若诗人在一个枯燥无酒的环境中，决然进入不到如此的妙境。

既至妙境，其必然得意忘形：坐春雨亭，饮桑落美酒，且饮且读，晃头击指，铿然有声，连青衣人（黄安厓之仆）索诗稿也是恍惚予之。当青衣人去了，诗人似乎才酒醒，不由一笑：又是一梦。这大概就是真境界了。

第七章

【民俗】

民俗范围广，传承久远，其事项的延续与演进也是渊源自有的。因而，连续性是民俗的基本属性。眼前与身边的民俗，或「洋」或土，溯其本源，大概也难逃古人习俗的延伸。本章所谓民俗，是以「文史」为统属的，因而一般以民国末年为下限，个别事项涉及中华人民共和国成立后。

第一节　生活习俗

生活习俗包括饮食、服饰、居住等方面。

饮食

户县以及渼陂周边人习惯一日三餐。民国年间生产力落后，多数人食不果腹，"跟碌碡（一种用以碾压的畜力农具，此处意指碾麦时节）吃几天麦面"，其余多以秋杂粮、野菜糊口。至20世纪70年代末，人民生活逐步改善，基本上半年细粮、半年粗粮。平时多以小菜下饭，食味偏于酸辣，副食不甚讲究。一般早晚餐为馍（多为杂粮面）、稀饭，佐以小菜；中餐多为面条（以汤面或米汤面、糁子面居多）或搅团（以玉米面搅合而成，浇以调料汤），偶尔蒸面皮、摊煎饼、包扁食（饺子）作为调剂。来客或逢年过节一般炒菜、吃臊子面。过事做席面。其中60年代初"三年经济困难"时期，食不果腹，有以油渣、植物淀粉、麸皮等充饥的。

喜庆宴席分"五盘子""八围一""零上席""十三花"等。"五盘子"也叫"一盘端"，上一个炒菜、四个通菜（即大锅菜）。"八围一"较"五盘子"丰盛。以上两种形式较为普遍。条件好的为"零上席"，每席八个喝酒菜，八个下饭菜，碗碟相间，依次零上。

服饰

清末为长袍马褂，民国时改为上下两截装。先时兴宽、大、短，即褂不过胯，裤不覆踝。后兴窄、长、细，俗称上青下白一根葱。妇女穿大襟袄，姑娘出嫁、少妇出门、走娘家须穿裙子。裙子多为缎料绣花，周围打褶，裙边拖地。裙子多为富家之物，贫家必须用时，也可暂借。小孩穿花裹肚、猫娃鞋；商人穿长袍，戴瓢儿帽；念书人和在外干公事者，多穿长袍，戴礼帽，后改穿中山服，俗称"八大块"。一般人衣料多为家织土布，富人多为机织布，俗称洋布，也有穿绸缎着羊皮褂子的。

居住

清末民国时期，涝河及沣陂周边的中等人家，以土木结构的三椽瓦房为主，附设厢厦住人或盘锅灶。富户人家讲究三椽四进的四合院，前边是门房、二门楼，中间设厅房，两边为厢厦，最后是楼房。结构严密，浑然一体。天井多使"拦天网"，以防匪患。穷人多盖鞍间或厦房，也有搭草棚的，还有借庙房、山洞寄身的。涝峪山区有住木板房的，沿山一带多为草棚。新中国成立后至70年代，草棚渐至绝迹，

一般农家多住瓦房。

建房，户县人称盖房，与婚丧并称大事。清末民国时期，建房要请风水先生看风脉，以图人财两旺。建房立屋架叫"立木"，全赖众人帮忙，俗有"立木搭个手，抬埋（抬葬棺）跟着走"之说。屋架立起后，放爆竹、贴对联、敬鲁班。三五日之内亲朋好友带爆竹、烟酒、糕点等前来祝贺，叫"醮梁"。

第二节　传统节日习俗

社会习俗主要包括年节、聚会等。

春节

涝河流域及沣陂周边，把春节叫过年。清末民国时期，过完腊八即开始置办年货。除夕迎祖宗、供年神，晚上放爆竹封门，家人团聚，通宵守岁。初一拂晓吃长面（臊子面），堂前点起大红烛，祭上糕点糖果，依辈分长幼拜祖先，然后晚辈向长辈拜年，并得到压岁钱。早饭后出门，见面行拱手礼拜年，说吉利话。敲锣打鼓架秋千。初二至初五走亲戚，妇女偕夫婿同往娘家拜年，带四重礼，一般为包子、点心、挂面、

糖果等，并于当日返回，不在娘家住宿，叫作"正月不空房"。过年时节，禁忌颇多，如正月初一妇女不串门；太阳不出不扫地、不倒尘土；正月十五至二十三，妇女不动针线；不过二月二不烧干锅，即不做烙、焙之类的食品。

元宵节

正月初十前后娘舅家给外甥送花灯，随带麻花一捆，以马兰叶或细麻绳缚之。新嫁之女须送大红宫灯一对。新生儿送纱灯（金瓜灯）一对，上书"长命富贵""吉庆有余"等字样，谓之宁灯。元宵节前后三日，家家门前挂红灯笼，晚上小孩挤满街头玩（观）花灯。常见的花灯有竹篾圆灯、盆盆灯、罐罐灯、莲花灯和各种飞禽走兽灯，正月十五夜还要给祖坟送泥灯。正月十六晚小孩们互相碰灯，并口念"灯笼会，灯笼会，灯笼着（火）了不生气"，以示玩灯结束。

清明节

俗称"寒食"。此日不动烟火，吃冷食，谓之寒食。涝河流域及渼陂周边将清明与寒食合称。清明于祖坟设奠祭祀，然后除去杂草，添培新土，压纸于坟顶，以示后续有人。出嫁之女要回娘家上坟。名门大族上祖坟，各家各户都去人，由族长于祠堂和坟园主持，举行集体仪式。

端阳节

农历五月初五称端阳，天气渐暖，病菌易于流传，故有很多辟邪祛病的习俗。如门悬艾蒿、插菖蒲；小孩妇女戴香包、缚五花绳。香包是以丝线、色布绣制而成，内装雄黄和乳香等草药，小巧玲珑，香气喷鼻，是传统的手工艺品。当天还在屋内外洒雄黄水，在孩子耳、鼻、额头涂抹雄黄，用以祛湿解毒、驱虫除秽。

中秋节

农历八月十五为中秋节，有"烙团圆"习俗，全家烙一大饼，内夹红糖、芝麻之类，饼面压图案做花边。祭月过后切块分食，每人一份，庆贺全家团聚。若有人在外，将其一份寄出或留下，表示补圆。

古会

1956年农业合作化前，乡村有"社"的组织，由祭祀社神（即土地神）而来。按街巷或方位分为东社、西社、南社、北社或曰一社、二社等。各社备锣鼓、仪仗等器具，届时以社为单位组织娱乐活动。此外，还有社火社、自乐班社、木偶社、皮影社等组织。遇有迎神报赛及年节喜庆活动，社头出面组织，有分有合，热闹一番。其他民间活动也多以社为单位，诸如抬葬、立木等约定俗成。社头称"神头"，一般由热心公益事业和办事公正的人充任。

涝河流域及渼陂周边各村皆有村会，溯其源多由其村庙会衍变而来，亦有为亲朋聚会往来而设的，如女婿会。县城的八月二古会可追溯到明代以前，嘉靖年间文学家王九思在其著作里有记述。各村古会时间大都在夏、秋两忙之后，各有定日，俗称"过会"。一般村社一年一会，也有一年两会的，过会之日往往唱戏助兴。届时亲戚朋友拿上礼品，携儿带女前来聚会。

第三节　婚丧礼仪

婚俗

民国及其以前，婚姻依"父母之命，媒妁之言"，男女不见面，民间戏称"布袋买猫"。订婚经媒人牵线，女方开具庚帖给男方，压在灶神香炉下。过三日诸事顺当，拿庚帖请阴阳先生"合八字"，男女庚辰如有冲犯，叫"咬婚"，庚帖退回。如不冲犯算"合婚"，媒人来往于男女双方商定彩礼。由女方开具礼单（包括索要的彩礼、穿戴衣料什物等），待男方按礼单要求备齐，即行过礼，也叫套亲或照书。届时男方设宴招待媒人和女方家长，将彩礼和衣物过往女方，婚事即定。欲结婚时，男方托媒人带礼品去女家商讨，叫发媒。如允准，便收下礼品，双方择良辰吉日完婚。结婚日，男方备花车（大车罩席棚），午夜一过，前往女家迎娶。迎娶时去七人（六男一女），抬上食盒，内装大肉一吊、全鸡一只、全莲菜两条、酒一壶及香烛之类。

新娘下车进门，由执事人撒草、料、核桃、枣于新娘盖头上，口中念词："一撒草，二撒料，三撒媳妇下了轿。一撒金，二撒银，三撒媳妇进了门。新媳妇，好脚手，走路好像风摆柳……"新娘踩着芦席或布匹，由陪送人挽扶行至堂前，行拜堂礼。

联姻讲究门当户对，富人可以妻妾成群，一般不与穷人家结亲。穷人家有使儿子打光棍的，有的将女儿送人做童养媳，谓之"小送"。

民国以前，受封建礼教束缚，夫死不能再嫁，须在家守节，县域树立有不少节妇、烈妇碑。民国二十二年（1933年）《重修鄠县志》记载节烈妇有名者：明朝17人（其中烈妇3人），清朝525人（其中烈妇56人），民国106人。辛亥革命后，偶有寡妇改嫁，但诸多关卡，层层阻挠。届时婆家贪图重利，娘家索取彩礼，还得给村上交"官项钱"，求其不要滋事。一般中等人家，竭尽终年收入，不足娶一寡妇。迎娶时黄昏进村，天黑离村，提前交"城门钱"，才能平安出村。拜堂在晚上，意为非光明正大之事。

丧俗

民国时期，家中死了老人（亦称倒头），先摔一个碗（表示家里少一吃饭的），然后贴出门纸，传出哭声。待遗体停放安妥，向死者的娘家或舅家报丧。报丧由长子、长孙前往，披麻戴孝、拉着丧棍，一路低头，不许同路人答话。来至门前，置丧棍于门外，进门先哭，待娘家或舅家人扶起才告知之。其他亲戚由族人散孝布而告知。继而请来本族年长者分工负责主持丧

事。入殓后择日行家祭礼，在宅院设灵堂，孝子依次向死者献酒、献饭、献茶。至亲孝子男女行跪拜礼，有七奠、九奠、十二奠、十五奠、二十四奠，进退有度、揖拜有节。富贵之家还请礼宾行家祭，通常三献，哀乐配响，以示排场。个别富户，摆祭礼用色纸糊堂阁、捏面人、扮戏文，长摆半街巷。

民国二十二年（1933年）十七路军五十一旅旅长、汉中警备司令赵寿山，为其母于定舟村举行丧仪，民国元老于右任赠送挽联，并书写墓志。停丧十数日，唱大戏，放舍饭，耗费惊人。民国三十三年（1944年）国民党第九集团军总司令关麟征，于真花硙为其父举行丧仪，蒋介石及国民党要员均有赙仪与挽联，为全县之最。

第四节　生产习俗

耕种

涝河流域及鄠陂周边多以骡马、黄牛为耕地牲畜，俗谓"牛曳犁，马拉车"。耕地的工具为犁，有木犁、铁犁，套上牲畜即可犁地。犁过的地要求：犁沟端直，土面平整，恰似层层涟漪水纹。

耕过地必须耱合，秋耕尤为重要，农谚曰："八月犁地不拿耱，不如家里坐。"

秋收后播种麦子，讲究"参（星）端咧，种欢咧""麦种上，参后响"。夏收后播秋田，强调种早："早种一天，早收十天。"麦子一般撒播，撒种者讲究架势，左手提笼盛种，右手抓种，一步一撒，步步匀称，撒出的种子犹如彩虹一般。有的边撒边唱："一步一扬手，满天撒星斗。不稀又不稠，来年吃馒头。"撒种者手指决定疏密："一指（松开食指）三升，二指（松开食指、中指）半斗，三指（松开食指、中指、无名指）土地爷发抖（意为失谱）。"

灌溉

俗称浇地。一是蹼（斡）杆，在井边或河边竖一木桩，桩顶缚一横木，一头吊一石头，一头系水桶。运用杠杆的原理，压下拔上，使桶灌水，再倒入槽中。二是扳辘轳，利用轮轴原理制成的工具汲水。将辘轳支在井上，人摇把转，绳缠辘体，吊水桶出井，即可灌田。盛水系大桶，称作梢。三是搭水车，木制的水车有平轮、立轮、斗子、槽、驮水桃等部件。通过畜力曳动平轮，拨动立轮，带动水斗，上下回还，将水注入木槽，流入水渠浇地。有谜语曰："曹（槽）丞相稳坐中原，众诸侯来回周旋。小卒（轴）儿提壶把盏，为定那汉（旱）室江山。"谜底：水车。

碾场

将带秆的麦子平摊于场上，牲畜拉动带拨枷的碌碡，在麦场上碾轧。碾者一手牵绳，一手执鞭，吆喝牲畜绕圈反复碾轧，使麦粒脱落。一遍碾轧后将麦草挑起翻过，再次碾轧，直至麦粒基本脱净。然后将麦草抖起、挑走，摞于场畔，并将带糠的麦粒收堆，以备扬场。将所有麦子头场（也叫生场）碾完，再将摞于场畔的麦秸摊开碾一遍，叫腾拣。碾场到下午，家庭主妇送来"贴晌饭"，一般是馒头花卷、大枣稀饭鸡蛋汤。俗语云："借着吃，打了还，跟着碌碡过个年。"

扬场

一曰借风扬场：一二人或三四人，分站于收起的麦堆两边。手操木锨或杈朝逆风将带糠麦粒抛向空中，借助风力将麦粒、麦糠分离。霎时，扬净的麦粒月牙形摆在场上，俗语云："风顺了能扬几锨？"二曰戗扬：无风时以木锨将带糠麦粒抢（戗）成半圆，使麦粒、糠因重量不同而分离，此属难度大的技术活。

第五节　鄠陂水磨

涝河流域尤其是鄠陂周边由于有得天独厚的水资源，很早就出现了水打磨。水磨头、孙家硙这些村子都是因早年的水磨聚拢居民，形成村庄，并由此得名的。在历代诗人歌咏鄠陂的诗篇中，我们常常能听到水磨的声音，看到诗人们对水磨的描写和称颂。水磨为人们加工面粉和食油带来极大的便利，从古代到20世纪50年代初，它一直在当地人的生活中占有重要地位，它贯穿鄠陂历史，是鄠陂文化的一个重要特征。

水磨产生于汉代，是我国古代人民利用水力资源的标志性成就，到魏晋南北朝时期已经得到广泛使用。涝河流域及鄠陂地区的水磨也出现得比较早。《长安志》中记载，唐宝历年间，鄠陂收归宫廷尚食管理时，闲杂人不得入内采捕，百姓可以用来灌溉农田，但不准私设碾硙与农争水。这一禁令说明，当时在涝河流域已经出现了水磨，民间已有能力也常在水源条件较好的河上水边修建水磨。北宋时期，鄠陂岸边的水磨已成为鄠陂一景，引来游人观赏赞叹。宋人张舜民在《游鄠陂观水磨赋》中写道："粤自太朴既散，机事滋炽。抱瓮无机、斫轮改制，脱大车之左毂，障洪流之肆置，圭测深浅，审度面势。覆厦屋之沉沉，酷长溪之沸沸。碓臼相直，齿牙相切，碾磨更易，昼夜不息。汹汹浩浩，砰砰砺砺。鼓流扬浮，交相触击。飞屑起涛，雪翻冰析。仰而观之，何天轮之右旋，覆辖胶戾，蚁行分寸，迟速间隔。俯而察之，何地轴之左行，消悬斡运，楮撑挺拔，千匝万转而不差忒。逆而视之，修渠绳直，高岸壁立；沄沄漾漾，混混瀵瀵；如砥之平，如练之明；忽然走下，若众壑之起禹门也。顺而索之，盈科后进，遇险斯止；激激滟滟，成文布理；江澄渊默，乃见柔德；力尽而休，功成而退，若君子之善出处也！"

文中对鄠陂水磨的形制和运行做了绘声绘色的详尽描绘。从中我们知道，这座水磨建于与鄠陂相通的溪流之上，经人工修筑，溪岸笔直高耸，其上磨房屹立，其底溪流奔涌。飞流激溅，磨轮旋转，日夜不息。前来磨面的乡人老幼咸集，围拢在水磨边。麦子堆积如山，新面如雪，源源磨出。水声喧哗，人声鼎沸，一片繁忙热闹。这些描述也足以说明北宋时期的潩陂水磨在乡人的生活中发挥着重要作用。

明崇祯年间，知县张宗孟重建潩陂时，引水入濠，就势又在堡前造水磨一座，从堡内居民之便。自此以后，在清代的诗文中，随处可见有关水磨的记载和描写。康熙二十一年（1682年）知县康如琏修《鄠县志》言潩陂"今其地为百姓水利，前代胜游不复观矣，旧惟水碓（磨）存焉"。康熙三十八年（1699年）知县朱文卿《创建杜工部祠记》中有："鸣泉水碓，松韵竹声，如闻先生啸歌焉。"康行偩《潩陂吊古赋》有"水碾轰雷……觉天地之沉浮"。冯雍《题潩陂空翠堂》诗中有"稻花漠漠野田平，烟村无人水磨声"。水磨成了历经沧海桑田之变的潩陂独有的景观，它日夜不息的喧响给潩陂带来活力，让人感受到这块土地生生不息的生命力。

到民国时期，潩陂岸边的水磨已达十多座。户县首富王文轩家就有水磨两座。这些水磨有的磨面，有的碾米，有的碾树皮做香火；其中有八合水磨配以油梁，形成八家油坊，常年榨油，陂头村有多户人家做卖油生意，远近闻名。1944年，刚刚成立不久的蕡阳宫小学经费匮乏，经商议，八家油坊每天在每梁油中抽取半斤油交给村上，出售后弥补学校开支，支持了学校的发展。

潩陂水磨历史悠久，数量多而集中，它不但在当地人的生活中发挥了重要作用，而且成为潩陂诗歌中经常出现的意象。它是潩陂历史文化的特征要素之一，将永存于潩陂的历史记忆之中。

第六节　迎祭城隍

自清康熙以来，潩陂周边及涝河沿岸的十三个村子一直延续着迎祭城隍的民俗活动。这项民俗活动已被列入国家第四批非物质文化遗产代表作名录。

十三村依次为六老庵、南河头、西坡村、三旗村、元王店、索家庄、晋侯村、陂头村、洪洞庵、宁羌碴、中原寺、百福村、皇甫村。它们结成一个城隍社，共同祀奉张宗孟为城隍神，依次轮流供奉祭祀，每村供奉一年，每年正月初十前后举行迎祭仪式。

张宗孟，山西定襄人，明崇祯元年（1628年）进士；自崇祯八年（1635年）始，三任鄠县知县，在职八年。他莅任之时，恰逢李自成起兵陕西，兵祸遍及三秦，而户县尤甚。为了御敌保民，他"治城四隅，建敌楼，重葺四门，创悬楼二十四座"，"建市心楼（今户县中楼），以联络声气"，县城高峻一新，空前强固；又亲自规划形制，在鄠陂附近的曲抱村筑墙建堡，练乡兵，设火器，创立团堡，并推广四乡。全县相继建堡六十六处，遍野皆城，李自成军队七过户县无隙可乘，全县百姓免于战争蹂躏，保全了性命。当时在陂头镇东面空翠堂所在的高阜上也建有城堡，并疏浚鄠水以为城濠。一时之间，鄠陂这一风景幽绝的名胜之地也成为拒寇要塞，庇护了当地百姓。1639年，兵事平息，张宗孟怀着对鄠陂昔日美景的无限怀恋和对诗人杜甫的崇敬缅怀之情，亲自筹划，鸠工庀材，对鄠陂进行了规模有限的重建，鄠陂气象为之一新。他于康熙初年（1662年）卒于户县，为了纪念他的生前功德，县城内立有张公祠。鄠陂一带百姓感恩于他的御敌保民之功，奉他为城隍，

年年迎祭祀奉，一直延续至今。

迎祭城隍在当地也叫接爷，是十三年一遇的大事，每个村子都会在先年的农历十月成立理事会，全民动员，募集资金，筹备相关事宜。村民们组成锣鼓队、秧歌队、武术队、杂耍队，夜夜训练，全村一派热闹忙碌的景象。接爷有非常盛大的形式和古老隆重的仪式。接爷当天，全村从6岁小孩到70岁的老人几乎全民参与，组织成声势浩大的迎神队伍前往上村迎请城隍。迎神队伍由神职队和民间艺术表演组成。神职队古老庄严——围绕城隍夫妇神轿，武官相护，文官相随，道教乐队前导，掬香诵经队伍相随，神物祭器、神前仪仗一应俱全，气势威严；民间艺术表演有百面锣鼓、梆子舞、夹板舞、社火、武术、杂耍、秧歌等。整个队伍旌旗仪仗前导，报马奔驰穿梭，锣鼓震天动地，社火异彩纷呈，绵延数里，成为声势浩大的民间艺术盛典。

交接祭祀礼仪也非常隆重。迎神村子的祭祀人员由九位礼宾组成，其中有文祭官、武祭官、司仪、正引、配引、正通、配通、正读、配读。九位礼宾由村里德高望重、贡献突出的人担任。交接神像前，迎送双方要以古法举行

祭祀仪式。

在城隍驻村期间，全村各户要轮流守爷，每日洒扫燃香，确保香火不断。十月十五前后，要举祭会爷。会爷时要在庙外搭起经棚，把城隍夫妇的神像供奉在棚里，供十里八乡的人前来烧香祭祀。同时要按规矩在神案上摆放丰盛的祭品，酬谢神恩。会城隍时，还要在经棚附近搭台唱戏三至七天。附近各村念曲子、唱秦腔的人们，也都会踊跃前来演唱助兴。在此期间，各种小吃和商品摊点云集，栉次鳞比，从衣物、生活用品到书籍光碟，各种商品琳琅满目，应有尽有。逛会的人们从十里八乡赶来，摩肩接踵，人潮如涌，盛况空前。

第七节　三月三陂头会

陂头会历史悠久，是由绣沟春禊、无量庙庙会、东岳庙会等聚会形成的大型庙会，地点在陂头堡、渼陂西岸，一般在每年农历三月初起会，初十以前撤会。

绣沟春禊在明清之际是渼陂盛事。绣沟即锦绣沟，是元末渼陂决堤退水

后，由陂头堡乡贤冯俊于明朝初沿渼水所修的天然园林，南起曲抱村玉蟾台，北至空翠堂，两旁翠幛如屏，中间溪谷似锦，宽阔透迤，风景如画。每逢三月，夹岸桃花开放，杨柳婆娑。清澈的渼水蜿蜒流淌，花光与水色相映，春色秀美宜人。于是在三月三上巳节前后，人们结伴而至，于水边祓除洗浴，踏青赏花，流连忘返。文人雅士则效法王羲之兰亭春禊，曲水流觞，即席赋诗。清代户县知县吴庭芝有《绣沟春禊》记其盛：

"绣沟潋滟漾清波，会稽兰亭忆永和。
座有群贤联坐次，庭余逸韵杂音歌。
携樽偃仰观无极，结伴临流喜若何。
到处徜徉忘物我，春风沂水怡情多。"

其情其景，令人陶醉，因此岁岁相传。

无量庙是陂头村庙，在村西，相传建于明代，供奉无量爷，至今香火不断，每年农历三月三前后举办庙会。东岳庙建于原蕡阳宫遗址，规模宏大，原以东岳大殿为主殿，东西两侧还有阎罗殿、菩萨殿、马王殿等多座神殿，由附近数村共同经管。民国时期废庙办学，成为蕡阳宫小学校舍。相传东岳庙庙会也在三月三前后，与涝河东岸的北极宫庙会遥相呼应。庙对面原有戏楼，每年庙会都要唱大戏，非常热闹。

无量庙庙会在"文革"期间一度停办，80年代恢复，1987年后，原北极宫庙会、西桥交流会都移至陂头举办，陂头会从此更加热闹繁盛。庙会期间各种饮食摊点和货物摊点沿锦绣沟和渼陂西岸摆满大街小巷，县城和远近各村的人们纷纷前来逛会游春。年轻人划船赏景，漫步锦绣沟；诗歌爱好者去空翠堂祭拜诗圣杜甫，怀古吟诗；老人们观看秦腔；妇女们流连于各种货物摊点。从竹编、木器等传统的土特产到服饰、电子商品应有尽有，生活日用一应俱全。辣子疙瘩、摆汤面、秦镇米皮、炒凉粉、菜盒、油饼、炸油糕等本地名吃一街两行，人们在享受春天的同时，尽情地享受美食。

第八章

【艺术】

渼陂的灵秀滋养了多种形式的艺术形式，有诗歌、戏曲、雕刻、碑刻、回文诗碑、青铜器和其他文物、农民画等。

多种多样的艺术形式写渼陂、画渼陂、演绎渼陂故事、雕刻渼陂历史，既记载和印证了渼陂的名胜古迹、人文故事、历史文化，又丰富了和重塑了渼陂的博大精深。

第一节 诗歌

渼陂自汉代起，就是风景名胜之地。从唐至当代都有诗人为此地留下绝美佳句赞美其风景、物产，总计有 100 多首。这些诗歌根据内容大致可分为：一、对渼陂的全景式观照，主要是游宴、感怀之诗；二、对渼陂景点的点式观察，主要是对胡公泉、王季陵、瓜牛台、空翠堂、绣沟、别居、庙桥等的歌咏。所有诗歌点面结合，为我们勾勒出了风景秀美而又多情多思的渼陂形象。

在这些诗歌中，最为著名和全面的当属唐代诗人留下的诗歌，这些诗歌的产生离不开唐代经济的繁荣和政治的稳定，也离不开中国文人"学而优则仕"的理想。当代学者葛晓音在其《诗国高潮与盛唐文化》中说道："在历朝历代中，初盛唐的干谒之风最为兴盛。"在唐时，士子入仕的途径除了科举还有征辟或参加幕府等，朝廷取士采用科举和荐举并行。因此，文人大多游历州县、结交权贵以获得举荐的机会，游历之风盛行。加之唐代帝王出于政治考虑，多次征召隐士，求贤若渴，《旧唐书·隐逸传》所载白履忠、田游岩、卢鸿等大批隐士都是被征召入仕的。这也使得士人将隐逸看作是进入政治舞台的途径。在游历之风和隐逸之风的影响下，出现了很多歌咏游历和隐逸之地的诗歌。渼陂背靠终南山，又风景秀丽，自然成为诗人们隐逸和漫游之地，这里既可入世又能出世。唐代这些有关渼陂的诗歌，根据其主旨可分为两类：一为赞叹渼陂美景的游乐雅聚之诗，如杜甫的《与鄠县源大少府宴渼陂》《城西陂泛舟》《渼陂行》，岑参的《与鄠县源少府泛渼陂》《与鄠县群官泛渼陂》《郊行寄杜位》《首春渭西郊行呈蓝田张二主簿》，韦应物的《崀亭西陂燕赏》《西郊燕集》《任鄠令渼陂游眺》；一为赞叹隐逸之地的诗歌，如温庭筠的《鄠杜郊居》《鄠郊别墅寄所知》和郑谷的《郊墅》等。

"游宴文学"指的是文人游玩宴饮之时所作的诗歌、序等，始于建安时代，唐代是其繁荣期。有关渼陂的游乐雅聚之诗多为作者与友人游玩之时所作，是游宴诗歌的一种。文人们在游玩宴饮时，纵情山水，抒发胸臆，举杯赋诗，属于文人雅集序列。与唐代皇家举办的游宴和进士游宴相比，其规模更小，且都是自费，是小型的朋友集会，所以更有雅集的性质。杜甫、岑参、韦应物的诗歌向我们描绘了文人宴饮时的情态、渼陂的物产、秀丽的风景。古人宴饮作诗时，都会按事先分配好的诗韵，依韵作诗。杜甫与岑参应户县源少府邀请泛舟渼陂，宴饮赋诗，杜甫分得"寒"字，整首诗都押"寒"韵，此时，他吃到了洁白晶莹的"云子白"和光洁脆嫩的使人感觉凉飕飕的"瓜"，作者使用通感手法，创作出"饭抄云子白，瓜嚼水精寒"的佳句，使得渼陂物产诗意化；而岑参分得"人"字（属"真"韵），因此，作诗必须押"真"部韵，并且要在诗歌押韵的地方（双数句最后一字）出现一次"人"。于是岑参作"载酒入天色，水凉难醉人。清摇县郭动，碧洗云山新。吹笛惊白鹭，垂竿跳紫鳞。怜君公事后，陂上日娱宾"一诗，描绘了山水一色、城水一体、白鹭鳞鱼跳动的渼陂之美。杜甫的《城西陂泛舟》更是表明渼陂作为宴饮之地的繁华景象：

青蛾皓齿在楼船，横笛短箫悲远天。
春风自信牙樯动，迟日徐看锦缆牵。
鱼吹细浪摇歌扇，燕蹴飞花落舞筵。
不有小舟能荡桨，百壶那送酒如泉。

春风徐徐吹动，楼船上载歌载舞缓慢漂移，笛声箫声交织响彻远方。在这种欢乐的氛围下，鱼儿随着歌舞的节奏拨弄着清澈的水面，燕子跟随着音乐的韵律跳跃翻飞，致使花瓣掉落于酒席中……渼陂的湖光山色、飞鱼戏燕与楼船歌舞、宴席互相映衬，交织成一体，形成了景中有游、游中有乐的欢愉场面。

如果说，以上有关渼陂的诗歌只是对渼陂的现实游宴之景的描绘的话，杜甫的《渼陂行》则向我们描绘了一幅奇谲诡异、变化多端、奇幻神妙的渼陂游乐画面。

渼陂行

岑参兄弟皆好奇，携我远来游渼陂。

天地黯惨忽异色，波涛万顷堆琉璃。

琉璃汗漫泛舟入，事殊兴极忧思集。

鼍作鲸吞不复知，恶风白浪何嗟及。

主人锦帆相为开，舟子喜甚无氛埃。

凫鹥散乱棹讴发，丝管啁啾空翠来。

沈竿续缦深莫测，菱叶荷花净如拭。

宛在中流渤澥清，下归无极终南黑。

半陂以南纯浸山，动影袅窕冲融间。

船舷暝戛云际寺，水面月出蓝田关。

此时骊龙亦吐珠，冯夷击鼓群龙趋。

湘妃汉女出歌舞，金支翠旗光有无。

咫尺但愁雷雨至，苍茫不晓神灵意。

少壮几时奈老何，向来哀乐何其多。

诗人由岑参兄弟具有"好奇"的性格入手，向世人描绘了天气突变、风起浪翻、波涛汹涌的渼陂景观，又在九至十二句写天气转晴后渼陂的旖

旎情态。在一片苍翠碧绿、苍茫辽阔的水域上，野鸭、水鸥、管弦丝竹互相映衬，显示出一派愉悦、欢欣的氛围。到了傍晚，水面山影摇动、水波荡漾，船飞快地朝云际寺行去，在船上可看到一轮明月由蓝田关冉冉升起。华灯初上，游船移动，鼓乐之声入耳，在影影绰绰的灯光中，诗人仿佛进入仙境，看到群龙奔跑、水神击鼓、湘妃汉女夜游歌舞的奇观。诗人由白天到晚上，由风急浪高到平静旖旎再到如临仙境，向世人描绘了一幅波云诡谲、奇幻神妙的现实与想象结合的渼陂之景。

杜甫作这首诗歌之时，正处于旅居长安的困顿时期，仕途暗淡，而有关渼陂的诗就写了四首，在长安十年不多的作品中占了很大的分量。他的奇谲的、欢愉的、温暖的感受都在渼陂得到，可见渼陂在他看来是非常重要的地方。这也可以从诗人流浪到夔州后写的《秋兴八首》其八得到印证。"昆吾御宿自逶迤，紫阁峰阴入渼陂。香稻啄馀鹦鹉粒，碧梧栖老凤凰枝。佳人拾翠春相问，仙侣同舟晚更移。彩笔昔曾干气象，白头吟望苦低垂。"他深情追述了昔日渼陂游乐之情。

对渼陂的赞颂，除了游宴之情外，

还有隐逸之思。这种隐逸之思表现在诗人对其别居的描绘和赞颂上。其中以温庭筠和郑谷的诗歌最是形象具体。温庭筠在其《鄠杜郊居》中有：

槿篱芳援近樵家，垄麦青青一径斜。

寂寞游人寒食后，夜来风雨送梨花。

这首诗向人们描述了他的潏陂别墅及其周围环境。一片木槿围成的篱笆墙内是他的别墅，别墅门前是伸向远方的一垄垄麦田，麦田中间有一条歪歪斜斜的小路通向外界。别墅后面是一片树林，正在春天里茁壮成长。别墅的不远处有打柴的人家。寒食节后，人烟稀少，夜里的风雨打落了满地梨花。他的别墅环境优雅别致，充满田园风光，但平添了几分寂寥之色。郑谷在其《郊墅》中亦有对其别居的描绘。他讲：

韦曲樊川雨半晴，竹庄花院遍题名。

画成烟景垂杨色，滴破春愁压酒声。

满野红尘谁得路，连天紫阁独关情。

潏陂水色澄于镜，何必沧浪始濯缨。

时雨时晴的天气中，作者的别墅周围绿竹环绕，院内鲜花满地，房间内墙壁上皆是名人字画，从别墅向四处望去，所有的一切包括垂杨柳都被一片雾霭笼罩着，模模糊糊，依稀可见，这一切好像是画中的风景一般。

滴滴春雨化解了在座人的愁绪，淹没了人们的酒令声。得道成仙只是空想，这高挺的紫阁峰总是牵连着人的感情，潏陂水如此清澈，足以洗净身上的尘垢，何必还要去寻找沧浪之水呢？作者向世人描绘了潏陂如画般的美丽、如世外桃源一样的和乐，人要保持高尚的情操，在潏陂这里就够了，何必还要去寻佛求道呢？

唐代以后直至当代皆有文人赋诗歌咏潏陂，他们或为潏陂的风物、或为潏陂的景致、或为潏陂所蕴含的诗之气质与人之情怀所感染，皆有不凡之作，如苏轼的《潏陂鱼》、康海的《陂头》、王九思的《同康侯观胡公泉歌》、朱鸿儒的《民国十三年五月偶游玉蟾宫》，以及当代名家霍松林为《历代名家咏潏陂诗鉴赏》题的诗歌等，都说明潏陂是历代文人游乐雅聚、隐逸遁世的精神追求之所，孔子言"达则兼济天下，穷则独善其身"，达要有途径，穷要有独善其身之地，潏陂作为一个既可达而兼济天下又可穷而独善其身之地，成为历代文人墨客的精神落实空间，并弥合着文人出世入世之宏鹙，因此，成为历代文人墨客歌咏之地也就不足为奇了。

第二节 戏曲

在户县，流传的戏剧主要有五种：秦腔、眉户、碗碗腔、汉调二簧和道情。其中，秦腔和眉户是户县流传最广、影响最大的两个剧种，而这两者都与涝陂有着千丝万缕的联系。可以说正是"寻勒致仕"后，居于涝陂的王九思和康海二人将这两种剧种创立并繁荣了起来。

王九思，字敬夫，号涝陂，陕西户县人，明代中叶重要的诗人、曲家、学者。在傅惜华的《明代杂剧全目》中讲王九思"为人傲睨多疏脱，人或谗之于相国李东阳，谓九思常讥其诗。后坐刘瑾党，处分九思及康海独严，降寿州同知，寻勒致仕"。可知，王九思其人刚正不阿，在刘瑾伏诛后，官场受挫，回到故乡。他在涝陂建立十亩园，《明史》载他和康海二人"每相聚沜鄠、东杜间，挟声伎醮饮，制乐造歌曲，自比俳优，以寄其怫郁"。因此，可以肯定地说，王九思是在回到涝陂后才开始从事戏曲创作的，这一点也可以从康海为王九思的散曲集《碧山乐府》所作的序中得到印证："山人旧不为此体，自罢寿州后始为之。"因此，可以说，涝陂是王九思创作杂剧和散曲的主要甚至唯一的地方。

王九思创作杂剧和散曲的时代是明中后期，明中后期"前七子"的复古主义"反古俗而变流靡"与王阳明"心学"运动的影响，形成明代尊重个性、反抗传统束缚、力求变革和创新的思想潮流。加之当代学者戚世隽在其《明代杂剧研究》中所认为的"明中后期杂剧作家的人生经历，使得他们具有较为强烈的个人情绪，不仅传统诗文不足以承担这种情绪的宣泄，达到自我实现的需求，即使篇幅巨大、重视情节和人物刻画而又受着当时舞台限制的传奇也非理想的渠道"，因此，明中后期出现了很多表达个人情感、反抗束缚的杂剧和散曲。王九思也正是在这样的背景下创作了他留存于世的杂剧——《中山狼》和《杜子美沽酒游春》，以及散曲作品《碧山乐府》、《碧山续稿》、《乐府拾遗》和《南曲次韵》等。

王九思的《中山狼》无论从内容还是体制上都具有典型意义。在体制上，该杂剧首度打破传统北派杂剧四折一楔子的固定模式，以一折的形式来结构戏剧，开辟了单折讽刺剧的先河；在内容上，将寓言故事注入杂剧之中，以达到讽刺的效果。《中山狼》写东郭生去魏国讲墨翟之道，途经中山，遇到被赵简子追捕的中山狼。中山狼恳求东郭生相助，东郭生把它藏在书箱内，帮它躲过了追捕，狼却忘恩负义，想把东郭生吃掉。最后他们问了三老，即老杏树、老牛和土地公公，前两者皆因为人类对它们的残忍，认为应该吃掉东郭生，最后土地公公将中山狼骗入书箱中，小鬼用东郭生的剑将中山狼斩杀，东郭生因此得救。

在王九思之前，有关杜甫游春的故事，有金院本《杜甫游春》；元代范康撰的《曲江池杜甫游春》、阙名撰的《杜秀才曲江池》皆亡佚；明代沈采撰的《四节记·杜子美曲江记》，今已无全本传世，仅散见于《醉怡情》等书，《明清传奇钩沉》辑有佚曲一支。据康海的《题紫阁山人子美游春传奇》中载王九思的《杜子美沽酒游春》创作时间是"正德乙卯秋七月八日"。该剧根据唐朝李林甫、杨国忠专权误国和杜甫在长安做左拾遗的历史事实编作而成，写杜甫旅食长安期间，典当朝服到曲江池饮酒游玩，遇到了诗人岑参，岑参遂邀请他去鄠县鄠陂游赏。最后以使臣宣杜甫入朝为官，杜甫辞官不就结束，反映了失意文人的隐逸思想。王世贞的《艺苑卮言》、李开先的《鄠陂王检讨传》、沈德符的《万历野获编》、焦循的《剧说》中皆认为该剧是讽刺李东阳所作，也正因此剧，王九思永不录用。但就作者的创作意图而言，该剧借杜甫之口讽刺现实政治黑暗，表达士人的忧患意识和愤懑之情，同时表达出强烈的隐居意识。该剧从第三折开始，用大量情节及文字表达了对闲游隐居的向往之情。《杜子美沽酒游春》全剧中大量引用杜甫之诗，使得剧作有诗化倾向；在体制上，该剧秉承元杂剧一本四折惯例；在内容安排上，该剧中宾白极少，四折中用大量宫调唱词来突出主角内心的情感，这成为明后期杂剧的一个新特点。

王九思的杂剧《中山狼》开辟了一折杂剧先河，而《杜子美沽酒游春》则将元杂剧中的戏剧冲突弱化，运用大量宫调抒发主人公内心情绪和情感。明人沈景倩（德符）《顾曲杂言·杂剧院本》有评价云："本朝能杂剧者不数人，自周宪王以至关中康、王诸公，稍称当行，其后则山东冯（惟敏）、李（开先）亦近之。"由此可以看出王九思所创杂剧在戏剧史上有着非常重要的意义。

王九思除了留存的《中山狼》和《杜子美沽酒游春》两本杂剧外，还写了很多散曲，现存小令448首，套数38篇，其中北曲合套29阕，南曲合套7阕，南北合套2阕。作品用曲既有北曲又有南曲，还有的采用南北曲合套的形式。王九思作曲非常认真，何良俊《曲论》曾记载说："王渼陂欲填北词，求善歌者至家，闭门学唱三年，然后操笔。"王世贞在《艺苑卮言》中记载得还要具体一些："王敬夫将填词，以厚赀募国工，杜门学按琵琶、三弦，习诸曲，尽其技而后出之。德涵于歌弹尤妙。每敬夫曲成，德涵为奏之，即老乐师毋不击节叹赏也。"可见王九思为了作曲，专门请人教授，且经常表演。王九思散曲的内容以描写其闲居生活及郊游赏景为主，通过散曲表达文人士大夫的愤懑之情。他的曲子根据内容有抒情写景、吊古咏史、记游咏物、劝世感怀、颂圣以及贺寿、志喜、闺情闺怨、闲散之乐等几种。此外他还有很多唱和之曲，尤其是与康海、李开先的唱和最多，且多为南曲。与李开先唱和的南曲《傍妆台》有一百首，与康海唱和的有五十多首，也是南曲居多。这也从一个侧面印证

了"每相聚沂鄂、东杜间，挟声伎酣饮，制乐造歌曲，自比俳优，以寄其怫郁"的真实性。康、王二人交情深厚，二者的唱和在王九思《渼陂集·游山记》中有所记录："正德庚辰春三月癸巳，大复山人何子仲默校士于鄂杜，其暇约予游南山诸胜处云。……对月坐饮，已又起入方丈环坐，何子卧榻，于是康子鼓凤琶，歌予所制越调曲，感激愤厉，诸公击节叹焉。"康海演奏王九思所作的曲子，正是基于他们在音乐上的共识与相互欣赏的结果。由此也可见王世贞在《艺苑卮言》附录中所言"德涵于歌弹尤妙。每敬夫曲成，德涵为奏之，即老乐师毋不击节叹赏也"不假。王九思的散曲从风格上来看既有雄爽之姿又有秀丽之态，颇为蕴藉，何良俊在其《四友斋丛说》中评："康对山词迭宕，然不及王（九思）蕴藉。"也正是此意。此外，王九思的散曲多抒发自身情感，引导明散曲由词场才子之曲转向士大夫失意之作，晚明人论曲必论对山、碧山，二人优劣已成比较焦点，王世贞在《曲藻》中评价"敬夫与康德涵俱以词曲名一时，其秀丽雄爽，康大不如也。评者以敬夫声价不在关汉卿、马东篱下"，

可见王九思的影响力。他的散曲填词音韵俱佳、文字雅化，所以李开先《渼陂王检讨传》中评价"词曲则新奇，不止守元人之家法矣，而且得元人之心法矣。脍炙人口，洋溢人耳"，《四库全书总目提要》中评价："……明人小令多以艳丽擅长，九思独叙事抒情。宛转妥协，不失元人遗意。其于填曲之四声，杂以带字，不失尺寸。有谓声音文字兼擅其胜。"可见，王九思的散曲得到了当时和后世的认可，在散曲创作上成就非凡。

康、王二人不仅创作杂剧和散曲，而且还表演和演出。他们都有自己的家班，据王九思的《碧山乐府》记载，其家班中有多名歌伎。一般在两种场合进行表演：

一为各种迎神赛会场合，顾起纶《国雅品》："康、王作社（当指庙会，土地神为社神）于鄠里，既工新词，复擅音律，酷嗜声伎。王每倡一词，康自操琵琶度之，字不折嗓（顺当和律），音落檀槽（檀板：牙板之类；弦槽：琵琶之类乐器），清啸相答，为秦中士林风流之豪。"康海的《沜东乐府》中也有对于这种盛会的记载："数日间，乐工集者千人，商贾集者千余人，四方宾客，长幼来观者千人。"

一为文人雅集场合。王九思在其《碧山乐府·续稿序》中说："予（九思）为碧山乐府，沜东（康海）既序而刻诸木矣……一日客有过予者，善为秦声，乃取而歌焉。酒酣，予亦从而和之……"王九思的《渼陂集》卷四有《浒西庄春日行乐词》，描述的就是王九思等人齐聚于康海家，宴饮作乐、挟伎唱曲的真实场景。此外，这种演唱情景在李开先的《词谑》中也有反映。此外，李开先讲到他曾经游鄠县时，王九思请他评散曲和表演的事情："曩游鄠县，王渼陂使人歌一套商调词，试予评之。歌毕，又使反之。予曰：'此不难评，可比涎涎邓邓冷眼儿睃，杓杓答答热句儿浸。'渼陂曰：'君所指乃王元鼎（元代曲家）嘲娼妇莘文秀者，以此拟彼，将以之为元词乎？'予曰：'在元人之下，有燎花气味。'渼陂曰：'是已，是已，此元末国初临清人也。'""渼陂设宴相邀，扮《游春记》（当为《杜甫游春》），开场唱［赏花时］，予即驳之曰：'四海讴歌百姓欢，谁家数去酒杯宽。（此两句为《杜甫游春》词）两注脚韵走入桓、欢韵。'因请予改作安、干二字。

至'唐明皇走出益门镇'，予又驳之曰：'平声用阴者犹不足取，况用益字去声乎？'复请改之。上句乃'太真妃葬在马嵬坡'，拘于地名，急无以为应，若用'夷门'，字倒好，争奈不曾由此去耳。因戏之曰：'非是王渼陂错作了词，原是唐明皇错走了路。'满座大笑，扮戏者亦笑，而散之门外。"可见，王九思不仅精通创作，而且经常表演，并请方家指正。

在创作和表演的过程中，他们开创了慷慨激昂、粗犷畅达的"康王曲"和康王腔，深刻地影响了秦腔和眉户戏。康王腔被当时人们喜爱，流行于陕甘一带，为西府秦腔的形成起到了重要作用。康王曲从形成时间、曲牌体、曲风、流传地区以及演唱形式上，与眉户相近，在这个意义上，我们也可以说王九思所创杂剧和散曲对秦腔和眉户的发展起到了不可低估的重要作用。

王九思不仅在杂剧和散曲的创作上有着非凡的成就，而且对于康王腔的传播也做出了深远的贡献。他的杂剧和散曲无论是创作还是演出都与渼陂有关，可以说正是渼陂的灵韵和神奇滋养了他的艺术创作，也使得他的艺术创作有了安身之本，正是这块被杜甫描述成诡谲奇异、玄幻神妙的渼陂，给了王九思创作的灵感和动力，也使得秦腔和眉户得以创立，并广为传播，受到历代百姓的喜爱。

第三节　雕刻艺术

渼陂地区留有许多雕刻艺术品，根据其所处环境可分为：寺庙、道观中的碑刻，如鸠摩罗什舍利塔、北魏造像碑、龙王庙中的龙王塑像、公输堂小木作天宫楼阁式古建筑、关王庙前两侧雄踞的石虎和石羊等；世俗生活中的雕刻及交通要道上的雕刻，如太史桥龙头、冯敬桥楣额上的浮雕独角兽；亭台楼阁前的雕刻，如空翠堂前的雕刻、蒉阳宫前的白泽兽、大殿内的王祥卧冰浮雕；墓葬中的各种雕刻，如元代浮雕石棺。现存最好也最能代表这个地域民间特色的是龙王庙中的龙王塑像和一对白泽兽石雕。

龙王塑像位于户县西郊村龙王庙内，龙王的形象是人身龙头，双眼似铜铃且突出，头带冠冕，冕旒数为八，少于皇帝的二十四冕旒，双手持笏板，站立状。身旁有牌位写着"涝河龙君尊神之位"。塑像整体风格庄严肃穆，威严庄重。

龙作为中华民族的图腾，在中国社会中有着广泛的信仰基础。龙王在农耕社会是一位行云布雨之神。龙的形象有一个从动物到人的变化过程。在魏、汉之前，龙都以动物形象示人，《说文》中有："龙，鳞虫之长，春分而登天，秋分而潜渊。"从汉魏开始，佛教传入中国，佛教中的龙王与中国的龙神逐渐结合，据《唐会要》卷四十七载，天宝十载（751年）正月二十三日，唐玄宗"封东海为广德王，南海为广利王，西海为广润王，北海为广泽王"。此后，龙被人格化，不再以动物形象示人，而是以人形示人，"龙王"一词出现。据《宋会要辑稿》所载，宋徽宗大观二年（1108年）十月，正式封传统五方龙为王，"封青龙为广仁王，赤龙为嘉泽王，黄龙为孚应王，白龙为义济王，黑龙为灵泽王"。从西郊村的龙王形制来看，加之涝河在古代是一条重要的水系，古已有之，可以推测该涝河龙君形象为唐宋时期形象。

龙的职能是行云布雨。甲骨卜辞中有："其作龙于凡田，有雨，吉！"《山海经·大荒东经》有："旱而为应龙

之状，乃得大雨。"可知龙与降水有关。从汉魏至唐，佛教传入中国，加之唐宋时期将龙封王，龙王被人们广泛认可，它可以行云布雨的观念深入民心，代替中国传统司雨之神雨伯而成为最高的司雨之神，所以宋人赵彦卫在《云麓漫钞》中说："自释氏书入中土，有龙王之说而河伯无闻矣。"明清时期，龙王崇拜继续扩大，这表现在龙王祭祀庙宇的广泛兴建。

龙君可掌水降雨的功能从户县民间流传的龙君与王心敬（又称王夫子）的传说中可得到佐证。

与龙王观念及其"降雨救济"功能同时形成的还有对龙神的祭祀，这一般都与祈雨活动有关。有两种形式，一种为官方祭祀，一种为民间祭祀。官方祭祀分为国家祭祀和非国家祭祀，就国家祭祀而言，祈雨有雩祀，一般由王室或者皇帝履行，最早起始于商代，汉代举行了中国历史上第一次大雩礼，唐代以后，雩祀成为祭天大礼。宋时，干旱和天象有变时也举行雩祀，龙王也被纳入到了国家祭祀层面。《宋史·志》卷五十五中载："《周官》'太祝掌六祝之辞，以事鬼神示，祈福祥，求永贞。'于是历代皆有禬禜之事。宋因之，有祈、

有报。祈,用酒、脯、醢、郊庙、社稷,或用少牢;其报如常祀。或亲祷诸寺观,或再幸,或彻乐、减膳、进蔬馔,或分遣官告天地、太庙、社稷、岳镇、海渎,或望祭于南北郊,或五龙堂、城隍庙、九龙堂、浚沟庙,诸祠如子张、子夏、信陵君、段干木、扁鹊、张仪、吴起、单雄信等庙亦祀之。或启建道场于诸寺观,或遣内臣分诣州郡……凡旱、蝗、水潦、无雪,皆禜祷焉。"清以前并无"常雩",只有"雩"和"大雩"。清时,始有常雩,杨伯峻认为"雩有二:一为龙见而雩,当夏正四月,预为百谷祈雨,此常雩。常雩不书。一为旱被之雩",可见,清时祈雨变为常例。非国家层面的祭祀主要指不是国家层面的祈雨活动,而是皇帝或者地方官员的祭祀活动。据《唐语林》书,唐明皇每逢亢旱,"禁中筑龙堂祈雨";唐德宗祈雨兴庆宫龙堂;后晋高祖派太子祈雨白龙潭;清代皇帝每逢京师大旱,首先祈雨黑龙潭,等等。以农为本,为百谷祈甘雨是地方官吏的重要职责。王维《凉州郊外游望》有:"洒酒浇刍狗,焚香拜木人。女巫纷屡舞,罗袜自生尘。"讲的就是祈雨中的仪式。唐人认为龙能"兴云致雨,鼓动雷霆",白居易在《黑潭龙——疾贪吏也》一诗中写道:"黑潭水深黑如墨,传有神龙人不识。潭上架屋官立祠,龙不能神人神之。丰凶水旱与疾疫,乡里皆言龙所为。家家养豚漉清酒,朝祈暮赛依巫口。"独孤及、韩愈等也分别作过《祭土龙文》和《祭曲江龙文》,据《酉阳杂俎》前集卷九也有黎幹做京兆尹时所作"曲江涂龙祈雨,观者数千"之言。据《宋史》《宋大诏令集》《宋会要》《文献通考》等书籍记载,宋代曾多次大规模地颁布统一的祈雨法,宋真宗颁布过《雩祀五龙堂祈雨之法》《画龙祈雨法》;仁宗、神宗、孝宗都曾颁布过祈雨法。这些祈雨法对祈雨的时间、地点,祈雨用的祭品、方法都有详细的说明。民间祭祀龙王一则与地方官员的祭祀有关,地方官员祭祀时召集许多村民同来;同时民间自己也组织祭祀,一般都在二月二龙抬头或是六月六果实定浆时期,这也说明祭祀龙王跟农事有着紧密的联系。祈雨形式一般有:祷雨、取水、献牲、跪庙、抬龙王祈雨、晒龙等。祭祀往往有酬神活动,主要以庙会形式来进行。户县西郊村的龙王庙会就是这种形制延续的表现,原来在六月初六,后改为二月初二。

白泽兽是渼陂另一风格独特的石

雕，曾有一对蹲于户县萯阳宫门前，现仅存一只雌性白泽。白泽兽石雕，高1.5米，胸宽0.8米。昂首、突目、利牙、隆鼻，造型雄伟饱满，结构严谨统一，富于质感和力量。雄者怒目张口，跃然欲动，极富动感；雌者扭头微微张口，驻足不前，极具静态。一动一静，十分和谐。其技艺精湛细腻，造型逼真，极富艺术感染力。

白泽是我国古代神话中的一种瑞兽。传世文献中有关白泽形貌的记载多是作为旗帜和仪服上的绣像，代表一定的身份地位。明代以后只有王公贵族的旗帜和仪服才能绣白泽。明人徐一夔《明集礼》卷四十三载宋代的白泽为"龙首绿发戴角，四足为飞走状"，元代的白泽为"虎首朱发而有角，龙身"。明代皇太子和亲王仪仗才能用白泽旗，《明史·卷六四·志第四〇》云："皇太子仪仗，洪武元年定。……白泽旗二，弓箭二十副。"又云："亲王仪仗，洪武六年定。宫门外设方色旗二，青色白泽旗二，执人服随旗色，并戎服。"在仪服中明前白泽绣服多用于武官，明时则有不同，明人黄道周《博物典汇》卷五云："本朝定制：品官各有花样，公侯驸马伯，绣麒麟白泽，不在文武之数……"可见，

白泽是一个混合有龙、虎等元素的瑞兽，萯阳宫的这对白泽与宋时白泽形象相似。

白泽能言，知天下神鬼之事，具有辟邪作用。据史料记载白泽出现在东海，而且是贤君出现时才出现。《宋书·符瑞志》："泽兽，黄帝时巡守至于东滨，泽兽出，能言，达知万物之精，以戒于民，为时除害。贤君明德幽远则来。"《开元占经》卷一一六引南朝梁孙柔之《瑞应图》载："黄帝巡于东海，白泽出，能言语，达知万物之精，以戒于民，为除民害。贤君德及幽遐则出。"《渊鉴类函》卷四三二"白泽"条引《山海经》云："东望山有兽，名曰白泽，能言语。王者有德，明照幽远则至。"白泽能言，知道并且画出了天下千百种鬼神，因此是辟邪的瑞兽。《抱朴子·极言》："昔黄帝生而能言，役使百灵，……穷神奸则记白泽之辞……"《册府元龟》卷二十二有："帝南巡狩，至于东滨，泽兽出，能言，达万物之情。"《云笈七签》卷一百引北宋王钦若《先天记·轩辕本纪》载："帝巡狩，东至海，登桓山，于海滨得白泽神兽，能言，达于万物之情。因问天下鬼神之事，自古精气为物、游魂为变者凡万一千五百二十种，白泽言之，帝令以图写之，以示天下。

帝乃作祝邪之文以祝之。"《大明集礼》卷四三引南朝梁顾野王《符瑞图》："泽兽出,一名白泽,能言语,达万物之精神。王者明照幽远则至。黄帝巡狩至于东海。泽兽出,言以戒于民,为时除害。"《渊鉴类函》卷四三二又引《黄帝内传》云："黄帝巡狩,东至海,登桓山,于海滨得白泽神兽,能言,达于万物之情。因问天下鬼神之事,自古及今,精气为物、游魂为变者,凡万一千百二十种,白泽言之,帝令以图写之,以示天下,乃作辟邪之文以记之。"由此可见,白泽作为能够知晓鬼神的瑞兽,具有辟邪的作用。辟邪驱鬼的功能从白泽用于人名及铸于香炉上也可以得到佐证。《魏书》卷二十四《张白泽传》:"延弟白泽,年十一,遭母忧,居丧以孝闻。……白泽本字钟葵,显祖赐名白泽,纳其女为嫔。"钟葵原指用以驱邪逐鬼的椎子。《智觉普明国师语录》卷第七《白泽香炉》诗曰:"金狮面目额头角,颔下龙鳞脚蹈蛇。神物果知王者瑞,胸中香火辟群邪。"可见,白泽具有辟邪驱鬼的作用。

鄠陂"木茂而土沃,物丰而民繁",正是这片厚土滋养了这朴素而精湛的雕刻艺术,赋予其独特的情感特质,从这些朴素而精美的雕刻艺术中也可看到鄠陂人民淳朴的性格和对美好生活的向往。

第四节 碑刻

户县碑刻众多,此处选择涝河流域以及与鄠陂有关的碑刻,以示鄠陂文化底蕴的深厚与广博。

明道先生祠碑记

竖于文庙大成殿东侧碑廊。圆首,座佚。身首一体,碑身高138厘米、宽75厘米、厚14厘米。碑文正书,20行,每行40字,民国《重修鄠县志》有著录。

赐进士第翰林院侍读学士奉直大夫兼左春坊左谕德经筵官会典副总裁吴郡王鏊撰文;赐进士第翰林院庶吉士邑人王九思书丹;赐进士第承德郎户部山西清吏司主事咸宁刘玑篆额;大明弘治十年岁在丁巳秋九月吉旦立石。(碑文见《历史文献》一节)

按:王鏊,字济之,江苏吴县人,成化进士,为探花,授翰林编修,官至户部尚书、文渊阁大学士。博学有识鉴,文章尔雅。刘玑,咸宁(西安市)人,字用齐。成化进士,官户部尚书。

此碑涉及程颢、王九思以及与王九思相关的王鏊、刘玑等，弥足珍贵。

渼陂空翠堂记

碑在玉蝉乡陂头村空翠堂。圆首方座，高240厘米，宽85厘米，厚20厘米。碑文正书，19行，行45字，碑石下部两侧边缘稍有残缺，书丹人姓名渐损。

宣教郎知京兆府鄠县管勾劝农公事兼兵马监押张伋撰文；明隆庆元年春二月吉日；知鄠县事冀石王玮重立；户庠生□□度书丹；兴平（下阙）麟刻。（碑文见《历史文献》一节）

按：据碑文，张伋为空翠堂的始建者，当时自刻有碑记。此碑为明隆庆元年（1567年）户县知事王玮重立。张伋所刻碑石不知何时流失。

据《户县碑刻》注："（空翠堂）创建于宋宣和四年（1122年）五月。明嘉靖四十五年（1566年）御史方公新以使事过鄠，知县王玮创修堂三楹、厨三楹，始具规模。

游钓台记碑

碑在甘亭镇摇西村钓鱼台。圆首，通高117厘米，宽51厘米，厚20厘米，碑文正书，15行，行30字。民国《重修鄠县志》录文。（碑文见《历史文献》一节）

明天启五年（1625年）立石。

明万历癸卯科解元、富平人刘士龙，为后人留下了昔日钓台仅有的史实，弥足珍贵。

邑侯张公建文昌阁记

邑进士礼部郎中山西督学道张宏襟撰。（碑文见《历史文献》一节）

按：碑已佚，文录自民国二十二年（1933年）《重修鄠县志》并予以标点。

张宗孟任鄠县知县建树颇多，其中文昌阁（也名大观楼）即今户县中楼，与渼陂遥遥相望，增添了渼陂的壮观。中楼也是户县的标志性建筑。

甘亭十二景诗碑记

甘亭十二景诗碑圆首，座佚。高约225厘米，宽81厘米，厚18厘米。额文阴刻篆书"杜亭佳胜"四字，碑文分上下六栏镌刻，每栏刻七言律诗二首，一诗一景，共十二景，概括描述户县地区风景名胜与锦绣河山。行草书，98行，满行8字，碑身横断，底部残缺，约损60余字，据民国二十二年（1933年）《重修鄠县志》录文校补。清康

熙五十九年（1720年）立石。吴庭芝撰并书。（碑诗见《诗词歌赋》一节）

> 按：吴庭芝，字卉长，福建永定县人。康熙五十一年（1712年）调任鄠县知县。善书法，并编纂《鄠县续志》。

此诗碑有关溪陂的有《西郊花柳》《绣沟春禊》《溪陂泛舟》《钓台花浪》《玉蟾稻塍》《中楼远眺》等。

重修鄠县太史桥碑记

碑原立于县城西门外太史桥西头。圆首，龟座，首高60厘米，座高45厘米，身高173厘米、宽78厘米、厚21厘米。碑文正书，24行，行48字，字径2.5厘米。通体保存完好，文字清晰如新。（碑文见《历史文献》一节）

邑人赵继声撰；礼泉宋伯鲁书；中华民国十二年（1923年）夏历岁次癸亥六月谷旦立石。

> 按：宋伯鲁，字子钝，礼泉县人。光绪进士，为维新志士和著名学者，更是名重一时的书法家。

> 太史桥与溪陂相关联，也与溪陂名人王九思相关。

马端墓志铭

志石1970年于溪陂北六老庵村出土，存县文管处。正方形，边长89厘米，文正书，32行，行30字。

志盖：宋故西京左藏库使银青光禄大夫检校左散骑常侍兼御史大夫充益利路兵马钤辖提举兵甲巡检公事上骑都尉扶风县开国伯食邑五百户马公墓志铭并序；宫苑副使银青光禄大夫检校右散骑常侍兼御史大夫致仕刘颙撰并书；狄道李元直篆盖；翟秀刻字。

墓主马端，应为六老庵人，是在溪陂岸边成长的官员。

王先生墓志铭

登仕郎河南南阳府学教授封翰林院检讨徵仕郎王先生墓志铭

康海撰文。

> 按：康海，字德涵，武功人。明弘治十五年（1502年）状元，明代文学家，"前七子"之一。

> 碑主为王九思之父王儒。

第五节　雁字回文诗碑

《香雪斋雁字回文诗碑》为清代张玉德（县城北街人）传世之作。原石24通，今缺一通，碑大小基本相同，通高154厘米，宽64厘米，厚20厘米。现陈放于文庙明伦堂东侧碑廊。1957年列为省级重点文物保护单位。

《诗碑》是张玉德在荐福寺（即小雁塔）居住时以"雁、字"为题所作回文诗。因撰于书斋"香雪斋"，故名"香雪斋雁字回文诗碑"。回文诗是指顺读倒读皆诗的体式。如本诗碑子册第一首《一东》（篆书）顺读即是第二首《十蒸》（楷书）的倒读。

一 东

绳结自天一贯通，契书垂象肇飞鸿。
誉文艺苑蕉株绿，展牒丛林柿叶红。
冰雪砺毫锋劲健，雨风添兴笔沉雄。
陵凭爽气秋横管，凝露玉华墨采丰。

十 蒸

丰采墨华玉露凝，管横秋气爽凭陵。
雄沉笔兴添风雨，健劲锋毫砺雪冰。
红叶柿林丛牒展，绿株蕉苑艺文誉。
鸿飞肇象垂书契，通贯一天自结绳。

《一东》诗意：首联：没有文字以前，古人以结绳刻木记事，之后逐渐进化到观察鸟迹天象之形，创造象形文字。颔联：唐代书法家怀素勤奋学书，秃笔成冢，为解决书纸而广植芭蕉，以蕉叶代纸习字；郑虔（唐）自幼好习书，苦于无纸，知慈恩寺贮红柿叶数屋，遂取之以习。二人皆为唐代大书法家。颈联：只有不避风雨，不惧严寒，从不间断，持之以恒，才能达到"锋劲健""笔沉雄"的程度。尾联：进而才能"陵凭爽气"运笔自由，撷取"凝露玉华"之精，以达到"墨采丰"的艺术境界。

《十蒸》不但词语华美，气韵贯通，而且豪爽、有气势。主要表现具体书法所达到的艺术造诣，书法艺术与自然万物的合一，以及这种高超艺术的历史渊源。和《一东》一样，结构上的起承转合以及对仗、押韵都符合律诗的要求。

《诗碑》的主要内容是作者以诗论书，涉及文字的起源、用笔、结体、布局以及书写的内在感觉和书法艺术的审美要求，均有独到见解。《诗碑》原作360首，计划分为12册刻于碑石，但最后两册尚未书于石，作者即病逝。现存诗碑从子到酉共10册，每册俱以30个平声韵（唯酉册26个），一韵一首七言律诗，总计296首。《诗碑》仿古代19位书法家，分别用真、草、隶、篆、行五体书写刻碑。

民国二十二年（1933年）《重修鄠县志》云："时人称《雁字回文诗碑》有三绝，以'雁、字'为诗三百首为一绝，回文二绝，书法真、草、隶、篆、行，悉仿各家名迹为三绝。"所仿古代19位书法名家的20种字体分别是仓帝古文、周太史籀大篆、秦李斯小篆、汉隶《曹全碑》、《华山庙碑》和《北海相景君碑》，草书有晋王献之《诸礼》、隋释智永《草书千字文》，楷书有唐虞世南《孔子庙堂碑》、欧阳询《皇甫碑》、欧阳通《道因碑》、褚遂良《雁塔圣教序碑》、王知敬《李卫公碑》、颜真卿《多宝塔碑》、裴休《圭峰碑》、隋释智永《真书千字文》、吕秀岩《大秦景教流行中国碑》、柳公权《魏公先庙碑》，行书有晋王羲之《圣教序》、唐李邕《云麾碑》等。

《雁字回文诗碑》是国内现存最长的一部回文石刻，是文苑之杰构、石墨之奇珍。诚如清代翰林周至路德在该碑跋中所说"其诗宛转相生，循环不断，句中有句，奇外出奇"，其字"书胪各体，派衍诸家，蹑斯邈之踪，入晋唐之室"，"既资讽诵，复便临摹"，诚可宝矣。为了使这一珍贵的文化遗产广为流传，王文辉、胡恒林、姚启富、刘兆鹤、山松柏、崔乃谦等共同策划运作，于1990年以户县文管会的名义，将该碑文全部付印成精装16开本帖（480页），

广为发行。此帖广受好评，不久便销售一空，1994年又以县政协文史委名义筹资再版印刷。

《雁字回文诗》的作者张玉德，为县城北街人，距鄠陂不足四里，也算是鄠陂周边成长起来的大书法家。

第六节　青铜器

户县出土的青铜器有鼎、簋、钟、壶、戈、矛、钫等。现就带铭文者选以记之。

父丁簋

商代，在县城西关涝河新桥北边鄠陂岸边出土。无盖、折沿，深腹、双耳、圈足，耳下有长珥。通高18.2厘米，足高8.4厘米，腹深15厘米，口径24.7厘米，周长73厘米。簋内底中心铸铭文"父丁"二字。簋身饰带形纹。口沿有三处残缺。

此簋配套的父丁鼎的铭文，记述了商王征鬼方路过鄠地，饮户县酒食美食的事件。史料弥足珍贵。父丁鼎现存大英博物馆。

元又田戈

周代，于涝陂西岸的东伦村出土。援较宽，呈圭形，援上铸铭文"元又田戈"4字。援长16.1厘米，胡长9.6厘米。其上有两孔，长0.8厘米，宽0.5厘米。

高平宫金鼎

秦代，附盖，扁圆体，附耳，矮足式，盖与器合成为扁圆体，盖有3个环形钮。高14.3厘米，口径13.6厘米，腹深9.4厘米。盖上有阴刻"十、一"二字。器上部有阴刻铭文"栎阳高平宫金鼎，容一斗，重四斤十三两，名曰五十四"，其左还有"郑""一斗""五斤""行"等字。另一侧亦有阴刻铭文"五斤八两""一斗""才""今栎阳""今百一十六"。

钱币

户县文管所收藏的铜铸币数量巨大，品种繁多。有秦"半两"、汉"五铢"，以及唐、宋、明、清多种年号钱币。其中著名的有欧阳询书写钱文的唐"开元通宝"，宋徽宗御书的瘦金体"崇宁通宝"和"大观通宝"，宋太宗御书的"淳化元宝"，苏东坡书写的"元丰通宝"和司马光书写的"元祐通宝"，

还有制作精良、比较罕见的后周铸币"周元通宝"和金代钱币"正隆通宝"等。特别值得一提的还有大量古钱珍品——新莽时的"货布"与"货泉"，尤其是"货布"（俗称裤币）呈长方形，通长5.8厘米，平首方足，形体厚重，腰微内凹，首上有一圆孔，钱面模铸篆书铭文"货布"二字，其书体为悬针篆，纤细秀丽，清晰工整，刚中寓柔，布白疏匀，堪称钱文书体中的奇葩。"货布"是王莽后期钱币的代表。这些钱币有相当一部分是在县城及涝陂周边出土的。

涝陂北岸的新义村，曾出土"一刀平五千"（金错刀）母钱范，为新莽时代物品。铜质，范长29厘米，宽19厘米，范中间有长槽，为浇铸时铜水过道，槽两旁各排列着四枚钱范，尾部有支槽与长主槽相通。钱长7.7厘米，首环状如大钱，直径2.9厘米，身形如刀，长4.8厘米，宽1.7厘米，刀身有篆体"平五千"三字，环首素面，并无"一刀"字样，当是铸出后再用刀具在钱首两边刻出既细且浅的"一刀"二字并错金。兆伦铸钱遗址有数种铜钱范（见本编第一章）。

第七节　陶器及其他出土文物

陶器

户县在涝河流域及渼陂周边出土和征集的陶瓷器数量较多，选其中部分记之。

红陶尖底瓶，高43.5厘米，腹围64厘米。杯形口、短颈、长圆腹，两侧有环形双耳，用来系绳背或提，腹部饰绳纹，肩及下部光素，尖底。其与西安半坡遗址出土的尖底瓶极其相似。

红陶彩陶钵，高10.6厘米，口径21.6厘米，敛口、鼓腹、环平底，底中心上凹，外侧上半部饰三角形与斜线纹黑彩。平滑光润，制作精细。新石器时代器物，现藏于县文管处。

红陶环带纹彩陶钵，高11.3厘米，口径30厘米，外侧饰带状黑彩。

红陶小口细颈平底瓶，素面，高34.2厘米，口径为2.2厘米，外径6.3厘米，宽沿、细颈、长圆腹、平底。新石器时代器物。

以上四件1988年4月12日征集于渭丰乡真守村遗址。

三彩马，唐代，1983年甘亭镇西坡村唐墓出土。高34厘米，长31厘米。头无笼套，背有鞍鞯，昂首挺立，膘肥体壮，是唐代良种骏马的真实写照。

三彩骆驼，唐代，1983年甘亭镇西坡村唐墓出土。高43厘米，长31厘米，胸宽11厘米。驼为双峰，伸颈昂首，四腿挺立，造形生动，釉色艳丽。与三彩马曾被借调国家文物局参加1991年在新加坡举行的"中国唐代文明展"。

白釉四系瓷罐，唐代，高24.5厘米，青白色，素面，肩部四方有四系耳。

三友寿花瓷坛，宋代，高24厘米，口外径9.8厘米，内径8.5厘米，鼓腹径19.5厘米。

灰陶马与牵马俑，马高34厘米，长40厘米，俑高27厘米。牵马俑头戴圆帽，双辫垂肩，穿右衽长袍，腰间束带，右手曲于胸前，左手伸出似在牵马。陶马背上有鞯无鞍，鞯上驮着沉重的袋囊，用绳紧紧捆绑。

灰陶男骑马俑，通高45厘米，长38.5厘米。俑头戴圆形盔，盔上有缨。头前一小撮发，后梳两辫。穿窄袖长袍，单襟向右裹，腰束带，足蹬靴，挂长刀，左手扶鞍，右手扬鞭，神态威武。

灰陶捧盒女侍俑，高30.4厘米。穿窄袖短衫，双辫垂肩，双鬓贴短发，下穿长裙，裙摆垂地，稍露脚尖，双手捧一圆盒，面带笑容，神态自若。

灰陶拱手女侍俑，高30.4厘米。头梳高螺髻，两鬓贴发，戴耳环，长裙覆地稍露足尖，双手置于胸前，作拱手站立状，是典型元代妇女装束。

灰陶文官俑，高33厘米。头戴官帽，穿圆领长袍，腰束带，足蹬靴，左臂曲举，右臂下垂，挺身站立。

灰陶骑驼击鼓俑，高41.2厘米，长34.5厘米。头后梳一发辫，戴瓜皮帽，深目高鼻，腮下有胡须，骑在置有毡毯的骆驼背上，胸前放一鼓，手持鼓槌，双臂高举，姿态生动逼真。

灰陶骆驼，高30.5厘米，长33.5厘米。昂首挺立，背上垫有毡毯，塑造出骆驼即将启程的形象。

以上陶俑均为1978年秦渡镇张良寨村北元代左丞相贺胜墓出土。

涝河流域及渼陂周边地处秦汉都城近郊，秦汉瓦当遗存比较丰富，兹就具有代表性的记述如下：

四叶纹瓦当，秦，圆形，灰陶质，渼陂北岸的陂头村出土，残缺近半，当径15.1厘米，轮宽1厘米。轮内饰单线弦纹，当心有一突起大乳钉，内外圆之间有一双线"十"字栏界，将当面分成四个梯形区间，每个区间各置叶片图案一个。此种植物纹瓦当较为稀有，为秦早期遗存。

几何心云纹瓦当，秦，圆形，灰陶质，县城西郊渼陂东岸出土。当径14.5厘米，轮宽1.5厘米。轮内饰单线弦纹，当心圆内边沿有四个对称的几何形状纹饰。当内双线"十"字栏界将当面分成四个扇形区间，四区分置内曲云纹图案，象征高大宏伟的建筑物上有祥云缭绕，长存不息。

长乐未央瓦当，汉，圆形，灰陶质，出土于渼陂周边。当径19.2厘米，轮宽1.8厘米，轮内饰单线弦纹，单线中心圆内有联珠，中心饰大乳钉，内外圆之间有一双线"十"字栏界，将当面分成四个区间，四区分置阳文篆书"长乐未央"四字，每字将梯形区间布满，笔画圆转得体，疏朗纤细。字的外围依圆而变，给人以图案美感。其排列布局匀称和谐，可与篆刻印章媲美。

长生无极瓦当，汉，圆形，灰陶质，出土于渼陂周边。当径17.8厘米，轮宽1.6厘米，轮内饰单线弦纹，单线中心圆内有联珠，当心有一突起大乳钉，内外圆之间有一双线"十"字栏界，将当面分成四个扇面区间，四区分置阳文篆书"长生无极"四字，各字将扇形区间布满。字形质朴淳厚，给人以安定舒畅之感。"长生"二字笔画疏松，似有疏能跑马之感。"无极"二字笔画紧密，又有密不透风之感。

渼陂周边出土的其他器物

石磨，汉代，直径 55 厘米，厚 10.5 厘米，磨盖中部有一凸起圆圈，高 5.5 厘米，直径 16 厘米，中间有一"隔墙"，墙两边凹下处各有一孔，为粮食下磨入口。县城南关涝河岸边出土。

石凤字抄手砚，宋代，砚长 22 厘米，宽 14 厘米，形似凤字，砚池呈坡状，前高后低，前窄后宽，腹背中空。在渼陂上游的南丈八寺村宋墓出土。

玉璧，春秋战国，圆形，中心有孔。直径 15.9 厘米，孔径 4.1 厘米，厚 0.5 厘米，浅绿色，局部泛青，面饰六角网状图案，六角内为勾云纹，半透明，晶莹润泽。在涝河西岸的礼贤庄出土。

金龙（走龙），元代，长 8 厘米，高 5.4 厘米，昂首翘尾，身腰上鼓，四足呈行走状，爪为五趾，遍体饰鱼鳞纹，造型生动。1967 年于祖庵重阳宫老君殿基下出土。

铁牛，宋代，高 18.6 厘米，长 26.8 厘米，重 5.1 公斤。在渼陂上游的南丈八寺宋墓出土。

第八节　渼陂周边的农民画家

户县农民画的起源和发展，得益于涝河流域和渼陂一带久远的历史文明。产生在这块土地上的民间艺术受到其滋养，形成了一个地域性的农民画群体，形成了以写实为特征的艺术风格，其作品带有浓郁的关中民间乡土气息，所包含的民间文化传承基因是显而易见的。

半个多世纪以来，涝、渼流域涌现出了一大批著名的农民画家：李凤兰、董正谊、闫玉珍、赵坤汉、周文德、柳绪绪、樊志华、李秋兰、白续号、李景龙、李克民、马亚莉、潘晓玲等，他们的作品扬名海内外。李凤兰的《春锄》、周文德的《林茂粮丰》、李克民的《高原打井》是 1974 年首批被国家邮政部作为邮票发售的农民画。董正谊的《公社鱼塘》被国家印成年画发行，曾陈列于人民大会堂陕西厅，在 20 多个国家展出，被英、美、德、法等国家博物馆收藏。李凤兰、柳绪绪、周文德、赵坤汉等老一代农民画家的作品于 20 世纪 70 年代先后在全国八大城市展出。

这些农民画家，终生在涝河、渼陂湖一带生活，优美的自然风光和传统的农耕生活印记深深影响了他们的创作，其作品呈现出浓郁的生活化特征。李凤兰的《春锄》《喜开镰》等作品，从平凡的农事生产出发，反映了农村妇女参加集体劳动的情形，所反映的内容具有强烈的生活化气息。周文德的《林茂粮丰》《送粮路上》，赵坤汉的《打井》《地头上》《夏收会议》《科学种田》《饲养室里的太阳》，马亚莉的《大队养鸡场》《喜晒新棉》《元宵之夜》《灯展》《上学路上》《纳袜底》《农家后院》，潘晓玲的《只生一个好》《农家女》《买新衣》等作品，集中表现出农耕生活的图景，谱写着历史的画卷。

在艺术上，涝、涌流域的农民画家形成了写实、移植、夸张变形交相辉映的艺术流派，构图大气，主次分明，疏密有度，虚实相生，有较强的透视感，造型准确，姿态静中有动，线条细腻优美、精细入微。赵坤汉的艺术风格是既"随类赋色"，又不一味追求中国画的清淡素雅，也无纯民间绘画"随意赋色"的涣散、跳闹。这使人想起唐乾陵永泰公主墓的壁画色彩与吴道子、李思训等隋唐画家的赋色特点。李秋兰的《逗鸡》以情敷色，鸡的羽翼艳丽如凤凰；以意赋形，人物稚拙可爱如

皮影，为当时农民画的经典之作，被多次收入省市美术机构所编的画册中。其代表作《回娘家》似剪纸又似皮影的人物造型，既有民间绘画的色彩艳丽，又有文人绘画的赋色深沉。构图大气，刻画细腻。潘晓玲艺术上的特征是"移植型"，独辟蹊径，在色彩上有独特的追求。成长于涝河上游的直峪口村的王景龙的画风更是与众不同，不受任何束缚，构图奇特，造型稚拙且粗犷有力，色彩强烈而喧闹，人物的眼睛特大而有神。他大胆创新，构思奇特，形式怪异，创立了独一无二的农民画"原生派"。他的画往往有出其不意的效果，在展览中引起了国内外一些研究者的兴趣，被称为户县农民画作者中的"怪杰"、"中国的毕加索、马蒂斯"。

涝河、涌陂流域有代表性的农民画家，还有甘亭镇七一村的樊志华、樊高其父子，光明乡孝义坊的白绪号、刘瑞兆，余下镇南索村的张青义、张战刚等。他们的画作风格鲜明，艺术手法各有千秋，在涝水之滨、涌陂周边散发着艺术的芳香。

户县剪纸艺术的主力军和有成就的艺术家亦在涝、涌流域，其标志性人物是李凤兰、闫玉珍、李秋兰、沈英霞、

郭玲等女画家。她们均接触过中国传统文人绘画的熏陶，也接受过封建家庭剪纸、刺绣等所谓的女红训练，从小就掌握了剪纸、刺绣的基本功并能在传统剪纸、刺绣的基础上创新，表现时代内容。

闫玉珍的代表作是《兔子吃白菜》。这幅画吸取了剪纸艺术的手法，装饰性特点明显，兔子的形象与白菜的形状都图案化了，但兔子身上的小兔子、白菜上的小蚂蚱都非常逼真。这幅画构图大气，赋色鲜艳，具有独特的形式魅力，看了不由使人心颤。它的寓意是多义的，它所包含的生命意识和原始思维形式都超出了绘画本身。这是一幅神秘而神奇的杰作。

闫玉珍的的剪纸除继承了祖先传下来的精华，更多的是反映不同时代特点的作品，如《女军医》《革命军属》《养鸡》《送郎参军》《计划生育》《民兵训练》《玻璃棚菜》《五好民兵》《打靶归来》《双手致富》等都具有强烈的时代气息。另外，她的剪纸还有大量的艺术小品，花鸟鱼虫猪羊牛马蝴蝶花瓶以及大量的不同形态的团花、云子等都是即兴之作，无不惟妙惟肖、妙趣横生。

第三编·图像

历史的烟尘让渼陂的昔日模糊了身形，但一些地图、绘画、照片记录了不同时代的渼陂以及渼陂所在户县当年的大概样貌。此外，渼陂的水文遗迹、风景风貌、文物墨宝、民居民俗都通过图像资料展示了自己的风采。

第一章

【地图】

锦绣户县有幸通过明、清和民国一些珍贵的地图保存下来，灵秀渼陂的水文遗迹和胜迹风貌也通过各种手绘地图得到了传承。

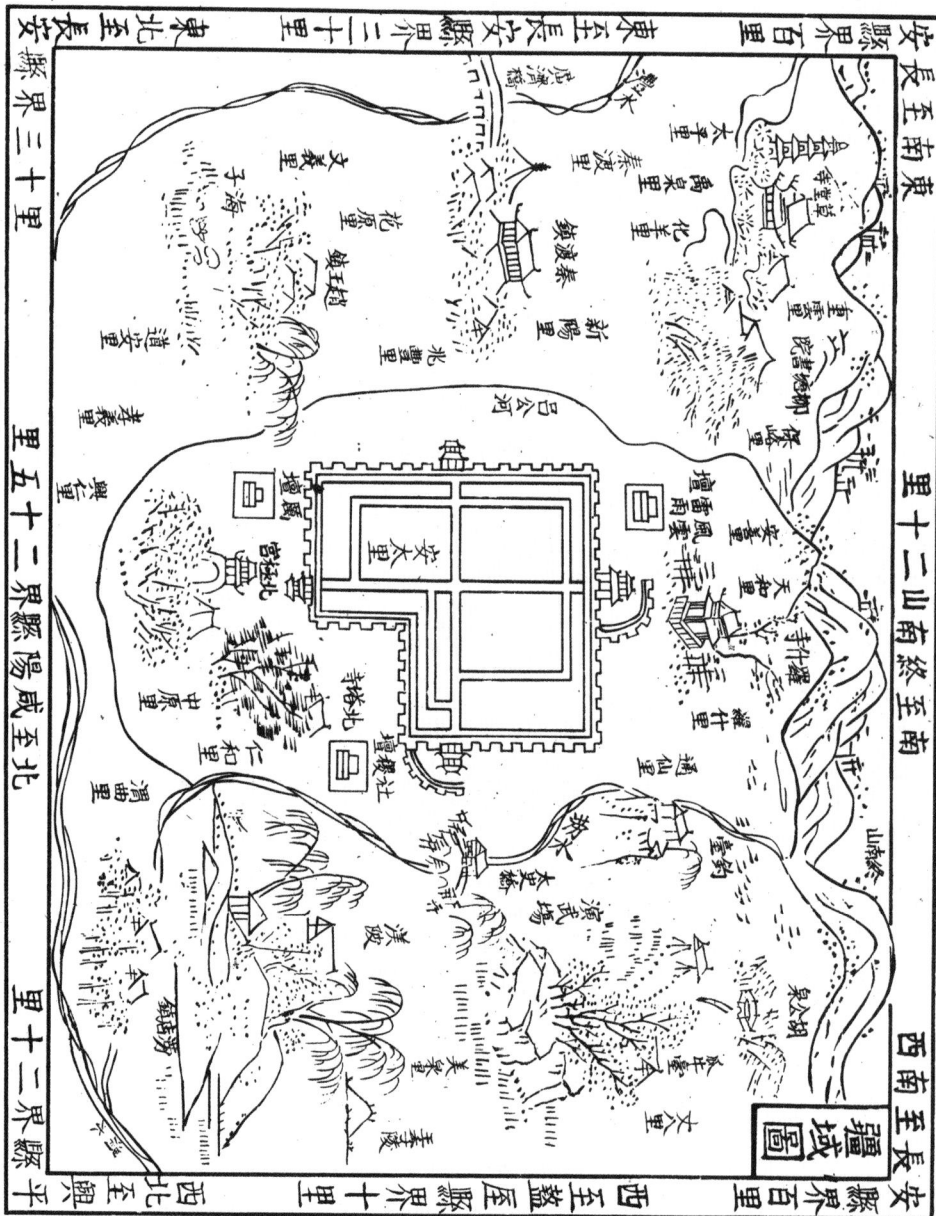

光绪壬辰年户县地图

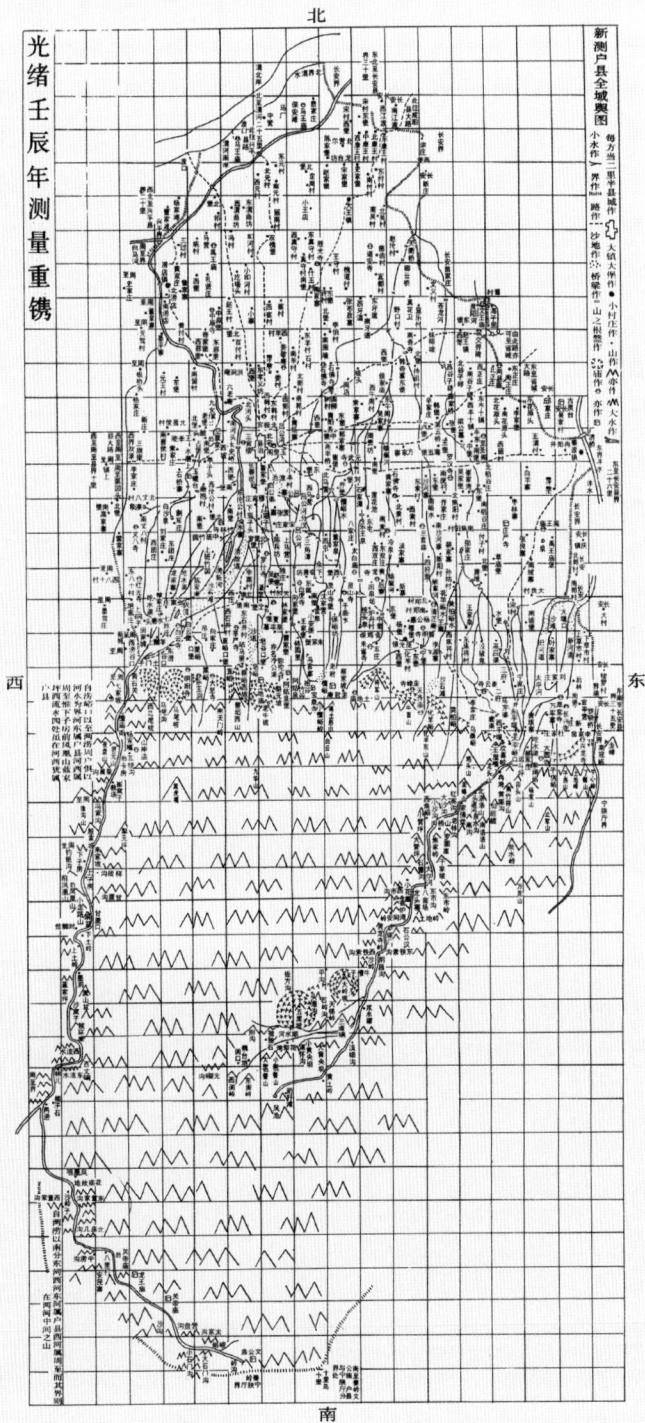

中华民国二十二年（1933 年）户县地图

1950 年户县地图

民间手绘涝河古道遗迹图

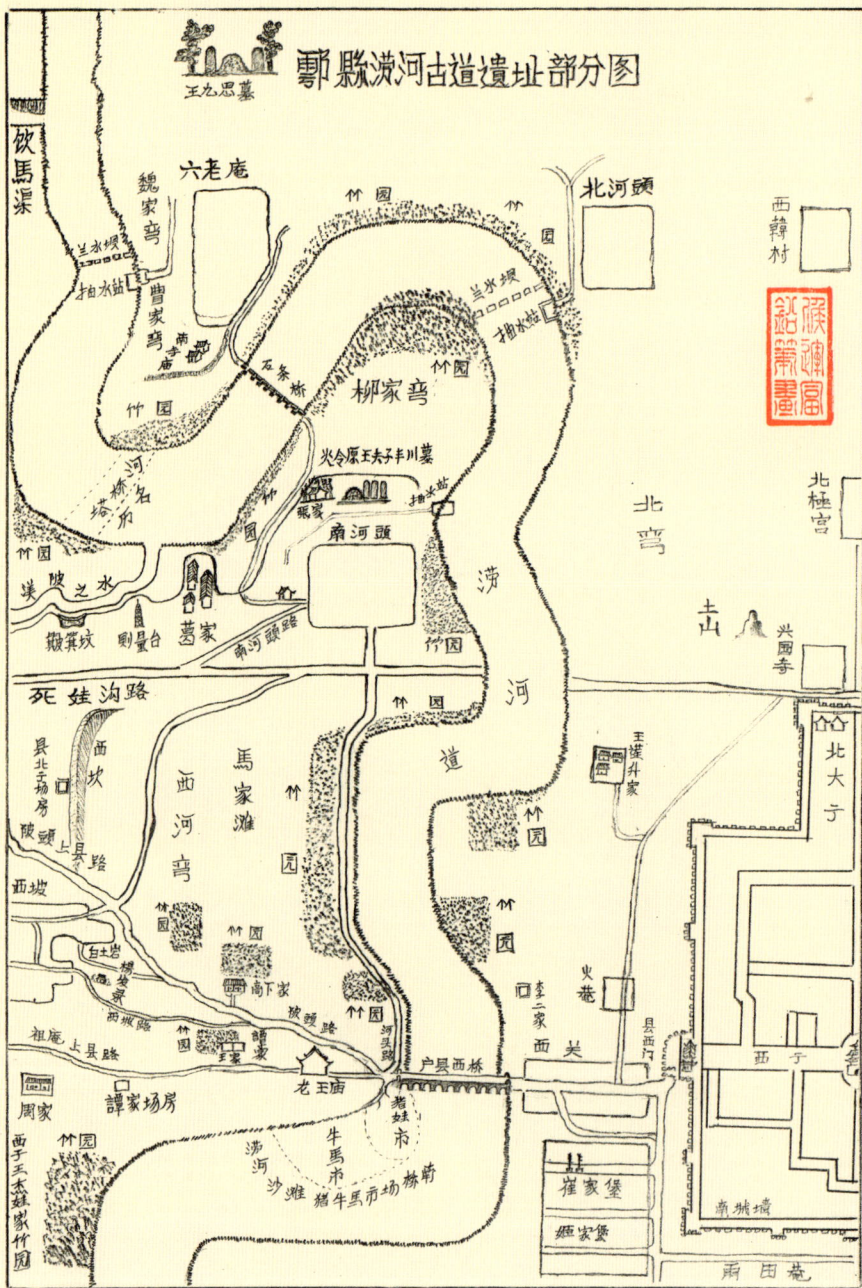

民间手绘陂头风貌图

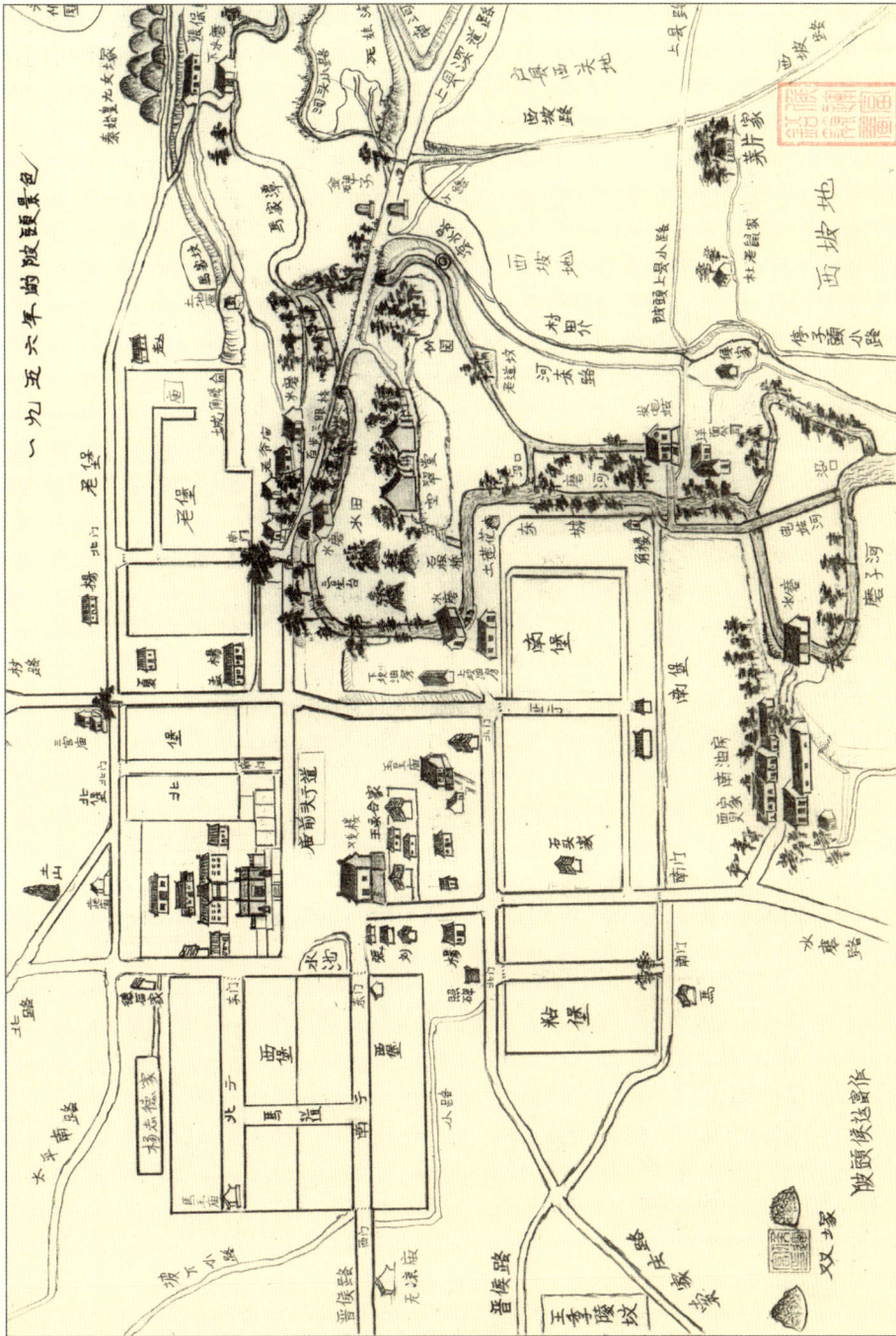

民间手绘锦绣沟胜迹图

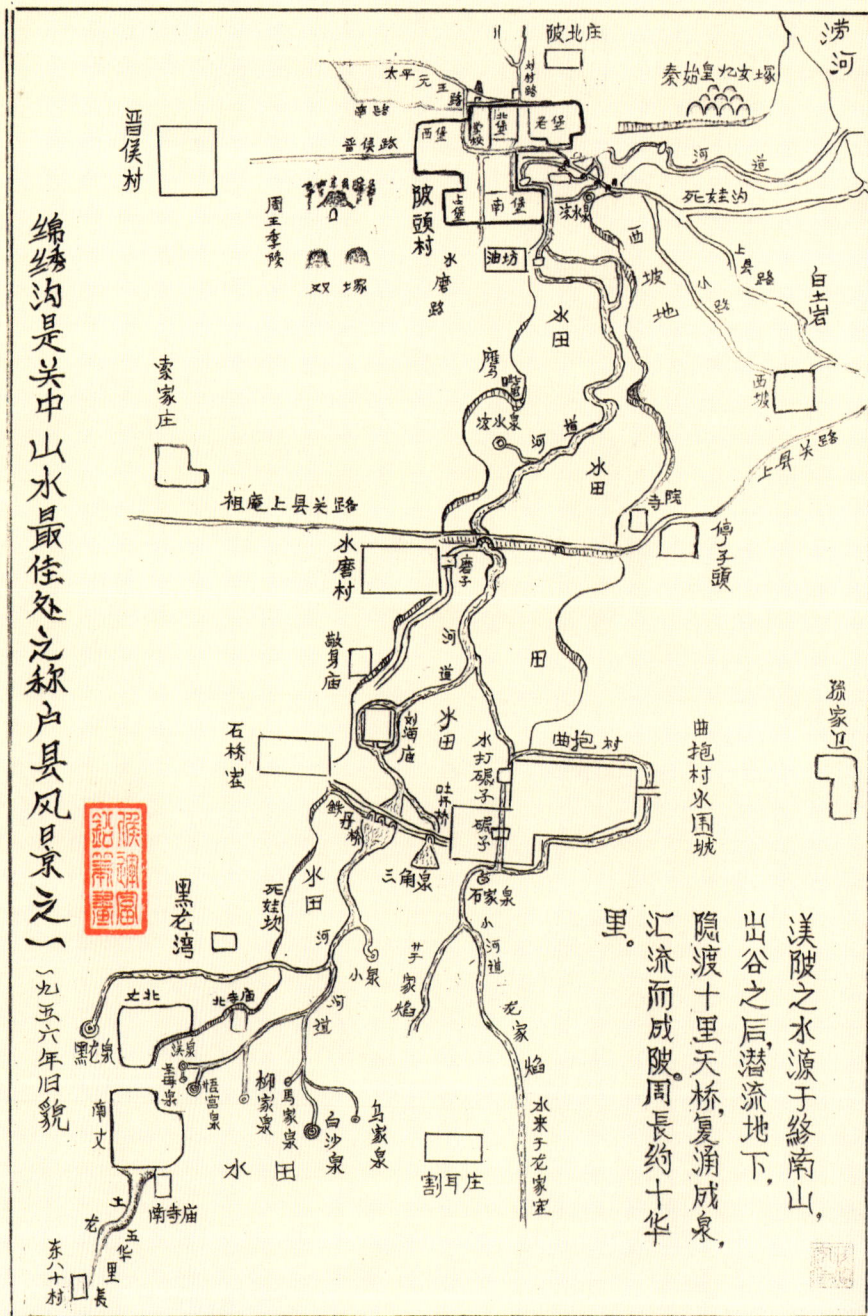

丈八寺附近的渼陂诸泉

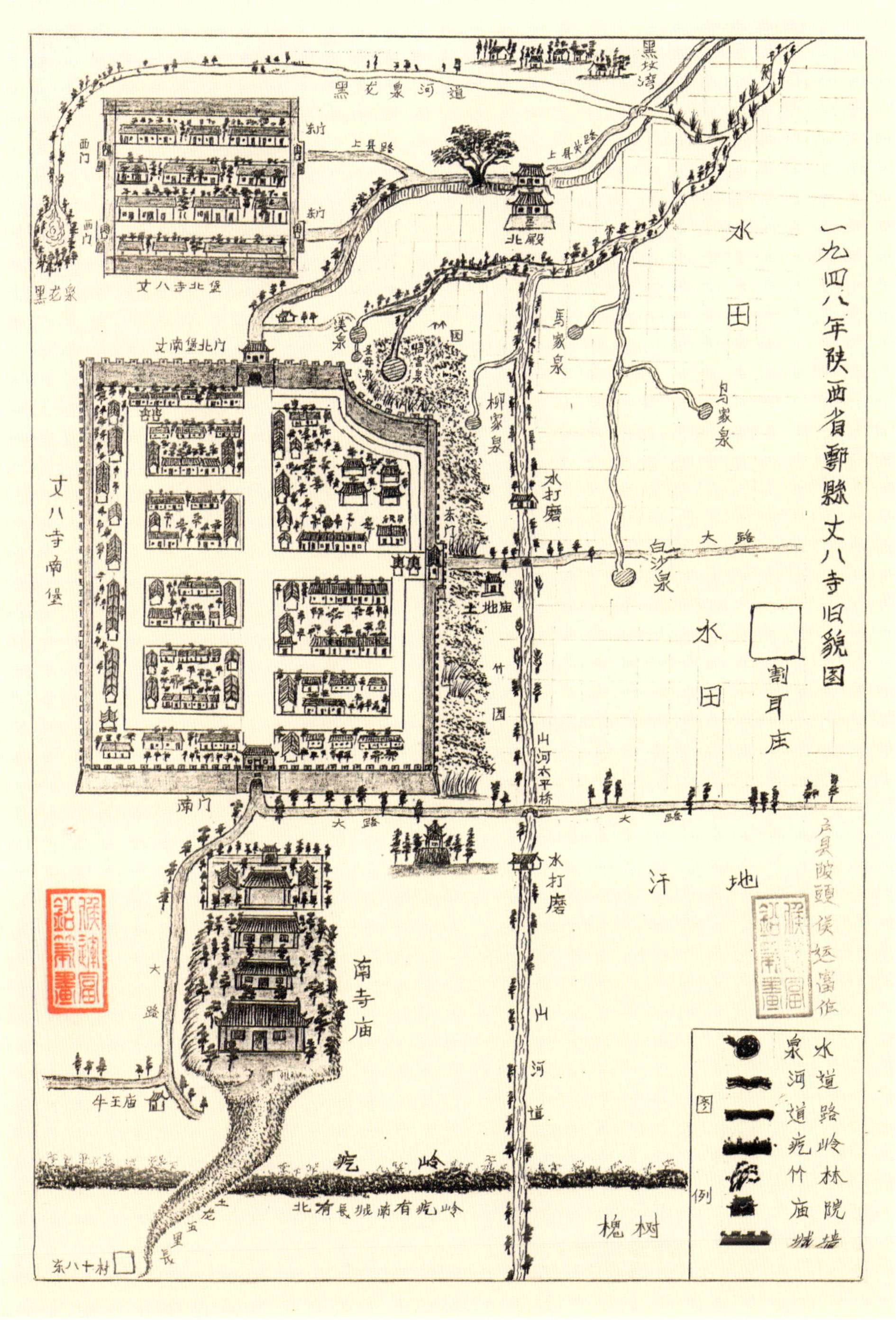

一九四八年陕西省鄠县丈八寺旧貌图
黑龙泉河道
西门
东门
上县路
丈八寺北堡
黑龙泉
北殿
丈南堡北门
渼泉
竹园
马家泉
柳家泉
乌家泉
水田
丈八寺南堡
东门
水打磨
大路
白沙泉
土地庙
竹园
水田
割耳庄
山河太平桥
南门
大路
水打磨
汗地
南寺庙
大路
山河道
牛王庙
疙岭
北有長城南有疙岭
槐树
图例
水道
泉河
路
道
岭
疙
林
竹
院
庙
墙
城

第二章

【照片】

渼陂附近出土的文物、碑文照片是渼陂历史文化的佐证，部分遗址遗迹的照片带着历史的沧桑，在今日的水波中期待重现辉煌。各种民俗活动照片、民居照片使一个具象和抽象的渼陂深入人心。

丈八寺南堡出土春秋彩绘回纹双耳带盖簠

丈八寺出土春秋彩绘双耳壶

丈八寺出土汉绳纹釜

丈八寺宋墓出土铁牛

鄠陂附近及涝河东岸出土文物

鄠陂附近涝河东岸出土新石器时代陶纺轮

鄠陂附近涝河东岸出土西周青玉圭

涝河东岸崔家堡出土春秋时代铜器

涝河东岸崔家堡出土春秋时代铜鼎

涝河东岸崔家堡出土春秋时代铜簋

涝河东岸崔家堡出土春秋时代铜盘

涝河东岸崔家堡遗址出土春秋时代铜匜

涝河中下游真守村出土新石器时代几何纹彩陶钵

涝河中下游真守村出土新石器时代棒槌红陶瓶

涝河中下游真守村出土新石器时代几何纹彩陶罐

涝河中下游真守村出土几何纹彩陶罐

渼陂东岸西坡村唐墓出土文物

渼陂东岸西坡村唐墓出土唐三彩鞍马

渼陂东岸西坡村唐墓出土唐三彩骆驼

渼陂东岸西坡村唐墓出土唐三彩武士俑

渼陂东岸西坡村唐墓出土绿釉拱手幞头男俑

渼陂东岸西坡村唐墓出土骑马女俑

渼陂空翠堂记

重建渼陂记

胡公泉石栏记

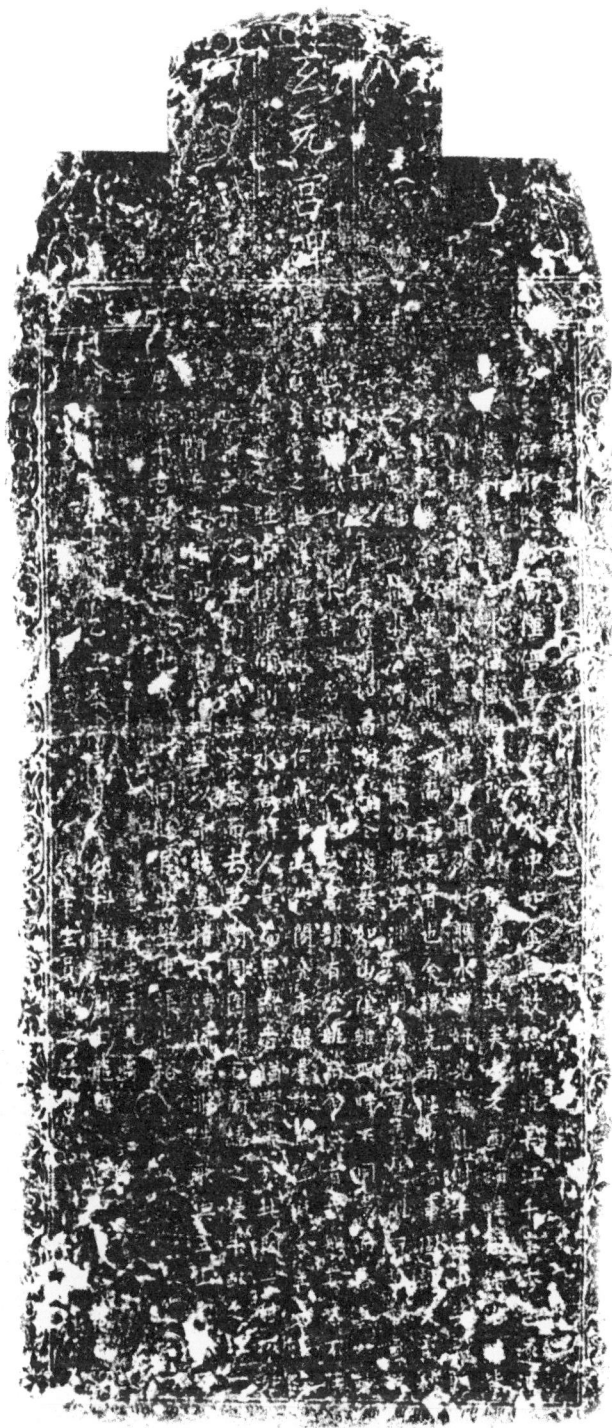

游钓台记

其他图片

渼陂

渼陂空翠堂

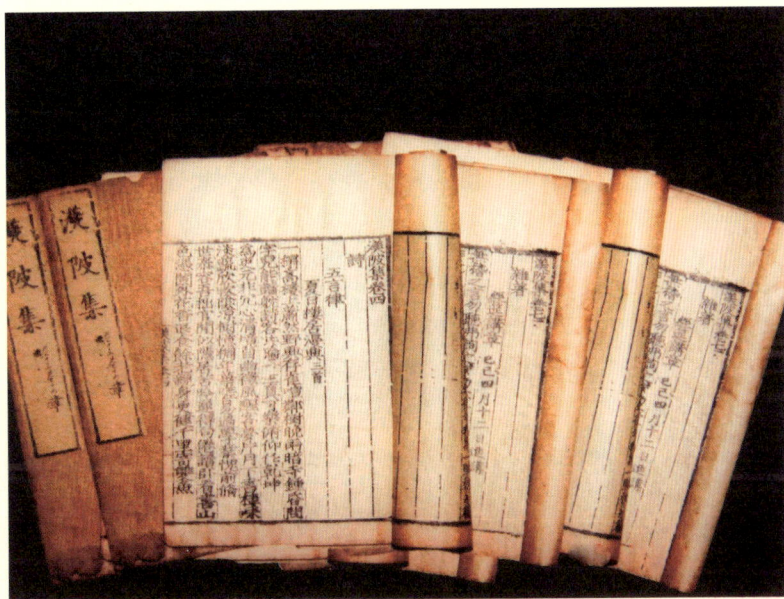

王九思《渼陂集》

王九思家族祠堂

建于明崇祯时的县城中楼（肖正理 摄）

玉蟾台

渼陂传统民居（1）

渼陂传统民居（2）

渼陂白泽兽

周王季陵

涝河龙王

龙饮涝水

迎祭城隍（1）

迎祭城隍（2）

第三章

【绘画】

文人留连于渼陂胜迹，墨客将之付诸笔端。除了诗文，现在更留有清代长松居士等人的画作，渼陂的经典风貌在其笔端形神兼备，令人向往。民间手绘的渼陂水墨、渼陂油坊更有一番质朴感人的趣味。

清康熙《鄠县志》载《钓台浪花》
长松居士作

《鄠县志》载《渼陂泛舟》
长松居士作

清康熙《鄠县志》载《绣沟春禊》
三善居士作

清康熙《鄠县志》载《玉蟾稻塍》
三善居士作

陕西户县钓鱼台
地址搖指頭一九五五年的假貌

户县玉蝉乡陵头
侯运雷作

铅笔画

（J13）

钓台风景

一九五五年陂頭的水打磨景色

(58)

渎陂水磨

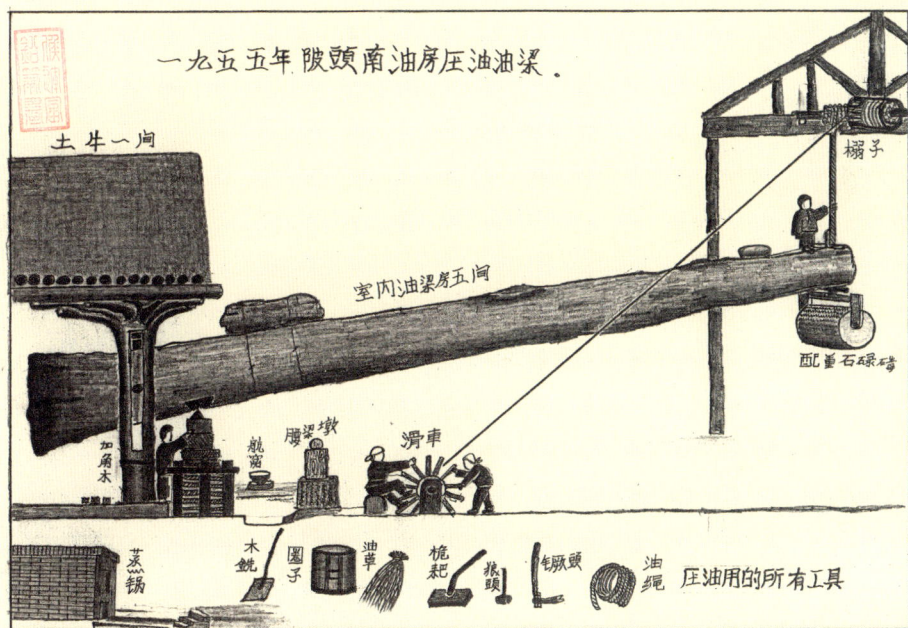

一九五五年陂头南油房压油油梁.

土牛一间

室内油梁房五间

榻子

配重石碌碡

户县玉蝉乡陂头村 侯遂富作

加屑木

觥窗 腰涩墩 滑車

蒸锅 木锨 圈子 油草 桄耙 粮头 铧头 油绳 压油用的所有工具

(61)

渼陂油坊

第四编·诗词歌赋

千百年来，有无数诗人、文学家游历渼陂，留下了美好的诗词歌赋。其中不管是渼陂繁盛时期的赞词，还是渼陂衰落时的感慨，都反映了作者对渼陂怀有的挚爱的情怀。这些诗词歌赋有的由于时代或作者的原因，已经成为中国文学史上的名篇。

第一章

【诗歌】

书写渼陂或借渼陂抒怀的诗歌很多。杜甫的《渼陂行》《城西陂泛舟》，尤其其代表作《秋兴八首》之八，其他如岑参、韦应物、白居易、温庭筠、郑谷、韦庄、苏轼、王九思等，都为渼陂留下了不朽的诗篇。更有关学创始人张载、清初理学大儒王心敬，都为渼陂留下了很有激情的诗歌，感人肺腑，发人深省。

第一节　唐宋时期

唐代

渼陂行

杜甫

岑参兄弟皆好奇，携我远来游渼陂。

天地黤惨忽异色，波涛万顷堆琉璃。

琉璃汗漫泛舟入，事殊兴极忧思集。

鼍作鲸吞不复知，恶风白浪何嗟及。

主人锦帆相为开，舟子喜甚无氛埃。

凫鹥散乱棹讴发，丝管啁啾空翠来。

沉竿续缦深莫测，菱叶荷花净如拭。

宛在中流渤澥清，下归无极终南黑。

半陂以南纯浸山，动影袅窕冲融间。

船舷暝戛云际寺，水面月出蓝田关。

此时骊龙亦吐珠，冯夷击鼓群龙趋。

湘妃汉女出歌舞，金支翠旗光有无。

咫尺但愁雷雨至，苍茫不晓神灵意。

少壮几时奈老何，向来哀乐何其多。

城西陂泛舟

杜甫

青蛾皓齿在楼船，横笛短箫悲远天。
春风自信牙樯动，迟日徐看锦缆牵。
鱼吹细浪摇歌扇，燕蹴飞花落舞筵。
不有小舟能荡桨，百壶那送酒如泉。

渼陂西南台

杜甫

高台面苍陂，六月风日冷。
蒹葭离披去，天水相与永。
怀新目似击，接要心已领。
仿像识鲛人，空蒙辨鱼艇。
错磨终南翠，颠倒白阁影。
崒嵂增光辉，乘陵惜俄顷。
劳生愧严郑，外物慕张邴。
世复轻骅骝，吾甘杂蛙黾。
知归俗可忽，取适事莫并。
身退岂待官，老来苦便静。
况资菱芡足，庶结茅茨迥。
从此具扁舟，弥年逐清景。

与鄠县源大少府宴渼陂

杜甫

应为西陂好，金钱罄一餐。
饭抄云子白，瓜嚼水精寒。
无计回船下，空愁避酒难。
主人情烂熳，持答翠琅玕。

秋兴八首（八）

杜甫

昆吾御宿自逶迤，紫阁峰阴入渼陂。
香稻啄馀鹦鹉粒，碧梧栖老凤凰枝。
佳人拾翠春相问，仙侣同舟晚更移。
彩笔昔曾干气象，白头吟望苦低垂。

与鄠县源少府泛渼陂

岑参

载酒入天色，水凉难醉人。
清摇县郭动，碧洗云山新。
吹笛惊白鹭，垂竿跳紫鳞。
怜君公事后，陂上日娱宾。

与鄠县群官泛渼陂

岑参

万顷浸天色，千寻穷地根。
舟移城入树，岸阔水浮村。
闲鹭惊箫管，潜虬傍酒樽。
暝来呼小吏，列火俨归轩。

首春渭西郊行呈蓝田张二主簿

岑参

回风度雨渭城西，细草新花踏作泥。
秦女峰头雪未尽，胡公陂上日初低。
愁窥白发羞微禄，悔别青山忆旧谿。
闻道辋川多胜事，玉壶春酒正堪携。

松斋自题

白居易

非老亦非少，年过三纪余。

非贱亦非贵，朝登一命初。

才小分易足，心宽体长舒。

充肠皆美食，容膝即安居。

况此松斋下，一琴数帙书。

书不求甚解，琴聊以自娱。

夜直入君门，晚归卧吾庐。

形骸委顺动，方寸付空虚。

持此将过日，自然多晏如。

昏昏复默默，非智亦非愚。

月夜登阁避暑

白居易

旱久炎气盛，中人若燔烧。

清风隐何处，草树不动摇。

何以避暑气，无如出尘嚣。

行行都门外，佛阁正岧峣。

清凉近高生，烦热委静销。

开襟当轩坐，意泰神飘飘。

回看归路傍，禾黍尽枯焦。

独善诚有计，将何救旱苗。

任鄠令渼陂游眺

韦应物

野水滟长塘，烟花乱晴日。

氤氲绿树多，苍翠千山出。

游鱼时可见，新荷尚未密。

屡往心独闲，恨无理人术。

扈亭西陂燕赏

韦应物

杲杲朝阳时，悠悠清陂望。

嘉树始氤氲，春游方浩荡。

况逢文翰侣，爱此孤舟漾。

绿野际遥波，横云分叠嶂。

公堂日为倦，幽襟自兹旷。

有酒今满盈，愿君尽弘量。

西郊燕集

韦应物

济济众君子，高宴及时光。

群山霭遐瞩，绿野布熙阳。

列坐遵曲岸，披襟袭兰芳。

野庖荐嘉鱼，激涧泛羽觞。

众鸟鸣茂林，绿草延高冈。

盛时易徂谢，浩思坐飘飏。

眷言同心友，兹游安可忘。

乘月过西郊渡

韦应物

远山含紫氛，春野霭云暮。

值此归时月，留连西涧渡。

谬当文墨会，得与群英遇。

赏逐乱流翻，心将清景悟。

行车俨未转，芳草空盈步。

已举候亭火，犹爱村原树。

还当守故局，怅恨秉幽素。

西郊游瞩

韦应物

东风散馀沍，陂水淡已绿。

烟芳何处寻，杳霭春山曲。

新禽哢暄节，晴光泛嘉木。

一与诸君游，华觞忻见属。

再游西郊渡

韦应物

水曲一追游，游人重怀恋。

婵娟昨夜月，还向波中见。

惊禽栖不定，流芳寒未遍。

携手更何时，伫看花似霰。

漾陂晚望

司马扎

远客家水国，此来如到乡。

何人垂白发，一叶钓残阳。

柳暗鸟乍起，渚深兰自芳。

因知帝城下，有路向沧浪。

渼陂

郑谷

昔事东流共不回，春深独向渼陂来。

乱前别业依稀在，雨里繁花寂寞开。

却展渔丝无野艇，旧题诗句没苍苔。

潜然四顾难消遣，祗有佯狂泥酒杯。

郊墅

郑谷

韦曲樊川雨半晴，竹庄花院遍题名。

画成烟景垂杨色，滴破春愁压酒声。

满野红尘谁得路，连天紫阁独关情。

渼陂水色澄于镜，何必沧浪始濯缨。

鄠杜旧居二首

韦庄

却到山阳事事非，谷云溪鸟尚相依。

阮咸贫去田园尽，向秀归来父老稀。

秋雨几家红稻熟，野塘何处锦鳞肥。

年年为献东堂策，长是芦花别钓矶。

一径寻村渡碧溪，稻花香泽禾千畦。

云中寺远磬难识，竹里巢深鸟易迷。

紫菊乱开连井合，红榴初绽拂檐低。

归来满把如渑酒，何用伤时叹凤兮。

过渼陂怀旧

韦庄

辛勤曾寄玉峰前，一别云溪二十年。

三径荒凉迷竹树，四邻凋谢变桑田。

渼陂可是当时事，紫阁空余旧日烟。

多少乱离无处问，夕阳吟罢涕潸然。

寄鄠杜李遂良处士

高骈

小隐堪忘世上情，可能休梦入重城。

池边写字师前辈，座右题铭律后生。

吟社客归秦渡晚，醉乡渔去渼陂晴。

春来不得山中信，尽日无人傍水行。

鄠郊别墅寄所知

温庭筠

持颐望平绿，万景集所思。

南塘遇新雨，百草生容姿。

幽鸟不相识，美人如何期。

徒然委摇荡，惆怅春风时。

鄠杜郊居

温庭筠

槿篱芳援近樵家，垄麦青青一径斜。

寂寞游人寒食后，夜来风雨送梨花。

皇陂

罗隐

皇陂潋滟深复深，陂西下马聊登临。

垂杨风轻弄翠带，鲤鱼日暖跳黄金。

三月穷途无胜事，十年流水见归心。

输他谷口郑夫子，偷得闲名说至今。

寄徐晦

张籍

鄠陂鱼美酒偏浓，不出琴斋见雪峰。

应胜昨来趋府日，簿书床上乱重重。

宋代

渼陂鱼

苏轼

霜筠细破为双掩，中有长鱼如卧剑。

紫荇穿腮气惨凄，红鳞照坐光磨闪。

携来虽远鬣尚动，烹不待熟指先染。

坐客相看为解颜，香粳饱送如填堑。

早岁尝为荆渚客，黄鱼屡食沙头店。

滨江易采不复珍，盈尺辄弃无乃僭。

自从西征复何有，欲致南烹嗟久欠。

游儵琐细空自腥，乱骨纵横动遭砭。

故人远馈何以报，客俎久空惊忽赡。

东道无辞信使频，西邻幸有庖斋酽。

次韵关令送鱼

苏轼

举网惊呼得巨鱼，馋涎不易忍流酥。
更烦赤脚长须老，来趁西风十幅蒲。

答仲屯田次韵

苏轼

秋来不见渼陂岑，千里诗盟忽重寻。
大木百围生远籁，朱弦三叹有遗音。
清风卷地收残暑，素月流天扫积阴。
欲遗何人赓绝唱，满阶桐叶候虫吟。

次韵子瞻渼陂鱼

苏辙

渼陂霜落鱼可掩，枯芡破盘蒲折剑。
巨斧敲冰已暗知，长叉刺浪那容闪。
鲸孙蛟子谁复惜，朱鬣金鳞漫如染。
邂逅相遭已失津，偶然一掉犹思辄。
嗟君游宦久羊炙，有似远行安野店。
得鱼未熟口流涎，岂有哀矜自欺俨。
人生饱足百事已，美味那令一朝欠。
少年勿笑贪匕箸，老病行看费针砭。
羊生悬骨空自饥，伯夷食菜有不赡。
清名惊世不益身，何异饮醨徒酯酽。

村 居

张舜民

水绕陂田竹绕篱，榆钱落尽槿花稀。
夕阳牛背无人卧，带得寒鸦两两归。

渼 陂

李骃

望极空濛情满怀，更寻遗迹步高台。
日斜林杪增光去，风静山尖倒影来。
万顷澄澜春涨碧，一川秀色暝阴开。
坐中自有江湖兴，未放陂南画舸回。

用晦上人游渼陂

魏野

渼陂寒水碧溶溶，野客江僧望不穷。
更值晚来风雨歇，终南一半浸波中。

和薛伸国博漾陂

张载

几年烟浪掩遗踪，今意扶持古意同。
籊笔每游高圣世，蓴鲈聊为快秋风。
轻阴岛屿莓苔湿，夜雨蛟龙窟穴空。
南浦云峰晴不乱，北窗溪木暗难通。
春浓岸柳成行碧，日暖汀花取次红。
岁月可悲唐废苑，山河终近汉离宫。
归禽影转沙堤曲，处士居邻竹坞东。
星斗已知天象富，菱蒲堪喜地毛丰。

持竿幸有鱼充鼎，混俗须嗟鹤在笼。

吏隐苟能游物外，江乡何必美吴中。

第二节　元明清时期

元代

送武诚之往渼陂

元好问

行李中春发晋溪，离筵辞客赋新题。

青云有路人看老，秋水无言物自齐。

杜曲旧游频入梦，兵厨佳酿惜分携。

因君为向莲峰道，"不待移文我亦西"。

玩丹砂·过渼陂道友索词

马钰

若非云游到渼陂。争知此处隐瑶池。

人人怪我不留题。壁上珠玑碑上玉，

交光灿烂有馀辉。何须马钰再吟诗

遇鄠郊渼陂空翠堂作诗赠耀州梁姑

马钰

色即是空空是色，色空空色两俱忘。

自从悟彻空中色，顿觉心莲翠碧香。

明代

盗贼止息卜日西归喜而作

王九思

八公山前豺虎稀，空翠堂中人欲归。

青春虽去不作伴，紫芝有约仍未违。

才呼舟子入城市，便觉岸风吹客衣。

香醪正甜沽一醉，来日片帆开晓辉。

春居漫兴和冯孝甫

王九思

爱尔村居好，乘时玩物华。

垂杨风外燕，芳草雨中蛙。

茅屋清溪绕，柴扉碧树遮。

挟筐晨摘菜，烧竹夜煎茶。

四野青疑尽，群峰翠转加。

出门还自笑，抚景向谁夸。

蟋蟀俄催织，家人解绩麻。

绮楼临大道，罗肩舞娇娃。

若以村方布，犹将琵比琶。

白头聊遣兴，浊酒正须赊。

柳岸连花坞，山巅及水涯。

快游时夸寒，安坐或乘车。

野渡渔初唱，平林鼓乱挝。

闲居逢盛世，稔岁喜农家。

醉后人如玉，诗成笔吐葩。

仙区闻犬吠，乔木见栖鸦。

灯火开坟典，星辰埽莫邪。

昌黎谁与共，吟社得刘叉。

园亭秋兴

王九思

秔稏香含玉粒，梧桐落叶银床。

童子戏调鹦鹉，誊髦时咏凤凰。

同康侯观胡公泉歌

王九思

鄠西丈八村东侧，

平地涌泉映空碧，

绕岸圆瓷几十围。

澄波到底余五尺，

石罅暗泻东北流。

旱亦不竭潦不溢，

东北万顷树秔稏，

岁资灌溉蒙膏泽，

泉头庙貌祀胡公。

岁久倾圮委罔脊，

康侯叹息语父老，

新庙亟成何焕赫。

侯来呼我共游眺，

匆匆下马日已夕，

刲羊醹酾妥灵毕。

下走觅泉憩苔石，

水面绿萍命扫拭，

云影天光可指画，

泉眼霝沸底见沙，

荇根游泳鳅与鲫。

时维二月雨新霁。

花茗映带春拍拍。

汲泉煮茗试一啜，

顿觉清风生两腋。

康侯兴狂起欲舞，

笑歌声激浪花白。

人言康侯文雅世无比，

只恐天子召之台端簪白笔，

难恋此泉常挟客。

从堂尊白侯暨罗同寅广文卢姚二先生游宴空翠堂赋此

张应升

堂清竹绿倚山隈，映水莲花已半开。

几阵香风迎剑舄，四郊树色锁亭台。

周情孔思文章府，鹤影琴声廊庙才。

李杜遗迹同眺望，碧筒斟酌几徘徊。

陂头

康海

回首双流细，春疏万木长。

绕溪蒲粉落，夹路稻花香。

所向皆殊绝，平看却渺茫。

几时同鄠叟，伐竹构茆堂。

汉阴文史宝典

得粹夫书

康海

十七年来间阔情，三千里外惜群鸣。

开缄不觉悬双泪，欲见还知隔一生。

王屋空闻小有宅，终南今作汉阴行。

旧时多少云霄客，屈指何人记昔盟。

曲抱村瓜牛台

马呈图

春日早上瓜牛台，五百年前似到来。

种得老松枝干在，不知多少鹤徘徊。

空翠堂

王九皋

紫阁氤氲气，苍陂空翠堂。

屏连银汉迥，人生玉壶凉。

丛竹分清韵，飞花送异香。

三秦称胜概，不让午桥庄。

汉阴西亭二首

韩期维

坐闲竹色趁人来，风户云窗四望开。

最爱多情天上雨，久留客子到池台。

千亩竹竿碧落青，池塘一见此君情。

倦来更醉陂头酒，不数猖狂阮步兵。

创建汉阴石桥

佚名

肇造陂头石洞桥，往来方便世逍遥。

千古荡古功名显，作善福缘是海潮。

注：见明成化二十年碑。

清代

和令公过汉阴空翠堂有怀子美先生

王心敬

万顷波澄涝浦西，孤亭霜后柏还凄。

何时锦缆随流水，依旧峰阴入断堤。

碧竹萧萧疑雅唱，丰碑落落莫方畦。

人生忠孝真无负，万事沧桑迹未迷。

和岫庵明府新成汉阴杜工部祠
相邀赏秋之作二首

王心敬

万顷陂波仍自清，水声澎湃和秋声。

蕃禾尽赖令君雨，跻胜还凭大雅情。

此日风流传胜事，他年磊落艳鸿名。

少陵祠宇传千古，况复循良起涧城。

何处凌风觅扁舟，凭栏尚见鸥平浮。

南山紫翠连云栋，渭水晴光映绣沟。

群季惠连俨晋代，良朋泳燕正深秋。

应知胜事传图画，独赖柴桑作令游。

和岫庵令君九日渼陂登高索和之作

王心敬

胜地即今一旦新，千秋雅韵会良辰。

当年帅府留奇策，此日琴堂判世尘。

四野西成歌帝力，一筵高会庆同人。

独怜莫能龙山会，和赋空惭渼水滨。

古道篇赠富平沈钦公"赋得菱叶荷花净如拭"

王心敬

雨霁青山新，策杖临西渚。

濯濯菱荷颜，花叶娇欲语。

菱叶颜不改，荷花艳愈吐。

对菱我心洁，对荷几忘暑。

得非尘外物，又复经积雨。

嗟哉男子身，清操友千古。

苟然不自玉，身名同朽腐。

我赋荷叶歌，我歌荷花浒。

和张令公吊渼陂先生春雨亭遗像三首

王心敬

十亩园林地，萧条剩数椽。

亭铭反陷壁，遗像仅中悬。

春雨长年至，遗文无计传。

即令孟阳赋，读罢倍潸然。

分秋名并斗，配李笔如椽。

当时弘正子，名共日月悬。

台榭归乌有，图书莫尽传。

萧然遗像在，相对两凄然。

且坐留春色，行窝乏片椽。

独余春雨后，紫阁雅题悬。

浮世真如梦，荣华那久传。

达人观大化，万世只悠然。

渼陂

王士祯

百里皆修竹，阴森入渼陂。

朝朝看紫阁，倒影散凫鹥。

游渼陂

康如琏

渼陂苍茫一区水，堤岸鳞砌土山岩。

青青禾草与云连，讴歌俱是力田子。

曾闻此地在汉唐，箫鼓楼船岸两旁。

十里游人如锦绣，青蛾皓齿联队行。

风流文士与墨客，乘舫豪饮共浮白。

石桥南畔来杜公，紫阁峰阴卧晨夕。

沧海桑田数何移，溃堤横决在元时。

潺湲风浪止盈尺，锦缆牙樯何所施？

中有一堂名空翠，十一千百聊补坠。

只今草树亦迷离，追寻胜迹诚不易。

野老群谈意惘然，余亦注目望前川。

千畦万畦如栉比，老妇稚儿俱馌田。
昔日歌舞繁华地，今日稻秔民永利。
游乐岂如庆多鱼，无用有用孰称瑞。

和乔钦止游胡公泉韵

康如琏

清和令节访名泉，泽在生民今古传。
尘净岚光如鉴合，波平麦流与云连。
烟凝野岸峰峰翠，鸟弄新声处处弦。
吏俗无能扳胜迹，只将大有庆桑田。

钓 台

康如琏

何此飞来虎一丘？亭亭孤岛峙中流。
浪淘石角分还合，竹冷云根夏亦秋。

赋得紫阁峰阴入渼陂

（得峰字五言八韵）

陈杰

源发宜春观，高临白阁峰。
鱼肥泉称渼，旭映岫珠容。
万顷浸天色，千寻援地衡。
浮岚飞行箭，返照射芙蓉。
闻鹭惊鸿舞，潜虬爱紫壅。
舟移山阻舸，岸阔水藏松。
如睹咸阳渡，恍闻雁塔钟。
感怀思杜子，鄠邑亦堪封。

重至关中

董敬舆

陵墓累累古道旁，我来凭吊感兴亡。
碑焚野火埋秦时，瓦出春耕识茛阳。
旱苦叶彤黄阁树，宵深燐语白沙场。
城南韦杜莺花劫，一度吟看一断肠。

杜工部祠

张之洞

少乞残杯道已孤，老官检校亦穷途。
荣名敢望李供奉，晚遇难齐高达夫。
凭仗诗篇垂宇宙，发挥忠爱在江湖。
堂堂仆射三持节，那识流传借腐儒。

未 归

周鼎枢

杨柳陂头日问津，萧然犹是未归身。
愁中诗句真佳友，客里青毡似故人。
时务策成安命薄，绝交书至悟家贫。
白沙翠竹秋江路，思得渔童捧钓纶。

题渼陂空翠堂

冯雍

稻花漠漠野田平，烟村无人水磨声。
莫忆牙樯载歌舞，而今赢得一渠清。

初夏观胡公泉歌

乔振翼

终南山下胡公泉，古迹由来作胜传。

一水喷珠从地起，千峰竞秀与天连。

鄠南钓台

乔振翼

谁将鄠杜起崇台？万古收纶网不开。

潦水远从千涧合，终南宜射百川回。

夜深初月鱼惊钓，风静云闲鸟劝杯。

总使飞熊真叶梦，也应瞻望徒徘徊。

春日王子仙招引同步渼陂

乔振翼

六老庵南四望通，杜工堤上醉春风。

归来细数渼陂意，尽在石桥烟柳中。

游渼陂

吴庭芝

岑家兄弟泛舟时，光会攸同景物移。

曲引一泓新陂水，斜穿千亩绿筠枝。

南山入座争灵秀，紫阁流霞映陆离。

不是杜亭官况冷，容予樽酒读残碑。

绣沟春禊

吴庭芝

绣沟滟潋漾清波，会稽兰亭忆永和。

座有群贤联坐次，庭余逸韵杂音歌。

携尊偃仰观无极，结伴临流喜若何。

到处徜徉忘物我，春风沂水怡情多。

西郊花柳

吴庭芝

荫翳花柳遍郊西，极目川原惹眼迷。

路接青云垂绿萼，芳塞紫魏间长堤。

有诗持赠歌三叠，恍若寻流过五溪。

禽鸟春晴争出谷，幽亭深处夜莺啼。

渼陂泛舟

吴庭芝

渼陂晴泛木兰桡，石畔鸣泉杂洞箫。

曳上布帆风送棹，拖成练匹浪漂绡。

波澜转折仙源路，桃李阴秾太史桥。

佐酒鱼羹牛首荠，流连日暮乱云飘。

玉蟾稻塍

吴庭芝

井楼沟阴陌阡连，月印塍痕绣错编。

葱葱返入麦浪滚，飘飘拂袂稻风喧。

斜穿石径依台榭，曲抱村墟列涧躔。

野色苍茫烟雾起，还将归路下花田。

王季陵

杨树椿

户西四里余，王陵有陵树。

拜谒眺平冈，忽忆孟子注。

毕郢近丰镐，竞失文武墓。

遥遥咸阳原，恐是秦冢误。

好事偶传疑，历代遂袭故。

祀典或可更，说本亭林顾。

追怀心旷然，忧商亦有初。

涝店道中

杨树椿

水绕村庄菜绕田，寒鸦飞生晓林烟。

渭川风景天然好，不为兵戈减旧颜。

同丰川先生自二曲归鄠县两渡渼涝，遥见三阁，马上口占请教

张开宗

归来二曲已尘清，并马垂鞭眼倍明。

三阁云开偏有色，两川冰释欲无声。

春从冻竹寒梅放，人傍光风霁月行。

朱陆藩篱僧剖破，廿年久矣厌时名。

渼陂杜工部祠

张开宗

夔州而后笔如神，天宝之前泛此津。

忠愤一腔泄笔底，先生原不是诗人。

登瓜牛台

康弘祥

水满平畴一径通，危崖徐渡访琳宫。

路依古树烟笼翠，门对晴岚霞映红。

野叟多情能述旧，山僧无语似逃空。

石桥有酒堪沽饮，携向陂头吊杜公。

渼陂吊古

康弘祥

子美当年夸胜游，于今此地不通舟。

层岩高下陂仍在，急水潺湲渼自流。

漠漠云烟寂古木，悠悠禾稻静浮鸥。

独怜多少浣纱妇，不似青娥戏彩楼。

花朝同友登钓台

康弘祥

十里洲前古钓台，晴霞霭霭远尘埃。

水分人字围僧舍，山列银屏障殿苔。

黄鸟能言留客语，青松作主劝人怀。

垂纶高隐知谁是？尚有游鱼待饵来。

鄠县城南

贺瑞麟

明道当年簿鄠时，天然风景天然诗。

傍花随柳知何处，欲起先生一问之？

钓 台

贺瑞麟

桃花春水锦鳞肥，坐对南山钓未归。

岂有飞熊曾入兆，一竿风月老渔矶。

绣沟春禊

三善居士

一泓碧水潺湲去，两岸桃花烂漫开。

谩道永和三日好，流觞此地可徘徊。

西郊花柳

三善居士

云淡风轻景物和，前川花柳近如何。

不知明道当时乐，且看莺穿浪里梭。

玉蟾稻塍

三善居士

水满平畴一径通，稻畦千顷野花红。

终南碧落青天外，尽在游人一眺中。

谒王季陵

李楷

如山分魁阜，缭垣达四虚。

肃拜王季陵，俯仰皆诗书。

祚历启八百，其身竟丘墟。

生死何足感，前圣尚乘除。

欲谐王之臣，陪葬礼文□。

云灭南山寺，日冷西郊间。

追怀心旷然，忧商亦有初。

同念裕我王孟生游空翠堂观宋人张伋碑小憩泗源祠

李楷

陵谷不自主，时令各庚移，

呼呼水碓声，无人空有悲。

稻塍浩纵横，古树亦欹危。

冬晴聿不阻，野色入寒陂。

同游两三人，异趣得深知。

但见飞兔鹥，破碎黑琉璃。

求鱼不可得，村酒觅新炊。

吁嗟今以往，茫茫与谁期。

游瓜牛台

康如琰

危台高望野云低，及到徐渡访琳宫。

万颂烟波连上下，一湾畦径隔东西。

远山影映青松屋，曲水声环细草堤。

眺罢夕阳归去晚，板桥人渡绿杨蹊。

瓜牛台下稻田

康如琰

渼陂西下水潆洄，稻垄新畴弥望开。

四野平铺碧作浪，一台环绕绿凝堆。

杖筇男叟堤边立，浮翼沙鸥渚上来。

频眺烟波去外客，山光畦影共徘徊。

游瓜牛台偶赋

王垂世

高楼山水接城隰，台在江村曲水滨。
废殿参差巢鹳雀，短崖穿插长松筠。
真人已散关门气，仙客还留阆苑春。
沙渚鱼肥俱受钓，蓑衣漫自掌丝纶。

钓　台

王垂世

垂钓何人不记年，一穰烟雨尚茫然。
严陵老去滩头月，范蠡归来湖上船。
花柳三春明远□，风云万壑岩晴烟。
羊裘自足轻钟鼎，姓字于今莫浪传。

题玉蟾宫

杨廷栋

青山绿水曲抱流，玉蟾宫前□□稠。
五谷丰登歌大有，子弟多赖太平秋。

涝水春涨

傅龙标

雨后新晴倾万壑，西郊南望亘无垠。
落花片片随波下，新燕双双逐浪频。
隔岸无桥堪觅酒，披蓑何处可垂纶。
桃源便在南山里，欲棹鱼舟去问津。

钓　台

康行倜

青碑倒卧绕蓬蒿，树带鸣禽径杂□。
草阁几间尘不到，沙汀数里岸微高。
风吹襟袖传花馥，石枕长流落柳涛。
为问垂纶人莫纪，老僧犹此避烦劳。

钓　台

通三氏

乘兴同登古钓台，人间世外两徘徊。
鸡犬庆应有仙意，花木从无俗艳开。
半点红尘飞不到，一渠绿水绕将来。
果然清福难消受，小住为佳亦快哉。
壶中日月洞中天，不是凡民不是仙。
虚寂性同罗汉定，光阴心似菩提圆。
此身以外皆余物，无欲之中觉妙诠。
借问路旁名利客，何如居士乐天年？

钓台二绝

陈治衡

雨后芙蓉积翠开，回恋曲曲抱危台。
得知一水从天下，磅破长空○练来。

树外新晴鸟外山，山云忽断鸟飞还。
更逢衲子能留客，客自忘归衲自闲。

钓台花浪

长松居士

一水中分接渭津，居人曾说有垂纶。

花开满眼翻红浪，疑是桃源洞里春。

渼陂泛舟

长松居士

渼水平陂接远天，游人不尽晚移船。

舞筵花落留空翠，斗酒应怜赋百篇。

远岸红霞连树动，傍台绿柳伴人幽。

磻溪祇恐成尘迹，高隐休将姓字留。

同冯清代江杨履吉家弟胤武游钓台

王永图

乘兴同游古钓台，锦囊斜背笑颜开。

山围村郭重重出，水绕阑干细细回。

果是羊裘高日月，还疑熊梦动风雷。

时移物换空经眼，直到而今姓字埋。

钓台

王永清

此台何人钓？砥柱在中流。

迥眺惊临鸟，回登恍济舟。

远山低岸树，近水静沙鸥。

夜坐连天色，星河落斗牛。

过渼陂空翠堂有怀子美先生

张鼎望

遗沟苍苍有户西，停鞭徙倚草凄凄。

潺暖沟水冲新矶，则力南山俯旧堤。

丝管炎成林鸟弄，波涛尽作稻田畦。

许身稷契昭千古，临凡风流溯不迷。

第三节　民国时期

游渼陂

于右任

醉寻怀素集，醒游渼陂湖。

半醉半醒归，吟诗颂杜甫。

玉蟾宫

李逢泰

玉蟾宫外水田畴，一片稻粱秠秬稠。

纳家场头歌大有，秋成万宝千仓收。

渼陂泛舟

杜肇卿

一棹渼陂西复东，三五水阁柳荫中。

长吟忘却身何在，忽听溪头打桨声。

绣沟春禊

杜肇卿

不问绣沟路几条，随山万转上东皋。

春风吹长堤边柳，暖风烘开路边桃。

隔溪流觞声热闹，沿途畅谈兴轩豪。

莺梭燕剪娇痴甚，飞傍游人掠几遭。

咏渼陂

张嘉谋

大明多才子，太史无愧禄。

功名既成就，弃官归故丘。

编摩不去手，日暇弄扁舟。

渼陂故址在，水绕空翠流。

因以铭先生，遗风垂千秋。

空翠堂

张嘉谋

稻田屈曲卧水鸥，野烟成带断修竹。

昔日泛舟人何在？清溪徒绕空翠流。

王季陵

张嘉谋

道弥六合垂无穷，子文孙武歌升平。

帝业八百犹未尽，香花芳草伴神灯。

苌阳宫凉夜

张嘉谋

雨霁夜深身觉凉，西风飕飕秋蝉伤。

天上半圆多情月，照来树影绕南窗。

题谭道明先生《渼陂图》

张嘉谋

隔山越水访故交，杖藜扶我过小桥。

蔓草锁径少人到，读书声声达九霄。

丙寅夏日偕普亭、肇卿来游此地，留题纪念

天渡子

垂杨发万绿，蹊径拂幽芟。

陇簇春前草，渠添雨后塘。

稻香秋可待，黍秀夏方长。

为慕仙台景，往来道上忙。

丙寅偕友游此

李相才

鄂杜胜迹属仙庄，屏山环水景异常。

凡襟俗怀频涤尽，脱去利锁并我缰。

偶游玉蟾宫

李步滢

毓秀天然真异常，等闲至此仙拟乡。

两旁绿树夹台路，四面清溪锁道庄。

曾是玉蟾仙隐处，还成弟子读书堂。
游人无不停鞭马，为爱名花碧水长。

台中消暑题壁

吴湘

水环竹抱幽莫比，中有仙阙凌云起。
一枕清凉晓梦回，白杨闲听潇潇雨。

民国十三年五月偶游玉蟾宫

朱鸿儒

绿荫林中卧黄鹂，翠竹枝头子规栖。
水环竹抱真仙境，玉蟾遗迹万古题。
仙缘有分游天界，富贵浮云真不虚。
看破红尘总假事，何如方寸养仙机。

台中访李四阶平世文题壁

王觉生

（一）

云色深处读书堂，天位先生水一方。
墙竹风敲终日雨，门粳秋熟万塍霜。
人稀野径频寻句，客到曲流可泛觞。
知是玉蟾仙隐地，更谁来许问津梁。

（二）

古台草木蔚葱茏，隔水遥疑路不通。
万顷烟波凭栏外，一天风雨入林中。
歌声浪卷鱼龙窟，倒影空浮翡翠宫。
何日归来抛俗绊，沧洲容我伴渔翁。

第四编·诗词歌赋

第二章

【词赋散文】

因为湠陂的激发，地方名流也写出了感情充沛的文赋。如宋代的张舜民《游湠陂观水磨赋》洋洋洒洒千余言，将湠陂水磨的行运与水流的冲击，描述得淋漓尽致。富平解元刘士龙，多次游湠陂，写下了《游湠陂赋》《游白沙泉记》等文，是见证湠陂昔日境况的重要资料。其他民间传说、戏曲词文等或反映了湠陂周边的民风民俗，或演绎重现了文人雅士游赏湠陂的境遇和心情。这些都为丰富了湠陂的人文历史，让湠陂更加真实可感。

第一节 赋

观渼陂水磨赋

（宋）张舜民

粤自太朴既散，机事滋炽。抱瓮无机，斫轮改制，脱大车之左毂，障洪流之肆置，圭测深浅，审度面势。覆厦屋之沉沉，酷长溪之沸沸。徒观夫老稚咸集，麦禾山积，碓臼相直。齿牙相切，碾磨更易，昼夜不息。汹汹浩浩，砰砰砺砺。鼓流扬浮，交相触击。飞屑起涛，雪翻冰析。仰而观之，何天轮之右旋，覆辚胶戾，蚁行分寸，迟速间隔。俯而察之，何地轴之左行，消悬斡运，楮撑挺拔，千匝万转而不差忒。逆而视之，修渠绳直，高岸壁立；汯汯漾漾，混混瀁瀁；如砥之平，如练之明；忽然走下，若众壑之起禹门也。顺而索之，盈科后进，遇险斯止；激激滟滟，成文布理；江澄渊默，乃见柔德；力尽而休，功成而退，若君子之善出处也！

彼华山三峰之飞瀑，吕梁百步之喷沫，独有赏心之玩，曾无利物之实。未若斯磨也，不逾寻丈之间，不匮一夫之力，曾无崇朝之久，而可给千人之食。如是则骤马不用，麦城任职，农夫力穑，智者图焉。故君子役其智，小人享其利，真为一乡之赖，岂止一家之事。贾生曰：水激则悍，矢激则远。万物回薄，震荡相传。孔子观于川流，庄生监于止水。

因事会理，是谓道纪。况夫雍为九州之沃壤，滈乃八水之上游。樊杜引其吭，丰镐汇其尾，寿山御其表，崇冈固其里。空谈鸟没，木老天深，凭高回顾，骋望千里。其地产则动植飞潜，克物旨美，亡所不备。天府取之而不竭，陆海探之而无底。其人物则有汉唐以来，韦杜二氏，轩冕相望，园池栉比。逍遥公筑台而晒书，杜君卿凿山而引水，韩退之之西邻，郑都官之北鄙。参以太白忘机脱屣，虽时代之屡迁，顾风流之未弭。末有一叟扶杖而来止，非夷非惠，不农不仕，或钓或弋，翱翔徙倚，鹤发鲐背。颓然而已矣。

注：张舜民，字芸叟，宋邠州（今陕西彬县）人。中进士后为襄崇县令。元祐以司马光荐，召为监察御史，累擢吏部侍郎。为文毫迈，尤长于诗。嗜画，题评精确。著有《画墁录》《画墁集》。

渼陂吊古赋

（清）康行僩

繄甘亭之名胜，首渼水之苍陂。偕良朋以散步，时首矫而暇睇。见夫野马光浮，龙孙翠绕。鸡鹤瀏鹈，啄浅渚之晴沙；鳜鳝蛤虾，跃碧涛之寒藻。草参差而青围，树绵蛮而绿裊。水碾轰雷，澄波漾稻，觉天地之沉浮，似瀣渤之浩渺。俄而登空翠堂，步出石桥，则见合胡公之银浪，连牛首之清涝。楼堞分云，浮雉城于波际；南山列黛，挂紫阁于风梢。蓝田之月夜霁，白云之夺秋高。抚当前兮神远，思往昔兮情遥。盖自昆吾村外，御宿川边。列伙归轩，留岑参之宴赏；金钱邀醉，持杜甫之琅玕。落花飞兮燕蹴，傍酒樽兮蚪潜。青蛾皓齿，拾翠而问春□；短箫横笛，移舟而眺远天。流觞百载，歌舞千年。孰意有元之后，每生雅士之怜。而梨花雨里，寂寞空开，寒鸦枝头，啁啾如咽。问锦缆则荒草一丘，访牙樯则浮萍几叶。斯固韦庄之涕泪潸然，郑谷之佯狂凄切者也。已矣哉，梓泽飞觞，空留佳话，兰亭修禊，已逐流波。予心则忾，慷慨成歌。歌曰：

山苍苍兮，水茫茫兮，谁续当年之盛迹兮，任吾生之徜徉兮！

注：康行僩，山西解州人，康熙时户县知县康如琏之叔父。曾参与修《鄠县志》。

第二节　散文

渼陂空翠堂记

（宋）张仮

余昔时尝闻士大夫称关中多山水之胜，而渼陂在终南山下，气象清绝，为最佳处。及诵杜工部所赋诗行，爱其语大而奇，益欲一往游之，以慰所闻。道阻且长，斯愿未遂，每以为恨。宣和元年冬，被命为邑于有鄠。而所谓渼陂者，实其西郊焉。于是始得偿夙昔之愿。

时往游观，翠峰横前，修竹蔽岸；澄波浸空，上下一碧。信乎，其气象清绝，为关中山水最佳处也！陂之北岸有堂旧矣，久弗加葺，栋宇倾挠，来游者阽压是惧。余喟然兴叹曰：有此佳山水，而堂构不修，晏赏无所，大非其宜。因顾从役而询其故，乃知自清平建军县，涝水以西割地以隶。故陂虽近户，而地非所属。虽属终南，而距邑为远。远者不喜修，近者不得修。岁月既久，浸成敝坏。瓦木之类，至为小人攘窃，而莫之问。可不惜哉！

逮四年春二月，以寒食休暇，率联事诸公，会于陂上。因相与为议曰：渼陂之地虽在他邑，而顷者曹台移檄，尝令吾邑就近管辖。此堂不修无罪邻

邑，亦吾邑之过也。吾属到官日久，行且受代后来君子，谓如不好事何。今欲缮完，稍加宏壮，以称山水之胜。且以待使者，按部之经由，备邑人岁时之游乐。可乎？诸公欣然，咸以为当。时故人吴景温摄政清平，闻其将有是役也。亟命工徒，共力成就。于是增卑补薄，基趾廓焉；去故取新，栋宇壮焉。前驾虚阁以临清流，后辟轩窗以快雄风，规度适中，不僭不陋，气象具存，苟完苟美。

经营于二月之晦，断手于五月之朔。升堂远望，豁达无碍。南山之秀，陂水之广，举目可尽。猗欤，此堂庶几不负佳山水，而吾将东归为无憾矣。乃以五日率诸联事，及邑居士大夫，置酒以乐之。是日也，小雨乍收，微风四起；岚光水气，相为氤氲。若烟之浮，若露之润。有见于帘楹轩槛间者，明灭变态，不一而止，是何清且丽耶。酒半，坐客共讽杜工部诗行，咸请以空翠名其堂。盖取杜工部诗中语，且以志所见也。姑叙是堂兴废之由，刻诸石，以示久远。将有望于后之君子，毋以此疆尔界、距邑远近，强自分别，而废前修也。

注：张仮，时任鄠县县令。

姬宗世谱序

（宋）程颢

孔子之道，学于文武，而文武之德，实惟周公成之。余自束发受书，心向周孔，尝东至阙里，西至成周，拜谒圣人故里，亲见其车服礼器，以遂瞻仰之诚，顾势睽地隔，而其愿未偿也。

嘉祐庚子之冬，调主鄠县簿。窃念鄠为丰京旧都，周公退老告终之地，意先圣遗迹犹有存焉者乎？甫莅任，急为采访，于古陵得拜王季于西郊；于沣水之旁见丰宫、辟雍遗址；于东郊获遇灵台、灵沼、灵囿旧基，先圣遗迹昭然在目，恍然如见圣人于几筵也。而毕郢祀典，尤属鄠邑分办。遂北至咸阳，拜文武成康周公鲁公陵寝，圣君哲相洋洋如在仰止，夙愿已属克遂。而致祭之时，见有衣冠来谒，陪祀行礼者，则姬公讳辅也。询其历履，乃元圣周公六十二代。温文儒雅，洵有圣人风度，遂与订交，时相友善，予益自喜。幼读圣人书，今官圣人地，获瞻圣人陵，复得圣人子孙而晤对于一堂，真属快事。天若休予私淑之衷，而默为之作者，订交圣门，信非偶然也。姬公出其家乘，问序于予。予阅其世系，乃元圣仲子之裔，世德衍庆，虽微显各

异，而其忠厚传家，世世象贤，不愧家声则一也。我朝崇文重道超越前代，酬功报德之典，必有特加于圣门者矣！予拭目望之，因为序以弁其谱。

嘉祐四年岁次辛丑二月之吉

注：程颢，北宋著名理学家，时任鄠县主簿。

明道先生祠碑记

（明）王鏊

圣贤道被天下万世，而深于过化之地。鄠为县界京兆西南，宋嘉祐间，程明道先生尝主其簿。其南山白云紫阁、高冠谷、长啸岩、凌霄峰，皆尝遍览，题咏遗刻往往犹在。庭有巨槐，相传为先生手植。其辨仓前、止佛怪、兴水利诸政，犹赫赫在，人自今而言。先生之道在万世，不独行于鄠。自当时而言，先生之道不行于天下，犹幸行于鄠。鄠固先生过化之地哉。

自宋理宗朝，从祀之典遍天下，亦非独鄠也。而其流风在鄠犹深，迄今三百余年。鄠之一草树、一禽鱼、一泉石，尤起敬生爱。诗云：蔽芾甘棠，勿剪勿伐。而庙无专祀，人奚以慰。

弘治二年，沁水李君瀚，以监察御史按陕，行县至户，则命所司治之。

八年复涖兹邑，顾瞻庙宇，庳隘粗朴，弗称初意。时巴陵杨君一清，以宪副董学政，议以克合，命知县事房嵩撤文昌旧祠，以拓其址。作祠五室，周垣外缭，重门中俋，黝垩圭洁，象设孔肖。副宪谓予：文其事于碑，以示来者。盖自孟子殁，而斯道绝。先生兄弟起千四百年之后，独得不传之妙至于今。虽遐荒绝徼，咸知诵程氏之书。而先生所得之妙，则有不在言语者矣。固非鳌之所能赞述也。独二君协心一力，表尚正学，激起颓俗，使户人穆然，如复睹卿云霁月之度，被和风甘雨之泽，无异于亲临而炙之者乎。二君可谓知所重矣！故附书之铭曰：

有严学宫，祀事孔时。新庙再登，维户之思。伊昔夫子，莅我户人。辨奸折狱，惟诚与仁。孔孟既殁，道坠何启？天续斯文，生两夫子。尊自遐方，岂伊户人，俾也可忘。南山岩岩，白云在天。夫子远矣，何日来还！

注：王鳌，明弘治正德时任内阁学士。巡按李瀚命有司建。

游渼陂记

（明）刘士龙

余坐空翠堂，把酒远眺而慷慨当年之胜地也。

山谷之水并胡公、白沙诸泉，合而北注，渼陂受之。自陂头至曲抱村，可数里许，高岸环堤，一泓荡漾，层峦叠嶂，影落于数百顷之波涛，摇黄横青，其难名状。"半陂以南纯浸山"，此实际语也。当其盛时，或画船箫鼓，丽如锦帆；或雨棹烟艇，清比淡曲；辰泛宵行，何异登仙！唐宋诸名流，或卜筑，或宦游，微独岩壑牵情，亦是乐于是陂也。

至元季，始决陂种稻，胡虏腥膻，殃及陂池，使汪汪巨浸，化而为离离青畴。贪一时之小利，而坏千古之名胜，杀风景甚矣！彼大江以南，指千百里予湖者何如哉？夫决以业民，意非不美也，而民贫愈甚。盖稻粱甚重，偶无岁则鬻田以偿之；故沿陂村落，终无勤动，止为他县豪贵人代耕耳。使陂水如故，无论长天远山，涵碧虚之客，而贮螺黛之色；闲人韵士，遂闲放之致，而发要渺之思。即以利论，而鱼藕菱芡，亦有百倍于田者。茕茕小民，取无尽而用不竭，优游享用，坐免追呼，作渔翁亦胜作佃户矣。此余所欲坏田以为陂者。但揆之理势，决陂为田则顺，坏田以为陂则逆。顺易举而逆难行，则亶陂之复也无日矣。

所可幸者，千百年后，沧桑变易，则陂有复时，而余不及见也。奕奕清神，或当来游耳！

游钓台记

（明）刘士龙

钓鱼台广不逾亩，高仅倍寻。屹立涝水中，如金焦数点。汛汛长江，千峰秀色，逐波俱来，几许红尘，一水隔断。自渼陂而外，胜无逾此矣。台之西稻畦相错，沿岸皆桃杏开。值春来花发，红露烂漫，临风欲妖，照水增妍，光华乱射乎远山，姿媚映发于疏柳。此予友张克甫所爱而忘返者也。予谓克甫："此中春事固妙矣。至秋冬之际，更难为怀。水石清冷，蒹葭苍瘦。空洲沙明，晴峦雪霁。凭栏四望，体气欲仙，私为评之。春夏蒨润如西湖，秋冬淡爽如山阴。四是不同景，而各具一妙也。"

昔之钓者，未详姓名。意其人，落落高韵有登眺，而会心者我，知其意不在鱼矣。台之上，最宜虚敞。不知何代，于此作阁。叠床架屋，殊为障碍。今年夏，淫潦暴涨，啮台址而阁将倾。则涝水善解人意，而无识者，犹眷眷于此阁。是智不如水也。普告韵人，量输

金钱，筑其基而去。其阁周围作石栏缭之，使半亩之地，一片宽闲。荫古柏而设簟，借细草以命觞。尘情随清流俱涤，浩歌与空山响答不居。然千古超旷之观也。

同游者长安学生张光裕、邑庠生王先身。

注：刘士龙，陕西富平人，万历癸卯科解元。

白沙泉游记

（明）刘士龙

泉莫胜于终南，而鄠为最；泉莫胜于鄠，而西南乡为最；泉莫胜鄠之西南乡，而白沙泉为最。盖泉亦难言矣，貌不难于澄，而味难于甘；神不难于寂，而韵难于恬，惟白沙泉则具有之。色如银而加湛，味如饴而加冽；其奋而上涌者如汤沸，如波腾，其翻而沤汛者如珠喷，如玑跃。溢而为流，其清激而隽快者，如哀玉出声，霜钟递响。滋而为草，其葱郁而浮动者，如镜窥绿环、风牵翠带。每风晨月夕，晴日霜朝，或孤往，或偕游，流连忘归，率以为常。即人事纷错、书债纠缠，未有不极力摆拨，而偷闲一至者也。声色味俱佳，耳目口皆适，而深领之，则肺肠都濯，魂梦亦清，我辈

受益于泉者多矣！因与克甫商，所以酬泉者，为泉加护惜焉。白壁砌而青玉阑，毋为顽石所辱也；瘿瓢汲而定瓷贮，毋为秽器所亵也；战茗取足于灵液，漱灌不得轻试也；标格欲称其清容，尘俗不得少著也，又为泉加点缀焉。芝兰丛种，松竹环列，而恶草不容讬，常木不容荫也；白鸥睡其旁，朱鱼戏其中，而俗禽不容浴，凡鳞不许泳也。架筑无贵于华整，盖头一把，取足庇风雨而已。招呼无及于猥杂，识韵一人，取足供笑语而已。泉主我宾，我歌泉答，而泉之常清者不受涸，常静者不及喧也，泉受益于我辈者，亦不少矣！是泉于我辈相遇，交相益而相酬也，亦千百世一段佳语也！

鄠陂镇重修石桥记

（明）王九思

鄠陂镇在县西三里许，人有数百家。因住陂水之上，故自称为陂头云。镇之西南七八里，有胡公庙，庙下有泉水涌出，东北流灌罢穉之田，又合诸泉水流于镇之东南，钟而为陂。空洞阔远，可行舟楫。唐杜子美所谓"半陂以南纯浸山"者是也。陂鱼美可医痔漏，故名之曰鄠陂云。鄠之从水后人加之也。元末兵起，盗决堤岸取鱼，其出流为数

支，不复为陂矣。其一支北流经镇之东，复转而东流入于涝水。当镇之路冲处为津岸，高不可径涉。昔人甃为石桥一巨空，以便行者。屡敝屡修，至是复敝。

镇民冯荣辈修之既成，告之县令西平王君。君曰美事也，不可无记。其请诸鄠陂太史云。

予少年时，闻父老言：成化己亥，镇人杨公讳通者，以乡举士为夏县令。谢政家居，尝重修此桥，且以名其孙焉。今者旧石记，乃成化甲辰冯敬辈为之。绝无一言及于杨公，不知其何说也。即以成化甲辰计之，迄今嘉靖甲辰六十有一年矣。往来车马，殆无虚日，桥之敝坏，无怪其然。不有更作，其何可行。

斯役也，用石视昔益多，桥则益固。始于甲辰冬十月，越明年乙巳春二月告成。作者四人焉，不具书，书之碑阴而已。呜呼，百余年后，复有四人者出焉，何虑乎桥之或敝也！

夫此鄠陂者，关中之奥区也。自有子美之诗，而其名益著海内。豪杰磊落之士，想慕风景，思一游赏而不可得。宋元祐间，县令张君偊，尝筑空翠堂于镇之东南冈上。自为记刻诸石，堂今废而石存焉。

每一登眺南山，苍翠举在目前，

风景万状，难以具述。予非镇人也，心窃爱之，尝自谓渼陂山人云。自罢官归里，逾三十年，老且衰也。苦于资乏，不能买一亩之田，架数椽之屋，徜徉其间，以偿吾性。尘鞅束缚，不能脱去，可鄙可笑，不独困于资焉尔矣。故于石桥之作，因并述之，以志吾过。

注：王九思，鄠县人，弘治九年进士，曾任翰林院检讨、吏部郎中。

创建太史桥记

（明）赵廷瑞

鄠县在终南之麓，山水灵胜，即古丰镐之地。有涝河者，关中八水之一。山海经云：牛首山之涝水出焉是也。其水自山下经流二十里许，过县城西为津。又十余里北入于渭。津当孔道，西走凤汉，东走省会。每岁夏秋之交，霖潦奄至，波涛山立，浃旬弗落。百里之人，暨行客之往来者患之。县人渼陂子，养高鄠杜之间，睹兹慨叹窃甚，而欲为石桥者久矣。

嘉靖庚子之岁，其族有材谓王谐者，献计曰：涝河非石桥不可久，幸兹岁登，间阎无事。太史若倡议举之可，不烦官府而成矣。渼陂子乃置酒，召城中大姓数人为首领。次四乡，又次周至之接壤皆有力者，各数十人，闻召无后期至者。乃举觞告之，授之规划。众曰：王先生老矣，尚为永济之图，吾侪小人敢不从事！

是年十月农务罢，众约伐石于山，出车运之津埌。明年辛丑春，会予有事于灞桥，丁夫以万计，鄠当三十人。渼陂子遣县人诣台，诉曰：灞桥之役无鄠之夫不为鲜，若鄠人赴灞上，则涝河之工病矣。予遂令有司捐鄠之夫，鄠人闻之，皆欢趋涝水之次。又明年壬寅夏五月，涝河石桥告成。以高计丈有六尺，广三丈六尺，长二十五丈有奇，总十空。远近之人过者大悦！而吏于兹土者，拱手受成若罔闻知焉。渼陂子喜曰：此吾乡人之财力，胥成之也，吾何力之有！于是户父老议以王太史倡此义事，吾等老矣，后世子孙谁复知桥之所自？盍刊之以石，以永垂示。

渼陂子乃自叙其事，托长安张比部孟独，请予文记之。赵子曰：桥梁有司之职也，而乃俾一方耆硕，率其里人自为之，长吏者愧矣。虽号曰太史桥可也。渼陂子当敬皇帝在御之九年举进士，为翰林检讨。正德初迁吏部郎中，与庆阳李献吉、汝南何仲默、武功康德涵并名海内。今年七十有六岁，髦脩罔怠，强健不废著作。虽其经济不克宏施，而其不忘世之志，每于言议发之。若此桥者，可以略觇其存矣。渼陂子姓王氏，名九思，字敬夫。居渼陂之上，自号渼陂山人。学者称曰渼陂先生。

注：赵廷瑞：时任陕西巡抚。

重建渼陂记

（明）张宗孟

余任鄠时，即有寇警，于是四乡建堡，使民避贼锋。去城西三里为陂头镇，有高阜，上有空翠堂。按其地可拒寇，因建堡濬壕。尔时匆匆，未暇悉所由来。丙子被诬去，丁丑复为士民保留。日夕计所为户，衽席谋几，殚心血至，簿书期会，纷争诉讼，非余所难也。

己卯寇稍平，余无复事矣。春末出游空翠堂，询父老所由来。咸唏嘘咋舌，不忍言者。久之曰：此渼陂故址也，传闻唐杜工部尝于是泛舟，抵终南山麓，时有陂在渼水侧。逮元人以渼陂之鱼能治瘘，因决陂取鱼，陂之亡也，迄今三百余岁矣！水落土出，尽为稻垄，唯渼水无恙，仅留陂之一字，与渼水共存焉耳。即其上故有堂亦倾圮莫识。而空翠之额，出宋张令创建。而向之裁露袯彩，因风回荡，菁葱掩映，百羽萃至，喁啾弄宣者，杳然无存矣。

余为之惋惜，因鸠工庀材。相形度势，移堡后古道于北百步外而高大之。则渼陂当年所决处也为桥，以通往来，桥北建武曲庙镇之。堡东建书院楼房三楹，东西号舍各三楹。又东旧有文昌庙，亦更新之。环濬鱼池阔五丈，与堡壕通。鲭鲤鳝鲔，杂畜其中，置小船以利涉而资钓。间植桃李梅杏、榆柳松桧之属。数年后，松涛篁韵，相映参差，不恍然旧胜之犹存乎！堡前造水磨一所，从堡内居民之便，且引水入壕，作金汤之险。则又不仅选胜寻芳之是急也。工成当为之记。

注：张宗孟，时任鄠县知县。

邑侯张公建文昌阁记

（明）张宏襟

余读诗，见西周之时，以关雎麟址之意，流而为寿考，作人之化，菁莪、棫朴之美，可谓盛矣。当是时，其所兴作者，不过辟雍泮水之役，礼乐文章之事耳。此固文治之极哉！然干城之咏见于周南、整旅之什，歌于大雅又何说焉。及观在泮、献囚之诗，与周制授兵必于学宫，然后知文事武备交藏互用，所谓寓大顺于不测，寄军容于俎豆者。彼固自有微意也。今鄠之为邑，固古西周地也。自兴二百年，人不知兵，士民乐业风俗淳。固说者，以为犹有西周遗风焉。

数年以来，流寇窃发，居人震荡，迁徙不宁。是时，适我邑侯定襄张公来莅兹邑。以为不逞之徒，飘风骤雨，难与争锋，吾独可以固吾围耳。于是下令，邑人各于险塞筑堡，团结保甲，呼吸响应。又于县城四隅筑为敌台，间以悬楼。城门又各为高楼，冠于其上。于凡守御之备，纤悉必具。寇来野无所掠，攻城不敢，人恃以安。公犹居恒，深念以为彼方狡计百出，窃规可虞。又况城楼列峙，中心无主，必至地脉散越，人文不振。议建文昌阁于城之中，以镇之。过余而语其故，且曰：任劳任怨，所不敢辞，第恐民力已疲，无以应也。余曰：此举实鄠百世之利，佚道之使谁其后之。公议遂决，乃鸠工庀材创建。有曰：鄠之士民，知公之为已动也。富者输财，贫者效力，欣然赴役，略无龃龉。公又心计腹画，创为成规，躬操绳墨，指授方法，立为程期，数月而竣。不愆于素，高阁嶙峋，上薄云汉。缘以栏楯，周为复道。

暇日，公则邀余饮于阁上，四望无尽，心旷神怡。终南太乙罗列入屏，渭水沣涝萦回若带。云霞变幻，草木葱翠；稻畦麦畴，交错龙鳞；堡塞栉比，依稀可数。酒半，公顾余而言曰：不佞待罪鄠邑，群盗狎至，亦唯是寝不贴席，食不甘味，日夜图画，创为大作。岂故以以罢吾民乎！亦不使天地清淑之气，磅礴而郁积者，杂于妖氛散越而不收。遂令百年人文之盛，有愧于昔时。且以为登高望远，以度兵于枕席之上。讵曰侈土木之盛，夸游观之乐。使人谓子实生我，而乃浚我以生。其何以谢斯民也？今敢徼惠大笔，俾登之石，非敢谓纪盛绩垂久远，亦以达吾之苦心焉耳。

余谢曰：公之心诚苦矣。使公春秋耀其甲士，幸不可知之功，以不教之民，驱之锋镝之下，万一少利，悔败何及则挑衅，尝祸不可为也。不然即使寇患稍息，惮于创作，坐令天地清淑之气，磅礴郁积，杂于妖氛，散越不收，无乃使斯人居西周之地，而不得复昔时人文之盛，又无以为游观远望之具，使贼得潜至其下，肉薄相攻，即令矢石交下，力为格斗，然亦危矣。又不可为也。今公于斯阁之建，即有以御寇患，又有以振文风，所谓文事武备交藏互用，寓大顺于不测，寄军容于俎豆。斯真有得于关雎麟趾之意者，使其经济之才大展于时。则西周之盛不独行之一邑，其以见之天下矣。

注：张宏祺，鄠县花园里人，由进士除知山东莱芜县。官至陕西提督学政兼按察佥事。

创建杜工部祠记

（清）朱文卿

己卯春，观察可斋贾公，以公事经渼陂。慨然想见唐杜子美先生泛舟赋诗遗韵。凭吊久之，顾文卿而谓云：子美先生当年游历此地，篇什吟咏不一而足，其精神灵爽，当且眷恋于此，竟令胜迹无存乎！文卿揖而对曰：自古有大功德于其地，以及名贤硕儒、忠臣孝子、节妇义夫，足为百代矜式者，乡邑咸祠而祀之，以劝将来。先生当唐天宝之乱，位不过卑散，间关千里，奔赴行在。至其平时，则触时感事，忧国忧君之义，形诸楮墨。一腔忠愤皎皎乎，贯日月而泣鬼神。故其足迹所至，后人往往追念余芳，建祠刻诗。矧此地先生杖履游览，而宋令张公俣，亦尝于其上为空翠堂。今堂虽废，而址则存。即其旧址构堂以祀，庶几远山拱翠，碧水呈波，如睹先生风采焉。鸣泉水砠，松韵竹声，如闻先生啸歌焉。

以表前贤芳徽不坠，以风后世劝善有型；视世之敝所事以事无益，縻有用之财以媚不经之鬼者，得失不有间哉！观察慨然曰：可。归而捐俸四十金，委某经营。不足者，某倍以俸补成之。

其制为台五尺，为堂三楹，外缭以垣，涂之白垩也。正前为门，外为坊，共费钱凡百二十余贯。越三月而告厥成。观察手题匾联悬檐楹，书片石置诸壁间。某念不可无记，以识始末也，于是本其缘起而碑之。呜呼，工部之烈不显于唐史，独以一念忠愤，郁郁于胸，惓惓于口。千载下，溯其流风，遂至瞻念无已。俎豆不忘，况于实建奠国安民之勋者乎！后之观者，亦可以观感知劝矣。

注：朱文卿时任户县知县。

丰京姬支世系谱序

（清）姬沛然

我周自后稷发祥以来，贤圣相继一十六世。及我元圣承接道统，功德昭著，如日月经天江河行地。以故常发其祥，子孙繁衍，盖本实者支自茂，源远者流自长也。秦虽无道，陵铄前代，而昭襄两世犹念周德。惮狐阳人之聚，特予奉我周公之祀。岂暴秦之独仁，亦我祖盛德之感也。顾当日以元公俾就侯封，而次子留周侍我圣祖。暨圣祖没，而世袭公爵为王卿士。于是东周西周代衍公嗣（沛然），忝东派七十三世之裔，守祀太庙。每当春秋荐献之际，顾瞻族属，仅寥寥百人。辄思东周西周故地，代袭公爵，必有公姓公族繁衍昌炽。惜世远地隔，未能远历周秦之墟，遍为访求，鳞次谱牒。骨肉天涯，徒结遥情已耳。

迨甲子冬，恭遇皇上东巡阙里，具疏奏请，特授世爵，主鬯太庙。遂于丙寅春入都，奏请致祭祖陵。奉旨给限前来，及至鄠县，祭王季祖陵。寓公署，因思户为成周丰京，乃元圣祖退老告终之地，岂无公族世居者乎？访之邑侯，以姬姓讳策者对。遂为先容见之，其人倜傥豪迈，洵圣诒克肖子也。出其家谱印证，乃七十四代孙。余不禁辗然色喜，以为主庙祭者有予，奉陵祀者有子。岁脩时荐，拜扫先陵，责在子焉。遂委奉王季陵祀事，并陪祀毕郏诸陵。

呜呼，两地一家，既分获合凤心，亦慰关情亦切。濒将东返，乃执策手，而恩欸嘱曰：慎哉，慎哉，吾宗于今陵替，衰微不可言矣。然尊尊亲亲祖训，固昭昭在。尚其恪守弗替，以无忝家声。若置身闻达，大振箕裘，是又在教子扬名，以显祖德矣。尚其勉之。

时康熙二十五年岁次丙寅，嘉平月之吉。

元圣七十三代孙奉旨特授世爵袭翰林院五经博士主鬯东野沛然撰

重修鄠县太史桥碑记

（民国）赵继声

汉唐近畿，山水之佳，鄠杜为最。而鄠境名胜，多萃于西南。稻塍竹亩、柳港桃源之属，十九夹涝。逶迤而至鄠卤郊，尽态极妍，始北趋渭。宋明道程子主鄠簿时，有"云淡风轻，傍花随柳"之句，可见西郊胜概矣。其地通涝之津，旧有石梁一。乃明嘉靖壬寅岁，邑人王渼陂太史所创建，后人称为太史桥者也。考诸邑志，桥至康熙四十四年，王丰川记中已称凡四修。此后垂二百年，讫无大损。至光绪中叶，桥洞年久渐淤塞。邑侯中江刘少芸，惧碍行水，醵金谋增高。时董役者弗谙工，拆卸未如法，即增筑潦草竣事，桥内之病自此伏矣！

民国辛酉秋，山涔雨洪发，冲圮桥两洞。余虽未圮，亦矼碑不胜车。当议兴修，以兵荒接轸而止。客春干戈弭宁，合邑绅约踵前议。推王绅廷瑞董其事，侯总约琳、山乡约维翰左右之，王君普平司出纳。部署既定，廷瑞觞同事而进之曰：吾辈受之父老托，而为此桥也。欲议新之如何修，须思旧之所以圮。筑室与道谋圮，一时诎举赢圮，二十羊九牧圮，三此圮之生于官者也。今父老授吾辈以全权，官弗牵制，是三者可无虑矣。至于兴作掘不及泉则圮，桩不应石则圮，石不中程则圮，灰不实罅则圮，腹石不准面石，与斗笋不相犬牙，积久亦靡弗圮者，此吾辈所当究心也。众皆题之。即于其月选匠程工。

计桥高为尺十六，长之尺二百四十，阔视长为九之一，旧洞十，重新者九。共需钱三万五千缗。得诸陕西赈务处工赈颁款者五之一，不足则括诸常平仓及粮秣筹收等余羡者三之一，不足则派诸十三操者九之一，募诸合邑商会者三十五之一。犹不克敷，更向好义者为将伯之呼，镇嵩军第一统部共捐钱一千八百余缗，第五路统部共捐钱一千缗，王县长捐助钱一百缗。终南、祖庵两镇募助钱五百余缗。各界善信闻声兴起，又量力乐输以襄成之。

计壬戌仲春兴工，至今年孟夏，凡十四阅月而落成。其间工料之费，经营之方与捐助者之好义，任事者之贤劳，皆弗容没。属予记诸石，以垂厥后。

予惟周礼夏官，司险知川泽之阻，而达其道路桥梁，设有专官。春秋时，周大夫适陈，见桥梁道路不治，知其国之必敝，徒杠舆梁。子舆氏谓：为政所先桥梁攸关，顾不重哉！后世政尚苟简，即在平时官府且鲜视为急图者，矧更值群龙无首、师旅饥馑之际，孰尚复暇顾此！号为民牧，犹且弗遑过问，治军旅者，孰尚注意乎此！不意以兹桥而丁兹时，合邑诸父老独能不俟官督，兼顾通筹而立之基。豫军诸统帅暨邻封富商，又能乐善好施，以济其乏督工诸子，且能视公事如家事，不辞劳怨，以底于成。俾行旅往来，从此占利济而忘病涉，惠泽所届，涝水共长岂仅茂林修竹间虹要斜跨，为我户卤郊增一胜概哉！起渼陂太史于九原，亦应喜嗣武之有人也。夫千古无不敝之物，千古有不敝之人。后之览者，慎毋令诸君子专美于前，则又予之所深望者耳。

中华民国二十年夏历岁次癸亥六月榖旦

注：赵继声，鄠县人，光绪二十八年（1902年）举人。任知县，辛亥革命后归里，曾任汉中银行总理等职。

第三节 涝河流域与渼陂周边传说

谁最高

从前户县有个庄稼人，在渭河北给人扛长工，腊月活满，打点东西回家。来到渭河岸，天色已晚，艄公停止摆渡，他只好走进一家客店，想住下来。

店里只剩下一个炕位，和他一起进来的，一个是教书的兴平人，一个是做买卖的眉县人。到底谁住呢？店主人想了个主意，让他们都说本县顶高的东西，谁说的最高谁就睡炕，其余的打地铺。

教书先生自恃才高，抢着说："兴平有座无影塔，离天只有丈七八。"买卖人一听神气地说："眉县有个鱼骨寺，把天磨得咯吱吱。"轮到庄稼人，他思索了一会儿说："户县有个钟鼓楼，半截还在天外头。"最终庄稼人睡上了热炕。

运漆河

县域有一古河道，自终南山出，北过眉坞岭转向东北，相传此为昔日之运漆河道。

唐贞观年间，太宗敕尉迟敬德监修长安城。动用数以万计的能工巧匠，征发不计其数的黎民百姓，夜以继日，不停修筑。待要竣工之际，敬德上奏太宗要用生漆遍漆城墙，以彰显大唐神威。太宗问敬德偌大的长安城哪来这么多漆。敬德说终南山盛产漆，只要修一条运河，生漆就会顺河源源而来。太宗下旨照行。敬德得旨，一面命令百姓修运河，一面命漆工上山采漆。漆工们风餐露宿，昼夜不眠，把勺漆汇成碗，碗漆倒成桶，再把桶漆装船运往长安。

此事惊动终南山神，虑其会把漆种根绝，便化作一苍头老翁，拄着手杖下山，来到运漆河边，正遇着敬德，便上前施礼道："将军这般运漆，不知有何用处？"敬德说："奉圣上旨意，要用漆漆遍长安城墙。"老翁不禁仰天大笑。敬德莫名其妙，便问道："你笑什么？"老翁说："这些许漆，连漆我这手杖都不够，岂能漆得长安城？"敬德见老翁口出狂言，便让他漆出个样子看。只见老翁将手杖在船中一蘸，一船生漆用完，手杖才漆一半。敬德惊骇不已，悟到此事有伤天地神灵，立即奏明太宗，停止河工和割漆，不提漆城之事。漆城之事就此作罢，却留下千年运漆河道。

石枣

终南山下涝河滩的石缝中,多野生石枣。其根茎如小蒜,叶狭长,取其根熬汤,色如酽茶,饮之清凉可口,沁人心脾;食之甘甜醇美,别有风味。乡镇间常有荷担老翁,盛以瓦罐,吆喝:"卖石枣……"相传涝河滩本不生石枣。有一年河边古寺老和尚收个徒弟叫净石,心地善良,生性憨厚。老和尚让他担水、扫地、做饭、劈柴,并不传一字经文。但净石只管做事,别无他念。

一日,老和尚要去云游四方,让净石独自看守寺庙,净石应诺,却跪下问师傅他吃什么、烧什么。老和尚见其过于老实,想借此机会将其诳走,便说:"渴了喝涝河水,饥了吃河滩的石子;没啥烧咧,烧你的大腿。"说罢拂袖而去。

老实的徒弟相信了师父的戏言,该做饭了,便从河滩揽来石子倒进锅里,添上河水,把腿伸进灶膛里。不一会儿,锅底下燃起大火,把石子煮成又香又甜的吃食,净石饱食一顿。后来天天如此炮制,日子过得倒也自在。过了几年,老和尚云游归来,心想净石早已走了,但开门一看,不禁大吃一惊,只见他面色红润,祥光缭绕,正在干

活呢。老和尚便问他是怎样活过来的,他从实回答。老和尚不相信。净石便如法煮好"饭食"。先给师傅盛一碗,再给自己盛一碗吃了起来。老和尚本不敢吃,见徒弟吃得这般香甜,才捞起一颗放在嘴里一咬,"咯嘣"一声,顶坏了牙齿。老和尚一气之下,端起碗朝河滩泼去,羞愧地离开寺庙。

春暖花开,小和尚煮的石子在河滩上生根发芽,长成了"石枣"。

杜甫游渼陂

杜甫居长安十载。一天,天下着鹅毛大雪,杜甫出游渼陂,遇一樵夫面对漫天大雪触景生情,想吟几句诗,可力不从心,对着天空张口道:"片片片片片片片。"这却引起杜甫诗兴,立即应和一句:"雪飞陂中形不见。"樵夫一听,好诗句呀!正好道出自己心中所想。他忽然转念一想,听人说大诗人杜甫常游渼陂,这位学士模样的人……便冲口问道:"莫非当朝杜少陵?"杜甫笑着答道:"然然然然然然然。"这一问一答便形成一首有趣的诗:

片片片片片片片,雪飞陂中形不见。
莫非当朝杜少陵,然然然然然然然。

雪停了,天晴了,杜甫来到渼陂

左侧修竹环抱的学馆旁，隔窗见学生们俱在苦思冥想。原来先生去县城办事，给学生留下"雪压竹枝头点地"这一上联，要学生对下联。已过两个时辰，还无一人对就。忽然有一学生，看见窗外学士模样的人，脱口喊出："先生在眼前，何必发熬煎。"众生蜂拥而出，要学士帮助。杜甫推托不了，便开口吟道："师赴县城会群官，众生施礼把吾搬。雪压竹枝头点地，雨打荷叶面朝天。"一学生道："学士吟和咏，众生敬又惊。想知名和姓，怎敢呼出声。"杜甫答道："巩县吾祖居，京城杜少陵。出游渼陂地，联语迎众生。"

大家愣了，原来这就是大诗人杜甫！

王夫子会龙君

王心敬，号丰川，县城北街人。青年时代随理学大师李颙（二曲）研习理学。曾在江汉书院等地讲学，因博学多识，时人称其为王夫子。康熙初年，王夫子受朝廷征召进京，被皇帝誉为关中名士，待为上宾。居京日，王夫子结交许多饱学之士，其中一位高额长须的朋友最受他敬重。

一天，王夫子约这位朋友在一家酒馆小饮。闲话中王夫子问道："弟与公结识月余，尚不知公之尊姓大名和乡里？"那朋友叹一口气，说："我本与君同乡，因失职罹罪，被罚在宫廷服役。如君念及乡党情分，请在皇上面前美言几句，待我被赦放归，一切自会明白。"

转眼到了秋季，王夫子要辞朝回家，便向朋友告知行期，顺便将向皇上求赦得允之事说明。朋友非常感激，说道："客居京中无物相酬，待君离京之日，赠一薄礼以助行程，愿君一路顺风！"

启程之日，一直不见那朋友来临。王夫子归乡心切，便登车上路。不一月，王夫子车进县境。岂料刚一进县城，便碰见那位朋友。仓促之间又惊又喜，未及多言，即邀其家中叙谈。

酒饭间，王夫子问及京中等而未见的缘故。朋友哈哈一笑，说："我虽未与君送行，但送君之礼可略表衷肠。"王夫子一脸狐疑。那朋友接着说："初秋骄阳似火，君行一路可曾晒着？"王夫子一想：一路行走，总有一片彩云遮住太阳……疑惑间，那朋友又说："那彩云就是我送君的一把伞。"

王夫子暗想：我一路快马加鞭，日夜兼程，他竟早我到县城；再说，既能布云遮日，绝非俗骨凡胎。王夫子便一而再、再而三地追根问底。那朋友只好实说："我原是涝河龙君，只因前年涝河涨水，淹没庄稼冲毁房屋，致使众多百姓流离失所。玉皇查知此事，将我贬到凡间宫阙受罚。"王夫子半信半疑，道："公既是涝河龙君，不妨现身让弟一开眼界，也不枉你我结交一场。"那朋友无法推托，就以桌上杯子盛满水，转眼一阵风过，只见杯中现出蚯蚓般小龙摇摆游动。王夫子言道："龙君难道就是这个模样？"那朋友要来一盆水，一转身，只见盆中一条有角、有须又有爪的龙。王夫子还要问话时，却不见了人。正感诧异，忽听那朋友在背后问他："这回君该满意了吧？"王夫子转身，只见朋友坐在原处看着他微笑，这才确信朋友是龙君无疑。出于好奇，王夫子还要见洪涛巨浪中的龙象。龙君掐指一算，说道："八月十五涝河发大水，君可提早在西关城楼上等候，午时三刻与君见面。"

转眼即到八月十五，王夫子如约来到西城楼上。午时三刻，突然天气骤变，一阵狂风过后，只见涝河洪涛从南而下。当浪头至城楼近处时，"咔嚓"一声惊雷，一条巨龙跃出水面，张着血盆大口，张牙舞爪向城头扑来。

只听王夫子一声惊叫，昏倒在城楼上，从此再也没有醒过来。

事后，涝河龙君化作一风水先生，为王夫子在南河头村西北、涝河岸选一墓地。此后涝河虽然经常发洪水，或淹没房舍农田，却从未威胁王夫子坟墓。民谚有："涝河涨水浪滔天，漫不到夫子坟边边。"

周公与桃花女

话说在周代初年，涝河边一老头丢了儿子，找周公算一卦，说儿子是不能回来了。老人十分伤心，在回家的路上忍不住嚎啕大哭。行至渭河边，猛听一人问道："老公公为何啼哭？"老头抬头看，原是一位妙龄少女甩着湿手，同情地望着他。老汉叹一口气，说："姑娘，洗你的衣裳吧！说与你，难道能找回儿子吗？"那姑娘微笑着说："兴许能成。"老头将信将疑地把事情经过说了一遍。那姑娘说："这有何难。你回家给门外栽一竹竿，上挂红灯，下点香火，连续呼儿三晚，保你儿子回来。"老头如此照办，三日后儿子果然回来了。

老头对姑娘感恩不尽，却羞辱周公连小姑娘都不如。周公说："你老汉有所不知，那洗衣女叫桃花女，是她使的魔法，将你儿死尸还魂才得以回来。不是我的卦不灵！"老头不信……见老头释疑，周公说："我有一事相求。"老头是个憨厚人，忙说："只要先生不嫌弃，老汉我一定尽力。"周公说："求你给我保媒。"老头一惊，心想你胡子白似雪霜，还想娶媳妇？但还是问："保谁呢？"周公说："桃花女。"老头大笑："哎呀呀，我可不敢，我怕打嘴。"周公说："我与她前世婚缘未了，今生当续。"老头经不住周公再三相求，便答应了。

谁知老头一提及，桃花女竟答应了。不过提出条件：娶亲的那天，一切都得按她的要求办。周公答应了她的条件。可老头怎知他们是冤家对头呢！

娶亲那天，桃花女梳妆打扮齐整，高高兴兴地上了花车。

到了周家院门，桃花女却不下车，要老头向周公索取十二个大炮、一串鞭炮、一斤胡桃、一斤枣。然后让老头在四面八方各响一枚大炮，在车顶点燃鞭炮，接着将胡桃和枣抛向空中。

原来周公早给院内安排黑红二煞，单等桃花女下车，便扑上去分吃，不想却被桃花女识破。炮声起，一时间车

周围烈焰滚滚，响声震天，烧得黑红二煞急忙逃窜。桃花女又把胡桃和枣变为无数铁蛋子，追打二煞。可怜二煞被连烧带打，弄得遍体鳞伤。赶走黑红二煞，桃花女方才下车。来到门前，她又不进了，要老头向周公索取两束谷草立于门前。原来周公给门边安置饿牛饿马，单等桃花女一到，一个上前咬脖子，一个上前咬脚，要把桃花女撕成两半，吃个精光。桃花女吹了两口气，两束谷草变成两个桃花女，饿牛饿马各叼一个奔驰而去。桃花女方才进屋。拜罢天地，桃花女进洞房却不肯上炕，他要周公在炕的四角各踩一脚。原来周公给炕的四角各藏一个吊死鬼。桃花女借周公下踩的机会，暗用神通，移来秦岭放置于周公脚面上，周公轻轻一踩，吊死鬼便被压成粉末。

话说周公踩罢四角，见桃花女上炕安然无恙，不由恼羞成怒，抽出宝剑就砍。两人厮杀在一起，一场恶战，惊动无量佛祖，命龟蛇二将将他们收回上界。

所以至今户县人娶媳妇，还沿袭着放大炮、燃鞭炮、撒胡桃和枣、门外立谷草、女婿踩四角的风俗。

祭陵辩

有一年，清明节到了。陕西巡抚屈尚率领随从，照例来到咸阳原上，等候关中道各县的官员到齐后，好祭祀周代文、武、成、康诸王陵。祭祀时间已到，各县官员陆续到齐，只差户县知县一人。屈巡抚大发雷霆，并宣布祭祀开始。当户县知县夏琪赶到咸阳原上，祭祀活动已经过半。他自知理缺，便悄悄站在祭祀行列最后，不敢妄动。

祭祀完毕，屈巡抚当众斥责夏知县："祭祀先王乃圣上敕令，汝姗姗来迟，如此目无圣上，该当何罪？"夏知县道："下官迟到，理应受罚。"屈巡抚道："革职查办。"

夏知县听说要撤职，大为震惊。他灵机一动，慌忙跪下辩解道："大人且慢，祭祀先王一为不忘先王恩德；二为效法先王法典，振兴社稷。今迟来一步，革职查办我无话可说，但能否容下官一问？"屈巡抚怒道："谅你理屈词穷，还有何言可问？"

夏知县道："先有其父还是先有其子？"屈巡抚答道："此妇孺皆知，为何戏弄本官？"夏知县道："那么祭祀怎能次序颠倒？"屈巡抚嗔道："你是何意？"

夏知县不慌不忙地说："大人有所不知，下官今日来迟非玩忽职守，乃因先在本县渼陂祭祀文王之父——王季之陵，而迟来一步。上官大人不问青红皂白，将卑职革职查办，实在冤枉！"

屈巡抚恍然大悟，当即离座，扶起夏知县，当众夸赞并给以奖赏。

第四节　戏曲

杜甫游春

（明）王九思

选本说明：此剧选自孟称舜编选之《古今名剧·酹江集》。孟称舜为明末清初戏曲家，字子若、子适，山阴（今浙江绍兴）人，一说乌程（今浙江吴兴）人。其作品今知之有传奇五种、杂剧六种，现存传奇《二胥记》《贞文记》《娇红记》和杂剧《英雄成败》《死里逃生》《花前一笑》《眼儿媚》《桃花人面》。又编选元明杂剧合成《柳枝集》《酹江集》，合称《古今名剧合选》。其对王九思《杜子美沽酒游春》（也称《杜甫游春》）杂剧十分推崇，言其"虽金元人犹当北面，何况近代"。选本说："诸本首折无岑参及岑秀才口白，今觅得余姚孙氏藏本，于每曲皆有问答语，较为妥当，特改而从之。"可见版本多且芜。

明王九思著明孟称舜评点刘启胤订正

正名：

唐肃宗擢用文臣，曲江媪不识诗人

岑评事好奇邀客，杜子美沽酒游春

楔子

（正末扮杜子美上云）天门日射黄金榜，春殿晴曛赤羽旗。宫草霏霏承委佩，炉烟细细驻游丝。云近蓬莱常好色，雪残鸰鹊亦多时。侍臣缓步归青琐，退食从容出每迟。小官姓杜名甫，字子美，本贯杜陵人也。方今大唐御世肃宗即位，改元至德二载，蒙主人圣恩，拜我为左拾遗之职，喜得三月初间，官闲无事，正好饮酒作诗，不知何处可以游玩也，呵！

［仙吕赏花时］这的是一代中兴千载难，四海讴歌百姓欢。为官职，得清闲，青春较晚，也不知谁家数去酒杯宽。（下）

第一折

（副末扮岑评事上云）西披重云开曙晖，北山疏雨点朝衣。千门柳色连青琐，三殿花香入紫微。平明端笏陪鹓列，薄暮垂鞭信马归。官拙自悲头白尽，不如岩下偃荆扉。小官岑参是也，见为大理寺评事。前日在朝中，与杜子美先生言及渼陂泛舟之乐，杜先生许我，待官闲无事同去赏玩一遭。今蒙圣人赐百官赏春恩假，索命舍弟岑秀才将请书去请他，与他约在第三日同赴渼陂泛舟。岑秀才在哪里？（秀才）有，在此。（副末）你将这请书请杜拾遗先生去，说道家兄特命小生奉请先生，至第三日同往渼陂泛舟，千万拨冗一行。（秀才领命下）

（正末上）小官杜甫是也，今奉圣人赏春恩假，吩咐家童准备下沽酒青钱，明日往城南游玩一回。外边看有人来，报俺知道。（童）理会得。（岑秀才上）小生岑秀才是也，奉家兄命请杜先生走一遭去，可早到了也。琴童正在门首，你道岑秀才来下请书。（童报科）（正末）道有请。（童）有请（做相见科）（秀才）家兄特命小生奉请先生，第三日同赴渼陂泛舟。（正末）这是数日前令兄与我约下的，足下不必再来相邀，我明日先去曲江池游赏，待令兄车驾到曲江，即同赴渼陂去也。（秀才）先生抱经济之才，当位极端揆、致君尧舜，怎生蹭蹬到于今日？（正末）小官自幼读书，要与朝廷出力，端的要致君尧舜上，再使风俗淳，不料举进士不第。天宝十三载，明皇主上在御，曾献大礼三赋。明皇主上甚是称赏，使我待制集贤院，后除我参军之职，只想与朝廷建功立业，不幸天下有事，蹭蹬到今日，莫非是命也，呵。

〔仙吕点绛唇〕奋志乾坤，致君尧舜闲评论。稷契何人，要与他相攀引。

〔混江龙〕想着我少年时分，读书万卷笔通神。那时节李邕识面，王翰为邻，两手要扶唐社稷，一心思画汉麒麟。谁承望天边黄阁隔千峰，不觉得镜中白雪盈双鬓，辜负了两朝帝王，空忧了万国黎民。

（秀才）人都说开元年间，海内太平，却怎生得恁地来？（正末）想那开元年间，明皇主人用了些好宰相，致的海内太平，真个是紫极临关天地阔，黄金台贮俊贤多。我略说一遍咱：

〔油葫芦〕四海安危系宰臣，恰不曾错用了人。想着那凤凰鸦鹊不同群，有一个姚元之，扶得朝廷稳；有一个宋文贞，拨得天心顺。那时节风雨又调，日月又新，边尘不动，蛮夷又顺，端的是四海一般春。

〔天下乐〕张相国从来德望尊，但有个条陈似扁鹊真；韩相国的谏诤又频，太上皇的依随又紧，因此上得从容过了几春。

（秀才）后来怎生那等不太平啊？（正末）明皇主人后来用了那李林甫做宰相。他是个奸邪的小人，专一嫉贤妒能，坏了朝政。他虽是死了，后来祸乱都是他留下的。我也略说一遍咱：

〔哪吒令〕后来用了那小人，蒙蔽了主君，害了那细民，养活了他己身，惹了那叛臣，番腾做祸本。想着那安禄山，排着兵阵，攘起那风尘。

〔鹊踏枝〕唬杀俺大唐君，走出这未央门。林甫奸邪，你原来是廊庙尊臣，着紧遗下这病疲，那些个是二十年台阁丝纶（注）。

〔寄生草〕他空皮袋，无学问，恶心肠，忒忌恨。笑吟吟掌定三台印，慢腾腾送了千人俊，乱纷纷造下孤辰运。吃紧的把太真妃送在马嵬坡，唐明皇走入益门镇。

（秀才）自明皇主人幸蜀后，日月昏霾，江山破缺，曾见先生哀江头之诗，令人伤感万倍。（正末）自从明皇主人往成都去了，我曾到曲江池上，则见那胡尘满眼、宫殿萧条，春光依旧，物是人非，真个好伤感人也呵。

［村里迓鼓］遥望见九重宫殿，都做了一天愁闷。你看那帝子王孙，一个个有家难奔。这的是日月昏霾，江山破缺，凭谁整顿？我见了这细柳新蒲，想起那蜀门剑阁，看了那江树野云，天哪，你便是铁石人也辛酸泪滚。

（秀才）先生诗云：杜陵野老吞声哭。此却是事实呵？（正末）

［元和令］（正末）我要哭来却又吞，待住呵，恐难存，满城中胡马似云屯。这些个羊犬们，东奔西掠各成群，谁知有帝王尊！

［上马娇］你看那百姓们逃，贤士们隐，十户九空门。那贼呵，心肠毒狠偏生忿，太不仁，残害了些好忠臣。

［胜葫芦］凝碧池头弦管纷，憔悴不堪闻。弟子梨园容貌损，霓裳调寝，羽衣谁问？思量杀太平君。

［么］花落空宫春闭门，风雨锁黄昏。我伫立江头还自忖，这场危困几回评论，李林甫是根因。

（秀才）这场祸乱不知怎生得平定来？（正末）这场祸乱赖功臣郭子仪等，以次平定。肃宗主人在灵武即位，复了宫阙，将明皇主人迎入大内，端的是乾坤再造，日月重明，周宣汉武今主是，孝子忠臣后代看。

［后庭花］假若是显中兴千载勋，也须索刻摩崖一代文。若不是洗兵马银河净，怎能够望宫闱，白玉辇尘。我只见瑞氤氲，喜只喜天开景运，避风雷，胡气寝。抚乾坤，龙座稳，蓬莱殿，五色云。紫宸朝，万国臣，赏名园，桃李芬，买长安，曲米春。

［青哥儿］呀，我是个是个文林豪俊，常与那帝王帝王亲近，怎做得富贵粗豪那样人。玉罌银盆、翠袖红裙，列鼎重裀、炙凤炮麟，他们都伎俩全无二三分，空皮囷。

（秀才）圣人在上，天下太平；贤者在位，能者在职，先生庙堂之器，经济之才，不久当遂心也。（正末）自家思量，年纪四旬有余，每日家随众趋朝，因人成事，上无益于朝廷，下无功于百姓。这的是衮职（注）全无一字补，许身愧比双南金。平日的志气，几时能够遂心也呵！

［寄生草］我呵，日晏归青琐，平明上紫宸。衣冠染惹天香润，云霄咫尺天颜近。笙簧潇洒天风顺。这的是凤凰池上侍朝臣，怎能够麒麟阁上功臣分。

（秀才）小生告辞先生，回家兄

话去也，是必第三日后光降小庄，咱贱兄弟谨当恭候。（正末）生受秀才多多拜复令兄，第三日定索在曲江池相候也。（岑秀才下）（正末）今日天色已晚，明日往城南游玩一遭。兀的长安城中一段好晚景也，呵，这的是秦城楼阁烟花里，汉主山河锦绣中。

〔赚煞〕花片御沟红，树色琼楼近，使碎了浓胭淡粉。我只见万点杨花风外滚，恰是半空中瑞雪缤纷。近黄昏，画阁朱门。想着那芍药阑边翡翠裙，爱梨花酒醇。又只怕海棠春褪，他把这锦长安风月巧温存。（下）（点评："风月温存"用得妙。）

（注）丝纶：丝，细缕；纶，粗涤。比喻皇帝一句极细微的话，也可产生很大的影响。后以此比喻帝王诏书。

（注）衮职：衮，皇帝的衣服；衮职，供职皇帝身边。

第二折

（净扮卖酒媪上）二月已尽三月来，渐老逢春能几回。莫思身外无穷事，且尽生前有限杯。妾身贾婆婆是也，在这曲江池上开着一个酒店儿。前日杜子美在此饮酒，因无酒钱，他将一领朝衫当下。今日压下新酒，看有什么人到来。

（发科了下）（外扮酒客上）马上谁家白面郎，临街下马坐人床。不通姓字粗豪甚，指点银缸索酒尝。小人卫大郎是也，父亲曾做工部尚书，家中有几文钱财，性鲁不能读书，好饮几杯花酒。这曲江池上贾婆婆店内卖的好酒，我那里饮几杯去，却不是好？（外与净相见介）（净）大郎这两日如何不来饮酒？我这里客官虽多，能有几个似得大郎！我只敬重你，接待不着休要见怪。（外）我今日要欢饮几杯，你唤两个能歌会舞的小娘子来劝酒，我多予你些酒钱。不要教那穷酸的人来搅席。（净）我知道了。

（正末上）朝回日日典春衣，每日江头尽醉归。酒债寻常行处有，人生七十古来稀。穿花蛱蝶深深见，点水蜻蜓款款飞。传语风光共流转，暂时相赏莫相违。小官昨日退朝晚了，约在今日要往曲江池游玩。琴童在那里，备过蹇卫（注）来，我骑上走一遭者。

〔中吕粉蝶儿〕白发青袍，叹英雄不同少年，怨东风吹损花梢。只恐怕玉楼中、金殿侧，早寒尤峭。想人生富贵空劳，谁又肯惜芳春，赏心行乐。（评点语：每折皆借杜工部诗作料，故处处清豪悲慨）

〔醉春风〕我这里风软帽檐低，

身轻驴背好。见一个采花人过粉墙东，起的来早早。岁月无情，河山依旧，古今堪笑。

骑着这塞卫，不觉来到长安城外。这城南一段好景，想着那前日的离乱，却又有今日的繁华呵。

［普天乐］曲江池，长安道，垂杨绕岸，绿水平桥。锦绣堆，烟花套，一曲中兴黎民乐。绕东风，锦瑟鸾箫；金鞍马骄，层楼日晓，紫陌香飘。

早至曲江池上，这里有个贾婆婆卖的好酒，我前日因无酒钱，将朝衫当下，一向不曾来取。今日带了几百青钱，把一半去赎朝衫，一半沽酒游玩。既到门首，便索进去。（净末相见介）（净）杜先生有钱呵，赎了朝衫去。不索上楼，这里有一佳客饮酒，不许穷酸来打搅。（末）他是一个什么人？（净）他是富贵的卫大郎。（末）不曾闻说此人，我试问你：

［快活三］他敢是王右丞运彩毫？（净）不是。（末）李翰林挂锦袍？（净）不是。（末）是谁家小儿曹？倒有些湖海气，元龙傲。

我每番来登楼饮酒，今日如何见却？不索拦挡，须索上楼饮几杯去。（末上楼与外相见介）（外）先生是谁？（末）

小官杜子美。（外）久闻先生，未能会面。请问先生何事到此？（末）沽酒游春，吟诗遣兴。（外）久闻先生高作好便好，只是太深奥些。我闻得先父尝说，李林甫丞相的诗最好，清新流丽，人人易晓。先生曾见来么？（末怒介）你说那李林甫做什么？他是个奸邪之徒，专一嫉贤妒能，把朝廷的事都坏了，我试说与你听咱：

［朝天子］他狠心似虎牢，潜身在凤阁。几曾去正纲纪、明天道？风流才子显文学，一个个走不出漫天套。暗里编排，人前谈笑，把英雄都送了。你说他的好诗，他写诗贺人生子，把弄璋写作獐鹿的獐字，闻者无不大笑。又能吟出什么好诗来？他手儿里字错，肚儿里墨少，那里有白雪阳春调？

（外）似你这般说来，他如何得到宰相地位？（末）你说他那宰相做什么？

［四边静］说什么清风黄阁，口儿能甜，命儿做巧。柱国当权，不怕傍人笑二十年鸦栖凤巢，兀的不虚费尽堂食钞。

李林甫已是死了，今后再不劳挂齿。（外）不说他也罢，且问先生囊中是什么东西，你试取将来，与这唱的小娘子做个锦缠头。（末）我秀才家有什么好物件，这囊中是文房四宝。（外大笑介）这个东西要他有何用？（末）自有用处，我说与你听咱：

［脱布衫］端溪砚黑玉常飘，白玉版紫兔频摇。霎时间连真带草，忽剌的雨飞云落。

［小梁州］千首诗成字字高，风雅离骚。草堂明月转花梢，乌纱帽斜戴饮春醪。

［么］醉眠又遣春鸡报，整罗衣，金阙随朝。我又无瓜子金、鸦翎钞，追欢买笑，一任你话儿嘲。

（外）贾婆婆，你看这穷酸在此揽席。（净怒介）杜先生，将钱来赎了朝衫去。不要在此打搅！（末）这是三百文青钱。（净）定要五百文。（末）我只有五百文青钱，予你三百文，留二百文沽酒。（净）我定要五百文，将钱来，你去罢！（做送末下楼介）（末）不须这等仓卒。

［上小楼］扬子云（扬雄）何须猛跳，王仲宣（王粲）难寻东道。你便是云里蓬莱，月底青鸾，海上黄鹤，恰撞着这一遭，胆惊魂落，再不上谢家楼，依阑吟眺。

（净外下）（末）将五百文青钱尽予她去了，如今无钱沽酒，未免再寻一个东道，将这朝衫又典了沽酒。这慈恩寺南边有一座酒店，我试问咱。（店主人）请在此处饮酒。

［么］（末）我将这朝衫当了，又只怕郎君不要。（店）当下朝衫最好。（末）也不是紫绶金章、玉带金鱼、宝剑金貂。假若是换几瓢、添两勺，天昏日落，只吃得醉淋漓，仰天长啸。

将酒来，春光已暮，对景伤怀，好痛饮一场也呵！

［满庭芳］深挤醉倒，青春易去，白发难饶，满园桃李风吹落，万点飘摇。高冢外麒麟卧草，小堂中翡翠为巢。推物理须行乐，浮名蜗角，何须绊吾曹。

饮酒中间，只见风雨来也。这雨中又是一段景致。

［耍孩儿］我只见，长空霭霭浓云罩，低压着花梢树杪。纷纷微雨洒南郊，把春光用意妆描。我只见，烟横贝阙禅林远，风摆金铃雁塔高。忽听得儿童报，绿莎牛背、赤脚山樵。

［四煞］蓬莱宫望转迷，斗城门路匪遥，淡烟疏雨频凝眺，林花着雨胭脂湿，岸柳和烟翡翠摇。忽听得佳人报，画阁中红残芍药，湖山下绿满芭蕉。

［三煞］琼卮酒满斟，锦囊诗正

好。倚楼对景穷搜掠：叶心润带蝴蝶粉，花片香归燕子巢。忽听得诗人报，吟就这一联佳句，费尽了多少推敲。

〔二煞〕坐黄昏风雨冥，对青灯庭院悄。梨花无语伤怀抱，彩毫细点城南景，碧殿长怀梦里朝。忽听得游人报，逍遥呵今夜，赏玩在明朝。

〔煞尾〕良宵歌枕眠，浮生随处好。霎时酒醒晨钟报，不似那一刻千金怕到晓。（下）

（注）蹇卫：驽弱的驴子。卫，驴的别称。

第三折

（正末上）苑外江头坐不归，水精宫殿转霏微。桃花细逐杨花落，黄鸟时兼白鸟飞。纵饮久判人共弃，懒朝真与世相违。吏情更觉沧洲远，老大徒伤未拂衣。小官昨日在曲江饮酒，雨阻不能回家，就在此处宿歇了。今日起来，喜得天气晴朗，看有甚人到此。（副末扮岑参上）鸡鸣紫陌曙光寒，莺啭皇州春色阑。金阙晓钟开万户，玉阶仙仗拥千官。花迎剑珮星初落，柳拂旌旗露未干。独有凤凰池上客，阳春一曲和皆难。小官岑参的是也，见为大理寺评事之职。今日早朝回来，

要请杜子美先生往鄠县渼陂庄游赏。闻得他在曲江饮酒，我就到那里寻他走一遭。（正副末相见介）（正末）这慈恩寺塔，一向不曾到上面一看，今日与足下同登，然后往渼陂庄去也不迟。（副末）最好最好。（正末）不觉来到塔上，真个好一座宝塔也呵！

〔越调斗鹌鹑〕红雨初晴，青山乱拥。宝塔凌空，金铎舞风。社稷千年，江山一统。我只见，昆仑三两峰，银河一水通。王气葱茏，蓬莱翠耸。（评点语：登高作赋，感慨万千，一腔块垒，不必借酒杯浇之。）

〔紫花儿序〕兀的是，秦陵汉家烟霭重重，日色融融，九嶷何在，楚树云封，湘水连空。想着那瑶池上丹霞满空，他将那八骏马丝缰紧控。当日个暮饮朝还，今日个有影无踪。

〔金蕉叶〕只见那点青霄飞来的远鸿，虚飘飘无一个定踪。这正是雁飞不到处，人被名利牵。为着这利名场奔忙到始终，我如今老来也方才自懂。（评点语：兴尽怀归，绝似登高凭吊人语）

〔调笑令〕我这里从容问苍穹，为着那平地里风波损了英雄。三三两两厮搬弄，管什么皂白青红。把一个商伯夷生扭做虞四凶，兀的不笑杀了懵懂，

怨杀了天公。

[小桃红] 汨罗铜雀黑朦胧，都落在邯郸梦。自古道聪明的却贫穷，昏子迷做三公。棘针丛怎宿丹山凤？因此上，采芝心乐，钓台人去，甘心儿不听景阳钟。

（副末）我们下塔去，早些儿到渼陂庄上游玩两日。（正末）琴童备过寒卫来。

[秃厮儿] 我这个小童儿跟随着老翁，他将那锦囊儿斜背着丝桐（琴）。我这个寒驴虽小能骤风，索强似帝闲（马厩）中花骢。

末正行间，见前面有一村落，不知是什么所在？（副末）是昆吾村。

[圣药王]（正末）我只见，花影重、山色浓，霎时间不觉的来到村中。（副末）此处有一个田父与小官相识，正好在此饮一杯。（田父）酒在此，请先生暂留。（正末）只见他唤老农厮陪奉，竹篱茅舍小桥东。把一盏春糯酒，斟的来满溶溶。

[麻郎儿] 忽听得春鸠叫午风，他伴着那灵鹊儿唧哝。可人意的莺儿，他在杨柳中，都做了管弦相送。

（田父）请先生留半晌，务尽此酒。（正末）去也去也，饮不得了。

[么] 他那里不从，要瓦钟饮空。我这里踏晴泥，万点残红。问前途，三川旧陇；望浮云，千山闲空。

（副末）先生且慢行，前边是御宿川紫阁峰。（正末）不觉来在紫阁峰下，试停鞭多看会儿。

[络丝娘] 恰行过御宿川，红围翠拥。早来到紫阁峰天开地拱。劝东君（东君：日神或春神）从容挽金控。好山也！恰便似层楼上笋。

[东原乐] 相映着日色红，恰便似青莲隐约在风前动。瀑布飞来百尺虹，堪题咏。我待要避人来也，住在这紫云深洞。

（副末）先生正当向用之际，何以有此山林之念？（正末）你不知道。

[绵搭絮] 不怕你经纶夺世，锦绣填胸，前推后挤、口剑唇锋。呀，眼睁睁难分蛇与龙，烈火真金当假铜。似这等颠倒英雄，不如咱急流中归去勇。

（副末）已来到渼陂庄上，不觉得天色晚了。有一舍弟秀才在此读书，颇知音韵。叫他出来与先生相见。（秀才与正末相见介）（副末）开了翠微楼，与先生夜坐小酌，待明日去渼陂泛舟。（秀才）知道了，请先生同行。（正末）好一个翠微楼，眼前风景无不可爱。

〔拙鲁速〕住着个隔红尘的水晶宫，对这个倚青云的锦屏风。花儿有几丛，树儿有几重。碧澄澄的银蟾（月亮）上梧桐。暖融融柳摆着风，香馥馥的春瓮，喜孜孜的昆仲，便唤作大罗仙也可通。

〔幺〕这的是陆海中金谷同，凤鸟林，鹦鹉丛。我只见花香风送、月影云笼，玉琴闲弄，雅会难逢。又只怕旅魂残梦，云片也似浮空，各自西东。那时节倚阑思万重。

〔尾声〕从今须把愁眉纵，怕什么山遥路永。想起那曲江池上，酒家婆子无礼呵！

我则寻这翠微楼风月作诗仙，再不见那鬼门关，烟花爱钱种。（下）

第四折

（岑秀才上）迟日江山丽，春风花草香。泥融飞燕子，沙暖睡鸳鸯。小生岑秀才是也，昨日家兄请杜子美先生来此游赏，今日要往渼陂泛舟，未免整办下酒肴，安排下船只。又闻得歌妓董妖娆（注）也在此赏春。左右！那里便去唤将她来，再有好歌妓，也唤几人来，同此侑酒。（董妖娆上）百宝妆腰带，珍珠络背褡（注）。笑时花近眼，

舞罢锦缠头。奴家董妖娆是也，自家在此游赏。岑大人家遣人来呼唤，与这几个小娘子同走一遭去咱。（副末上）联步趋丹陛，分曹限紫微。晓随天仗入，暮惹御香归。白发悲花落，青春羡鸟飞。圣朝无阙事，自觉谏书稀。小官岑参的是也，昨日请杜子美先生到此，今日要往渼陂泛舟，已吩咐舍弟整办，不知完备了不曾？（秀才）俱已完备。（副末）既然完备，索去请杜先生来登舟游玩。

（正末上）青蛾皓齿在楼船，横笛短箫悲远天。春风自信牙樯动，迟日徐看锦缆牵。鱼吹细浪摇歌扇，燕蹴飞花落舞筵。不有小舟能荡桨，百壶那送酒如泉。昨日岑大理请小官来此游赏，约在今日往渼陂泛舟，看有甚人到来。

（秀才）家兄命小生请先生泛舟。（正末）就此同行。（副末）远劳先生到此，敬请登舟，少伸薄意。（正末）这渼陂真个一段好景也呵！

〔双调新水令〕彩云红日下蓬莱，响笙箫晓风一派。水添春浪阔，帆飐锦船开。春满胸怀，把长剑倚天外。

〔驻马厅〕笑隐桃腮，舞袖歌裙成列摆。眉横螺黛，金杯玉斝竞前抬。太平闲杀济川才，风流还却游春债。

数十年在平地扆，今日看风波，恰似东洋海。

（副末）妖娆！向前些，高歌一曲与先生发兴。（秀才）先生曾有诗云：谁能载酒开金盏，唤取佳人舞绣筵。今日却有此事。（正末笑科）是则是矣，但白头老子恐为佳人所笑。

[沉醉东风] 安银甲罗囊笑解，拂银筝雁足斜排。她那里对客羞，我这里停杯待。一声声燕悄莺猜，她在花鸟丛中显俊才。兀的不暗笑煞白头坐客。

（正末）妖娆唱的此曲是李太白作的[菩萨蛮]，真个唱得好，这的是名下无虚。（妖娆）上官却是知音，下妾见人多矣，如此知音者最少！如何以老为辞？（秀才）先生曾有诗云：诗酒尚堪驱使在，未须料理白头人。今日须要放怀畅饮。（副末）妖娆向前奉劝一杯。（正末）老夫不能多饮。（妖娆）下妾手内务饮五杯。

[落梅风]（正末）年华迈，酒量窄。怎当她玉天仙把人禁害，待推辞，恐摧花上色，软心儿把她宁耐。

（正末）妖娆也要饮三杯。（妖娆）下妾平日不饮。（副末）长者赐不可辞。（妖娆）饮了三杯不觉的醉也。

[水仙子] 佳人微醉笑颜开，两朵桃花上脸来。酒酣越显风流态，似垂杨风内摆，转秋波暗与多才。袖结鸳鸯带，鬓偏鸾凤钗，困倚瑶台。

（秀才）渼陂西岸有一钓鱼台，将这船儿系在柳树下，在这台边略饮数杯。（正末）如今世上有几人知此钓鱼之乐？

[折桂令] 钓鱼人谁守河厓，利锁多缰，九棘三槐（注），多少英雄，一齐回首，尽老尘埃。七里滩（注）名更姓改，蟠溪（注）岸雾锁云埋。布鞋青袜，有乐无灾。闲杀渔矶，谁肯归来。（评点语：前折登慈恩塔上许多慷慨，至登钓鱼台，便有兴尽归来之意，皆是实身体验语。）

（房丞相上）今代麒麟阁，何人第一功？君王自神武，驾驭必英雄。小官丞相房琯的是也。今日早朝，肃宗主人问朝中臣宰何人学问最高。我举了左拾遗杜甫为首。肃宗主人大喜，要将他升官受赏。闻他在鄠县渼陂庄上，与岑评事赏春饮酒。圣旨吩咐遣一使，命急急宣了他来。（使命上）不觉的来到渼陂庄上。杜甫在哪里？有圣旨宣你回朝，要将你升官受赏。（副末）先生早则是喜也呵！可急急回朝。（正末）惭愧惭愧，感谢圣恩。

〔雁儿落〕那里有凌云司马才，倒欠些饮酒刘伶债。扶我上青霄白玉堂，难忘了淡饭黄齑菜。

（秀才）先生再留半日呵！

〔得胜令〕（正末）争舍得诗酒浣陂宅。（妖娆）上官何忍遽别？（正末）怎恋你云雨楚阳台？常言道钟鼎非吾愿，谁想道奋庸熙帝载。想那曲江池上的勾当，真是可笑。前日个抢白，怎做得漂母淮阴待，今日里和谐，休猜做孟尝君门下客。

（正副末相别俱下）（使命云）不觉的来到朝门外厢，兀的房丞相来也！（正末做相见介）（房云）杜子美，有圣旨升你做翰林院学士，赏你锦袍金带、黄封酒十瓶。望阙谢了恩者。

〔殿前欢〕（正末）这喜也自天来，我只见玉堂仙子笑盈腮。锦袍象简黄金带，谢皇恩拜舞在瑶阶。我这里整乌纱两鬓白、忧愁大，愿吾皇早把干戈裁，清平了四海，扫荡了风霾。

（房）将酒来与学士贺喜。（正末）小官岂敢当此，有一言禀复丞相咱：

〔沽美酒〕他将那黄封头酒满酾，我这里羞答答手难抬。告丞相息怒停嗔休见责，杜甫也自揣，怎做得栋梁材？

〔太平令〕敢只是燕昭王买骏求才，公孙弘东阁重开。先收了微臣草芥，托赖着皇恩广大。呀，见如今四海数载，倒有些异才，愿丞相专心儿接待。

〔离亭宴带歇拍煞〕从今后，青山止许巢由采，黄金休把相如买，摩挲了壮怀。想着那骑马上平台，登楼吟皓月，倚剑观沧海。胸中星斗繁，眼底乾坤大。你看那薄夫匪才，谁个是庙堂臣，怎做得湖海士？羞惭杀文章伯。紫袍金阙中，骏马朝门外，让与他威风气概。我只要沽酒再游春，乘槎去过海。（同下）

（注）董妖娆：杜甫《春日戏题恼郝使君》诗有："细马时鸣金骢裹，佳人屡出董娇娆"句。温庭筠在《题柳》一诗中有"香随静婉歌尘起，影伴娇娆舞袖垂"句，在《张静婉采莲曲》诗序中说张"其容绝世"。温氏将董、张并提，或者，董娇娆原是歌伎，以声容舞态见称于世。东汉宋子侯有乐府《董娇娆》。

（注）韝：臂套，用以束袖，以便动作。

（注）九棘三槐：九棘，古代朝廷树棘以别官员品位，左右各九，称九棘。三槐，有三槐堂之典，代表三公之位。九棘三槐在此指高官位。

（注）七里滩：严子陵钓鱼处。

（注）蟠溪：姜子牙钓鱼处。

第五编·史料典籍

关于渼陂，班固《汉书》有记载，《三辅黄图》有记载，郦道元在《水经注》中写过，朱熹的《通鉴纲目》也写过，《类编长安志》《明一统志》等很多史料典籍都有或系统全面或侧重一点的文字记录。这都彰显了渼陂和相关区域在历史上的重要性和文化意义，也为后来人研究渼陂留下了珍贵的史料。

第一章

【汉代魏晋南北朝】

关于渼陂的水文历史和相关遗迹，班固《汉书》有记载，《三辅黄图》有记载。郦道元更详细地记录过汉武帝等人在此活动的情形。

漢　班固《漢書》卷五十七上　司馬相如傳第二十七上

酆鎬、潦潏，紆餘委蛇，經營其內。

應劭曰：潦，流也。潏涌，出聲也。張揖曰：灃水出
鄠南山灃谷，北入渭。鎬，在昆明池北。潦，行潦也。又
有潏水出南山。晉灼曰：下言八川，計從丹水以下至潏，
除潦為行潦，凡九川；從灞滻以下為數，凡七川。潏音決，
潏水涌出聲也。除潦潏不為水，餘適八。下言經營其內，於數，
則計其外者矣。師古曰：應晉二說，皆非也。張言潦為行潦，
又失之。潦，音牢，水名也。出鄠縣西南山潦谷，而北流
入于渭。上言左蒼梧右西極，丹水更其南，紫泉徑其北，
皆謂苑外耳。丹水紫泉非八川數也。灞滻涇渭豐鎬潦潏，
是為八川。言經營其內，信則然矣。地理志：鄠縣有潏水，
北過上林苑入渭，而今之鄠縣則無此水。許慎云：潏水在
京兆杜陵，此即今所謂沈水，從皇子陂西北流經昆明池入
渭者也。蓋為字或作水旁宂，與沈字相似，俗人因名沈水乎，
將鄠縣潏水，今則改名，人不識也。但八川之義實在於斯耳。

漢　班固《漢書》卷六十五　東方朔傳第三十五

師古曰：倍陽，即賁陽也。其音同耳。宮名，在鄠縣也。

漢　佚名《三輔黃圖》卷六

關中八水皆出入上林苑：霸水出藍田谷西北入渭；亦

出藍田谷北至霸陵入灞；涇水出定安涇陽开頭山東至陽陵入渭；渭水出隴西首陽縣鳥鼠同穴山東北至華陰入河；豐水出鄠南山豐谷北入渭；鎬水在昆明池北；牢水出鄠縣西南潦谷北流入渭。

南北朝　酈道元《水經注集釋訂譌》卷十九

甘水北逕秦文王萯（原本爲負）陽宮西，又北逕五柞宮東，又北逕甘亭西。亭在水東鄠縣，昔夏啟伐有扈，作誓於是亭。故馬融曰：甘，有扈南郊地名也。甘水又東，得澇水。水出南山澇谷，北逕漢宜春觀，又東北逕鄠縣故城西（鄠縣今屬西安府，故城在今縣北二里，《元和志》：渭水北去鄠縣一十七里）。澇水際城北出，合渼陂水。水出宜春

觀北，東北流注澇水，北流入於渭。即上林故地也。東方朔稱，武帝建元中，微行，北至池陽，西至黃山，南獵長楊，東遊宜春。夜漏十刻乃出於外，侍中、常侍、中常侍、武騎待詔及隴西北地良家子能騎射者，期諸殿下。（按《東方朔傳》作"殿門"故有期門之號）旦明入山，下馳射鹿豕，手格熊羆，上大驪，樂之。上乃使太中大夫虞丘壽王與待詔能用算者，舉籍阿城以南，盩厔以東，宜春以西，提封頃畝及其賈直，屬之南山以為上林苑。東方朔諫，起阿房而天下亂，因陳泰階六符之事，上乃拜太中大夫給事中，賜黃金百斤，卒起上林苑。故相如請為天子遊獵之賦，稱烏有先生、亡是公而奏上林也。

第二章

【唐五代】

唐五代时期，《旧唐书》《元和郡县志》中的文字，对户县渼陂胡公泉、宜春观、甘泉宫、负阳宫等都有详细记载。

五代　劉昫《舊唐書》卷十七上本紀第十七上

（寶曆）二年……秋七月丙寅朔。乙亥，河中进力士八人。癸未，衡王絢薨。敕鄠县渼陂尚食管系，太仓广运潭复赐司农寺。

文宗元聖昭獻孝皇帝諱昂穆宗第二子……乙巳，即位于宣政殿……庚申，詔：君天下者，莫尚乎崇澹泊，子困窮，遵道以端本，推誠而達下。故聖祖之誠，以慈儉為寶；大《易》明訓，垂簡易之文。未有上約而下不豐，欲寡而求不給……鄠縣渼陂、鳳翔府駱谷地還府縣。

唐　李吉甫《元和郡縣志》卷二

鄠縣畿東北至府六十五里。

本夏之扈國，啟與有扈戰于甘之野。《地理志》：古扈國有扈谷、扈亭，又有甘亭。扈至秦改為鄠邑。漢屬右扶風。自後魏屬京兆，後遂因之。

終南山在縣東南二十里；雞頭山在縣東南三十一里。偽趙主石生不能守長安，欲西上隴，士卒散盡，遂入雞頭山，尋為追兵所害。

牛首山在縣西南二十三里，南接終南，在上林苑中。西京賦云"繞黃山而款牛首"是也，澇水所自出。

八部澤在縣東南五里周迴五十里。

故鄠城在縣北二里，夏之扈國也。鍾官故城一名灌鍾城，在縣東北二十五里，蓋始皇收天下兵器銷為鍾，鑄此或其處。

馬祖壇在縣東北三十二里龍堂澤中，每年太常太僕四時祭之。春祭馬祖，夏祭先牧，秋祭馬社，冬祭馬步。

隋太平宮在縣東南三十一里，對太平谷，因名之。

隋甘泉宮在縣西南二十二里，對甘泉谷，因名之。

周酆宮，文王宮也，在縣東三十五里。詩云："既伐于崇，作邑于豐"是也。崇侯無道，文王伐之。命無殺人，無壞室，崇人聞之，如歸父母。遂虜崇侯，作豐邑。崇國在秦晉之間。

秦蕢陽宮在縣西南二十三里。

美陂在縣西五里周迴十四里。

甘亭在縣西南五里，夏啟伐有扈，誓師于甘之野，即此處也。

第三章

【宋元时期】

宋元时期，《长安志》《类编长安志》等籍都对户县渼陂及其水文地理、空翠堂、渼陂鱼、玉蟾宫等有详略不同的记载。

《太平广宇记》《通鉴纲目》等也对负阳宫、宜春观有较为详细的描述。

宋　王欽若《册府元龜》卷一百六十

文宗以寶歷二年十二月乙巳卽位，庚申，詔曰：蓋君
天下者，莫尚乎崇澹泊，子困窮，遵道以端本，推誠而達下，
故聖祖之誠，以慈儉爲寶……鄠縣漾陂、鳳翔任谷地立還
府縣。

宋　宋敏求《長安志》卷十五縣五

澇水在縣西二里。《說文》曰：澇水出扶風，鄠北入渭。
《山海經》曰：牛首之山，澇水出焉。西注於潏水，多飛魚，
狀似鮒，可已痔疾。李善注《文選》曰：潦水卽澇水也。《漢
書》注顏師古曰：潦音牢，亦水名，出鄠縣西南山潦谷，而
北流入于渭。

没猪泉在縣東南，其源澄湛，俗傳昔有野猪，没而為泉。
《圖經》曰：按《說文》，猪卽瀦也，水所停曰瀦。《尚書·禹貢》
曰：大野既瀦，亦曰彭蠡。既瀦滎波，既瀦皆由水所停。《爾》
又曰：黑水西河為雍州。終南惇物，至於鳥鼠，原隰底績，
至於豬野。今鄠縣實終南之限，没汩没也，蓋泉澤卽水所停
爾，而俗神之，非也。今傍有禹廟。

渼陂在縣西五里，出終南山諸谷，合朝一作胡公泉為陂。
《十道志》曰：有五味陂，陂魚甚美，因誤名之。本屬奉天。
又《說文》曰：渼陂在京兆鄠縣，其周一十四里，北流入澇水。
唐寶歷二年，勅渼陂令尚食使收管，不得雜人採捕，其水任

百姓溉灌，勿令廢碾磑之用。文宗初詔
並還府縣。

至於宜春觀者，則在長安之西，鄠
縣潦渼二水之旁，上林故地也。《水經》
曰：潦水逕漢宜春觀合渼陂入渭。師古
曰：觀在鄠縣。《十道志》曰：漢武帝
所造也。又合此數語者而求之，則宜春
之觀在漢城之西秦上林苑中。

宋　王稱《東都事略》卷一百十四儒學傳九十七

程顥字伯淳，西洛人也。父，珦，
大中大夫。顥舉進士，為鄠縣簿；又調
上元簿，晉城令；呂公著為御史中丞，
薦為監察御史。裏行前後，進說甚多，
大要以正心窒欲求賢育才為先。

宋　樂史《太平寰宇記》卷二十六關西道二

萯陽宮，《漢地志》：鄠縣有萯陽宮，
秦文所起，宣帝甘露二年冬幸之。

李斐曰：萯音倍，山名也。應劭曰：
宮在扶風鄠縣，秦文王所建。假父指嫪
毒囊撲，撲弼角，反以縑囊盛其人，投
擲而擊殺之。質實《一統志》云：萯陽
宮在西安府鄠縣西南三十里，秦惠文王
建，漢時猶存，宣帝嘗幸之。

宋　程大昌《雍録》卷六

至於宜春觀者，則在長安之西，鄠
縣潦渼二水之旁，上林故地也。《水經》
曰：潦水逕漢宜春觀合渼陂入渭。師古
曰：觀在鄠縣。《十道志》曰：漢武帝
所造也。又合此數語者而求之，則宜春
之觀在漢城之西秦上林苑中。而下杜之
宜春自在漢城東南，其別甚明也。說者
誤以下杜之宮為鄠縣之觀，則失之矣。
故師古於《東方朔傳》明辨之，曰：在
鄠縣者自是宜春觀耳，在長安城西豈得
言東游也？其說極為允篤也。《貢禹傳》
元帝用禹言，省宜春下苑以與貧民，此
則下杜之苑矣。故《揚雄傳》曰：雖頗
割其三，垂以瞻齊民者，即指元帝所罷
之苑也。既曰下苑，則必別有上苑矣。
頗割三垂，則彼之一垂尚包苑中也耶。

宋　王應麟《玉海》卷二十三地理

姜師度傳爲同州刺史，又派洛灌
朝邑、河西二縣，關河以灌通靈陂，收
弃地二千餘頃爲上田，置十餘屯。帝幸
長春宮，嘉其功，下詔褒美，加金紫光
禄大夫。《地理志》：同州朝邑北四里
有通靈陂，開元七年，刺史姜師度引洛
堰河溉田百餘頃。《元和志》：在縣北
四里二百三十步，種稻田二千餘頃。京

兆鄠縣有渼陂；華州下邽東南二十里有金氏二陂。《隋志》：武德二年，引白渠灌之，以置監屯。潁州下蔡西北百二十里大漈陂，八十里有雞陂，六十里有黃陂，東北八十里有湄陂，皆隋末廢，唐復之，溉田數百頃。

元　駱天驤《類編長安志》卷二

【蒠陽宮】秦文王所起，在鄠縣西南二十三里。

元　駱天驤《類編長安志》卷四

【空翠堂】《新說》曰：空翠堂在鄠縣渼陂堤上，賓客遊宴之地。堂中杜工部《渼陂行》石刻在焉。

【讀書堂】《新說》曰：鄠縣南有柳塘，中有讀書堂，乃紫陽先生講學之所。商左山詩曰：牙籤聲散絳帷風，人在參乎一唯中。名教會心真樂在，區區應笑事雕蟲。

元　駱天驤《類編長安志》卷六

【澇水】《山海經》：鄠縣南牛首山，澇水出焉。《水經注》：澇水出澇谷，鄠縣北至澇店合于渭。

元　駱天驤《類編長安志》卷六

【渼陂】在鄠縣西五里，出終南山

諸谷，合胡公泉為陂。《十道志》曰：有五味陂，陂魚甚美，因誤名之。本屬奉天。又《說文》曰：渼陂在京兆鄠縣，其周一十四里，北流入澇水。唐寶歷二年，勅渼陂令尚食使收管，不得雜人採捕，其水任百姓溉灌，勿令廢碾磑之用。文宗初詔並還府縣。

元　駱天驤《類編長安志》卷八

【漢陳平墓】在鄠縣南十里陳平莊。

元　戴侗《六書故》卷六

澇，郎到切，雨水過多也。又平聲，《說文》曰：水出扶風鄠，今京兆鄠縣，北入渭。相如賦作潦，顏師古曰，音牢。

元　彭致中《鳴鶴餘音》卷二十六

絕粒停廚，湌霞飲露，返復自然。相製鉛生，五彩秉發，三光方顯。太丹苗裔，開啟朱扉，躍出金烏，飛入玉蟾宮裏。把陰陽交會，神爐烹就浩然眞體。虛無內，紫氣盤旋，玄珠閃爍，射透混成。宗睿忘機，修道隱跡。求仙常默，心無凋弊。貪戀榮華，悞了赫赤神丹。恣情拋棄有，人人識道，專精謹守，決然超彼。

第四章

【明清时期】

明清时期，大量史料对渼陂一带进行了多方面的记载。尤其是《明一统志》、《雍大记》、清《陕西通志》等对渼陂的水文地理、胜迹风物、陵墓遗迹等进行了较为详细的记载。

明　董斯張《廣博物志》卷之四十三

西安府鄠縣有淨土樹。俗傳西域鳩摩羅什憩此，覆其履土中，生兹樹。二月開花，如桃花。東海有倒生之木，觸之則葉翕。上黨有不之木，蘸以石腦油則燃火。食西有嬰彌之樹，見人善笑，摘之則槁玄。覽東武有勝火之木，燒之不死亦無損也。

明　尹守衡《皇明史竊》卷九十五

鄠縣有王九思者，字敬夫，弘治初進士。爲翰林檢討，瑾攬權時，出翰林爲部署練政事。九思數月遷長文選，亦瑾以同鄉故。瑾敗，罷歸，與海同以風流自豪。所作詞曲小令，秀麗雄爽，海不如。而海彈特妙，敬夫曲成海爲奏之。

明　王在晉《歷代山陵考》卷上

王季墓在鄠縣西渼陂村。

明　李賢《明一統志》卷三十二

胡公泉在鄠縣西七里，旁有虞思胡公廟。

明　李賢《明一統志》卷三十二

渼陂在鄠縣西，陂魚甚美，唐寶歷初嘗禁採捕，水則任百姓溉田及碾磑之用。

明　何景明《雍大記》卷十一

潦水，《说文》曰：潦水出扶風鄠縣，北入渭。《山海經》曰：牛首之山，潦水出焉。西注於潏水，多飛魚，狀似鮒，可以療痔。李善注《文選》曰：潦水即潦水也，《漢書》注顔師古曰：潦水出鄠縣西南山潦谷，而北流入於渭。

明　何景明《雍大記》卷十一

澳陂在鄠縣西五里，出終南山谷，合胡公泉爲陂，《十道志》曰：有五味陂，陂魚甚美，因誤名之。文曰：澳陂在京兆鄠縣，其周一十四里，北流入潦水。唐寶歷二年，勅澳陂令尚食使管，不得雜人採取，其水任百姓灌漑，勿令廢碾磑之用。文宗詔，並還府縣。元季爲遊兵所壞，而取魚，今水去而陂涸爲田。

明　何景明《雍大記》卷十三

馮唐墓在咸陽縣東北八里。

契苾烈墓在咸陽縣北五里，後周時拜賀蘭大將軍。

周王季墓在鄠縣西五里，澳陂村西，舊志在南山非。

陳平墓在鄠縣南十里坊勝村。

張自烈《正字通》卷六

澳，莫賄切，音每。澳，水名。陂在京兆鄠縣，其周一十四里，北流入澳水。《長安志》曰：陂在鄠縣西五里，出終南山諸谷，合胡公泉爲陂。《十道志》曰：五味陂，陂魚甚美，因誤名之。本屬奉天，《通志》曰：元末游兵決水取魚，陂涸爲田。

明　李賢《明一統志》卷三十二

澳陂在鄠縣西，陂魚甚美。唐寶歷初，嘗禁採捕，水則任百姓漑田及碾磑之用。

明　李賢《明一統志》卷三十二

空翠堂在澳陂堤上，取杜甫《澳陂行》"絲管啁啾空翠來"之句。

明　李賢《明一統志》卷三十二

出鄠縣里許爲澳陂。上爲紫閣峯，峯下陂水澄湛，環抱山麓，方廣可數里。中有芙蕖鳧雁之勝，杜子美所云"半陂以南純浸山"者也。恨不得岑參、王維、少陵其人載酒從之游！

明　李賢《明一統志》卷二十八

仙釋劉海蟾，白鶴觀知事崔重微，

忽見道人謁於堂下。揖之坐，不語，但微哂。重微起取金相贈，未入房已聞弄筆聲，急回視，已失道人。壁間有題字，以仙書證，乃秦人劉海蟾之筆。

清　穆彰阿《（嘉慶）大清一統志》卷二百二十八

宜春觀在鄠縣西南。《水經注》：澇水北逕宜春觀，又渼陂水出宜春觀北。《十道志》：宜春觀，漢武帝所造。《縣志》：觀在縣西澇渼二水之間。或謂即秦之宜春宮，誤也。秦宜春宮在今咸寧縣界。

清　穆彰阿《（嘉慶）大清一統志》卷二百二十七

明道書院在鄠縣，乾隆三十五年建。渼陂書院在鄠縣治西。二曲書院在鄠縣西南三里，康熙三十年建。

澇水在鄠縣西，源出澇谷，逕咸陽至長安縣界入渭。《山海經》：牛首之山，澇水出焉，西注於潏水。《說文》：澇水出鄠縣，北入渭。《漢書·司馬相如傳》：酆鎬潦潏，顏師古注：潦，音牢，出鄠縣西南山潦谷。李善《文選》注：潦即澇水也。《水經注》：澇水出南山澇谷，北逕漢宜春觀，又東北逕鄠

縣故城，西際城北出，合渼陂水北流入於渭。《長安志》：澇水在縣西二里。《明一統志》：澇水合渼陂水流至長安縣界入潏水。《縣志》：水在縣西南，分東西二派溉田。按：今澇水入渭不合潏水。《明一統志》殆襲《山海經》之說，而未之考耳。謹附記。

呂公河在鄠縣東，亦稱白公河。明萬歷中，知縣呂仲信所開。引檀谷、皂谷及阿姑泉諸水，經縣東關外，北折而西入澇水。後知縣白應輝又鑿縣南栗谷、直谷諸水為新河，引流入呂公河。崇禎中，知縣張宗孟重濬，又引澇水自白雲山，由天河村至南關外入新河及城濠。本朝康熙中，知縣康如璉重濬。

三里河在鄠縣北，自南澇店南引澇水至龍臺坊入渭，明末張宗孟開，溉田三里因名。

渼陂在鄠縣西，《水經注》：渼陂水出宜春觀北，東北流注澇水。《長安志》：渼陂在縣西五里，出終南山諸谷，合胡公泉為陂。《十道志》曰：本五味陂，陂名甚美，因誤名之。其周十四里，寶歷二年，勅渼陂令尚食使收管，不得雜人采捕，其水任百姓灌溉勿令廢碾磑之用。文宗初，詔並還府縣。《通志》：元末游兵決水取魚，水去

而陂涸為田。《縣志》：陂在縣西三里，明崇禎九年重加障築。

胡公泉在鄠縣西南十里，長八寺村東，流溉田五百餘畝，下流入澇水。

清 穆彰阿《（嘉慶）大清一統志》卷二百二十八

空翠堂在鄠縣西，渼陂北岸。宋宣和四年，縣令張仮嘗修之，額曰空翠。明嘉靖中重構，山環水遶最為幽勝。

清 嚴長明《（乾隆）西安府志》卷二十學校志

鄠縣南山下柳塘，舊有清風閣讀書堂，為元楊奐隱居教授之所。又有渼陂書院，《通志》：在縣治西。又二曲書院在縣治西南三里，王心敬延其師李顒講學於此今並廢。

清 嚴長明《（乾隆）西安府志》卷五十四古蹟志上

空翠堂【馬志】在鄠縣西五里渼陂隄上，取杜甫《渼陂行》句意名之，宋知縣張仮撰記，久廢。明嘉靖間，鄠令王瑋重建，前有紫閣，後有菱池，松竹叢中，水磨之聲不絕。

巢閣【賈志】在鄠縣西七里，白

樂天讀書處，村名割耳莊。有白沙諸泉。長安逸士張光滙泉為湖，種竹十畝，倚樹為樓，高七丈，故曰巢閣。馮恭定講學其上。

清 沈青峰《（雍正）陝西通志》卷七十

周王季陵在鄠縣西五里渼陂村。《馬志》：在渼陂西。護陵地為民侵占，明知縣王九皋丈量。陵地九畝八釐，除陵冡占地二畝一分五釐，實有護陵空地六畝九分三釐；門外西南角，地一段，該地五釐，永為拋荒；復將墻四角并門兩旁俱立封堆，埋界石，仍刻碑記焉。儀門外，春秋祀焉。《縣志》：昔王季歷葬於楚山，《論衡》作滑山之尾。欒水即大欒水，出麟遊鷔其墓，見棺，之前和文王曰：嘻！先君必欲一見羣臣百姓也，天固使欒水見之。於是出而為之，張朝百姓皆見之，三日而後更葬。《國策》皇甫謐曰：葬鄠縣之南山。（《史記》周本紀注）

漢曲逆侯陳平墓在縣南十里。宋敏求《長安志》：在方勝村。按《明一統志》：陳平墓，一在完縣陳侯村，一在永城縣保安鄉太丘城之北，一在陽武縣東三十里；《蘭陽縣志》謂在鴉鵬劉村；《河南府志》云在洛陽縣碑棲保，皆無確據。

建信侯妻敬墓在安太里，有庵。《縣志》：在鄠縣北五里妻村。《馮志》：建信侯晚年投閒好時，有異術，種金利人，今明月山有種金坪。將卒，召里人曰：為廟祀我，我有以福汝矣。頃之，雲霞飛集而逝。今祠內案上有石匣，里人相傳其遺骸也。然《府志》載，敬墓在鄠縣北妻村。《永壽縣志》按《咸陽志》：敬墓在縣東北三十里；《隴州志》：敬墓在州西四十里，俱無所據。惟永壽有種金坪，有祠，差為可信。然以馬班兩史，地近時同，尚且闕如，則永壽之說亦難遽信。惟鄠縣妻村馬馮兩志俱無異詞廢彼取此，庶幾近之。

清 沈青峰《（雍正）陝西通志》卷九

澇水，澇一作潦，在縣西二里，又流入咸陽界。《縣志》：牛首之山，澇水出焉，西流注于潏水。《山海經》：上林苑有潦、潏。《子虛賦》：潦水即澇水也。李善注：潦，音牢，出鄠縣西南山潦谷。顏師古注：澇水出南山澇谷，北逕漢宜春觀，又東北逕鄠縣故城西，際城北出，合渼陂水又北流入于渭。《水經注》：鄠縣有澇水。《隋書地理志》：澇水出扶風鄠縣，北入渭。許氏《說文》：澇水至縣北之元村入渭。《長安志》：澇水合渼陂水流至長安縣界入潏水。賈志按：今澇水入渭，不合潏水。賈志殆襲山海經之說而未之考耳。

渼陂，一名五味陂，在縣西五里。《元和志》：渼陂水出宜春觀北，東北流注澇水。《水經注》：鄠縣有渼陂。《唐書地理志》：本五味陂，陂魚甚美，因誤名之。《十道志》：渼陂在鄠縣，周十四里，北流入澇水。《說文》：渼陂出終南山諸谷，合胡公泉為陂，唐寶歷二年，勅渼陂令尚食使收管，不得雜人採捕，其水任百姓溉灌，勿令廢碾磑之用。文宗初，詔並還府縣。《長安志》：山谷之水並胡公、白沙諸泉合而北注，渼陂受之。自陂頭南至曲抱村，可數里許，高岸環隄，蕩漾層巒疊嶂，影落數百頃波濤。"半陂以南純浸山"，此實際語也。劉士龍《渼陂記》：陂在縣西；又有錦繡溝，即渼陂之上游白刮牛臺北而下，至渼陂二里許。元季以陂魚可治痔漏，遊兵決陂取之，陂遂廢，其地皆為水田。明末，知縣張宗孟重加障築。其胡公泉在縣西南十里丈八村，泉上有陳胡公廟。又，劉士龍云：

白沙泉色如銀而加湛，味如飴而加冽，在割耳庄。（《縣志》）

清　沈青峰《（雍正）陝西通志》卷七十

商周公季陵在鄠縣西五里渼陂村。馬志：在渼陂西，護陵地為民侵占，明知縣王九皋丈量陵地九畆八釐，除陵冢占地二畆一分五釐，實有護陵空地六畞九分三釐。門外西南角，地一段，該地五釐，永為拋荒，復將墻四角并門兩旁，俱立封堆，埋界石，仍刻碑記，豎儀門外，春秋祀焉。《縣志》：昔王季歷葬於楚山（《論衡》作滑山）之尾，欒水即大欒水，出麟遊靆，其墓見棺，之前和文王曰：嘻！先君必欲一見羣臣百姓也，天固使欒水見之。於是出而為之，張朝百姓皆見之，三日而後更葬。《國策·皇甫謐》曰：鄠縣之南山。（《史記》周本紀注）

清　沈青峰《（雍正）陝西通志》卷七十三

空翠堂在鄠縣西五里渼陂堤上，其中有唐杜甫題《渼陂歌》石刻在焉。馬志：空翠堂取杜甫《渼陂行》"絲管啁啾空翠來"之句。馮志：在渼陂北岸，

宋知縣張伋撰記，久而堂廢。明嘉靖間，御史方新使鄠令王瑋重造，前有紫閣，後有菱池，氣象清幽，松竹叢中水磨之聲不絕。

清　沈青峰《（雍正）陝西通志》卷七十三

柳塘在鄠縣南山下，元楊奐隱居教授其徒。植柳千株，有清風閣、讀書堂。（馬志）

清　沈青峰《（雍正）陝西通志》卷七十三

至於宜春觀者，則在長安之西鄠縣澇渼二水之旁，上林故地也。説者誤以下杜之宮為鄠縣之觀，則失之矣。故師古於《東方朔傳》明辨之，曰：在鄠縣者自是宜春觀耳。

清　沈青峰《（雍正）陝西通志》卷七十三

巢閣在鄠縣西七里，白樂天讀書處。村名割耳莊，有白沙諸泉。長安逸士張光裕滙泉為湖，種竹十畞，倚樹為樓，高七丈，故曰巢閣。馮恭定講學其上，富平劉解元士龍有記紀其勝。（賈志）

姬宗世譜録鄠縣奉祀生員姬籙續

序曰：沛然於丙寅春入都，奏請致祭祖陵，及至鄠縣祭王季祖陵。因思鄠縣為元聖退老告終之地，豈無公族世居者乎？乃訪之。邑侯李公以姬姓諱籙者對，遂為先容見之，出其家譜，印証為七十四代孫。乃執籙手囑曰：尊尊親親，祖訓固昭昭在也，尚其恪守，以無忝家聲。本書東野沛然序。（關學編增補十二卷鄠縣王心敬撰）

清　方旭《蟲薈》卷四鱗蟲

文鰩魚　《本草綱目》：文鰩魚，飛魚也。狀似鯉魚，鳥翼魚身，蒼文白首，赤喙，常以夜飛，其音如鸞。食之已狂。陝西鄠縣澇水出之。又可已痔疾。陳藏器曰：此魚長尺許，羣飛海上，當有大風。其肉無毒，燒黑研末酒服，治婦人難產□旭按：此卽□魚也。《正字通》云：大者至丈許，兩翅如蝴蝶，有花文。一名文魚，又《中山經》云：飛魚狀如豚而赤文，服之不畏雷。

清　劉啓端《大清會典圖》卷二百五輿地六十七

受澇河水。水自鄠縣南營盤溝，曲西北流經教場西折，東北流合鄠縣治南諸泉水，又經澇店西折，東北流經咸陽縣西南。

清　畢沅《關中勝蹟圖志》卷二

澇谷在鄠縣西南二十里，本作勞谷。《漢書・郊祀志》：宣帝時，京師近縣祠，鄠則有勞谷。《鄠縣志》：谷內有苦竹溝，八里坪、犁轅坪土田肥美。

清　畢沅《關中勝蹟圖志》卷三

渼陂水在鄠縣西五里。《十道志》：本五味陂，陂魚甚美，因誤名之。《長安志》：渼陂出終南山諸谷，合胡公泉為陂。唐寶歷二年，勅渼陂令尚食使收管，不得雜人採捕。其水任百姓溉灌，勿令廢碾磑之用。文宗初，詔並還府縣。劉士龍《遊渼陂記》：山谷之水並胡公、白沙諸泉合而北注，渼陂受之。自陂頭南至曲抱村，可數里許，高岸環隄，一泓蕩漾；層巒叠嶂，影落其間。《縣志》：陂西又有錦繡溝，即渼陂之上游，至渼陂，二里許。元季以後，以陂魚可治痔，遊兵決陂取之，陂遂廢，其地皆為水田。明末，知縣張宗孟重加障築。其胡公泉在縣西南十里丈八村。

清　畢沅《關中勝蹟圖志》卷八

巢閣　《通志》：在鄠縣西七里，白樂天讀書處。村名割耳莊，有白沙諸泉滙為湖。後長安逸民張光裕建閣。馮從吾講學其上。

清　畢沅《關中勝蹟圖志》卷八

王九思墓　《通志》：王檢討墓在鄠縣西北二里仁和里。

清　陳康祺《壬癸藏札記》卷八

二曲先生之學，鄠縣王心敬實得其傳心。敬，字爾緝。少為諸生，歲試，學使遇之，不以禮脫帽而出。學問淹通，有康濟之志。所著《豐川集》論選舉、饟馬、政區、田圃、田井利諸篇，樸實精詳，無講學家迂腐之語。蓋非空談性命，置天下蒼生於度外者。朱高安督學關中，數造廬焉。陝西總督額忒倫、年羹堯先後上章，薦於朝，再徵不起。羹堯禮聘入幕，爾緝惡其驕縱，避不見，亦不往謝。世宗聞而益重之。乾隆初，有蒲城新進士應廷試，鄂文端相國問：豐川安否？進士不知為何許人，茫無以對。文端笑曰：若不知若鄉有豐川亦成進士耶！知其望實之孚不在關中大儒下矣。

清　邵遠平《元史類編》卷三十五文翰一

楊奐，字煥然，乾州奉天人。生之夕，母夢東南日光射其身，旁一神人，授之以筆。其父謂文明之□，因名曰奐。金末舉進士不中，歸而設教鄉里。元好問墓碑云：年十一，丁內艱，日蔬食，誦孝經為課，人以天至稱。又五年，師鄉先生吳榮叔。未幾，賦業成，卽有聲塲屋。興定辛巳，下第，同舍生勸試補臺掾，奐答書曰：先大人每以作掾為諱儀，無所似肖，不能顯親揚名，敢貽泉下之憂乎！《一統志》云：元初，隱居鄠縣，講道授徒，學者稱為紫陽先生。

清　顧炎武《肇域志》卷三十五

澇陂在縣西五（一作三）里，出終南山諸谷，合朝一作胡公泉。胡公泉在縣西南十里丈八村，東北流，可溉田千頃，不竭為陂。《說文》曰：澇陂在京兆鄠縣其周一十四里。

清　顧炎武《肇域志》卷三十六

漢宜春觀在長安西鄠縣澇澧二水之旁，上林故地也。《水經》曰：澇水逕漢宜春觀，合澧陂入渭。師古曰：

觀在鄠縣。《十道志》曰: 漢武帝所造也。

清 洪亮吉《（乾隆）府廳州縣圖志》卷二十一

渼陂在縣西。酈道元云: 水出宜春觀北, 東北流注澇水。元末游兵決水取魚, 水去而陂涸爲田。

清 嚴長明《（乾隆）西安府志》卷六大川志

澇水 《縣志》: 在縣西二里, 流入咸陽界, 一名澇水。《山海經》: 牛首之山, 澇水出焉。李善《上林賦》注: 澇卽澇水也。《水經注》: 澇水出南山澇谷, 北逕漢宜春觀, 又東北逕鄠縣故城西, 際城北出, 合渼陂水, 又北流入渭。《長安志》: 澇水至縣北之元村入渭。

渼陂水 《元和志》: 在縣西五里。《水經注》: 渼陂水出宜春觀北, 東北流注澇水。《說文》: 渼陂周十四里。《十道志》: 本五味陂, 魚甚美, 因誤名之。《長安志》: 渼陂出終南山諸谷, 合胡公泉爲陂。唐寶歷二年, 勅渼陂令尚食使收管, 不得雜人採捕。其水任百姓溉灌, 勿廢碾磑之用。劉士龍《遊渼陂記》: 山谷之水並胡公、白沙諸泉合而北注, 渼陂受之。自陂頭南至曲抱村, 可數里許, 高岸環隄, 一泓蕩漾; 層巒叠嶂, 影落其間。《縣志》: 自瓜牛臺北至渼陂二里許, 元季以陂魚可治痔, 遊兵決取之, 陂遂廢, 其地皆爲水田。明末, 知縣張宗孟重加障築。陂西有錦繡溝卽渼陂之上游。

清 嚴長明《（乾隆）西安府志》卷十八食貨志下

《鄠志》: 螺出渼陂。

《鄠志》: 蝦出渼陂。

第六编·名人

渼陂与户县历史悠久，从秦汉时期到民国，不仅有帝王将相的故事，更有文人墨客和思想文化大家在此游玩或久居。渼陂因为他们，带上了浓郁的人文色彩和历史温度。

第一章

【秦汉时期】

秦汉时期，渼陂一带因秦始皇和其母的故事、汉武帝游猎上林苑的故事，拥有了皇家风范和宏阔雄丽的大气象。

第一节 秦始皇囚母蒉阳宫

据《史记》载：秦昭王五十六年（前251年）薨，太子安国君继位，为秦孝文王。立子楚（异人）为太子，仅一年子楚代之，是为庄襄王。以吕不韦为丞相，封文信侯，食洛阳十万户。庄襄王在位三年，薨，太子政继位，史称秦王政（即后来的秦始皇）。吕不韦为相国，尊称仲父。

公元前238年的一天，26岁的秦王政率卫队，包围了秦故都雍城的蕲年宫，宫内长信侯嫪毐的侍卫、门客数百人欲作抵抗。秦王政命人宣布了嫪毐假传圣旨、私通太后（秦王政母亲）、阴谋叛乱的罪行。于是嫪毐的队伍纷纷倒戈，嫪毐余党20余人被擒。

嫪毐供认受丞相吕不韦唆使，假受腐刑，入宫侍奉太后。以太后玺假传王命，企图惑众反叛。秦王政下令处死嫪毐与太后的私生子，将嫪毐押赴东城外车裂处死，并诛灭九族。同时宣布太后罪状："太后身为国母，串通叛逆，图谋造反，助纣为虐。"决定废去国母称号，降低待遇，迁往蒉阳宫，并派三百军士看守。

蒉阳宫在渼陂水畔，为秦惠文王建造的离宫。虽距都城咸阳仅一河之隔，但多少有些败落。赵姬在这里过着近似囚犯的生活，失去了昔日的自由和荣光。

秦王政回到咸阳，罗列吕不韦种种罪状，免去丞相之职，命其即日离京，回雒阳封地居住。但吕不韦到雒阳后仍然门庭若市，引起秦王政的猜疑，又发配他到四川充军，不久赐鸩酒令吕不韦自裁。

但秦王政囚母引起朝廷大臣的非议，先后有 27 人进谏，要求秦王迎母回咸阳。秦王不但不听，反将进谏的大臣一一处死。

过了一段时间，一个叫茅焦的齐国人来咸阳见秦王。他对秦王说：秦国富强受天下敬佩，不是因为秦国的威望，或者秦王你的能力，而是因为秦国到处是忠臣烈士。27 名大臣为了秦国的兴盛，冒死向大王进谏，这正是秦国兴旺的原因。但大王杀了他们，是你的不义。而囚母于萯阳宫更是不孝，为天下人耻笑。所以建议秦王厚葬被杀的大臣，迎接母亲回咸阳。秦王觉得一个与秦国不相干的人尚且如此说，可见自己做得太过分，但又舍不下面子，于是采取了掘隧道与母见面的方式，最终还是迎接母亲回到都城咸阳。

其后，萯阳宫也因"秦王囚母"的故事而知名。

据明崇祯《鄠县志》记载："汉宣帝甘露三年二月，尝驾幸萯阳宫。"其时萯阳宫尚在。元代，道教全真派兴起，宫观遍地，萯阳宫沦为重阳宫之玄真观。据当地口传今陂头村东岳宫为其旧址。

第二节　汉武帝游猎上林苑

汉武帝游猎上林苑，《前汉书》与历代所修《鄠县志》均有记述。

上林苑辟建于秦代。始皇二十六年（前 221 年），"营作朝宫渭南上林苑中"。朝宫"可受十万人，车行酒，骑行炙；千人唱，万人和。销锋镝以盎人十二，立于宫门"。朝宫前殿为阿房宫，"东西五百步，南北五十丈，上可坐万人，下可建五丈旗。周驰为阁道，自殿下直抵南山。表南山之颠以为阙。为复道，自阿房渡渭，属之咸阳，以象天极。隔道绝汉抵营室也。"其时萯阳宫、宜春观亦在苑内。

汉武帝对上林苑大肆扩建。扩建后的上林苑，南接终南，北界渭水，东自蓝田，西至周至，长安、户县包含其中。苑中增建长杨、五柞、黄山诸宫，以及龙台观、射熊馆等离宫别馆。又广植树木，珍禽异兽出没其间。上林苑成为宏阔雄丽、气象万千的皇家园林。

扩建上林苑与汉武帝喜游猎密切相关。

建元三年（前 138 年）深秋，汉武帝微服轻车简行，北至池阳（故城在今泾阳县西北），西至黄山（武功境），南猎长杨（长杨宫，有射熊馆，在今周至东南 30 里），东游宜春（宜春观，在今户县西南），常饮用酎（户县三重酿醇酒）。他常在夜喽十刻出宫，与侍中常侍武骑以及待诏，还有陇西、北地的良家子能骑射者，期诸殿门。

一日，武帝自称平阳侯，夜半出发，天明入山。驰射鹿、豕、狐、兔等，徒手与熊羆格斗。"足野羊，绔白虎"，一时间"车骑雷起，殷天动地……箭不苟害，解脰陷脑；弓不虚发，应声而倒"。游猎的队伍过石门，越山峦，披星月，踩晓露；绕宣曲，濯牛首；登龙台，掩细柳。武帝一行，耀武扬威，践踏禾稼粳稻，农人怨声载道，便将"平阳侯"告到鄠杜县令处。县令谒见"平阳侯"欲与之论理，骑尉执鞭便打。县令喝止，欲捉拿凶手问罪。骑尉拿出天子的信物，县令方知是皇帝游猎于此，只好作罢。

但这件事却坚定了汉武帝将户县、周至扩充到上林苑的决心。虽然东方朔提出反对意见，汉武帝竟以加官赐金封了东方朔的口。武帝命吾丘寿王丈量周至、户县土地，给予适量的补偿，强行将农民赖以生存的土地划入上林苑。

此后武帝经常率领官员、骑尉，带领宫娥美女到上林苑饮酒娱乐、驰骋游猎。他们置酒饮宴无度，如司马相如《上林赋》所谓：撞千石大钟，敲灵鼍大鼓，跳唐尧时的舞蹈，演奏葛天氏的音乐；千丽同唱，万人行和，使山川震动，河水起波。

武帝游猎上林苑，随带文豪司马相如为其歌功颂德，这才有了流传千古的《上林赋》。

后有宋代人任随咏汉武诗：

殊庭深恨隔仙曹，桂馆蜚廉事转劳。
银阙尚沉沧海阔，井干空拂绛河高。
葍阳弋猎侵多稼，朔塞旌旗照不毛。
苦信凭虚王母说，东方三度窃蟠桃。

第二章

【唐宋时期】

唐宋时期，文人墨客和思想文化大家在渼陂游玩或久居，渼陂让他们流连忘返，供他们抒发情志，更引发他们思考山水万物，修养精神世界。

第一节　杜甫岑参游渼陂

杜甫（712—770），字子美，唐朝河南巩县（今河南郑州巩义市）人，自号少陵野老，后人称其为杜工部、杜拾遗，又称杜少陵、杜草堂。唐代著名现实主义诗人，与李白合称"大李杜"。杜诗集六朝、盛唐诗歌之大成，造诣极深，被后世赞为"诗史"，杜甫也被尊称为"诗圣"。

杜甫一生宦海失意、颠沛流离。712—730年，即杜甫20岁之前，接受了家族良好的思想教育与文化洗礼，树立"奉儒守官，不坠素业"的理想，"七龄思即壮，开口咏凤凰。九龄书大字，有作成一囊"（杜甫《壮游》），他渴望"传之以仁义礼智信，列之以公侯伯子男"；731—745年，即20—34岁，杜甫背上行囊游览祖国大好江山。20—23岁整整四年的时间，杜甫游历了吴越地区；25—29岁五年的时间，杜甫游历了齐鲁燕赵大地；之后娶妻返回故乡——"放荡齐赵间，裘马颇请狂""快意八九年，西归到咸阳"（杜甫《壮游》）。之后的十年间，即杜甫35—44岁，便是他长安十年困守求仕的时期。756-759年，杜甫45—48岁，安史之乱爆发，诗人陷贼为官，封为"左拾遗"，后因被视为"房党"而遭贬官，之后携家人西行避难秦州；在杜甫生命的最后十年，诗人先是旅居巴蜀，居无定所，后来疾病缠身漂泊荆湘，命终舟上。

长安十年求仕是杜甫一生理想宏志残忍幻灭的时期。从746年"西归到咸阳",诗人便一直为仕途奔波。到长安的第二年,杜甫参加了由李林甫操纵的一次考试,落入骗局。之后数次献赋上书,干谒赠诗,希望汲引,虽皇帝"诏试文章,送隶有司,参列选序"(郭沫若《李白与杜甫·杜甫的功名欲望》),但迟迟不见落实。宦海失意的杜甫忧郁之情难以排解,只好寄情于渼陂,在湖光潋滟中体味片刻宁静。

渼陂湖在长安城西南,湖水一路从秦岭纵歌而来,合胡公泉、渼泉、白沙泉之水而成。751年之后,杜甫苦苦等待皇帝"参列选序",无奈"身退岂待官",这日只身来到玉蟾台,眺望着还未曾近观的渼陂,写下了《渼陂西南台》。

高台面苍陂,六月风日冷。

蒹葭离披去,天水相与永。

怀新目似击,接要心已领。

仿像识鲛人,空蒙辨鱼艇。

错磨终南翠,颠倒白阁影。

崷崒增光辉,乘陵惜俄顷。

劳生愧严郑,外物慕张邴。

世复轻骅骝,吾甘杂蛙黾。

知归俗可忽,取适事莫并。

身退岂待官,老来苦便静。

况资菱芡足,庶结茅茨迥。

从此具扁舟,弥年逐清景。

这首诗看似是诗人对于渼陂西南台的热情赞颂,但字里行间流露出一种无奈与忧愤。诗作前半部分淋漓尽致地展现了玉蟾台与眺望中渼陂的美,"错磨终南翠,颠倒白阁影",终南山高耸峻峭,丛林掩映中的白阁峰的倩影倒映在渼陂水之中,苍茫神秘。然而诗人笔峰一转,"身退岂待官,老来苦便静",这分明是对才华无处施展的悲愤与苦楚。虽有"从此具扁舟,弥年逐清景"的愿望,实乃诗人的违心之辞,暗含抱负不能实现的怨愤之情。

754年,即唐玄宗天宝十三载,杜甫已经43岁了,却还在"未授官时"。这年长安秋雨绵绵,城乡米贵,杜甫生活更加拮据。这日,岑参兄弟前来邀杜甫游览渼陂,当日情景便被诗人记录在《渼陂行》之中。

岑参兄弟皆好奇,携我远来游渼陂。

天地黯惨忽异色,波涛万顷堆琉璃。

琉璃汗漫泛舟入,事殊兴极忧思集。

鼍作鲸吞不复知,恶风白浪何嗟及。

主人锦帆相为开,舟子喜甚无氛埃。

凫鹥散乱棹讴发,丝管啁啾空翠来。

沈竿续缦深莫测，菱叶荷花净如拭。
宛在中流渤澥清，下归无极终南黑。
半陂以南纯浸山，动影袅窕冲融间。
船舷暝戛云际寺，水面月出蓝田关。
此时骊龙亦吐珠，冯夷击鼓群龙趋。
湘妃汉女出歌舞，金支翠旗光有无。
咫尺但愁雷雨至，苍茫不晓神灵意。
少壮几时奈老何，向来哀乐何其多。

渼陂地处户县城西五里处，初期由于缺少文学媒介鲜为人知，后来正是杜甫与岑参兄弟的热情歌咏才使其远近闻名，从此成了一代代文人墨客的游览胜地。

岑参（715—770），南阳人，唐朝著名边塞诗人，宰相岑文本曾孙，与高适并称"高岑"，是杜甫好友。

在《渼陂行》中，诗人从多个角度描写了渼陂的神奇。首句交代游览原由是岑参兄弟的好奇之心，后一句写渼陂的辽阔之貌与天气突变后波涛万顷的盛壮；五至八句写诗人与岑参兄弟冒险继续游渼陂时的惊骇与新奇；从第九句开始描写天气转晴，渼陂的旖旎风光——鸟儿婉转啼鸣，渼陂水面苍翠碧绿、波光粼粼；紧接着移船换景，诗人描写了渐入渼陂中央时所见的奇异美景。"沉竿续缦深莫测，菱叶荷花

净如拭"，一句点出湖水之深、陂面之平。"半陂以南纯浸山，动影袅窕冲融间"，小舟继续行进，诗人发现整个终南山影都浸泡在渼陂的南半部水中，虽此景大多为诗人想象，但这种山影摇动、水波荡漾之感却赋予了渼陂一种灵动与神奇。之后天色渐晚华灯初上，光彩明灭，犹如幻境。诗句最后是杜甫深深的感慨，岁月无痕，来到长安求仕已有九个年头，至今却未谋得一官半职，诗人已消磨得两鬓斑白，一腔惆怅。

之后杜甫又多次泛舟渼陂，还写下《城西陂泛舟》。

青蛾皓齿在楼船，横笛短箫悲远天。
春风自信牙樯动，迟日徐看锦缆牵。
鱼吹细浪摇歌扇，燕蹴飞花落舞筵。
不有小舟能荡桨，百壶那送酒如泉。

这次渼陂之行使得诗人暂时忘却烦忧，心情悠然闲适，畅想着在渼陂湖畔逍遥余生。

天宝十四载（755年），杜甫在"自京赴奉先县（今陕西蒲城县）"之前，与好友岑参一道受源少府邀请同游渼陂，游览途中作诗《与鄠县源大少府宴渼陂》来留念。

应为西陂好，金钱罄一餐。
饭抄云子白，瓜嚼水精寒。

无计回船下，空愁避酒难。

主人情烂熳，持答翠琅玕。

岑参当时也作诗一首，名为《与鄠县源少府泛渼陂》。

这次泛舟渼陂也许是诗人长安十年困守求仕时期的最后一次了，不久安史之乱爆发，诗人再无机会去欣赏渼陂的烟波浩渺了。

唐代宗大历元年（766年），杜甫已经54岁了，此时正旅居夔州。秋雨连绵惹愁思，在此期间他写下了著名的《秋兴八首》，用来解忧，用来回忆。其中《秋兴八首（之八）》便是"思长安之渼陂也"（杨伦《杜诗镜铨》）。

飘零半生，如今滞留异乡，诗中道出了他忧国伤时，不忍国破家残，北望长安，渴望回到梦中故园的殷殷深情。

第二节 白居易巢阁读书

白居易（772—846），字乐天，号香山居士，又号醉吟先生，原籍太原，后迁居下邽（今陕西渭南），生于新郑（今属河南）。唐代伟大的现实主义诗人，诗歌创作重写实、尚通俗，浅切平易，有"诗魔"与"诗王"之称。早年与元稹齐名，合称"元白"，晚年与刘禹锡齐名，合称"刘白"。著有《白氏长庆集》。代表诗作《长恨歌》《琵琶行》《卖炭翁》等。白居易故居纪念馆坐落于洛阳市郊，白园（白居易墓）坐落在洛阳城南香山的琵琶峰。

从出生到高中进士，即772年至800年，是白居易为"兼济天下"韬光养晦的时期。少年的困苦岁月让他埋下了积极入世、博施济众的强烈使命感，发奋苦读，期待及第入朝。贞元十六年（800年），白居易高中进士，随后授秘书省校书郎，后授周至县尉、翰林学士、左拾遗等。809年白居易领导发动新乐府运动，主张"文章合为时而著，歌诗合为事而作。"（白居易《与元九书》）元和五年（810年），卸任拾遗，改任京兆尹户部参军。后授太子左赞善大夫。从815年至846年，白居易思想与心境逐渐转变，"兼济天下"的豪言壮志逐渐被退避政治、知足保和与随性逍遥的闲适思想所代替。元和十年（815年）被贬为江州（今江西九江）司马。元和十三年（818年），移任忠州刺史，820年被召回长安，任命为中书舍人，之后又转任主客郎中、知制诰等。长庆二年（822年）白居易自请外放任杭州刺史，后任太子左庶子分司东都、苏州刺史、秘书监、刑部侍郎、太子宾客分司、同州刺史、刑部尚书等，会昌六年（846年）逝世，赠尚书右仆射。

白居易在长安时期曾入巢阁学习，也曾一览终南紫阁峰美景与上林苑草堂寺风韵，留下了诸如《松斋自题》、《月夜登阁避暑》、《宿紫阁山北村》与《赠草堂宗密上人》之类的杰出诗作。

> 非老亦非少，年过三纪余。
> 非贱亦非贵，朝登一命初。
> 才小分易足，心宽体长舒。
> 充肠皆美食，容膝即安居。
> 况此松斋下，一琴数帙书。
> 书不求甚解，琴聊以自娱。
> 夜直入君门，晚归卧吾庐。
> 形骸委顺动，方寸付空虚。
> 持此将过日，自然多晏如。
> 昏昏复默默，非智亦非愚。

这首《松斋自题》作于诗人任翰林学士之时，松斋在割耳庄巢阁。诗中表达了白乐天知足常乐、随遇而安的生存哲学。

> 旱久炎气盛，中人若燔烧。
> 清风隐何处，草树不动摇。
> 何以避暑气，无如出尘嚣。
> 行行都门外，佛阁正岩峣。
> 清凉近高生，烦热委静销。
> 开襟当轩坐，意泰神飘飘。
> 回看归路傍，禾黍尽枯焦。
> 独善诚有计，将何救旱苗。

这首《月夜登阁避暑》为诗人居住巢阁时所作，写于807年。诗中表现了白居易对处于大旱之年的农民的深切同情，也流露出诗人"兼济天下"与"独善其身"的哲思。

《宿紫阁山北村》一诗大约作于元和四年（809年），即白居易任左拾遗时期，这天乐天游览终南紫阁峰，留下此篇：

> 晨游紫阁峰，暮宿山下村。
> 村老见余喜，为余开一樽。
> 举杯未及饮，暴卒来入门。
> 紫衣挟刀斧，草草十余人。
> 夺我席上酒，掣我盘中飧。
> 主人退后立，敛手反如宾。
> 中庭有奇树，种来三十春。
> 主人惜不得，持斧断其根。
> 口称采造家，身属神策军。
> 主人慎勿语，中尉正承恩！

元和四年的白居易正处于"志在兼济"的英姿勃发时期，他创作了大量的讽喻诗，锋芒所向，直指封建权豪贵胄。这首《宿紫阁山北村》便是一篇鲜明的政治讽喻诗。诗中首句描写诗人晨游紫阁峰，游至日暮便借宿山下一户人家，"村老见余喜，为余开一樽"，还未举杯畅饮，忽然一群身着紫衣的"暴卒"破门而入，进门便"夺我席上酒，掣我盘中飧"，短短数字铿锵有力地表现了这群"暴卒"的残暴与凶狠，继而又描写他们飞扬跋扈的强盗行径，身为"左拾遗"的"我"怎能容忍此等欺压良善的事件发生？正欲与其明理，不料那"暴卒"竟"口称采造家，身属神策军"，最后只得作罢。"神策军"此时备受皇帝恩宠，势焰熏天，把持朝政，又执行着为皇帝修建宫殿和树立功德碑的"任务"，无人敢阻。一句"主人慎勿语，中尉正承恩"淋漓尽致地揭露并讽刺了得势者的小人嘴脸，并表达了诗人对下层苦难民众生活的深切同情。

另一首《赠草堂宗密上人》与《宿紫阁山北村》的积极入世不同，流露出诗人对佛家大智慧的渴求：

吾师道与佛相应，念念无为法法能。
口藏传宣十二部，心台照耀百千灯。
尽离文字非中道，长住虚空是小乘。
少有人知菩萨行，世间只是重高僧。

这是白居易题赠给圭峰大师（宗密上人）的诗作。圭峰大师是唐代著名僧人，华严宗五祖。长庆元年（821年）游清凉山后，回户县，闭关于终南山草堂寺。诗人在这首诗中盛赞圭峰禅师的修行之道是与真正的佛道相符合的，字里行间流露出诗人对大师的敬佩之情。白居易因母丧回乡守制期间，思想逐渐发生转变，他的思想早就存在着的佛、道意识逐渐占了上风，对政治的热情开始减退。他期待以佛的智慧指导人生，在纷繁杂乱的尘世中保有一颗空静之心。他融合了儒家贤者避世、佛家超越世俗名利与道家知足守分、恬淡去欲的修养观，立于中隐，最后旷达于世。

第三节　韦应物与渼陂

韦应物（737—792），京兆万年（今陕西西安）人。唐朝著名诗人，以山水田园诗著称，后人以王（王维）孟（孟浩然）韦柳（柳宗元）并称。曾任苏州刺史，世称"韦苏州"。韦氏家族为关中的世家大族、书香门第，其父亲韦銮与伯父韦鉴都是著名画家。韦应物部分诗歌体现盛唐余韵，多数为清雅闲淡的诗风。今传有十卷本《韦江州集》、两卷本《韦苏州诗集》、十卷本《韦苏州集》以及散文一篇。

韦应物年少轻狂、任侠负气，15岁时以三卫郎为唐玄宗近侍。安史之乱后，他立志学习，少食寡欲，尝"焚香扫地而坐"（王谠《唐语林·文学》），入太学折节读书。代宗广德元年（763年），即韦应物27岁时，出任洛阳丞；代宗大历九年（774年）任京兆府功曹，之后又先后任鄠县令、尚书礼部员外郎、滁州刺史、江州刺史、左司郎中、苏州刺史等官职。韦应物与其他大历诗人一样，在昌荣的太平盛世度过了青少年，又经历过安史之乱的惶恐不安，心理落差空前，从盛唐诗人昂扬向上的精神面貌中脱离出来，呈现出一种孤独冷漠的凄凉心境，追求宁静淡泊的意趣。韦应物诗风有意效法陶渊明的和雅充淡、闲散庄腴，追求隐逸与宁静，真切自然，清空流畅，在大历诗坛中自成一家。宋代大学者朱熹说："《国史补》称韦为人高洁，鲜食寡欲，所至之处，扫地焚香，闭阁而坐，其诗无一定造作，直是自在，其气象近道，意常爱之。"造化弄人，世事无常，韦应物诗歌中体现的是诗人看破世情的无奈，读来倍感凄凉惆怅。

代宗大历十三年（778年），即韦应物42岁时，任陕西鄠县令。其地人杰地灵，滉陂更是风景独好，乃文人骚客吟诗作画饮酒赋诗填词之处。春日桥头寻柳探花，夏日湖中泛舟煮酒，秋日亭下焚香对弈，冬日湖畔信步赏雪。韦应物多次游览，以心交之，留下了许多脍炙人口的佳作名篇，如《扈亭西陂燕赏》：

> 杲杲朝阳时，悠悠清陂望。
>
> 嘉树始氤氲，春游方浩荡。
>
> 况逢文翰侣，爱此孤舟漾。
>
> 绿野际遥波，横云分叠嶂。
>
> 公堂日为倦，幽襟自兹旷。
>
> 有酒今满盈，愿君尽弘量。

这首诗描写了诗人春日游览滉陂时所见美景与独特心境。诗的前四句写诗人在陂外游赏时所见景色，日出之时，大地复新，诗人站在这片朝阳照耀的清朗大地之上，远远地眺望滉陂的方向，心情浩荡激动。滉陂被郁郁葱葱的树木簇拥着，像一位刚出浴的美人，氤氲着淡淡的雾气与变换的光影。人们被这柔暖的春风从深宅府院中引出来，纷纷成群结队地来到滉陂一览这美不胜收的春景。接下来四句描写了诗人在陂内远望的所见所闻。渼陂春光烂漫，引无数文人骚客挥毫泼墨，相聚畅谈。三五知音，乘一小舟，荡漾渼陂，看着岸边一望无际的田野与陂水相接，一片生机盎然的碧绿色蔓延天际，天边那一条连绵不绝的云带将高耸峭拔的终南山分割开来，在苍茫云海中只剩下一个个独立的小山头。最后四句诗人再次深情吟咏，"公堂日为倦，幽襟自兹旷"，幽暗的县府衙门把诗人弄得整日身心俱疲，劳累不堪，这次渼陂之行，一扫诗人抑郁的心情，安慰、陶冶与净化了诗人的灵魂。"有酒今满盈，愿君尽弘量"融情于景，借景抒情，一切烦忧便都在这渼陂的一波一澜中释然了。阳光照耀下的渼陂固然迷人，而洒落月光的渼陂则更有一番风情，在《乘月过西郊渡》中诗人写道：

> 远山含紫氛，春野霭云暮。
> 值此归时月，留连西涧渡。
> 谬当文墨会，得与群英遇。
> 赏逐乱流翻，心将清景悟。
> 行车俨未转，芳草空盈步。
> 已举候亭火，犹爱村原树。
> 还当守故局，怅恨秉幽素。

因渼陂在长安城的西部，故诗人在此称渼陂为"西郊"。这首诗为诗人夜游渼陂时所写，前四句细致描绘了渼陂傍晚时的迷人景色，表达了诗人不忍离去的依依惜别之情。远处的紫阁峰升腾起紫色的雾霭，映着黄昏时分远处田野中的云气，显得迷幻幽然。此时明月当空，理应回府，而诗人却不忍离去，枉负这世间独有的景致。接下来诗歌又交代了诗人不舍离去的原因：首先是以文会友的文墨会令诗人不愿与友人分别；其次，渼陂的清丽美色使诗人产生了一种人生的领悟，愿在这山水间多一刻的宁谧。九到十二句写诗人驱车回府，却仍恋恋难忘，从侧面反衬出诗人对渼陂的喜爱之情。诗的结尾所展现的情感与上一首诗有异曲同工之妙，想象离开了渼陂，又要回到那浮沉难料的宦途，诗人不免心生惆怅与郁闷，表达了诗人对朝堂的厌倦，对山水田园的向往，感情真切自然，语言清新流畅。这次游览不尽兴，诗人再次月夜重游，弥补心中遗憾：

> 水曲一追游，游人重怀恋。
> 婵娟昨夜月，还向波中见。
> 惊禽栖不定，流芳寒未遍。
> 携手更何时，伫看花似霰。

首联是再见渼陂时的怀恋之情，渼陂虽是一景，却俨然像是一位令诗人牵肠挂肚的故人，不见则日夜思念；颔联写又见湖中的那轮明月，仿佛昨夜的一般，时光虽变，月光却未曾改变；颈联描写月明天寒之时的惊禽与流芳；尾联仍渲染依依惜别之感。虽同为月夜游渼陂，而诗人笔下却展现了不同的景色风貌与情调，可见在韦应物的身上，景随心动，心为景牵。韦应物还有数篇精妙绝伦的渼陂诗，如《西郊游瞩》：

> 东风散馀沍，陂水淡已绿。
>
> 烟芳何处寻，杳霭春山曲。
>
> 新禽哢暄节，晴光泛嘉木。
>
> 一与诸君游，华觞忻见属。

这首诗既是对渼陂景色的赞美，也是对同游好友的称颂。再看下面这首《任鄠令渼陂游眺》：

> 野水泛长塘，烟花乱晴日。
>
> 氤氲绿树多，苍翠千山出。
>
> 游鱼时可见，新荷尚未密。
>
> 屡往心独闲，恨无理人术。

陂水涨满，烟花乱日，草木繁茂，千山苍翠，游鱼新荷。诗人在渼陂的碧波上享受着片刻的闲适，心中却又愧于这种闲适，"恨无理人术"，即使心中有种种无奈，却也只能寄情于山水、融情于自然了。

韦应物爱渼陂，爱远离朝堂的山水田园，愿在大自然的一草一木中寻求心灵的一方净土，高雅闲淡，安恬和婉。

第四节　苏轼喜食渼陂鱼

苏轼（1037—1101），字子瞻，又字和仲，号东坡居士，世称苏东坡、苏仙，眉州眉山（今属四川）人，祖籍河北栾城。北宋著名文学家、书法家、画家，"豪放派"代表诗人。与黄庭坚并称"苏黄"，与辛弃疾并称"苏辛"，与欧阳修并称"欧苏"，为"唐宋八大家"之一。有《东坡七集》《东坡易传》《东坡乐府》等传世。

苏轼一生仕途坎坷、屡遭贬谪，却始终保有一颗乐观旷达之心，随遇而安，傲视苦难。苏轼于宋仁宗景祐四年（1037）出生，嘉祐二年（1057年）中进士，名噪京师。嘉祐六年（1061年），苏轼中制科优入三等，授大理评事、签书凤翔府判官。熙宁二年（1069年），王安石变法，苏轼与王安石政见不合，被迫离京。熙宁四年（1071年）至熙宁七年（1074年）苏轼被派往杭州任通判，后任密州知州、徐州知州、湖州知州等。后因"乌台诗案"贬至黄州。

之后曾官至龙图阁学士知杭州，又屡遭贬谪，至惠州、儋州。虽然苏轼一生惨遭多次贬谪，但失意之途却成就了他，正如苏轼去世前自题画像说："问汝平生功业，黄州、惠州、儋州。"

苏轼学识渊博，思想通达，在文、词、诗、书、画等方面都有极深的造诣。他与渼陂渊源颇深，其诗《答仲屯田次韵》云：

秋来不见渼陂岑，千里诗盟忽重寻。

大木百围生远籁，朱弦三叹有遗音。

清风卷地收残暑，素月流天扫积阴。

欲遗何人赓绝唱，满阶桐叶候虫吟。

在户县草堂寺碑廊中镶嵌着一块《章惇题名碑》，碑形方正，碑文行草。其中有"间过高观（今作高冠），题于潭东石上"之句。从落款日期看，于治平元年正月二十三日刻于高冠潭东石上。章惇，南方才子，宋英宗治平元年正月，章惇与苏轼风云际会关中终南县。时值正月中旬，章惇刚卸任商洛令，和朋友苏旦、安师孟拜会苏轼。苏轼在《游记》中写道："轼三年连三至此，然与子厚（章惇）游，其乐如始至也。"碑中有这样一句话值得世人玩味："旦、师孟二君留终南。回，遂与二君过渼陂，渔于苏君旦之园池。"从苏轼《书

游仙游潭》题词看，二人是当年正月十三日同游周至黑水峪黑龙潭的。也许章惇游兴未减，想到渼陂泛舟。可春寒料峭，苏旦庄园提供方便：破冰垂钓。此次垂钓，得渼陂鱼，于是便有了苏轼这首脍炙人口的《渼陂鱼》：

霜筠细破为双掩，中有长鱼如卧剑。

紫荇穿腮气惨凄，红鳞照坐光磨闪。

携来虽远鬣尚动，烹不待熟指先染。

坐客相看为解颜，香粳饱送如填堑。

早岁尝为荆渚客，黄鱼屡食沙头店。

滨江易采不复珍，盈尺辄弃无乃僭。

自从西征复何有，欲致南烹嗟久欠。

游儵琐细空自腥，乱骨纵横动遭砭。

故人远馈何以报，客俎久空惊忽赡。

东道无辞信使频，西邻幸有庖斋酽。

户县渼陂湖中的渼陂鱼远近闻名，唐《十道志》记载："本五味陂，陂鱼甚美，因名之。"宋代《长安志》记载："唐宝历二年（826年）勅渼陂令尚食使收管，不得杂人采捕，其水令百姓灌溉，勿令废碾碨之用。文宗初，诒并还府县。"据史料记载，渼陂鱼味美肉嫩，有益寿延年之功效。

这首《渼陂鱼》作于苏轼在陕西凤翔为官之时，当时诗人的朋友章惇为他从户县带来渼陂鱼，离乡多年的苏轼

许久未吃到鱼，鲜美的滠陂鱼令他极度兴奋，饱食之余挥毫泼墨作成这首诗。前四句诗人以想象之笔运用精巧凝练的话语细致描摹了滠陂湖中滠陂鱼的形态和动态，"长鱼如卧剑"，水中游鱼长如卧剑，"红鳞"化用白居易诗"脍缕落红鳞"（白居易《题周皓大夫新亭子二十二韵》）之句，表现了滠陂鱼的颜色鲜艳耀目。下一句"烹不待熟指先染"淋漓尽致地表现了诗人品尝美味的急迫。接下来描写诗人长期吃不到鱼的苦恼。"西征"即任陕西凤翔判官一事，因凤翔府在汴梁以西，所以称之为"西征"。诗人慨叹此地无法吃到南方风格烹饪的鲜鱼真乃憾事，虽然河塘里不乏鲦鱼，只恨太过短小，无法做菜享用。在这四句中，诗人从侧面反衬出对滠陂鱼的喜爱与赞美。最后四句描写诗人得到滠陂鱼之后激动的心情。

苏轼的这首《滠陂鱼》比喻生动新奇、层出不穷，用典精当准确、浑然天成，对仗精工，活泼流畅，使滠陂鱼更加美名远扬了。苏轼的弟弟苏辙在看到兄长的这首诗后，便赋了一首《次韵子瞻滠陂鱼》：

滠陂霜落鱼可掩，枯芡破盘蒲折剑。
巨斧敲冰已暗知，长叉刺浪那容闪。
鲸孙蛟子谁复惜，朱鬣金鳞漫如染。
邂逅相遭已失津，偶然一掉犹思蜇。
嗟君游宦久羊炙，有似远行安野店。
得鱼未熟口流涎，岂有哀矜自欺僭。
人生饱足百事已，美味那令一朝欠。
少年勿笑贪七箸，老病行看费针砭。
羊生悬骨空自饥，伯夷食菜有不赡。
清名惊世不益身，何异饮醴徒酤酽。

苏辙这首诗虽从另一个方面赞美了滠陂鱼，但却表现了与苏轼不同的思想观念。诗的前四句想象捕捉滠陂鱼时的情景，四至八句描写滠陂鱼的处境，接下来是对兄长食用滠陂鱼时垂涎模样的感叹，诗的后几句体现了苏辙"饱足"的人生观与保守的社会观。

第五节　程颢与滠陂

程颢（1032—1085），字伯淳，河南伊川人，世称"明道先生"。北宋哲学家、教育家、诗人和理学的奠基者。北宋嘉祐二年（1057年）进士，历任鄠县主簿、上元县主簿、泽州晋城令、太子中允、监察御史、监汝州酒税、镇宁军节度判官、宗宁寺丞等职。与其弟程颐并称"二程"。二程的著作有后人编成的《河南程氏遗书》《河南程氏外书》《明道先生文集》《伊川先生文集》《二程粹言》《经说》等。

程颢认为"在天为命，在人为性，论其所主为心"（程颢《程氏遗书卷十八》），主张把天道与人道合二为一，即"天人一理"。其哲学观念决定了他的精神境界融通谐和、自得其乐，不断地充实净化自己的内心，达到安宁和乐、自然为人，追求自由、活泼与宁静。这体现在诗歌中，便是理趣与意趣的融合，即"存理以观物、应物而得趣、因趣而发理"，强调精神愉悦，抒情感兴，以动之人心。程颢称自己"厌科举之业"，希望隐逸出世，但作为一介名儒，兼济天下才是他的生平宏愿，融平易淡定的心境、超然出世的情怀、追求独善其身而同时兼济天下的理想为一体。

程颢弱冠之年曾任鄠县主簿。清代贺瑞麟诗《鄠县城南》云："明道当年簿鄠时，天然风景天然诗。傍花随柳知何处，欲起先生一问之？"清代三善居士诗《西郊花柳》中也有记载："云淡风轻景物和，前川花柳近如何。不知明道当时乐，且看莺穿浪里梭。"这两首诗中的"明道"即明道先生程颢。在程颢《姬宗世谱序》中也有"嘉祐庚子之冬，调主鄠县簿……于古陵得拜王季于西郊"的描写。"云淡风轻近午天，傍花随柳过前川"，在《春日偶成》中程颢有这样的诗句，诗中景色与西郊涝河相似，不由得不让读者联想到是诗人游览鄠陵时所作。

据《游鄠山诗十二首（并序）》记载，"仆自幼时，已闻秦山多奇。古，有隐者尤复秀出，常恨赏游无便。嘉祐二年始应举得官，遂请于天官氏，愿主簿书于是邑。谓厌饫云山，以偿素志。今到官几二年矣。中间被符移奔走外干者三居其二……惟白云特在山面，最为近邑，常乘闲两至，其余佳处，都未得往。变化初心，辜负泉石。"这段话交代了程颢任鄠县主簿的原由是歆羡其地之美景，前后共四天，他遍游俊山秀水，途中马上，成诗十二首，首篇为《白云道中》：

吏身拘绊同疏属，俗眼尘昏甚瞀瞢。
辜负终南好泉石，一年一度到山中。

在这首开篇之作中，诗人一语道出对官场的厌倦和对山水的向往。官场牵绊，令诗人"俗眼尘昏"，俗世生活蒙蔽了诗人的初心，虽是厌倦，但终是辜负了这终南好景色。"一年一度到山中"，畅想着在自然中寻人生真趣，这种佛老遁世思想的流露在《游鄠县山诗十二首（并序）》中颇为常见。下一首诗是《马上偶成》：

身劳无补公家事，心冗空令学业衰。

世路艰险功业远，未能归去不男儿。

《马上偶成》是作者积极入世、兼济天下思想的真切流露。"身劳无补公家事，心冗空令学业衰"，字里行间是诗人功业不成，学业又衰，无法实践儒家理想的惭愧与失落。"未能归去不男儿"，虽歆羡山水，但程颢深知人生重任，时时刻刻心怀天下，献身于经世之业。在十二首诗中，有一首与《马上偶成》所表达的思想感情有异曲同工之妙，那便是《下山偶成》：

襟裾三日绝尘埃，欲上篮舆首重回。

不是吾儒本经济，等闲争肯出山来？

"吾儒本经济"，表达了他虽钟情于山水却执着于儒生的使命。

仙掌远相招，萦纡渡石桥。

暝云生涧底，寒雨下山腰。

树色千层乱，天形一蟒遥。

吏纷难久驻，回首美渔樵。

这首《游紫阁山》记录了诗人游览紫阁山时的所见所赏。紫阁山原名紫盖山，古时为终南名山之首，山势俊秀，

景色绝美，有"终南第一山"的美称，唐代诗人李白赋诗赞美该山，将此山峰比作"紫阁"，后人随称作紫阁峰。云生涧底，寒雨飘落，树木繁绕，天形一线。紫阁美景令同游之人"回首羡渔樵"，流连忘返，不忍离去。过了紫阁峰，程颢一行人便慕名来到猕猴山，作一绝句《猕猴》以记录之：

山僧云：晏元献公来，猕猴满山。

闻说猕猴性颇灵，相车来便满山迎。

鞍羸到此何曾见，始觉毛虫更世情。

猕猴山一过便来到高观谷，诗人见其瀑布不禁惊觉，遂赋诗一首：

轰雷叠鼓响前峰，来自形云翠霭中。

洞壑积阴成气象，鬼神凭暗弄威风。

喷岩雨露千寻湿，落石珠玑万颗红。

纵有虬龙难驻足，还应不是旱时功。

这首《高观谷》是对终南山险奇峭拔、云腾千里之盛景的热情歌颂。高冠瀑布飞流直下，如鬼神怒号，落雨经阳光照耀呈现红色斑斑数点，如珍珠撒地，如此奇险之地恐怕连虬龙也难驻足。这是诗人对自然、对山川的赞美与崇敬。之后，诗人一行又先后游览了草堂寺、长哨岩、重云山、凌霄三峰、云际山等景点，留下数篇不朽诗作：

参差台殿绿云中，四面筼筜一径通。

曾读华阳真诰上，神仙居在碧琳宫。

当日诗人夜宿草堂寺，触目感慨，便写下这首诗。

车倦人烦渴思长，岩中冰片玉成方。

老仙笑我尘劳久，乞与云膏洗俗肠。

这首诗题目为《长哨岩中得冰，以石敲餐甚佳》，诗中描写同游者一行人道中倦乏之时，恰巧在岩隙中看到累结的冰块，于是捡起石块敲冰解渴。这一细节颇给人一种亲切之感，又不乏高逸脱俗的意趣。

久压尘笼万虑昏，喜寻泉石暂清神。

目劳足倦深山里，犹胜低眉对俗人。

这首《游重云》描绘了诗人游览太平峪重云山时所见美景。虽在深山中游玩不乏倦意，但在诗人心中却远胜"低眉对俗人"。

长哨岩东古寺前，三峰相依势相连。

偶逢云静得见日，若有路通须近天。

阴吹响雷生谷底，老松如箸见崖颠。

结根不得居平地，犹与莲花远比肩。

南药东边白阁西，登临身共白云齐。

上方顶上朝来望，陡觉群峰四面低。

这两首诗分别为《凌霄三峰》与《云际山》，云际山主峰和橡山、草坪岗一起并称凌霄三峰。其山势峻岭险峰，连绵不绝，四季景色各异，风景迷人。诗人登至山顶，瞬间便觉视野开阔，心生浩荡之气。

作为理学大师，程明道挚爱山水，向往万物生生不息、宁和活泼，而在追求独善其身之时，仍始终怀有一颗兼济天下之心，经世爱人，追寻天理。

第三章

【明清时期】

明清时期，渼陂先后有王九思和王心敬，为渼陂的教育和文化做了许多实实在在的工作。辞官归乡的王九思创办了渼陂书院，并创作了千古绝唱《杜甫游春》。理学大儒王心敬在渼陂留下了与众多名流雅士结伴游览唱和的诗文和情思。

第一节　王九思与鄠陂

王九思于明成化四年（1468年）出生于户县北街王家大屋中。县城濒临涝河，距鄠陂仅为三里，又兼"西郊花柳"，风光明媚。九思童年即在这种环境中成长。他自言"玩在郊野，游于田间，并不受父祖辈的约束"。据《王氏族谱·铃传》，九思的四叔祖，精于树艺，又善于种瓜。其在涝河西湾所种西瓜、甜瓜味美异常。五六岁的九思，时常"光临"。稍长，就和童年好友到鄠陂游玩，有时兴趣所至，竟忘了吃饭，直至家人呼喊方才罢休。

王九思自幼流连玩耍于涝河之滨的鄠陂周边，对鄠陂有深厚的感情，因而成年后自号为鄠陂。

弘治年间为奉养二老，九思即在鄠陂畔置地建衍庆堂，在其周广种花木。正德七年（1512年）秋，由安徽寿州同知任罢官归里。经过一年多的心理调整，情绪逐渐平息下来。又在衍庆堂的基础上，建规模较大的十亩园，也即后米的鄠陂书院。在这里九思接待了许多名人，如状元康海、状元吕柟、名宦马理、文学家李开先、朝廷大员白贞夫等，同时在这里教授生徒，接待历任户县的教谕等。十亩园成为鄠陂畔的重要活动场所。

正德八年（1513年）晚秋，王九思骑马过渭河，去武功访问康海。路经兴平县之马嵬驿（杨贵妃自缢处及其陵墓所在地），看到附近一座废弃的庙宇。听到当地父老的一番陈述，引起他对当朝宰辅李东阳虚伪行径的憎恶：明明是刘瑾的帮凶，却装出受刘瑾迫害的假象，又反过来诬陷与刘瑾不相关的人。本来已平静的心境，又激起愤怒的波澜，于是作七言古诗《马嵬废庙行》（《渼陂集》卷三）。

据《明史·刘瑾传》：刘瑾一伙在怂恿皇帝大兴土木的同时，也为自己建造乐园。刘瑾为炫耀富贵，表示孝顺，在陕西兴平原籍汉代上林苑境内、杨贵妃墓旁尽占风水，为其父修建有碑亭建筑的坟墓、祠堂；为夸耀于乡里，又在其家居地马嵬驿，建一座义勇武安王庙，由武宗皇帝御赐"忠义"匾额，令地方官逢年过节都去祭拜，并颁布敕令予以保护。

诗的前部分主要写事件的起因和建筑的宏伟，以及地方官吏的献媚、渎神媚鬼的无知。此诗的关键句"往往才士过吟哦，尽道台臣与秉笔。听来依稀记姓李，云是文章名第一"，明确告诉人们"台臣与秉笔"是李东阳一伙。李东阳在"正德丙丁戊己年"（正德一、二、三、四年），直到刘瑾倒台（正德五年）后至正德七年，一直为内阁大

学士，且以台阁重臣为文坛领袖，领导群伦，当然被尊为"文章天下第一"了。这些人不远千里从京城来到陕西兴平，对刘瑾极尽阿谀奉承，为其歌功颂德，可见其卑鄙。而李东阳所谓对刘瑾"阳倚阴违"，实际上是欺骗。据黄仁生《论王九思及其杂剧创作》（《中国文学研究》1988年第2期），义勇武安王庙"碑文为李东阳所撰，至瑾诛，李东阳立即寄书兴平县官将碑捣毁"。

九思听了野叟言，坐在树下激愤不已：赫赫内阁大学士尚且如此，地方官吏又算得了什么？无奈九思"月明骑马陟前冈，仰天一笑秋空碧"。仰望清碧无垠的夜空，那笑实在是苦涩的……

不久，挚友丰原学（曾与九思同在翰林为侍讲，同修《孝宗实录》，进秩右谕德未久，又视事南京翰林院。时九思已在吏部为主事。他们在翰林共事十年，友谊颇深）来书，为九思鸣不平，怎能不使"烈夫壮士，击剑悲歌，拊膺流涕而至于痛哭"？

于是"水搏则势激，情急而感兴"，九思的激愤之情已经达到不得不迸发的地步，千古绝唱——《杜甫游春》产生了。

《杜甫游春》依据杜甫的诗篇《渼

陂行》中"岑参兄弟皆好奇，携我远来游渼陂"（现存杜甫有关渼陂的诗篇不下五首。九思因崇拜杜甫又近居渼陂，因自号渼陂子）为史实，以杜甫之口骂奸相李林甫，实指李东阳，可谓骂得痛快淋漓。《杜甫游春》问世后影响很大。

不久，刘养和、霍韬、蒋阳等朝廷大员向吏部推荐起用王九思，修《明武宗实录》。而九思的连襟——同被罢官的王讷海向朝廷上言：《杜甫游春》中的李林甫固指李东阳，并怀疑杨国忠是指杨石斋，贾婆婆大概指贾南坞。

"吏部闻之，缩舌而止。"九思的复官也就此作罢，终其一生九思再未出仕。

九思《答王德徵书》为《杜甫游春》辩解："自归里舍，农事之暇，有所述作。间慕子美（杜甫），拟为传奇（杂剧），所以抒情畅志，终老而自乐之术也。不意亲朋（指王讷海之辈）指摘瑕颣（缺点、毛病），投诸馆阁，发怒起祸，幸以消沮。"

《杜甫游春》中有关于渼陂景物及其盛况的描写，多用杜甫《渼陂行》《城西陂泛舟》的诗句，如"青蛾皓齿在楼船，横笛短箫悲远天。春风自信牙樯动，迟日徐看锦缆牵。鱼吹细浪摇歌扇，燕蹴飞花落舞筵。不有小舟能荡桨，百壶那送酒如泉。"岑参兄弟与杜甫在渼陂泛舟，又邀来名妓董妖娆。杜甫与妖娆一边饮酒，一边观赏渼陂风光，平复了在曲江受小人挤兑的愤慨。当房琯丞相命人请杜甫回朝做官时，杜甫唱道："怎舍得诗酒渼陂宅，怎恋你云雨楚阳台？"

王九思的舅家在渼陂上游的丈八寺，舅家的晚辈请他赴宴，宴罢邀他去渼陂垂钓。九思把杆上鱼矶，钓来小鱼，"注盆犹泼剌，泳水自依稀。一笑吾亲放，无劳问是非"。城西村，为渼陂沿岸的村社，那里有一年一度的"牛王社"，届时村民总要邀请九思赴会，九思也是有邀必到，而且总是与村民共饮，往往喝得烂醉如泥。可见渼陂的民风淳厚。

王九思晚年家境衰落，十亩园有所破败，而九思实无力修葺。但他对于渼陂仍十分关心。渼陂镇为方便通行，修了一座石桥。他在《渼陂镇重修石桥记》中，回忆了渼陂唐代的盛况，谴责了元兵的破坏，赞扬了修桥者的功德后，发了一通感慨："夫此渼陂者，关中之奥区也。自有子美之诗，而其名益著海内。豪杰磊落之士，想慕风景，思一游赏而不可得。宋元祐间，县令张君伋，尝筑空翠堂于镇之东南冈上。自为记刻诸石，堂今废而石存焉。每一登眺南山，苍翠举在目前，风景万状，难以具述。予非镇人也，心窃爱之，尝自谓渼陂山人云。自罢官归里，逾三十年，老且衰也。苦于资乏，不能买一亩之田，架数椽之屋，倘佯其间，以偿吾性。"这是说自己已无力修葺渼陂书院了。

第二节　王心敬与渼陂

王心敬，号丰川，为清初理学大儒。家住县城北街。据1987年版《户县志》，王心敬从师李二曲十年，奋力用功。40岁后成为远近闻名的理学名儒。大学士朱轼（兼礼部尚书）在陕督学时，曾多次到户县向他请教；果亲王至陕殷勤顾问；总督额忒伦、年羹尧先后以隐逸荐于朝廷，皆辞不就。这反而使他的名气更大。一时黔、粤、吴、楚等地巡抚，都以优厚的待遇请他为本省书院总讲习。他曾应湖北巡抚陈铣之邀，讲学于江汉书院。

王心敬一生勤奋著述，著作等身。在研究理学教授生徒之余，经常陪伴朋友和到访的名人，去近在咫尺的渼陂游览凭吊，并和这些人多有唱和。其中与某令公（中书令，简称令公）过渼陂空翠堂，令公有感作怀念杜甫诗篇。王心敬即作诗唱和，其中有"万顷波澄涝浦西，孤亭霜后柏还凄。何时锦缆随流水，依旧峰阴入断堤"。以昔日的万顷波澄的气象，对比霜后的孤亭与凄冷的松柏，不禁使人感慨：何时才能再见到"迟日徐看锦缆牵"和"紫阁峰阴入渼陂"（二句为杜诗句）的景象？

康熙年间，知县朱文卿重修了渼陂杜工部祠（空翠堂），邀请地方名流（同坐者有朱文卿之弟以及魏、王、靳、杨诸君，还有王心敬家兄彭水等）观祠赏秋，王心敬对朱文卿的作为甚是赞赏，和朱文卿诗二首。他以一种欢欣的心情写道："万顷陂波仍自清，水声澎湃和秋声"。真乃有情人眼里的景色！虽然没有"凌风"、看不到"扁舟"，但"凭栏尚见鸥平浮"也令人欣慰。眼界再放宽点儿："南山紫翠连云栋，渭水晴光映绣沟"，难道不是山河美如画？最后赞扬朱文卿：少陵祠宇本来就传千古，况且还有你这样的良吏，叫空翠堂竖立在即将干涸的水域！此事过后的某月九日，王心敬又与朱文卿来渼陂登高望远，朱文卿作诗向王心敬索和。王心敬有诗曰"胜地即今一旦新，千秋雅韵会良辰"。空翠堂在渼陂仅是一处景观，它的修复并无助于整个渼陂的衰落，但只要为地方哪怕做一点点好事，都会受到人们的称赞，这大概就是王心敬诗的意旨吧！

仅就王心敬遗留的诗作，可知与之同游的还有富平的沈钦公等。

而令人揪心的莫过于某年与张令公凭吊渼陂先生（王九思，为王心敬先祖）的春雨亭。其《和张令公吊渼陂先生春雨亭遗像》诗曰："十亩园林地，萧条剩数椽。亭铭反陷壁，遗像仅中悬。春雨长年至，遗文无计传。即令孟阳赋，读罢倍潸然。"十亩园即渼陂书院，其中的春雨亭萧条破败得只剩下树根椽。当年康海撰写的《春雨亭记》的碑刻也陷入墙壁，只有渼陂先生的遗像孤零零地悬挂其中。可怜春雨年年来临，而渼陂先生的遗文却无法流传。即使你读了李梦阳（与王九思同为"前七子"，文风沉郁雄壮）的赋文，也倍觉伤心，潸然泪下。"萧然遗像在，相对两凄然"，在这冷落萧然的环境里，九思遗像面对着王心敬，王心敬看着遗像，双双凄然落泪……

王心敬于清乾隆三年（1738 年）去世，葬在涝河东岸的高岗上，俯视着千年的渼陂和王九思的十亩废园。

王心敬后来在户县人心目中，成为一个传奇甚至神话式的人物。据《户县志》记载，数百年来，户县王夫子会涝河龙君的故事传说（故事见《涝河与渼陂的传说》）里面的王夫子就是王心敬。

第七编·学术研究

当代关于渼陂等地的学术研究层出不穷，有的从上林苑、长安郊、文人游赏的综合研究角度涉及渼陂，有的专题专述渼陂，对渼陂的历史地理、胜迹风物、文人故事等都有严谨的考证和科学的探讨。

第一章

【渼陂及其综合研究】

对渼陂的综合性研究，从整体入手，更多从生态环境的变迁、历史文化资源、营造考证等角度入手，将渼陂放在一个地域广阔、历史纵深、文化深远的广义概念中，为渼陂寻找到了历史背景、地域渊源和文化根脉。

上林苑生态环境的变迁（节选）

李健超

（《生态学杂志》1984 年第 6 期）

西汉时期长安（今西安市）城南的上林苑，包括今长安县、户县的大部分和蓝田县、周至县的一部分，面积约有两千多平方公里。在当时说来，这是我国最早最大的动植物园，也堪称世界上最大的动植物园。

…… ……

上林苑中的动植物种类是很多的。据《三辅黄图》记载："苑中养百兽，天子秋冬射猎取之。帝初修上林苑，群臣、远方各献名果异卉三千余种植其中。"百兽及名果花卉名称散见于各种古籍，仅司马相如《上林赋》、班固《两都赋》及张衡《西京赋》提到的就有一百多种，现摘录如后。

这个动植物名录主要限于名贵物种，只占上林苑动植物总数的很小一部分，大量普通物种未著录。这些动植物有当地的，也有从南方和外地运来的，还有从外国引进的。《汉书·西域传》记载："明珠、文甲、通犀、翠羽之珍盈于后宫，蒲梢、龙文、鱼目、汗血之马充于黄门，钜象、师子、猛犬、大雀之群食于外囿，殊方异物，四面而至。于是广开上林……"班固《两都赋》也说上林苑有"九真（越南）之麟，大宛之马，黄支（苏门答腊）之犀，条支（伊拉克）之鸟，逾昆仑，越巨海，殊方异类，至于三万里"。另外，葡萄、石榴、核桃、芝麻、蚕豆、苜蓿也在这时先后由西域诸国甚至欧洲、非洲国家运来植于苑中，后来逐渐成为我国果木和农作物大家庭中的成员。

上林苑中的离宫别馆有几十所，其中不少以动植物名称命名，如扶荔宫、葡萄宫、犬台宫、走狗观、蚕观、燕升观、观象观、白鹿观、鱼鸟观、走马观、虎圈观、飞廉观（飞廉身似鹿，头如雀，有角而蛇尾，文如豹）、射熊观、属玉观（属玉为水鸟，似鸭而大，长颈赤目），等等。这表明上林苑已经分门别类和划分区域饲养动物与栽培花木，对于动植物的生态观察和饲养方法的改进、驯化过程的人工选择等，都达到一定的科学水平。

…… ……

《上林赋》提到的果树很多，有卢橘、黄柑、榛、枇杷、杨梅、荔枝等，还有从西域引进的葡萄及河西走廊和西方的佳果奈。柑橘是亚热带水果，只能抵御 $-8℃$ 的最低温度，西安现在冬季最低温度常在 $-8℃$ 以下，所以柑橘不能生长。柑橘在我国的生长北界已南移到秦岭以南陕西省城固县的升仙村。

关中是梅树的老家。《诗经·秦风》说："终南何有？有条有梅。"

汉代上林苑梅树种类很多，《西京杂记》曾提到七种：朱梅、紫叶梅、紫华梅、同心梅、丽枝梅、燕梅、猴梅。唐时长安还有很多梅树，宋代苏东坡就哀叹梅在关中消失。梅树只能抵御 $-14℃$ 的最低气温，但在 1931—1980 年间，西安有些年份的最低气温降到 $-14℃$ 以下。

《史记·货殖列传》说："蜀汉江陵千树橘，……渭川千亩竹。"竹子在汉代确实是关中一大经济作物。西汉以后，上林苑西部地区仍是一片数十公里大的竹林，唐宋元都在产竹地设立政府机构司竹监。在今周至县东司竹村附近，至今还有少量竹子生长，但是大面积的竹林已经毁灭了。

《三辅黄图》记载：荔枝、槟榔、龙眼等一类热带作物，由于"南北异宜"，故多枯瘁。汉武帝还曾命名荔枝宫，派数十人专管培育。因为荔枝只能抵御 $-4℃$ 左右的最低温度，上林苑缺乏荔枝生长的条件，所以无一生者。这证明荔枝等热带植物不能在关中生长，可是汉武帝却无辜诛杀了数十名荔枝培育者。

上林苑养殖了庞大的鹿群，有专门驯养鹿以供观赏的鹿观或鹿馆。这证明当时上林苑的自然环境适于鹿科动物生长繁衍，但是由于后来森林被严重破坏，现在除动物园饲养外，野生鹿科已在关中绝迹。

《上林赋》提到的貘，就是我国的珍贵动物大熊猫。当年的"户杜竹林"和"渭川千亩竹"正是适合大熊猫的生活环境，可是随着大面积竹林的毁灭，大熊猫也在关中消失了。

《汉书》也多次提到熊罴和野猪，上林苑虎圈亦喂熊，长杨宫有射熊馆，上林苑也可能豢养野猪。《汉书》不乏斗熊取乐和斗彘罚过的记载，但之后的史料就很少提到了。现在熊罴和野猪在关中平原已经绝迹。

上林苑也有犀牛。更新世中国犀牛曾在关中平原大量存在，猎犀在西周仍是田猎壮举，但在西汉晚期大概犀牛即已在关中平原绝迹，汉籍多次提到不远万里从黄支（苏门答腊）运犀牛到长安可为旁证。现在除我国西藏察隅和墨脱地区尚有犀牛外，世界上的犀牛均分布于南亚和非洲的热带地区。

西汉上林苑的范围及相关问题（节选）

王社教

（《中国历史地理论丛》1995年第3期）

关于西汉上林苑的具体范围，目前主要存在以下四种观点：第一种观点认为，汉上林苑东起灞浐，南傍终南山，西至今周至，北跨渭水，包有今兴平境内的黄山宫，然后濒渭而东，周围约300余里。这是一种较为普遍的观点，东汉班固、《三辅黄图》的作者、北宋宋敏求及今人武伯纶、刘运勇皆持之。第二种观点以林剑鸣和陈直二位先生为代表，他们皆以为汉上林苑不仅包括渭北的黄山宫，而且还包括远在今淳化县一带的甘泉宫。第三种观点则以为汉上林苑仅包括渭南部分，至于渭北的黄山宫乃属渭北的甘泉苑。目前为止，持此观点的仅有北宋程大昌一人。第四种观点见于西晋潘岳的《关中记》，认为上林苑不仅不包括渭北的黄山宫，甚至连位于今蓝田县的鼎湖宫和位于今周至县境内的长杨宫、射熊观也不在其中。观点如此之多，差异如此之大，实在令人感到惊讶。

······ ······

建成后的上林苑完全成了皇家游猎的专用之地，其中不仅建有大量的宫殿台观，种植有无数从国内外移植过来的奇花异草，还放养有许多珍禽猛兽。这里既有的良田已被毁弃，居民已被赶走，是一个没有耕地、没有民居，只有在漫无边际的森林中点缀着一些瑰丽的楼台亭阁的巨大的动植物园。故而东方朔谏其三不可，其一为"绝陂池水泽之利，而取民膏腴之地，上乏国家之用，下夺农桑之业，弃成功，就败事，损耗五谷"，其二为"盛荆棘之林，而长养麋鹿，广狐兔之苑，大虎狼之虚，又坏人冢墓，发人室庐，令幼弱怀土而思，耆老泣涕而悲"。这个地方是不允许普通老百姓出入的，它周围不仅圈有高大的围墙，同时还在仅有的 12 个苑门派驻禁兵进行守卫。征和元年（前 92 年），武帝在建章宫见一男子进入中龙华门，因追捕不获，竟杀掉了掌管宫门出入的官吏，并调发三辅骑士大搜上林苑。不仅普通老百姓不得出入，就是附近郡县的地方官吏不经允许，也不能擅自进入。也是在武帝时期，右扶风长官咸宣的属吏成信，因罪逃进上林苑躲藏，咸宣派郿县令率领吏卒由上林中蚕室门攻杀成信，射中苑门，咸宣因此被捕下狱，论罪当族。这样的一个有垣墙环绕，没有老百姓生产和生活的皇家园林，如果说它地跨渭水南北，包括有今长安、户县、周至、兴平、淳化等广大地区，是令人难以想象的。

对上林苑的范围之所以产生如此大的分歧，主要在于对有关记载的错误理解。自汉武帝广开上林苑时起，就有许多描述上林苑的作品问世，如司马相如的《天子游猎赋》、扬雄的《校猎赋》、班固的《西都赋》等。无论是司马相如的《天子游猎赋》，还是扬雄的《校猎赋》以及班固的《西都赋》，其本意都在于讽谏当政者要去奢从俭，所以极尽夸张之能事，对于武帝游猎的场面和规模大肆渲染，因而其中的内容不尽合乎事实。

西汉上林苑的几个问题（节选）

徐卫民

（《文博》1994 年 04 期）

上林苑的管理

上林苑有一套严密的管理系统。西汉初年，上林苑由少府管辖。汉武帝时扩大了上林苑的规模，其管理由少府转入水衡都尉。《汉书·百官公卿表》云："水衡都尉，武帝元鼎二年初置，掌上林苑，有五丞，属官有上林、均输、御羞、禁圃、辑濯、钟官、技巧、六厩、辨铜九官令丞，又衡官、水司空、都水、农仓，又甘泉上林、都水七官长丞，皆属焉。"

…… ……

上林苑中的禽兽

上林苑供皇帝游乐射猎使用。"上林苑中，天子遇秋冬射猎，取禽兽无数实其中""苑中养百兽"。因之苑中禽兽众多。"植物斯生，动物斯止，众鸟翩翻，群兽驱骇，散似惊波，聚以京峙。"禽兽散走之时，如水惊风而扬波，聚时如水中高土。禽兽之多，"伯益不能名，隶首不能纪"。《上林赋》对上林苑中各类禽兽有详细的记载。《羽猎赋》云："凤凰巢其树，黄龙游其沼，麒麟臻其圃，神爵栖其林。"

射猎是封建皇帝的享乐方式。"强弩弋高鸟，走犬逐狡兔，此其为乐也。"射猎时"陈虎旅于飞廉，正壁垒乎上兰。结部曲，整行伍……赴洞穴，探封狐。陵重巘，猎昆驳。……相羊乎五柞之馆，旋憩乎昆明之池……蒲且发，弋高鸿。

挂白鹄，联飞龙。磻不待絓，往必加双。"于是乎背秋涉冬，天子校猎。……车骑雷起，殷天动地，先后陆离，离散别追。……生貔豹，搏豺狼，手熊罴，足壄羊……跨壄马，凌三嵕之危，下碛历之坻，经峻赴险，越壑厉水，椎蜚廉，弄獬豸，格虾蛤，鋋猛氏，羂騕褭，射封豕。箭不苟害，解脰陷脑；弓不虚发，应声而倒。……轶白鹿，捷狡兔。……蹵玄鹤，乱昆鸡，道孔鸾，促鵔鸃，拂翳鸟，捎凤凰，捷鸳鶵，撎焦明（似凤，西方之鸟）。"《西都赋》亦云："罘网连纮，笼山络野。列卒周匝，星罗云布。于是乘銮舆，备法驾，帅群臣。披飞廉，入苑门，遂绕酆鄗，历上兰。六师发逐，百兽骇殚……雷奔电激，草木涂地，山渊反覆。蹂躏其十二三，乃拗怒而少息……鸟惊触丝，兽骇值锋。机不虚掎，弦不再控，矢不单杀……挟师豹，拖熊螭，曳犀牦，顿象罴……原野萧条，目极四裔。禽相镇压，兽相枕籍。"真可谓轰轰烈烈，声势浩大。

上林苑飞鸟成群，"鸟则玄鹤白鹭，黄鹄鹨鸹，鸧鸹鸨鶂，凫鹥鸿雁"，"鸟则鹔鹴鹄鸨，驾鹅鸿鹔"。封建统治者视飞鸟为祥物，宣帝颁布保护鸟类的诏令，"令三辅毋得以春夏摘巢探卵，弹射飞鸟"。宣帝元康四年（前62年），当时一种称为"神雀"的鸟"以万数集长乐、未央、北宫、高寝、甘泉泰畤殿中及上林苑"，皇帝因之改年号为"神爵"。

上林苑还专门为虎、狮子等修圈，并在旁筑观，供人观赏。虎圈，据《汉书·郊祀·志》云："建章宫西有虎圈。"颜师古注云："于菟，亦西方之兽，故于此置其圈也。"此虎圈乃上林尉回答文帝问上林苑禽兽多少处。狮子圈，位于建章宫西南。

大规模广设兽圈，并使之成为人与困兽相斗的竞技场。汉文帝很重视虎圈，亲自寻问虎的多少，专设有虎圈啬夫管理。河南洛阳曾出土一块汉彩画砖，上有"上林虎圈斗兽图"。斗兽被用作惩罚人的手段。名将军李广之孙李禹，曾被逼下虎圈刺虎。"其下则有白虎玄豹、蟃蜒貙豻、兕象野犀，……于是乎乃使专诸之伦，手格此兽。"观赏者从中取乐。《汉书·外戚传》云：汉元帝建昭中，"上幸虎圈斗兽，后宫皆坐"。《上林赋》中描写了人斗兽的情况，"生貔豹，搏豺狼，手熊罴，足野羊"。成帝元延三年（前10年），下令将熊罴、豪猪、虎、豹等放进射熊馆，然后"令胡人手搏之，自取其获，上亲临观焉"。

………………

上林苑中的花木

上林苑中花木品种繁多，有木本、草本，木本中又有观花、观叶、观果、观枝干的各种乔木和灌木。草本中有大量的花卉和草坪植物。辉煌的建筑物与自然的山水、花木融为一体，构成一幅自然和谐的优美画面。

上林苑中森林繁茂，花木众多。《三辅黄图》云："帝初修上林苑，群臣、远方各献名果异卉三千余种植其中。"《西京杂记》亦云："初修上林苑，群臣远方，各献名果异树，亦有制为美名，以标奇丽。"从《西京杂记》可看出当时苑中有梨十、枣七、栗四、桃十、李十五、柰（苹果的一种）三、查（即山楂）三、椑（柿子的一种）三、棠四、梅七、杏二、桐三，以上均为种。林檎十、枇杷十、橙十、安石榴十、樗十、白银树十、黄银树十、槐六百四十、千年长生树十、扶老木十、守宫槐十、金明树二十、摇风树十、鸣风树十、琉璃树十、池离树十、离楼树十、楠十、枞七、白榆木十、桂蜀漆树十、栝十、楔四、枫四，以上均为株。从上所言，苑中花木真是不胜枚举。

封建统治者把全国各地能够在关中栽植的花木均要移植到上林苑中，因而形成"竹林果园，芳草甘木，郊野之富，号为近蜀"，"郁蓊薆蔚，爽樀惨"，"菷蓬茸，弥皋被冈"。呈现一派草木茂盛的景象。《上林赋》中记载着当时的花木名称。

上林苑中树木，有原来留下来的森林，"林麓泽薮连亘"，"长千仞，大连抱"，"长安城东南有楸林"。同时又有人工栽植的树木，"卫思后葬城东南桐柏园"。见于记载的人工栽植树种有松、柏、桐、梓、杨、柳、榆、槐、檀、楸、竹等用材林木及桃、李、杏、枣、栗、梨、柑橘等果木和桑、漆等经济林木。"于是乎卢橘夏熟，黄甘橙楱，枇杷橪柿，亭奈厚朴，楟枣杨梅，樱桃蒲陶，隐夫薁棣，答沓离支，罗乎后宫，列乎北园。崒丘陵，下平原……沙棠栎槠，华枫枰栌，留落胥邪，仁频并闾，欀檀木兰，豫章女贞。"这些树木"垂条扶疏，落英幡纚，纷溶箾蓼，猗狔从风……被山缘谷，循阪下隰，视之无端，究之无穷"。苑中有许多以树木命名的宫殿台观，如长杨宫、五柞宫、葡萄宫、青梧观、棠梨宫、梨园、细柳观、檬木观、椒唐观、柘观等。说明其旁必有此种植物。

上林苑中竹林很多，户、杜、周至是著名的竹子产地，西汉王朝还在周至特设竹圃，后来关中竹迭受称道，竹圃甚至成为一地的专名了。

为了保证上林苑四季长绿，苑中种植了许多四季不落叶的树木花草，如沙棠、栋楮、豫章、女贞等，又从南方移植了一些树。扶荔宫专门种植南方的奇花异草，如菖蒲、山姜、甘蔗、留求子、龙眼、荔枝等。为了保证这些南方植物在北方能够种植，冬季时还进行了温室栽培。温室的历史从西汉开始。"太官园种冬生葱、韭、菜茹。"其方法是"覆以屋庑，昼夜燃蕴火，待温气乃生"。太官是专管皇帝膳食的，为了保证皇帝冬季能吃菜，用温室栽培菜蔬。当时民间也有温室，富有者多食"冬葵温韭"，那么上林苑必然采用温室栽培南方植物过冬。

秦汉时期还制定了保护林木的法令。"春二月，毋敢伐材木山林。"《吕氏春秋》规定从孟春到季夏各月"禁止伐木""无焚森林""毋伐桑柘""无伐大树""无烧炭"。《淮南子·主术训》云："草木未落，斤斧不得入山林。"

对一般林木如此保护，那么作为皇家苑囿的上林苑更不能例外了。

上林苑中池沼

上林苑水源丰富，有"荡荡乎八川分流"之称。东有灞河、浐河，西有沣河、涝河，南有潏水、滈水，北有渭水、泾水。渭水犹如一条巨龙从上林苑东西穿过，正如《上林赋》所言："终始灞浐，出入泾渭；酆镐潦潏，纡馀委蛇，经营乎其内。"上林苑利用长安八水的有利条件，修建了许多人工湖泊，犹如镶嵌在苑中的颗颗明珠。

昆明池：汉武帝元狩三年（前120年）开凿。《汉书·食货志》云："是时越欲与汉用船战逐，乃大修昆明池，列馆环之。"即修建昆明池是为了操练水军，讨伐西南夷。宋人程大昌在《雍录》中云："其始凿也，固以习战，久之乃为游玩之地也。"昆明池是长安城西南的总蓄水库，供应汉长安城内外的用水，"城内外皆赖之"。汉初长安城的水源是引用潏水，后来随着长安城的扩大、人口的增加，于是乃修昆明池。昆明池的水源来自洨水。洨水本是东流入洋的，汉武帝作石闼堰，堰引洨水北流，穿过细柳原，流入昆明池，石闼堰遗址在今天堰下张村。

昆明池的规模，臣瓒认为"周回四十里"。《长安志》引《三辅故事》："盖三百二十顷"。张谢辑《三辅旧事》："三百三十六顷"。昆明池的四至，据《长安县志》引碑石云："北极丰镐村，南极石匣，东极园柳坡，西极丰门。"胡谦盈先生曾在昆明池遗址踏察，认为汉昆明池遗址就是今天长安县斗门镇东的一片低地，比周围低2~4米，总面积约10平方公里。池址北缘在今北常家庄之南，东缘在孟家寨万村之南，南缘在细柳原北侧，即今石匣口村，西界在张村及马营寨之东。

《三辅黄图》引《庙记》云："池中后作豫章大船，可载万人，上起宫室，因欲游戏。""昆明池中有戈船数十，楼船百艘，船上建戈矛，四角悉垂幡旄葆麾盖，照灼涯涘。"这么多的船除用作水兵训练外，有一些乃用作皇家后宫荡舟。皇帝后妃在昆明池"登龙舟，张凤盖，建华旗，祛黼帷，镜清流，靡微风，澹淡浮。棹女讴，鼓吹震"。《西京赋》云"旋憩乎昆明之池，……于是命舟牧，为水嬉，浮鹢首，翳云芝。垂翟葆，建羽旗。齐栧女，纵棹歌，发引和，校鸣葭。奏淮南，度阳阿。感河冯，怀湘娥。惊蛔蛹，惮蚊蛇。然后钓鲂鳢……摭紫贝，搏耆龟"，反映出当时皇宫后妃在昆明池中泛舟游荡钓鱼的情况。《西京杂记》载："昆明池有刻石为鲸鱼，每至雷雨，常鸣吼。""昆明池中有二石人，立牵牛、织女于池之东西，以象天河"。这两尊石象迄今犹存，是汉武帝元狩三年（前120年）雕刻的，比霍去病墓前石刻还要早三年。昆明池岸"周以金堤，树以柳杞"。岸边植柳，池中养鱼，更增添了池中景色。

太液池：《三辅黄图》云："太液者，言其津润所及广也。"其遗址在今三桥镇高低堡子西北的西安太液池苗圃。笔者曾去当地考察，现仍低于周围。《史记·武帝纪》云："太液池中有蓬莱、方丈、瀛洲、壶梁，象海中神山龟鱼之属。"《史记·封禅书》云："三神山在渤海中，其物禽兽尽白，而黄金银为宫阙，山上有诸仙人及不死药。"近年河北、辽宁考古队在渤海沿岸发现几处秦汉离宫遗址。据记载，太液池有石鱼石鳖。1973年在太液池西北侧发现一件长4.9米、中间最大直径1米、形如橄榄的鱼形石雕，现存西安碑林博物馆。

太液池风景秀丽。《西都赋》云："览沧海之汤汤。扬波涛于碣石，激神岳之嶈嶈。滥瀛洲与方壶，蓬莱起乎中央。于是灵草冬荣，神木丛生。……金石峥嵘。"滔滔湖水为水族水禽栖息繁衍创造了条件，形成了水上动物园。"始元元年春二月，黄鹄下建章宫太液池中。"封建统治者视黄鹄为吉祥，遂记于书中。"太液池边皆是雕胡、紫箨、绿节之类……其间凫雏雁子，布满充积，又多紫龟、绿龟，池边多平沙，沙上鹈鹕、鹧鸪、鸡鶄、鸿鶂，动辄成群"，是皇帝经常游乐之地。《三辅黄图》云："成帝常以秋日与赵飞燕戏于太液池，以沙棠木为舟。"

镐池：《三辅黄图》云："在昆明池之北，即周之故都也。"其遗址在今牛郎石像以北至斡龙岭之间。

彪池：《三辅黄图》云："冰池，在长安西，旧图云，西有彪池，亦名圣女泉，盖冰彪声相近，传说之讹也。"《水经·渭水注》亦云："鄗水又北流，西北注与彪池合。"遗址当在今北丰镐村和落水村之间，当地群众俗称为小昆明池。

孤树池：《西京杂记》云："太液池西有一池，名孤树池。池中有洲。洲上有粘树一株，六十余围，望之重重如盖，故取为名。""黏"同"杉"，属于常绿乔木，高可达 30 余米，但树大六十余围似有夸大。

唐中池：《三辅黄图》云："周回十二里，在建章宫太液池南。"其水源自昆明池。可能位于建章宫唐中殿之旁。

琳池：《拾遗记》云："昭帝元始元年，穿琳池，广千步，池南起桂台以望远，东引太液之水，池中植分枝荷。"成为宫人常游乐之地。从东引太液之水可以看出此池在太液池西不远处。

影娥池：《三辅黄图》云："武帝凿池以玩月，其旁起望鹄台以眺月，影入池中，使宫人乘舟弄月影，名影娥池，示曰眺蟾台。""影娥池北又作鸣禽之苑，池中有游月船、触月船、鸿毛船、远见船，载数百人。"看来此池专为宫人荡舟赏月。其遗址在建章宫。

上林十池：《三辅黄图》云："上林苑有初池、糜池、牛首池、蒯池、东陂池、西陂池、当路池、大壹池、郎池，蒯池生蒯草以织席，西陂池、郎池皆在古城南上林苑中。……积草池中有珊瑚树，高一丈二尺，一本三柯，

上有四百六十二条，南越王赵佗所献，号为烽火树，至夜光景常焕然。"汉牛首池乃秦牛首池之旧。"西驰宣曲，濯鹢牛首。"郭璞注云："牛首池在沣水西边，近洋河。"《三秦记》云上林有"牟首池"，"牛""牟"二字形近易混，当为牛首池，因牛首山而名。当路池、大壹池、郎池分别在当路观、大壹观、郎池观附近。东陂池、西陂池可能分别位于上林苑的东端和西端，"日出东沼，入乎西陂"，张揖注云："日朝出苑之东池，暮入于苑西陂池。"

百子池：《类编长安志》云："在建章宫西。"每年七月七日牛郎织女相会的日子都要在此举行大型于阗音乐会，人们以五颜六色的丝缕相系唱歌跳舞，尽情欢乐。

上林苑中还有鹤池、昆灵池、虮泉池等。

关于上林苑的池沼数目，有云六池，有云十池，还有云十五池。池的名称诸书记载也不尽相同。其原因可能是有的书只记载较大的池，有的则连小池也算在内。

上林苑中文娱活动

秦汉时代由于国力的强盛、丝绸

之路的畅通，西域及国外的文娱活动传入，从而使上林苑的文娱活动丰富多彩。

汉时，民间的娱乐活动就很盛行。"往者民间酒会，各以党俗弹筝鼓缶而已，无要妙之音，变羽之转。今富者钟鼓五乐，歌儿数曹，中者鸣竽调瑟，郑舞赵讴。"民间尚且如此，那么作为皇家苑囿的上林苑，其文娱活动更是锦上添花。

汉在上林苑设有太学，这是我国最早的大学。开始于武帝时期，当时有五十人，到成帝时增至三千人。王莽时"建弟子舍万区，起市郭上林苑中"。汉太学遗址在今土门一带。除此而外，宣帝元康二年（前64年），乌孙国王与汉通婚，为了适应乌孙风俗，朝廷组织公主的官属侍御一百余人"舍上林中，学乌孙语"。这是我国最早的外语学校。

苑中有赛马活动，走马观专门是为观赏赛马而建的。武帝非常喜欢赛马，常与宠臣董偃"游戏北宫，驰逐平乐，观鸡鞠之会，角狗马之足"，在建章宫"设戏车，教驰逐，饰文采"。成帝常与宠臣微行出游，"北至甘泉，南至长杨，斗鸡走马长安中，积数年"。

苑中专辟有足球场，称为"鞠城"，常有足球活动。汉武帝是足球场最经常的观众，其宠臣董偃曾将各郡国的蹴鞠名将荟萃长安，进行比赛，"郡国走马、蹴鞠、剑客辐辏董氏"。《汉书·艺文志》有《蹴鞠经》，可见当时足球运动流行之普遍。

角抵运动，西周已开始，秦汉盛行。秦二世时"在甘泉方作觳抵优俳之观"。文颖注云："秦名此乐为角抵，两两相当，角力，角伎艺射御，故曰角抵也。"角抵相当于现在的摔跤，汉时常在上林苑平乐观举行此种活动，以享外国及国内观众。"元封三年春，作角抵戏，以享外国朝献者，三百里内皆观"，"元封六年夏，京师民观角抵于上林平乐馆"。

平乐馆是上林苑文娱活动的中心。《西京赋》云：平乐馆"程角抵之妙戏，乌获扛鼎，都卢寻橦，冲狭燕濯，胸突铦锋，跳丸剑之挥霍，走索上而相逢"。"乌获扛鼎"即今天的举重。"都卢寻橦"相当于今天的爬杆杂技。"冲狭燕濯"类似今天杂技中的钻刀圈。"胸突铦锋"属气功之类。"跳丸剑之挥霍"亦称弄丸，表演者两手快速抛接若干弹丸，也有抛接短剑的，亦称跳剑或弄剑。"走索上而相逢"，类似今天的走钢丝。另外当时还有"吞刀吐火""鱼龙曼衍""海中砀极""自缚自解"等幻术。从上所言，可以看出当时上林苑中马戏、杂技、幻术等表演的盛况。

上林苑许多杂技、幻术都是通过丝绸之路从西域或罗马传入的。《史记·大宛列传》云："汉使至安息，安息以大鸟卵及梨轩善眩人献于汉。""眩人"据颜师古注云："眩通与幻，今吞刀吐火、植树种瓜、屠人截马之术皆是也，本从西域来。"

苑中还有各种各样的乐舞表演。《上林赋》："奏陶唐氏之舞，听葛天氏之歌，千人唱，万人和，山陵为之震动，川谷为之荡波。巴俞宋蔡，淮南于遮，文帝滇歌，族居递奏，金鼓迭起……洞心骇耳。荆吴郑卫之声，韶濩武象之乐。"汉武帝在建章宫"撞万石之钟，击雷霆之鼓，作俳优，舞郑女"。

汉代流行的七盘舞、剑舞、巴渝舞、踏歌也是上林苑中经常为皇帝后宫表演的节目。自从西域的箜篌、胡笳、胡笛、胡角等乐器传入后，便成为上林苑中歌舞伴奏的乐器。

通过对上林苑管理、禽兽、花木、池沼、文娱活动的研究，可以看出，西汉上林苑已经是一个多功能的综合园林了，具有一套周密的管理系统。其中珍禽异兽、奇花异草应有尽有；湖泊纵横交错，碧波荡漾，环境优雅；文娱活动丰富多彩；是封建皇帝理想的活动场所。

汉上林苑的历史文化资源及文化开发主题探析（节选）

高萍，雒莉

（陕西教育 2014 第 8 期）

【摘 要】汉上林苑是中国古代规模最为宏大的皇家园林，在历史的变迁中留下了丰富的文化遗产。以上林苑遗址为主体，以文化遗产为文脉，构建骑射、山水、七夕、歌舞等文化开发主题，既能展现大汉王朝的风范与精神，又能使西安在国际化大都市建设中彰显民族特色。

历史文化资源是一个国家和民族持续稳定发展的根基，一个民族的文化遗产如果不能继承和发展，那么这个民族将迷失最基本的文化认同感。作为中华民族的重要发祥地和文化发源地的西安，是中国历史上周、秦、汉、唐等强盛王朝的政治、经济和文化中心，如何利用历史文化资源，在国际化大都市建设中彰显文化特色，成为西安都市建设面临的重要问题，汉上林苑是中国古代规模最为宏大的皇家园林，奠定了中国古典园林的格局与基调，在历史的变迁中留下了丰富的文化遗产。以上林苑历史文化资源为开发主题，既能展现大汉王朝的风范与气度，又能使西安在国际化大都市建设中彰显民族特色。

（一）上林苑的历史文化资源

上林苑本是秦朝旧苑，建于秦惠文王时期，至汉初荒废。汉武帝建元三年（前138年）加以扩建，并沿用了上林之名。《羽猎赋》云"东南至宜春、鼎湖、御宿、昆吾；旁南山，西至长杨、五柞；北绕黄山，滨渭而东。周袤数百里"，是京畿地区最大的禁苑。历经昭、宣二帝之后，到元帝、成帝时缩小规模，将部分所占田地发还给平民，西汉末年毁于战火中。《西都赋》云："徒观迹于旧墟，闻之乎故老"。上林苑诸多宫苑池沼存留时间最长的是昆明池。在唐太宗贞观年间、唐德宗贞元十三年（797年）、唐文宗太和九

年（835年）多次修浚，自宋以后湮为民田。汉上林苑作为中华文化的记忆，留下了丰富的文化遗产。

1.上林苑的物质文化遗产

上林苑所遗留下的物质文化遗产主要有昆明池遗址、太液池遗址、石鱼、牛郎织女石雕等不可移动文物和重要实物。

昆明池遗址：2005年4月中国社会科学院考古研究所汉长城工作队对昆明池遗址进行了考古钻探和测量，其遗址大体位于今斗门镇、石匣口村、万村和南丰村之间，范围东西约4.25公里，南北约5.69公里，周长约17.6公里，面积约16.6平方公里。昆明池沿岸还发现3处建筑遗址，其中一号、二号建筑遗址主要出土了筒瓦、板瓦、瓦当等物，具有西汉早期到中期偏早的特征，与昆明池修建于武帝时期的文献记载一致。三号建筑遗址是一处连岸、三面环水的台榭类建筑。其现存夯土台基分为上下两层。上层夯土厚约1.5米，内含西汉板瓦及筒瓦残片。下层夯土在现地面以上，厚约1米，夯土中夹杂少量夹砂陶片，其中有周代的残鬲足。结合文献中关于修筑昆明池时破坏了周代镐京遗址的记载，推测下层夯土

可能是汉代昆明池东岸建筑的基址。

太液池石鱼：建章宫北有太液池，其遗迹尚大致可寻。1973 年在池址的北侧发现了一件巨型的鱼形石雕，长近 5 公尺。《三辅故事》载："池北岸有石鱼，长二丈，广五尺，西岸有龟二枚，各长六尺。"该石鱼证实了各种文献关于太液池北岸当时置有石鱼的记载，现存陕西省历史博物馆。

牛郎织女石：汉武帝穿凿昆明池时，采取了法天思想，按天上银河两边左牵牛、右织女的布局，在昆明池东西两岸设置了牵牛和织女像。《两都赋》载："集乎豫章之宇，临乎昆明之池。左牵牛而右织女，似云汉之无涯。"《西京赋》云："昆明灵沼，黑水玄阯。……牵牛立其左，织女处其右。"元代《类编长安志》载：汉昆明池，在长安县（今西安市长安区）西南三十里，丰邑乡，鹳鹊庄。昆明池今为陆地，有织女石，身长丈余，土埋至膝，竖发，戟手怒目，土人屋而祭之，号为石婆神庙。这些历史文献都明确指出在昆明池畔左右两侧分别塑有牵牛、织女像，象征着天河两边的牛郎星和织女星。

2. 上林苑的非物质文化遗产

上林苑遗留下来的非物质文化遗产主要包括牛郎织女鹊桥相会的传说、七夕民俗和歌咏上林苑、昆明池诗赋等以非物质形态存在的世代相承的文化形式。

早在《诗经》中就有对牵牛织女的记载。《小雅·大东》："维天有汉，监亦有光。跂彼织女，终日七襄。虽则七襄，不成报章。睆彼牵牛，不以服箱。"这时，牵牛织女还只是天河二星，并无神话色彩。汉武帝开凿昆明池，立牛郎织女像于池之东西，便由天上的星星变成地上的神仙。随着时间的推移，爱情因素与牛郎织女传说的结合日渐明显，《古诗十九首·迢迢牵牛星》："迢迢牵牛星，皎皎河汉女。纤纤擢素手，札札弄机杼。终日不成章，泣涕零如雨。河汉清且浅，相去复几许？盈盈一水间，脉脉不得语。"牛郎织女已具人物形象，并且成为受隔绝之苦的爱情悲剧的象征。东汉应劭《风俗通·佚文·阴教》载："织女七夕当渡河，使鹊为桥。"第一次记载了当时不仅牛郎织女为夫妻之说已被普遍接受，而且七夕以喜鹊为桥相会的情节也开始流传。

牛郎织女的故事在我国民间流传广泛，织女庙受到人们的重视，每年七月初七和正月十七（传说中牛郎织女结婚的纪念日）两天，方圆几十里甚至更远的青年男女来到这里祈祷平安吉祥。还有锣鼓、秧歌、彩旗、花灯、秦腔戏剧等各种文艺活动形式，把祭拜活动推向高潮。

上林苑以其规模之宏大而成为汉代强盛之典范，引无数文人歌咏对盛世的追忆。而上林苑中的昆明池则粼粼碧波，画舸争流，到唐代依然是娱乐宴游的风景区，使文人们流连忘返，赋诗言情。

西晋潘岳《西征赋》："昔豫章之名宇，披玄流而特起。仪景星于天汉，列牛女以双峙。"南北朝时，有庾信的《春日昆明池》《和炅灵法师游昆明池》和江总的《秋日游昆明池》。唐代文人更是对上林苑、昆明池吟咏不绝。有李世民《冬日临昆明池》，李百药《和许侍郎游昆明池》，宋之问、沈佺期、李乂三人同题的《奉和晦日幸昆明池应制》，杜审言《春日京中有怀》，苏颋《昆明池宴坐答王兵部王旬三韵见示》，王维《春日与裴迪过新昌里访吕逸人不遇》，任希古《和东观群贤七夕临泛昆明池》，杜甫《秋兴八首》，白居易《昆明春》，贾岛《昆明池泛舟》，温庭筠《昆明池水战词》，朱庆馀《省试晦日与

同志昆明池泛舟》，范灯《忆长安》，童翰卿《昆明池织女石》，胡曾《咏史诗·昆明池》，韩偓《乱后春日途经野塘》等。这些诗作描绘了上林苑的美景，也见证了历史的盛衰变化。

（二）上林苑的文化开发主题

汉上林苑留下了丰富的历史文化资源，在今天西安国际化大都市的建设中，要对其进行整理、保护以及利用，以此为文脉，建设城西的汉文化景观带。

1. 骑射文化主题——勇武与刚毅之体现

上林苑是专供天子游玩、打猎的风景园林，上林苑中最重要的活动就是天子狩猎。据《后汉书·百官志》记载，上林苑令即主管苑中禽兽。据《汉旧仪》载："苑中养百兽。天子春秋射猎苑中，取兽无数。"

两汉帝王往往于秋冬时节在皇家园林中举行庞大的狩猎活动，一方面是展示娱游之壮观的娱乐；另一方面也是一种军事技能战术演练，借此提高军队的战斗力。司马相如《上林赋》、扬雄《羽猎赋》、班固《西都赋》、张衡《西京赋》皆对西汉帝王在园林中讲武校猎的情

景有详尽描述。

西汉是一个尚武的时代,强调"霸王道而治天下"。不仅帝王如此,甚至柔弱的文人书生也如此,扬雄《长杨赋》云:"士有不谈王道者则樵夫笑之。意者以为事罔隆而不杀,物靡盛而不亏,故平不肆险,安不忘危。乃时以有年出兵,整舆竦戎,振师五柞,习马长杨,简力狡兽,校武票禽。"汉时在皇家园林中进行军事演练,防患于未然、未雨绸缪,深受民众支持。

上林苑中有赛马活动,走马观专门是为观赏赛马而建的。武帝喜欢赛马,常与宠臣"游戏北宫,驰逐平乐,观鸡鞠之会,角狗马之足",在建章宫"设戏车,教驰逐,饰文采"。射箭是汉代军事训练的主要内容,也是礼乐制度的内容之一。《上林赋》写汉武帝在射猎时"弯蕃弱,满白羽","弦矢分,艺殪仆",拉开蕃弱之弓,引满白羽之箭,矢离弓飞去,禽兽致命仆毙,可见箭法之精。《西都赋》写宫中歌女也能"招白鹇,下双鹄",拉弓射下对对白鹇和天鹅。

现代可以此为主题开发赛马与骑射运动,一方面增强体质,另一方面可以培养勇武刚强的精神。借鉴西方赛马运动,聘请专业教练,进行马术培训,掌握骑马的基本技能。同时可设赛马场,进行平地赛马、障碍赛马、越野赛马。另外还可举行高层次的马术比赛,填补西安娱乐市场的空白。设置射箭项目,还可开发一些如霍去病攻打匈奴、张骞出使西域、李广射虎、周亚夫治军细柳营等以军事文化为题材的表演,使人感受大汉开疆拓土的雄心壮志和阳刚勇毅。

2.山水文学主题——怡情与怀古之滥觞

上林苑是在自然山水中建造的综合性园林,水光山色、楼台亭榭、花草树木融为一体。上林苑中最美的地方——昆明池是皇家禁苑,也是帝王将相娱乐宴游的风景区。《三辅故事》记载:"昆明池地三百三十二顷,中有戈船数十,楼船百艘,船上建戈矛,四角悉垂幡旄葆麾盖,照灼涟涘。"又载:"池中有龙首船,常令宫女泛舟池中,张凤盖,建华旗,作棹歌,杂以鼓吹,帝御豫章观临观焉。"昆明池周边宫殿瑰丽,建章台高耸,水面清澈,殿阁亭台倒映湖中,与回廊、绿树、鲜花、雕塑交相辉映,绚丽异常。

一代园林之盛也造就了一代文学

之盛，汉赋彬彬大盛，成为这个时代文学的典范。或摹写山川巍峨，或摹写宫殿巨丽，开后代山水文学之先河。《广博物志》卷四十九记载汉武帝在池中泛舟歌咏的故事："汉武帝思怀往者李夫人不可复得，时始穿昆灵之池，泛翔禽之舟。帝自造歌曲，使女伶歌之。时日已西倾，凉风激水，女伶歌声甚遒，因赋落叶哀蝉之曲。"自武帝后，汉唐皇帝多次驾临昆明池，文人墨客吟咏不绝。昆明池成为文人们怡情悦性和抒发古今感慨的胜迹。

杜甫诗云："波飘菰米沉云黑，露冷莲房坠粉红。"韩愈诗云："撑舟昆明度云锦，脚敲两舷叫吴歌。太白山高三百里，负雪崔嵬插花里。"都是对昆明池荷花的描写。利用古诗中的描写，建荷花塘，修建亭台，建诗赋园表现山水文化，园内的景观、墙柱、围栏等可将文字与实物结合，选用汉隶书写，画出意境，使园内充满诗赋的意蕴，使游人在了解诗赋作品时，获得审美的精神享受。

3.七夕民俗主题——爱情与浪漫之追寻

汉武帝开凿昆明池时，立牛郎、织女像于池之东西，使其从天上的星变成地上的神仙。随着时间的推移，爱情因素与牛郎、织女传说的结合日渐明显。从民俗而言，七夕乞巧等各种活动也均有载传，据《西京杂记》记载："汉宫中彩女，常以七月七日，穿七孔针于开襟楼。俱以习之。"从文学而言，汉代至清代七夕诗歌不胜枚举，既有描写七夕民俗者，又有抒发离别、憧憬爱情者。如唐时崔颢《七夕词》云："长安城中月如练，家家此夜持针线。"祖咏《七夕》一诗："向月穿针易，临风整线难。不知谁得巧，明旦试相看。"写出百姓对七夕民俗的重视，直到现在陕西很多地方女子还有在七夕乞巧的民俗。

时至今日，牛郎、织女庙及七夕文化已被正式批准为陕西省非物质文化遗产。因此应在修建昆明池主题公园中设置七夕文化主题，将牛郎像与织女像重搬回昆明池东西两侧，建立鹊桥、乞巧楼、经典婚恋故事长廊，使人们可以各种形式表达对爱情的憧憬，对幸福的向往。

4.歌舞文化主题——娱乐与文化之体验

汉代在文化上承袭了楚文化的特点，好尚歌舞，上林苑已有一定规模的音乐设施，如《上林赋》所描绘："撞千石之钟，立万石之虡，建翠华之旗，树灵鼍之鼓。奏陶唐氏之舞，听葛天氏之歌，千人唱，万人和，山陵为之震动，川谷为之荡波。"上林苑中的音乐歌舞表演满足了天子在游猎之后的燕飨之欲。

在汉代的文化中，杂技艺术大放异彩，因其节目繁多而被称为"百戏"。上林苑百戏表演大多在平乐观。《三辅黄图》卷四："上林苑有昆明池，武帝置。又有茧观、平乐观、远望观、燕升观……皆在上林苑。"《汉书·武帝纪》载元封三年（前108年）春"作角抵戏，三百里内皆观"，元封六年夏"京师民观角抵于上林平乐馆"。角抵与现在的摔跤相似。百戏中的寻橦则是一种古代的杂技，据现存汉画，系一人头顶竹竿，另一至三人沿竿而上，进行表演。冲狭，即卷席，以矛插其中，艺人从中过，如钻刀圈。跳丸剑，即表演者两手快速连续抛接若干弹丸或短剑。走索，即系长绳于梁两头，两人各从一头上，如今之走钢丝。

《西京赋》还描写了化装歌舞和假面之戏。"总会仙倡，戏豹舞罴。白虎鼓瑟，苍龙吹篪。女娥坐而长歌，

声清畅而蜲蛇。洪涯立而指麾，被毛羽之襳襹。"装扮成神仙的杂技艺人表演着戏豹舞罴，女英、娥皇放声高歌，表演者穿着轻扬的毛羽之衣，扮成古时的洪涯先生站着指挥。

现代可开发出富有汉代特色的歌舞表演和杂艺表演。可以在昆明池边修建百戏楼，名之"平乐观"，表演具有汉代特色的角抵百戏；汉代舞蹈最具有代表性的是七盘舞："舞者衣着长袖，在盘、鼓之上或盘、鼓之间腾转跳跃，衣裾似飞燕而起，长袖似回雪而飘。"可将流传至今、脍炙人口的汉乐府诗，如《上邪》《有所思》《孔雀东南飞》等名篇谱曲演奏；还可根据汉代的历史人物传说如"苏武牧羊""昭君出塞"等，将历史典故与现代歌舞结合在一起，使人们在观赏节目时对历史有更深层次的认识。

总之，应将上林苑的历史文化资源进行整理、研究，以此为文脉，以昆明池为文化开发主体，构建骑射文化、山水文化、七夕文化、歌舞文化，和汉城湖公园、汉城墙遗址共同形成汉文化景观带，展现大汉王朝的风范与气度，使现代人受到汉代包容精神、进取精神的感召，再塑自我。

汉武帝时代营造上林苑的动机与观念来源

刘晓达

（《美术研究》2014 年 3 月）

内容提要：该文细致分析了汉武帝推动营造的西汉皇家苑林——上林苑的若干思想动机与观念来源。进而认为除进行游猎、玩赏这一基本动机外，武帝时代所营造的上林苑主要与下列四个层面的观念渊源有关。其一、汉初以来活跃在宫廷内外的方士集团为武帝提供了关于宇宙空间与仙界的认知。其二、司马相如在文学作品《上林赋》中则为其呈现了一个理想化的杳远空间与构建蓝图。其三、武帝即位早期即具有的"内修法度、外攘夷狄"、"王者无外、天下一家"式的政治与学术修养则为其建构上林苑提供了某种心理暗示。其四、秦至汉初宫苑池沼景观的修建则为武帝和武帝时代的工匠提供了可以依据的视觉"模本"。

一

"步登北邙坂，遥望洛阳山。洛阳何寂寞，宫室尽烧焚。垣墙皆顿擗，荆棘上参天。"曹植的这首诗虽然是对东汉故都洛阳宫室遗迹的追忆与惋惜，但其诗文所透露出的思古之幽情，以及对往昔美好事物的无限留恋与哀婉，也同样适用于参照像上林苑这样的汉代苑林遗迹。上林苑是一座皇家园林，在战国晚期至秦代就已存在。如《史记·秦始皇本纪》就记载："乃营作朝宫渭南上林苑中。"《三辅黄图》亦载："汉上林苑，即秦旧苑也。"但战国至秦汉初期的上林苑相对规模较小，也不太受到重视。真正对其进行大规模营造、扩建与踵事增华，并使它具有多重政治与思想文化意义的还是在汉武帝时期。汉武帝刚刚即位的那几年，由于朝政受到具有强烈黄老清静无为观念的窦太后影响，在诸多方面还不能独立行事。然而他对上林苑的扩建于建元三年（前138年）在他与吾丘寿王、东方朔等人对此事的筹划与争议声中即已开始，并逐渐使这一宫苑成为武帝时代长安城的一个重要组成部分。

客观地说，汉武帝时期建构的"上林苑"无论就其空间实体来说，还是其显示的政治与思想文化观念，都有一个渐进性的"形塑"化过程。它在构建过程中也受到多方面因素的综合影响。如果要对这些因素加以分析，我们大概可以概括出以下四个层面的观念来源：

其一，汉初以来活跃在宫廷内外的阴阳、方士集团为武帝提供了一个关于宇宙空间、仙界的认知；其二，司马相如文学作品《上林赋》为其展现了一个理想化的杳远空间与蓝图；其三，武帝即位早期即具有的"内修法度，外攘夷狄""王者无外，天下一家"式的政治与学术修养，也对其产生了潜移默化的心理暗示；其四，秦至汉初宫苑池沼等视觉景观的创造为武帝时代的上林苑建构提供了一个可以参照的"模本"和"画稿"。在下文中，我将依次对这些观念来源进行细致探究。

二

首先，我们应该注意到作为一个独立的社会群体，阴阳、方士集团在战国晚期即在燕、齐之地形成。由于靠近海洋，很早就形成了对域外世界的想象。如齐国的邹衍即想象中国并非天下的中心："于天下乃八十一分居其一耳。中国名曰赤县神州。赤县神州内自有九州，禹之序九州是也，不得为州数。中国外如赤县神州者九，乃所谓九州也。于是有裨海环之，人民禽兽莫能相通者，如一区中者，乃为一州。如此者九，乃有大瀛海环其外，天地之际焉。"

按照《汉书·艺文志》的分类，邹衍及他提出的大九州说可被归类于阴阳家一系。他的思想也促使战国时代以来的方士集团进而追寻遥远的域外神仙世界。这种追寻也同时伴随着秦汉时期地理大发现时代中国人对四方边域空间的认知，而持续影响到汉武帝时代的宫廷或贵族生活中。正如吕思勉所言，秦汉时期"固仍一鬼神术数之世界也"。在当时喜好神仙、方术的帝王看来，方士集团始终带有一层魔幻般的色彩。无论是秦始皇时期鼓吹入海求仙的徐福、侯生与卢生，还是汉文帝时期曾经怂恿文帝立渭阳五帝庙并在山西汾阴立祠欲出九鼎的新垣平，都曾在秦汉之际的宫廷祭祀活动中留下浓墨重彩的一笔。这些方士集团当然也会进行与天文相关的占卜活动。尽管他们手中曾经持有的占卜法器——式盘已经杳然无存，但1977年春在安徽阜阳双古堆汝阴侯墓出土的太乙九宫式盘和六壬式盘还是为我们提供了那一时代方士集团进行占卜活动时常用的器物标本。

安徽双古堆汝阴侯墓的年代大致被确定为西汉初期的文帝时代，墓主是袭封第一代汝阴侯夏侯婴侯位的夏侯灶，属于西汉初期与宫廷联系密切的功臣集团后代。正如李零所言："式盘是古代数术家占验时日的一种工具。"在秦汉时代，式盘也是与宫廷、贵族交往密切的方士们的常备器物。该墓出土的太乙九宫式盘与六壬式盘虽然在具体的视觉表现形式上多有不同，但都是基于一个比较成熟的宇宙、阴阳观念设计。如这两种类型的式盘都分为"天盘"与"地盘"两个结构。天盘被塑造为圆形，代表天圆之思想；地盘被塑造为方形，代表与之对应的地方思想。天盘正中皆有左旋或右旋的"指针"无论是天盘还是地盘都表现有代表宇宙空间方位与月令时序的十二月（神）、十天干、四方、八位、十六神、二十八宿。两种式盘所显现的思想观念都表达了对天、地、四方、八位、十二月、二十八宿等宇宙时序与空间方位等观念的思考。因此从这个意义上讲，有关天、地、四方、时序等理论上的宇宙方位等知识观念也应早已借方士们之口，被广泛地传播到秦汉之际的皇帝、贵族、臣僚群体中了。

随着汉武帝的即位，这位被司马迁判定为"尤重鬼神之祀"的皇帝自然也不会免俗。在他的思想深处，围绕在他左右的诸多方士对宇宙四方空间以及域外世界中诸多珍奇瑞物的描述，想必也在某种程度上一直引诱着他在地上创造一个理想化的空间世界。也正是在此刻，一位来自帝国西南部的文士——司马相如为武帝提供了可以进一步想象理想空间的可能。早在司马相如创作《上林赋》之前，他在人生并不得意、郁郁寡欢时创作的《子虚赋》即通过文学化的想象，为时人营造了一座可以供诸侯国君主游玩与享用的人间乐园。以楚王的云梦泽为例，这个乐园在空间范围上有一个较为明确的"方九百里"作为其边界。其内则广泛分布有茂林、山川、河流、平原、奇石、异草、百兽。而楚王则可以乘雕玉之舆，驾驯骄之驷，在面容娇媚、身材婀娜、"若神仙之髣髴"的美女陪伴下纵横驰骋。《子虚赋》在汉景帝末年完成以后并没有引起多大注意。但当武帝即位以后，这篇文赋却由司马相如的同乡、时任狗监的杨得意的引荐而获得武帝的独特青睐。之后，《上林赋》在武帝的期盼下也被司马相如创作完成。与前者相比，《上林赋》所描绘的地理空间范围更大，虽然赋中开头部分所谓的"终始灞浐，出入泾渭。酆、镐、潦、潏，纡馀委蛇，经营乎其内"等描写可以被看作是对其边界进行的大致界定，但文赋中对另外一些场面的描写，诸如"左苍梧、右西极""东西南北，驰骛往来，出乎椒丘之阙，行乎洲淤之浦，经乎桂林之中，过乎泱漭之野""其南则隆冬生长，涌水跃波""其北则盛夏含冻裂地，涉冰揭河"等则早已远远超出了真实的上林苑所拥有的实际空间地理框架。无独有偶，在该赋文中我们还可以看到在长安本地并不出产的、来自边远甚至异域世界的各种瑞兽、草木也被移置到这个亦真亦幻的苑林世界中。在这位少年帝王的心目中，司马相如笔下的那个如梦如幻、具有杳远空间特征的理想化皇家苑囿带给他的，当不仅仅是对一座皇家园林的想象与文学化呈现，他还想在未来将这一期许转化为现实的景观。从某种程度上说，司马相如笔下的《上林赋》在那一特殊的时代"情境"下，已然成为武帝借上林苑的建构而对他所憧憬的"天下"图景进行随意想象的心理投射。

然而，不得不说的是，尽管汉武帝一生都在追寻想象中的域外世界、神仙方术，同时也着迷于文学，但有一点却是不容回避的——他始终是一位对政治权力极度渴望的人间帝王。也许，

司马相如的文学作品在某种程度上更激发了武帝年少时即已形成的建构"天下一家"式政治秩序空间的强烈欲望。在建元元年（前140年）汉武帝发布的举贤良文学诏书中，即体现出他的这种政治意图："伊欲风流而令行，刑轻而奸改，百姓和乐，政事宣昭，何修何饬而膏露降，百谷登，德润四海，泽臻草木，三光全，寒暑平，受天之祜，享鬼神之灵，德泽洋溢，施乎方外，延及群生。"而他在元光元年（前134年）五月发布的另一征召贤良文学诏书中，也表达了与之相似的强烈政治欲望："朕闻昔在唐虞，画象而民不犯，日月所烛，莫不率俾。周之成康，刑错不用，德及鸟兽，教通四海。海外肃慎，北发渠搜，氐羌徕服。星辰不孛，日月不蚀，山陵不崩，川谷不塞；麟凤在郊薮，河洛出图书。呜呼，何施而臻此与！"在他和董仲舒关于如何建构国家政治理念的三次策问对答中，董仲舒所强调的"春秋大一统"观念也时刻对武帝一朝的政治取向与学术态势产生着强烈影响。作为一个具有极强政治抱负与雄心的少年帝王，和文、景二帝不同的是，汉武帝绝不会满足于其政令仅限于长城以南传统中原地区。

汉初高祖征伐匈奴而反受辱于"白登之围"的奇耻大辱也促使他在政治、军事、外交等诸多领域改弦更张。在他通过各种手段对帝国进行所谓"内修法度、外攘夷狄"的建构过程中，尽管或许并非完全有意为之，但作为一个和他联系密切的皇家宫苑这一视觉空间，上林苑应该也在某种程度上多少呈现出这位年轻君主的政治欲望与一般性心态。

进一步讲，当我们以历史性的视角去审视汉武帝对上林苑的营建过程时，也不能够忽略在秦始皇至汉景帝时期的帝王推动下，这一时代对都城内外水面景观视觉表现的历史。我认为这些形式表现在某种程度上，也为汉武帝时代对上林苑内一些池苑景观的塑造提供了视觉"模本"。具体来说，秦始皇时代对咸阳东部兰池宫的经营，以及汉初对长安城未央宫沧池的塑造都值得我们格外注意。秦始皇时代建筑的兰池宫位于秦咸阳宫的东部，即现在的咸阳城以东杨家湾一带。虽然该宫室由于年代久远早已无存，但《三秦记》"兰池宫"条却如实地记载："始皇引渭水为长池，东西二百里，南北三十里，刻石为鲸鱼二百丈。"而宋敏求在《长安志》中对《三秦记》的注引

也保存了更为完整的信息："始皇引渭水为长池，东西二百里，南北三十里，筑土为蓬莱山，刻石为鲸鱼，长二百丈。亦曰兰池陂。"此外，在宫廷内的苑池中营造建筑或放置雕塑的风格惯例，我们在西汉早期即已兴建的未央宫中也可以见到相似的案例。据考古发掘表明：在西汉早期由汉高祖刘邦的丞相萧何督建的"非壮丽无以重威"的未央宫，其内的沧池即设置有渐台等建筑景观。

关于未央宫沧池内之渐台建筑，据班固《汉书·邓通传》记载："文帝尝梦欲上天，不能，有一黄头郎推上天。顾见其衣尻带后穿。觉而之渐台，以梦中阴目求推者郎，见邓通，其衣后穿，梦中所见也。"又，唐颜师古注曰："未央殿西南有苍池，池中有渐台。"依据上述考古文献材料，我们即可认定此沧池与池塘内之渐台建筑在西汉初期已经存在。饶有意味的是，在魏晋以后成书的一些文献中，我们还注意到未央宫内尚存有一些假山式的建筑。如《西京杂记》就记录了"汉高帝七年，萧相国营未央宫。因龙首山制前殿。建北阙未央宫。周回二十二里。九十五步五尺。街道周回七十里。台殿四十三，其三十二在外，其十一在后。

宫池十三，山六，池一、山一亦在后"，从中即可看出未央宫中当存有对假山之类视觉景观的塑造。又，《三辅故事》也记载："未央宫前有东山台、西山台、钓台，沧池中有渐台。"虽然这些文献比较晚出，但它们所显示出的极为相似的视觉景观表现，在汉武帝时代对上林苑内昆明池、建章宫太液池的塑造中却也能观察出与之相似的视觉形式塑造。如《三辅故事》《三辅黄图》均记载："昆明池有豫章台及石鲸。刻石为鲸鱼，长三丈，每至雷雨，常鸣吼，鬐尾皆动。"《三辅黄图》另注引《关辅记》云："建章宫北有池，以象北海。刻石为鲸鱼，长三丈。"又，《汉书·郊祀志》记载："建章宫其北治大池，渐台高二十余丈，名曰泰池。池中有蓬莱、方丈、瀛洲、壶梁象海中神山龟鱼之属。"

因此，当我们再来分析汉武帝元狩三年（前120年）对上林苑昆明池及该池内外景观的建构时，就会发现在宫廷中营造苑池，并在其内建构雕塑、高台、假山等视觉行为，在秦始皇至西汉初期就有其最初的视觉"模本"。这一模本就如同后世所称的画稿一样，应该也对其后的武帝推动营造上林苑昆明池、建章宫太液池产生了一定影响。

结语

通过上文的论述我们可以看到：汉武帝时代所推动营造的上林苑应与下面四个层面的观念有关：其一，汉初以来活跃在宫廷内外的方士集团为武帝提供了关于宇宙空间与仙界的认知。其二，司马相如在文学作品《上林赋》中则为其呈现一个理想化的杳远空间与蓝图。其三，武帝即位早期即具有的"内修法度，外攘夷狄""王者无外，天下一家"式的政治与学术修养，则为其建构上林苑提供了某种心理上的暗示。其四，秦至汉初宫苑池沼景观的修建则为武帝和武帝时代的工匠提供了可以依据的视觉"模本"。而这些观念都使他推动、建构的"上林苑"由此呈现出多重层次的政治与思想文化意义。

紫阁峰阴入渼陂
——杜甫渼陂纪游诗述评

李炎

（《固原师专学报》1993年第4期）

渼陂，在陕西鄠县（今西安市户县）城西五里的涝河岸边，为唐代长安远郊著名的风景胜地。涝河从终南山涝峪流出，一泻二十余里，北流入渭河。后因涝河主流改道，东移入渭河，便留下了一段弯曲而又宽阔幽深的河道。而从涝峪谷口渗入地下的部分河水，便形成白沙、胡公诸泉，忽然涌流而出，汇集于这涝河故道之中，出现了这一片辽阔的波光粼粼的水面。因其水味甜美，遂配水为名，称曰渼陂。陂水澄湛，环抱山麓，周回十四里，碧波浸空，可行舟棹，中有荷花、凫雁之属，其上是终南山的紫阁峰，峰阴入陂，翠影秀丽。这一带高阜逶迤，沟壑萦回，修竹碧翠，古木森森，人们前来游览休憩，不仅可以荡舟于长陂碧波之上，而且可以徜徉于绿树繁花之中，往往流连忘返。这里之所以富有魅力，并不仅仅因为其瑰丽秀美的自然景色，还因为其独特的物产文化。首先，这里物产丰富，香稻、菱藕陂鱼和渼陂酒等特产，都是席上的佳肴，可供游人享受，特别是陂鱼，自古就是专供皇室食用的珍品，更为人所垂涎。其次，这一带有不少名胜古迹，陂西有周文王之父季历的陵墓，古柏参天，陂头村中有秦惠文王修建的萯阳宫遗址，宫殿林立，正是游人访古凭吊的场所。

杜甫三十五岁时来到京城长安，谋求仕进，困守十年。这期间，他几次出游渼陂，不仅观赏了这里美丽的景色，吃了这里出产的"云子白"米饭，且与当地的官员也有应酬。诗人后来流浪到夔州（今四川奉节），还不忘渼陂之游，在其抒发故国之思的《秋兴八首》其八中就曾深情绵邈地说："昆吾御宿自逶迤，紫阁峰阴入渼陂。香稻啄馀鹦鹉粒，碧梧栖老凤凰枝。佳人拾翠春相问，仙侣同舟晚更移。彩笔昔曾干气象，白头吟望苦低垂。"

天宝十三载（754年）夏天，岑参辞去高仙芝幕府职回长安，曾邀杜甫同游渼陂，受到鄠县县尉源某的热情接待。开始便由源县尉慷慨做东，在渼陂畔举行了欢迎宴会。大家一起吃瓜饮酒，拈韵赋诗，吹笛钓鱼，随后更乘船泛游，当时，杜甫有《与鄠县源大少府宴渼陂》诗，以记其事：

> 应为西陂好，金钱罄一餐。
>
> 饭抄云子白，瓜嚼水精寒。
>
> 无计回船下，空愁避酒难。
>
> 主人情烂熳，持答翠琅玕。

这首诗前四句叙宴陂品物，后四句是对主人盛情的感谢，谓答之以诗。

岑参也写有一首五律诗《与鄠县源少府泛渼陂》：

载酒入天色，水凉难醉人。

清摇县郭动，碧洗云山新。

吹笛惊白鹭，垂竿跳紫鳞。

怜君公事后，陂上日娱宾。

这两首诗题目仅几字不同，杜诗自注"得寒字"，岑诗自注"得人字"，显系同席应酬之作，都写得不很出色。

不过，杜甫除此之外，还就泛舟时的所见所感写了一首颇见艺术功力的七律《城西陂泛舟》：

青蛾皓齿在楼船，横笛短箫悲远天。

春风自信牙樯动，迟日徐看锦缆牵。

鱼吹细浪摇歌扇，燕蹴飞花落舞筵。

不有小舟能荡桨，百壶那送酒如泉。

"西陂"，即渼陂。这首诗"浓丽犹近初唐"，写长安富贵人家泛游渼陂时在楼船上摆酒宴宾的热闹情景，反映了盛唐统治阶级的生活。首联写游艇中仕女歌伎们的貌美和曲妙。"青蛾皓齿"，喻女子之美。"悲远天"，谓乐声清彻哀远，达于天际。这里，一个"在"字，自是望中，不必身与。中间两联分承首句中的"楼船"和"青蛾"，写得工丽绝伦。颔联写楼船在陂中泛游的悠然情状，锦缆缓缓地牵，牙樯一任春风吹动。这里，"春风"一词非指时令，而是对微风的形容。"自

信"，犹自任、听任之意，任其自动也。"迟日"，谓时间不早，指太阳偏西的光景。注家多引《诗·豳风·七月》"春日迟迟"，谓指春日，恐非。颈联形容仕女们的歌舞使得鱼跃鸟飞。"鱼吹细浪"，谓水中细浪是游鱼吐纳所致。"歌扇"，指仕女们歌舞时所持扇子映在水上的影子。这种影子竟为游鱼的细浪所摇动，真是妙于写景。"燕蹴飞花"，谓筵上落花乃飞燕蹴带而来。朱瀚就这两联云："牙樯锦缆，舟极华矣，春风迟日，又若助以韶光。歌扇舞筵，宴胥乐矣，吹浪蹴花，又倍增其景色。"尾联写所感，遥应首联，虽就楼船咏泛舟实事，却蕴意深刻，耐人寻味。表面看，这是说不是因为有水中小舟往来运送，楼船上哪会有如泉一般的百壶美酒供人饮用呢？而实际是隐刺这些豪贵不惜物力之艰难。清初金圣叹谓"读之使人务本重农之心直刺出来"是有见地的。总的来看，这首诗如张性所说："摹情写景，艳而不淫，所谓丽以则者也。"诗虽是实况写真，却并非如杨伦所说："当有所指，如《丽人行》之类。"也不是当今论者有人所说的是用以"讥刺唐玄宗"的，更不是"具体描绘了诗人们在游船上

饮酒作乐、听歌赏舞的场面"。

　　由于岑参兄弟的"好奇",加上杜甫向有寻幽访胜的兴趣,他们在渼陂玩了一整天之后还不满足,遂决定第二天再来同游。这次是由岑参兄弟做东,寻舟具酒,张罗一切。他们终于尽兴地领略了渼陂变态万端、奇崛壮美的自然景象。又难得杜甫诗兴勃发,遂写出了一首"混漾飘忽,千态并集,极山岫海潮之奇,全得屈《骚》神境"的七言古诗《渼陂行》:

岑参兄弟皆好奇,携我远来游渼陂。
天地黯惨忽异色,波涛万顷堆琉璃。
琉璃汗漫泛舟入,事殊兴极忧思集。
鼍作鲸吞不复知,恶风白浪何嗟及。
主人锦帆相为开,舟子喜甚无氛埃。
凫鹥散乱棹讴发,丝管啁啾空翠来。
沉竿续缦深莫测,菱叶荷花净如拭。
宛在中流渤澥清,下归无极终南黑。
半陂以南纯浸山,动影袅窕冲融间。
船舷暝戛云际寺,水面月出蓝田关。
此时骊龙亦吐珠,冯夷击鼓群龙趋。
湘妃汉女出歌舞,金支翠旗光有无。
咫尺但愁雷雨至,苍茫不晓神灵意。
少壮几时奈老何,向来哀乐何其多。

　　这是夏季阴阳易变的一天。当他们一大早来到渼陂湖畔的时候,突见阴云密布,天昏地暗,渼陂湖的万顷波涛像堆积着碧绿的琉璃似的,显得分外阴森可怖。然而就在这种天气变化莫测的情况下,他们也未取消这次泛游。岑参兄弟执意要乘船出游,表现出一股好奇的无畏气概,杜甫只好奉陪了。

　　事后,杜甫便在这首诗中如实地描写这次奇特的渼陂泛游。诗一开始便用惊奇的笔调,陡然而入,特意叙述这次渼陂之游的原委,点出岑参兄弟"好奇"的气质。"好奇"二字,如明人张蜓所说:"乃全篇之眼。岑生人奇,渼陂景奇,故诗语亦奇。"具有统摄全篇的作用,下面所写渼陂的奇景即由此生发。接着,诗人便用夸张的手法,写自己同岑参兄弟"琉璃汗漫泛舟入"时陡遇风浪险阻的感受,表达了对渼陂的赞叹。"黯惨",天色昏暗。王粲《登楼赋》:"天惨惨而无色。""异色",谓天色骤变。"琉璃",喻水之明澈。梁简文帝《西斋行马诗》:"云开玛瑙叶,水净琉璃波。""汗漫",漫无边际。"琉璃汗漫",即波涛万顷。这两句是说在波涛汹涌中泛舟入渼陂,虽兴致很高,却不免有冒风险之虞。诗人能和岑参兄弟在"恶风白浪"中泛舟游渼陂,足证彼此搜奇探胜的"好奇"劲头是旗

鼓相当的。"鼍作鲸吞"两句描写渼
陂波涛汹涌、白浪滔天的景象，更具
艺术夸张的特色，反映出诗人的"好奇"
心理，含有着强烈的主观感受。鼍也叫
鼍龙或扬子鳄，俗称猪婆龙，产于江
淮间；鲸是海洋动物；渼陂都不曾真有。
诗人这么说，显然是为了增强神秘感，
以渲染渼陂变幻莫测、奇特壮阔之气
象。可以看出，诗人当时触景而生的思
绪也同渼陂的波涛一样是起伏奔涌的，
既有嗟叹，又有忧思。这样融情入景、
先从大处落笔的描写，具有引人入胜
的艺术魅力。

次段八句，笔锋顿转，写泛舟乐事，
一派佳景，正反衬出渼陂气象之奇。放
船以后，徐徐缓进，想不到天气很快就
风平浪静，烟消云散，主人（当指岑参
兄弟）因之分外喜悦，诗人也转忧为喜，
船工们更是高兴，遂锦帆张挂，大家
放心地向中流驶去。正因为气象转好，
陂上游客们都很称心，一时，船歌齐发，
于是，那歌声、乐声、荡桨声混成一片，
竟惊散了浮游在陂上的水鸟，那丝管嘲
啾之音飘扬回荡在陂水上空，仿佛从山
巅高空传来。这时，诗人的乘船已驶进
陂中，虽然船边的菱叶荷花洁净如拭、
伸手可得，但那终南山黑沉沉的倒影映

入陂水之中，倒显得深不可及。船行水
上，就像驶进了清澄空旷的渤海之中。
"渤澥"，海的别支，此指渼陂。"宛在"
两句就是对这种景象的夸张描写，不仅
写出了诗人当时看见陂水中山峰的倒
影而引起的想象，也表达了诗人一味凝
神于晴霁景象，虽然觉得一时的赏心乐
事实在难得，却仍难忘刚才所见渼陂
风云变幻莫测的险状。诗人联想所及，
便不禁难于忘怀自己困守长安的现实，
遂不免借景寓情地写下了如此惊心动
魄的"下归无极"的诗句。一个"黑"
字，正反映出诗人当时的心理状态与
他十多年前的吴越、齐赵之游是大不
相同了，可以说是喜忧共存、哀乐糅合、
奇情迭出的。

"半陂"以下八句，写日暮时船
从中流驶近南岸的情景。渼陂靠近终
南山，其南大半水面浸满了终南山的
倒影，陂水荡漾，山影摇曳，山光水色，
相互交融。"半陂"两句所描绘的正
是这种山峰倒置，水光摇动的景色。"袅
窕"，动摇不停的样子，谓山影动摇。
"冲融"，水波溶漾的样子。宋人刘
须溪认为这两句"写景入微，烟波远近，
变态俱足"。"船舷"两句写月出时在
船上所见渼陂景色。这与上面所描写的

空灵景象相比，另是一种借助想象而出现的风光。当时，诗人的乘船游近南岸，与水中云际山大定寺的倒影接近，只能是想象。这里，船舷是实，倒影是虚，虚实相杂，竟形成诗人的奇想，遂写出了这样的妙句。清人施鸿保在《读杜诗说》中指出这两句同前两句一样皆就水中倒影而言。他驳仇注说："注：舷，船边也。戛，铄也，此谓船舷经过之声。今按船在陂中，寺在岸上，如何经过且有声？注引《长安志》：云际山大定寺在鄠县东南六十里，渼陂在鄠县西五里，不但相去甚远，一在县东南，一在县西，则尤不能经过。此句犹下'水面'句，皆指水中倒影而言，云际之寺，远影落陂，船舷经过，如遇相戛。"

接着，"此时"以下四句，诗人再借月光，以飞动的笔触描绘出陂中灯火齐明、轻歌妙舞的景象，恍若神游仙境。如仇兆鳌所说："此写月下见闻之状。灯火遥映，如骊龙吐珠。音乐远闻，如冯夷击鼓。晚舟移棹，如群龙争趋。美人在舟，依稀湘妃汉女。服饰鲜丽，仿佛金支翠旗。"古代传说骊龙额下有宝珠，此以骊龙吐珠喻游船上灯火遥映的景象。"冯夷"，传说中水里的仙人。曹植《洛神赋》"冯夷鸣鼓，女娲清歌。"

此以冯夷击鼓喻游船上乐声远扬。"湘妃"，传说中舜帝的二妃，舜南巡崩苍梧，二妃往从死于江湘之间，俗谓之湘君。"汉女"，传说中汉水的女神。此以湘君汉女喻船上歌女的轻歌曼舞。"金支"，金质的或金色的花枝。"翠旗"，翠羽做的旌旗。"光有无"，谓其光彩忽明忽灭，在月光下闪烁不定。这都是用以形容仕女们服饰的艳丽。诗人用这一系列富于浪漫色彩的神话和生动比喻，形象瑰丽地勾画出了月夜渼陂泛舟的所见所闻，使神采飞动、声态并作的画面浮现在读者的眼前，令人赏叹不已。

至此，诗人和岑参兄弟的这一日泛游即将结束，离奇光怪的赏游乐事可谓至矣。诗写到这里，也随之进入了高潮，创造出一种千态万状、满眼迷离的艺术境界。但若按王嗣奭《杜臆》所说"'少壮几时'一句，用旧语可厌"，若就此结束全篇，则形成以叙事开端，写景收束，描绘中虽有不少妙笔，而终嫌气韵不足、意味浅薄，未免突然而终，显得头重脚轻或首尾不复照应了。

而杜甫毕竟不是凡色，他从夏日渼陂阴晴变化莫测的天气情况考虑，眼看着天又变得昏黑一片，仿佛一场雷雨即将来临，便情随景生，以慨叹人生哀乐无常作结，寄慨遥深地写下了诗的最后一段，这四句非但不是蛇足，且益见功力，寄情深刻，使人觉得别有神味。显然，这样以叙事、写景开篇，以抒情作结，用"哀乐"二字总结全篇，是较为神完气足的。这就不仅仅使诗的章法严密，有草蛇灰绿之妙，而且加深了诗的思想内容，更加切合于诗人的生活思想实际。诚如清初佚名《杜诗言志》所说："咫尺间其或有雷雨至乎，神灵之意甚不可测，是又以险语终之。追至于归哀乐之情于壮老之异，是又教人以安不忘危、治不忘乱之深旨，而与前文奇险之论相发明也。吾于此而知少陵之胸中，怪怪奇奇，诡谲瓖丽，真有不可方物者。"当然，就诗的写作技巧和思想感情来考查，不必否认，这样作结也有受汉武帝《秋风辞》影响的痕迹。汉武帝曾于公元115年秋巡视河东，泛舟中流，与群臣饮宴，有感而作《秋风辞》，其中说："泛楼船兮济汾河，横中流兮扬素波。箫鼓鸣兮发棹歌，欢乐极兮哀情多。少壮几时兮奈老何！"杜甫泛舟溪陂，处于"横中流"的相似环境，引起共鸣，顿生乐极之悲，自然会忆起这传世的辞

而化用之，只是处于困境的诗人不能与趾高气扬的汉武帝相比罢了，但其感慨较之却更为深沉。这样结束全篇，确如梅圣俞所说有"含不尽之意，见于言外"的艺术效果，令人遐思远想，心驰神摇，回味不已。所以，刘须溪就曾说："惨怆之容，窈渺之思，吾尝游西湖遇风雨，谓此句，如同舟同时。"而朱长孺谓"此孔子所以叹逝水，庄生所以悲藏舟也"，则显得有点浮泛了。

概括地说，这首诗先写天气骤变，波涛汹涌，令人生畏；接写风清日丽，乐歌齐鸣，使人心旷神怡；再写月夜竞舟，灯火明灭，宛如仙境；末尾结以哀乐之感慨，喜忧顿移，无限曲折。全诗写得色彩绚丽，既有夸张的比喻，也有奇特的想象和神话的运用；既是写实，又富浪漫色彩，在艺术上是上乘的，曾为杜诗研究者和评论家所重视。卢世㴶说："此歌变眩百怪，乍阴乍阳，读至收卷数语，肃肃恍恍，萧萧悠悠，屈大夫《九歌》耶？汉武皇《秋风》耶？"查初白说："以'好奇'二字领起，见游境之奇。优喜莫测，故以'哀乐'二字总收之，仍于比兴中留不尽之致。境奇、语奇只在寻常耳目间，人自说不出耳。大意只三层：始而风起，

既而风止，既而月出，总由笔势排荡，令览者无从捉搦耳。"朱长孺也说："始而天地变色，风浪堪忧，既而开霁放舟，冲融裊宛，终而仙灵冥接，雷雨苍茫。只一游陂时，情境迭变已如此，况自少壮至老，哀乐之感，何可胜穷？"无疑，这是杜甫渼陂纪游诗中最优秀的一篇。

这次杜甫应岑参兄弟之邀前来游渼陂，带有一定的社交性质，前两次来游，日程安排得很紧凑，人多热闹，从早到晚无暇独立游览，静心领略其地风光。但经过两天的集体活动之后，大家都需要各讨方便，各办其事。所以，第三日或许是第四日，杜甫向伙伴们打个招呼后，便独自散步到渼陂西南，攀登上了南山某处的高台，竟然尽情地鸟瞰了渼陂。这是诗人第三次游渼陂。从表面上看，诗人似乎游兴大发，不减当年的吴越、齐赵之游，简直是流连山水的；其实，杜甫困守长安已十年，一筹莫展，这次来渼陂何尝是他的自觉行动，只是因为岑参兄弟的邀请，盛情难却，不得不往，因而游览时未必真觉心旷神怡，"少壮几时奈老何，向来哀乐何其多"才是他当时悲苦心境的反映。这是诗人旅食京华的末尾，十年蹉跎，虽参列选序，却尚未授官，

其思想矛盾越来越深，内心越来越苦闷。因此，当他登上高台眺望的时候，虽然是在饱览渼陂一带"空蒙""错磨"的自然景色，却也要触景生情，不免会联想及与自然美景不相协调而更加变化莫测的社会现实。当诗人向东凝望熙攘冷酷的长安时，不胜感慨系之，便写出了一首内心独白的五言古诗《渼陂西南台》，冷静地对自己的这次渼陂之游作了总结：

高台面苍陂，六月风日冷。

蒹葭离披去，天水相与永。

怀新目似击，接要心已领。

仿像识鲛人，空蒙辨渔艇。

错磨终南翠，颠倒白阁影。

崷崒增光辉，乘陵惜俄顷。

劳生愧严郑，外物慕张邴。

世复轻骅骝，吾甘杂蛙黾。

知归俗可忽，取适事莫并。

身退岂待官，老来苦便静。

况资菱芡足，庶结茅茨迥。

从此具扁舟，弥年逐清景。

这首诗前半写景，山水交辉，景色萧疏，亦有前篇风致。起首六句洒然意开，诗中有画。"仿像"六句写景溟涬，已尽陂胜。"鲛人"，《搜神记》："南海有鲛人，水居如鱼，不废织绩。""错

磨"、"颠倒"两句，即前篇所云："半陂以南纯浸山，动影袅窕冲融间。""惜俄顷"，谓俄顷登临便有恋而不舍之意。

诗的后半抒怀，身世之感，心情沉郁，有栖身物外之思。"劳生"六句写自己的灰心情绪，仍带感慨。"严郑"，指严君平、郑子真，皆修身自保的隐士。"张邴"，指张良、邴汉，或名成身退，或以清行征用，而仍养志自修。"骅骝"，千里马。"蛙黾"即青蛙。"知归""取适"，浦起龙谓："能知归隐，薄俗便可忽忘；自取适情，万事谁堪比并。"

《杜诗言志》解释这首诗说："是诗古体，而句句对属工巧，昌黎诸联句多用之。渼陂居终南山下，西南台则南山之台也，面临陂水，而又居高山之阴，故'六月风日冷''蒹葭离披去'，水天一色，其为清凉之境可知矣。尘腐之怀，至此而一新，其所以新者，由于目击也。应接之纷，至此而得其要，其所以得其要者，由于心领也。渺茫之中，非有鲛人，而仿像识之；空濛之内，或有渔艇，而依稀辨之。终南之翠色，混漾于碧波吞吐之中，如错磨然；山峰之白阁，垂影于清流澄澈之下，若颠倒耳。此其山西崒自生光辉，惜我乘陵，但得俄顷！此一联二句，接上

启下，然后因之发叹曰：如此清景之可乐，但得乘陵俄顷者，盖劳生于道途，而不能置身于物外，徒惭严郑，空慕张邴，亦奚益哉！既为世之所轻，曾蛙黾之不若，何不知归取适，退隐便静，但求菱芡粗足？亦何茅茨之不可永结，而逐年征逐于此哉！夫少陵用世婆心，在于行义达道，非富贵温饱中人，故于不得志时，则退休淡泊之念，处处流露，此诗亦其一也。"这样理解是符合杜甫的思想实际的。诗人这种因愤世嫉俗而转思归隐的思想感情，在此之前就曾在其诗中有过多次明显的表露，这次独来登台又引起此念是不奇怪的，可以说是诗人对自己孤寂灵魂所设想的安慰。其实，杜甫这时要归隐是不可能的，不仅困守长安十年，壮志未酬，哪能就此拂袖？而且就经济情况来说，手中空空，哪有择幽结庐的条件。所以，这只能是诗人浓缩的一种愤激心态的折光而已。那么诗人三番五次地这么说，该作何解释呢？当然，这也不是他一时兴起随便说说而已，诗人还是经过认真考虑了的。这说明他确有功成身退的想法。

在这点上杜甫与李白倒是志同道合的，只是他们都未能实现自己的这

种理想罢了。这我们只要仔细地思忖一下诗中愧对隐居谷口的郑子真、卖卜成都的严君平和仰慕功成身退的张良、免官养性的邴汉等诗句的含意，就不难探得老杜当时的心志，再加上结句说"从此具扁舟，弥年逐清景"，就更可以看出他对范蠡也是很仰慕的。只可惜诗人的政治抱负不能实现，终究未能达到这个目的。这就不能说不是他的悲哀了。

杜甫长安十年的生活与创作（节选）

谭莹

（辽宁师范大学硕士学位论文）

（三）宴游

为了日后能够更好地施展政治抱负，杜甫也在积累更多的人际关系。除了投诗于高官权贵，他还把大部分的精力放在游宴等社交活动上。杜甫的诗中有不少是记录宴游的经历，这个阶段宴游题材的诗主要有：《郑驸马宅宴洞中》《乐游园歌》《杜位宅守岁》《奉陪郑驸马韦曲二首》《渼陂行》《渼陂西南台》等。

杜甫的宴游诗可以分为两类：一类是描写游玩的经历和欣赏风景时的触景生情；另一类则是与达官贵人一同赴宴，在歌舞美酒中享受贵族生活的感想。《渼陂行》，渼陂即渼陂湖，在陕西户县城西，因陂水甘美，故称渼陂。唐代不少文人骚客曾泛舟湖上，饮酒作诗。杜甫这个时期就写了四首，在长安十年里不多的作品中占了很大的分量。诗的开头就写道："岑参兄弟皆好奇，携我远来游渼陂。"可见是岑参兄弟与杜甫一同游赏。接下来详细描写了他们泛舟湖上经历风云密布到云净天空，诗人的情绪也从胆战心惊到心旷神怡。"沉竿续缦深莫测，菱叶荷花净如拭。宛在中流渤澥清，下归无极终南黑。"几句极具艺术表现力地写出了水与山相互呼应下的美景。而诗的后半段写到游赏的高潮时，笔锋一转想到了自然的变化不定同人生一样哀乐无常，"少壮几时奈老何，向来哀乐何其多"。这种触景生情的诗是杜甫常用的手法，有很多此类诗的特点往往是将始终极盛的事物与现实中的反差做对比，更突显出了情感表达的真实意图。

杜甫在长安求仕期间，不但要经常献诗求汲引，而且需要经常出入富贵人家，一方面要保持和权贵的来往，另一方面也是迫于生计的无奈。正如在《奉赠韦左丞丈二十二韵》中自嘲道："朝扣富儿门，暮随肥马尘。残杯与冷炙，到处潜悲辛。"

论唐都长安郊区的旅游风景区（节选）

张毅

（陕西师范大学 2009 年硕士学位论文）

第二节 寺观旅游风景区

寺观本为宗教圣地，供僧侣修习传法，也是香客信徒膜拜礼赞的场所。有唐一代，思想开放，信仰自由，三教并崇，尤以佛道两家最为昌盛。长安作为首都，亦成为宗教活动的中心。长安城内各种教派流行，寺观林立。唐长安郭城以外的郊区，也少不了名刹大观。唐代士人差不多都涉猎一些有关宗教的知识，其大多数人是把宗教知识（尤其是佛道二教的知识）当作一种文化来接受，并非真正要成为佛、道信徒。另外，寺观里的塑像、壁画，对他们也是一种不可抵御的艺术诱惑。所以他们每与寺观僧道有来往，或遇假日，闲步一游。从这个意义上说，长安寺观也可以视作游览胜地。

《新唐书·王给传》谓："凡京畿之丰田美利，多归于寺观。"终南山寺观区就是代表。南郊的樊川附近，靠近终南山，多涧溪池塘，地形略具丘陵起伏，富有变化，山水佳丽，物产丰富。在川谷原头之间，坐落着许多古刹佛塔，如香积寺、牛头寺、华严寺、兴国寺、兴教寺、洪福寺、观音寺、禅定寺、云栖寺、二像寺、翠微寺等，更具幽寂之美，被认为是"轩冕相望，园池栉比……天下之奇处，关中之绝景"。所以，南郊成为京城的园林集中之地，环境优美，树木众多。

…………

二、户县草堂寺

草堂寺位于户县县城东南方 15 公里处的秦岭圭峰山北麓。《类编长安志》卷五《寺观》载："草堂寺，在御宿川圭峰下。"圭峰山是秦岭北麓的一座名山，海拔约 700 米，因山峰高突如圭而得名。它的东面还有紫阁大顶、凌云、罗汉等峰，均突兀峻拔，形势佳胜。唐代诗人邵谒诗中云："壮国山河倚空碧，迥拔烟霞侵太白。绿崖下视千万寻，青天只距百馀尺。"就是对这一带山势的描绘。可见草堂寺一带山清水秀，环境优美。

第七编·学术研究

该寺约创建于东晋末年，是东晋十六国时期后秦国逍遥园的一部分。《类编长安志》："本姚兴草堂，即逍遥园，鸠摩罗什译经是园，什死，焚之，其舌不坏。"后秦国王姚兴崇尚佛教，于弘始三年（401 年）迎请龟兹高僧鸠摩罗什来长安，住逍遥园西明阁翻译佛典，后在园内建草堂寺，供罗什居住。由于鸠摩罗什译经场以草苫盖顶，故得名"草堂寺"。

唐代，住寺名僧宗密修葺过一次，改名"栖禅寺"，盛极一时。甚至连唐玄宗也曾来寺瞻礼并题诗留念。《圭峰定慧禅师碑》就是书法家裴休撰文并书写的，至今仍在，为唐代名碑之一。

草堂寺秋冬之际，每当朝阳从重峦之后升起，圭峰山下还是黎明破晓，山冈水汽，凝成云雾，曼延在古寺周围，轻烟淡雾，蔚成奇景，宛如仙境，因此有"草堂烟雾"之名。也有另一种说法：寺内鸠摩罗什舍利塔后有修竹一片，在茂密的竹林中有一口千余年的烟雾古井，每当秋冬的早晨，井内冒出缕缕轻烟，弥漫寺中，因而也有"草堂烟雾紧相连"的佳话。草堂烟雾是关中八景之一。清人朱集义曾为"草堂烟雾"题诗："烟雾空蒙叠嶂生，草堂龙象未分明。

钟声缥缈云端出，跨鹤人来玉女迎。"仿若尘寰仙境。唐代诗人温庭筠还有一首诗《早秋山居》："山近觉寒早，草堂霜气晴。树凋窗有日，池满水无声。果落见猿过，叶干闻鹿行。素琴机虑静，空伴夜泉清。"

第三节　公共旅游风景区

唐都长安南郊公共旅游风景区的存在，满足了许多唐代人游览以及放松身心的需求，除去在京城里权贵气派张扬的别业外，城外的游览区更多的是幽静，集中在终南山一带的风景区，景色犹如绿屏，晴明怡人，到这里，往往能寻觅到暂时的静谧和安逸，使得心灵超脱，得到暂时的慰藉。

…… ……

二、渼陂

渼陂在终南山下，是由泉水汇流而成的天然湖泊。《类编长安志》："在鄠县西五里，出终南山诸谷，合胡公泉为陂。其周一十四里，北流入涝水。"谷中水出，汇为池，周回十四里。《十道志》："有五味陂，陂鱼甚美，因误名之。"《杜诗详注》引朱鹤龄注："渼陂，因水味美，故配水（偏旁）以为名。"未知孰是。杜甫有长诗《渼陂行》：

"岑参兄弟皆好奇，携我远来游

渼陂。天地黪惨忽异色，波涛万顷堆琉璃。琉璃汗漫泛舟入，事殊兴极忧思集。鼍作鲸吞不复知，恶风白浪何嗟及。主人锦帆相为开，舟子喜甚无氛埃。凫鹥散乱棹讴发，丝管啁啾空翠来。沉竿续缦深莫测，菱叶荷花净如拭。宛在中流渤澥清，下归无极终南黑。半陂以南纯浸山，动影袅窕冲融间。船舷暝戛云际寺，水面月出蓝田关。此时骊龙亦吐珠，冯夷击鼓群龙趋。湘妃汉女出歌舞，金支翠旗光有无。咫尺但愁雷雨至，苍茫不晓神灵意。少壮几时奈老何，向来哀乐何其多。"写了几乎一整天的泛舟"历险"。初时天地变色，风浪滔天；既而风恬浪静，棹讴（渔歌）齐发；当天晚之际，水色空旷，灯火遥映，月出乐作，恍如神仙。这一次泛舟，杜甫到晚年还留在记忆之中，《秋兴八首》其八：

"昆吾御宿自逶迤，紫阁峰阴入渼陂。香稻啄馀鹦鹉粒，碧梧栖老凤凰枝。佳人拾翠春相问，仙侣同舟晚更移……"就是指这一次与岑参兄弟的泛舟经历。

又如郑谷《郊墅》："韦曲樊川雨半晴，竹庄花院遍题名。画成烟景垂杨色，滴破春愁压酒声。满野红尘谁得路，连天紫阁独关情。渼陂水色澄于镜，何必沧浪始濯缨。" 可见在唐时渼陂就是一处著名的游玩胜地。

…… ……

第五节　唐都长安城郊旅游风景区对现在西安旅游规划建设的启示

盛唐是中国人自信、开放的时代。开元盛世代表了当时经济的发展，随着社会的繁荣，文化、旅游活动全面展开。唐代长安城是当时世界上最大的城市，长安城内宫殿巍峨，街道纵横，茶肆、酒馆、旅馆等遍布各处，熙熙攘攘的人群汇聚于此。据史载，唐代长安与三百多个国家和地区先后交往，旅居这里的少数民族和外国人很多。长安城内外湖池众多，正由于水面辽阔，花卉草木丰茂，所以贵族、私家的游览区都有陂池亭阁、茂林修竹之胜。而如今，西安作为著名的旅游城市，更应该以唐代长安丰富的旅游资源和历史遗迹为依托，再现盛唐旅游风景区的景观风采，我的主要意见有以下五点：

1.在继承唐长安文化的基础之上，应做好对唐代长安历史文化遗址的保护工作，建设现代西安城和西安风景区。

西安是包括周、汉、唐在内的十三朝古都，而唐代是中国历史上最吸引人的时代，因此西安有其得天独厚的文化优势。独特的人文资源和丰富的自然资源，使西安发展旅游业有着突出的资源优势。在近些年修订的《西安市旅游发展总体规划》大纲中，除了要实现唐都长安城复兴计划，还应做好对唐长安郊区历史文化遗迹的保护工作。

西安城区之主体部分以唐长安城范围为限，即东北至今胡家庙附近，西北至今任家口附近，东南至今新开门村附近，西南至今木塔寨附近。此范围以外，则以林带、绿地或田园隔开，采取疏离模式建设一批中小型卫星城镇。与此同时，对唐樊川别业、寺庙、唐华清宫与骊山风景区、浐灞风景区等遗址也加强保护，建成历史景区，予以适当开发利用，从多个层次与侧面展现唐都长安郊区丰富的历史文化内涵，营造浓郁的古都与历史文化名城之氛围。在唐长安城郊范围内，力求再现唐都长安城和郊区之恢宏气势与旖旎景色。

2. 借鉴唐长安城东、西、南郊的风景区布局，以现在东、西、南郊的现实地理特征为基础，规划西安郊区风景区。唐长安近郊有许多风景秀丽的游览胜地。其中，有些纯是自然风光，有些则具有皇家开发的林苑性质，更多的是人文特色园林。从前几章考证得出，唐长安南郊是以辋川、樊川、

终南山士族和文人庄园为主体，以零星的皇家宫殿为点缀的风景区；而唐长安东郊是一大片以皇家离宫和皇亲国戚庄园为主体，以贵族庄园为补充的风景区；唐长安西郊的西渭桥则与东郊的滻河、浐河构成了一条长长的旅游送别游览线，这一具有人文景观的旅游风景线使得唐都长安郊区的旅游风景区更加多元化。这些单个的旅游风景点所形成的旅游风景区呈现出有规律的布局，即点、线、面的景观格局——密布的皇室私家别业点、东西一条送别游览线、五个游览风景区（面），这种巧妙的点线面布局，使各有特色的景点、各种自然地理因素都能放射出炫目的光彩。加上出游线路的串连，使长安城郊区的风景区不再是孤立的，它们成了相互联系的一个网，使人们不仅为单个景点的风景所迷恋，也为整个长安郊区的美丽所倾倒。这种全局观，这种点线面结合以景点、景区来诠释城市内涵的城市布局，对现在西安的城市规划也是具有极大借鉴意义的。

3. 以西安为中心，辐射带动周边地区，设计东、西、南出行旅游线路，将西安周边重要旅游资源组合成为一个整体。唐长安城的景区之所以吸引

人，有优美的风景固然重要，但吸引游览者来此的原因更多的是每个景区所包含的文化气息。长安城的宏伟在当时世界上都是有名的，唐代时很多外国人慕名来到长安城，并且被长安城的文化所吸引。现在西安在全国甚至全世界也都是有名的，除了要复兴以唐文化为代表的这种盛世历史文化外，在省内，要充分发挥西安作为全省中心旅游城市的作用，以西安为中心，辐射带动省内其他城市和地区，以唐都长安郊区东、西、南三条旅游线路为基础，将省内重要旅游资源组合成为一个整体。东线以半坡、临潼秦唐文化区为重点；西线以周边的定昆池、昆明池等旅游景区为主；南线向终南山一带延伸，细化南郊的旅游风景区，在此基础上做大做强西安的文化旅游业。

4.充分利用西安历史文化遗产和自然地理特征，策划新的发展战略。历史文化遗产是西安旅游最具魅力的品牌，是西安旅游的"魂"，但要不断开发新产品，就要形成以现代城市为依托，以文物古迹为主体，人文景观与自然景观、观光产品与休闲度假及特种旅游共同发展的现代旅游产品结构，以突出"华夏文明发源地""历史古都"的文化形象为主题。因此，在现在西安建设规划上要着重体现西安的历史内涵。如现在以大慈恩寺和曲江大唐芙蓉园为主的风景区是建成了，但是从历史文化内涵的广泛性上看，还是不足的，还可以从复原一些唐都长安郊区的私家园林别业着手，开拓新的发展战略，也可通过重新命名相关道路，从规模和文化气氛上再加强这里的历史感。

5.借鉴唐长安郊区园林风景区保护自然生态的做法，将西安建设成风光秀美、文化深厚的山水园林型城市。前文所述，西安位于素有"八百里秦川"之称的关中平原中部，南倚秦岭，北临渭河，郊区多园林，气候温和，植被良好，河流众多。正是因为具有如此良好的自然环境，才使得它在历史上相当长的一段时期里成为多个王朝首都所在地。

长安南部的秦岭是一条巨型山脉，是我国南北自然地理条件的天然分界线，是我国生物多样性最为丰富的地区之一。它在西安域内的一段，有着诸如骊山、南五台、翠华山、终南山等名山胜景。而渭河作为黄河的一条重要支流，是西安所在的渭河平原的塑造者，是许多重要园林水的来源。秦岭还是一座典型的褶皱断块式山地，北坡陡峭险峻，与北部陷落式的渭河平原形成鲜明对比，河流切割明显，形成独特的地貌特征，具有发展休闲度假旅游、生态旅游、科学考察等多种旅游的丰富自然资源。

所以现在建设西安、规划西安风景区时，应保护发展自然生态、自然风光旅游，充分发挥自然和人文旅游资源优势。学习和借鉴唐长安城以山水为主布设风景区，结合城市自然的山、源、河、田、城的历史地貌特征，以浐河、灞河、渭河流域为主体，在城市风景区的建设上独具匠心，巧用地形，使自然之美更加增辉，这对于今天城市风景区的建设仍有十分重要的借鉴作用。要将总体风景规划和总体治理规划相结合，搞好相关生态建设，将西安建设成为一座山河风光秀美、历史文化深厚的山水园林型城市。

第二章

【渼陂专题研究】

对渼陂的专题研究，以渼陂的本体为核心，对其历史地理、胜迹风物、故事传说等进行考证和追溯，还原一个真实可感的渼陂。

渼陂历史地理初探（节选）

陈云霞

（西安文理学院学报 2009 年 4 月）

摘要：渼陂位于西安户县境内。汉代时为上林苑十池之一，又称西陂。唐宋时期渼陂集游览、农田灌溉、发展碾硙、鱼类养殖于一体，负有盛名。从诗文及其他古籍记载来看，元代以前渼陂的面积相当可观。至元末遭游兵决堤，逐渐缩小，沦为稻垄。明清两代又得以重建，但面积仍然有限。元末以降，渼陂衰落的主要原因来自于游兵的破坏，但渼陂水源的枯竭也不失为其衰微的一个原因。

一、汉代时原名西陂

学界历来对上林苑的范围问题存有争议，王社教、李令福、徐卫民诸先生均有论述。现在只需求其西境即可。《史记·秦始皇本纪》曰"始皇三十五年，乃作朝宫渭南上林苑中，先作阿房宫前殿"，又《秦封宗邑瓦书》记载割取杜县酆邱到潏水的一块土地为右庶长歇的宗邑。据此可以大抵判断秦代上林苑的西边只能到沣河，关于西陂的情况也未见记载，所以秦代时西陂并未产生或者是不位于上林苑内，至汉代扩建上林苑才见于文字。西汉初年，曾一度采取与民休息的政策，并开放秦的苑囿园地。汉武帝时扩建上林苑，

《汉书》有："独不闻天子之上林乎？左苍梧，右西极。丹水更其南，紫渊径其北。终始灞浐，出入泾渭，酆镐潦潏，纡馀委蛇，经营乎其内。荡荡乎八川分流，相背而异态。"文中"潦即涝水"，所以可以判断汉上林苑向西包括了涝水，涝河与沣河之间为汉代较秦代增加的部分。《汉书》记载："初，建元三年，微行始出，北至池阳……投宿诸宫，长杨、五柞、倍阳（贲阳）、宣曲尤幸。……举籍阿城以南，盩厔以东，宜春以西，提封顷亩，及其贾直。"后武帝乃命："中尉左右内史表属县草田，欲以偿鄠杜之民。"据这则材料也可判断鄠杜之间为汉较秦上林增加部分。所以，汉代时见于记载的西陂池位于沣河以西、周至以东，与渼陂位置相当。

汉代以后西陂未见于古籍，至唐渼陂为泛舟、游览的好去处，杜甫作有《城西陂泛舟》："青蛾皓齿在楼船，横笛短箫悲远天。春风自信牙樯动，迟日徐看锦缆牵。鱼吹细浪摇歌扇，燕蹴飞花落舞筵。不有小舟能荡桨，百壶那送酒如泉。"写的是载伎泛舟西陂之盛况。另一首为《与鄠县源大少府宴渼陂》，诗说："应为西陂好，金钱罄一餐。"以西陂为题，叙渼陂泛舟事，或者以渼陂为题，以西陂叙事，可见在杜甫心目中西陂即渼陂，称谓不同，其实一也。

通过以上论述可见，渼陂在汉代时称为西陂。《后汉书·马融列传》载："大明生东，月朔西陂。"又《礼记》曰"大明生于东，月生于西"，郑玄作注曰："大明，日也，言池水广大，日月出其中。"这里的西陂不一定为实指，但是《上林赋》中引其来形容上林苑可以想见汉代的西陂池相当广大。《汉书·百官公卿表（上）》中记载设有上林十池监负责管理，可见当时西陂不仅范围广大，管理上也相当正规。

二、流路及功用

汉代以后至北魏之间无论是西陂还是渼陂都未见于古籍，至《水经注》为所见关于渼陂最早记载者。其卷十九《渭水》有："（涝）水出南山涝谷，北迳汉宜春观东，又北迳鄠县故城西。涝水际城北出，合渼陂水。水出宜春观北，东北流注涝水。"该段文字中的"水出宜春观北"当指渼陂水，即渼陂水是自宜春观北向东北注入涝水。从这里仅能看出渼陂水为涝水的一个分支，并不见其蓄水之处及源流。《长安志》卷十五《鄠县》有"渼陂，在县西五里，出终南诸谷，合朝（胡）公泉为陂"，又民国《鄠县乡土志（下卷）》（未著纂修姓氏）"水条"有："滦陂水，在县西五里，其源从丈八寺堡北伏地涌出。……胡公泉，在县西南丈八村泉上有胡公庙或曰吴公庙。"同卷"滦泉条"有："在胡公泉南，北流与胡公泉合。"直译看来，滦泉是源出终南诸谷，行经地下，后至丈八寺堡北涌而为泉，并在此与胡公合流为滦水。实际上，滦泉所处地区为山前洪积扇，地下水丰富，滦泉与胡公泉就是该地的泉水，涌而汇集成滦水。乾隆《鄠县新志》卷一引明代富平人刘士龙《滦陂记》"山谷之水并白沙泉、胡公诸泉，合而北注，滦陂受之"，同卷"白沙泉"条曰："白沙泉，在县西南割耳庄西北，流而东，一支流迳曲抱村以灌田，至玉蟾台与胡公泉等水会，一支东流至西公伦村与龙家寨来之渠之水会。"无疑，白沙泉与胡公泉等也成为滦陂的水源之一。乾隆《鄠县新志》卷一将涝水分为东、西两涝。民国《重修鄠县志》也有类似记载，其卷一《山谷河渠》有："涝河，……查此河（西涝）上游由土门子西有渠一道引而北流，迳丈八寺村东与胡公泉及滦泉之水会，又东过割耳庄，

复折而北迳玉蟾台，又东北迳王季陵，又东北至陂头绕空翠堂……自陂头至曲抱村昔年障之为陂。"可见除了以上所知滦泉、胡公泉为滦水之源泉外，涝水的一支也与其合注。

可以看出，滦泉在胡公泉南，两者均位于丈八寺村，在丈八寺堡北汇集成滦水，然后向东北流。西涝河在土门子以西直接被引水向北，至丈八寺村东与滦水相会。汇集后的滦水向东经过割耳庄，再往北流向曲抱村、玉蟾台。割耳庄西北的白沙泉向东流，其中一支向北经曲抱村，到玉蟾台与滦水相会。至此，滦陂的水源汇集齐全，之后向东北流经周代古迹王季陵东，自曲抱村到陂头为滦陂决堤前南北的范围。陂头以下东北流，直接注入涝水。

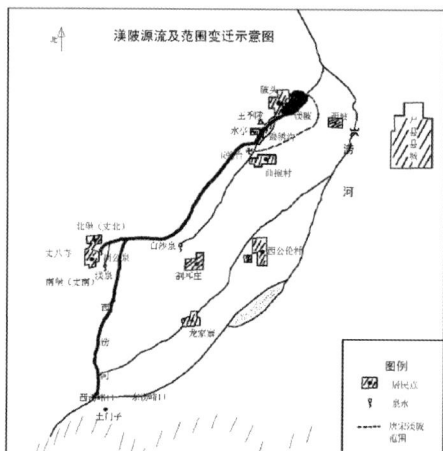

滦陂源流及范围变迁示意图

结合当地地形来看，王季陵和水亭以东至西陂地势较低，为陂的东西范围（见图）。《礼记正义》卷十五《月令》载有："蓄水曰陂，穿地通水曰池。"与西汉时称呼不同，渼陂盖是因为在渼水这一段地势低洼带修堰围筑，蓄水成陂。该举措在明代"弘治七子"之一的王九思（1468—1551）所撰《渼陂镇重修石桥记》中已有提及，所不同的是"钟而为陂"，实为同义。

从上文可以看出，渼陂是围障渼水形成的湖泊，以下又与涝水相通，其实质为一个水库，入水口当为曲抱村一段，东北流而入涝，蓄排两便，功能多样。

唐代时渼陂为官宦、文人游览胜地，史籍记载前后不绝。《长安志》在道及渼陂时引《十道志》曰："有五味陂，陂鱼甚美，因误名之。本属奉天。"为什么五味陂会被称为渼陂呢？"渼"在《水经注》和《元和郡县图志》中均作"美"。查《说文解字》有："美，甘也。甘部曰，美也。甘者，五味之一，而五味之美皆曰甘。"因此，五味陂并非误名为美陂，而是因"美"为五味之一得名。《雍录》有："渼陂，在鄠县西五里，源出终南山，

有五味陂，陂鱼甚美，因加水而以为名。其周一十四里，北流入涝水，即杜甫所赋渼陂也。"渼陂最初是因其美味的鱼而得名。《旧唐书》载"（敬宗时）癸巳，敕鄠县渼陂尚食管系"，同卷："（文宗时）庚申诏：君天下者，莫尚乎崇澹泊，子困穷，遵道以端本，推诚而达下。……庶乎俗登太古，道洽生灵，仪刑邦家，以化天下。内庭宫人非职掌者，放三千人，任从所适。……鄠县、渼陂、凤翔府骆谷地还府县。"同样是渼陂，为何文、敬两朝一个"还府县"而另一个"尚食管系"呢？《新唐书》有："（敬宗时）七月癸未，衡王绚薨。以渼陂隶尚食，禁民渔。"从这里可以看出，盖由于渼陂产鱼，政府因衡王之死而禁民渔。而文宗时期，尊崇淡泊，与民休息，所以归还府县。关于渼陂鱼的记载还有许多，如苏东坡的《渼陂鱼》一诗以及《乾隆鄠县新志》中也提到水族有鱼虾螺蟹、渼陂之鳝。除了产鱼之外，渼陂还曾用于灌溉和碾硙动力，《长安志》中记载唐宝历年间，渼陂收归尚食牧管时闲杂人不得入内采捕，百姓可以用来灌溉农田，但不准私设碾硙。这一敕令说明之前渼陂肯定设有碾硙，与农业灌溉争夺用水，

否则也不会有这一禁令。至今渼陂以南还有名字与碾硙相关的村庄，如水磨、孙家硙等。渼陂所在地区海拔为415米左右，处在洪积扇以北，比较适合麦作。但是渼陂所在的玉蝉乡为户县主要的新老水稻产区，其原因是在原来各种土壤基础上长期种植水稻，灌水浸泡，水耕熟化而成。文献中关于该地桑田、稻田的记载不在少数，如唐代韦庄诗《过渼陂怀旧》："辛勤曾寄玉峰前，一别云溪二十年。三径荒凉迷竹树，四邻凋谢变桑田。……" 以及明代康海《陂头》有："回首双流细，春疏万木长。绕溪蒲粉落，夹路稻花香……"诸如此类的诗文不绝史籍，此处不一一列举。渼陂水改变了该地的作物结构，使这一带稻畦相连，桑田成片。在民国时期吴继祖纂的《重修鄠县志》中记载："自陂头至曲抱村昔年障之为陂，所谓渼陂者，今则丈八寺曲抱村陂头各堡皆利赖以溉稻田矣。"也就是说自唐以来渼陂一直都起着灌溉农田的作用，并且卓有成效，甚至民国时期仍可用于灌溉。1986年编修的《户县志》记有陂头大队自1983年起开始重修渼陂湖，用于引水灌溉。通过以上论述，可以想见集产鱼、碾硙、灌溉于一体

的渼陂面积必定相当可观。

除了上述功用外，渼陂最引人注目的是其胜景，这一点自唐以来文人骚客多有咏之，如杜甫、岑参、韦应物、高骈、韦庄、郑谷等等。其中尤以杜甫流传下的咏湖之诗最多，诸如《渼陂行》《城西陂泛舟》《渼陂西南台》《与鄠县源大少府宴渼陂》等。当中又以《渼陂行》最能体现其景色之胜……

结合上文所见《城西陂泛舟》与《与鄠县源大少府宴渼陂》两诗，唐代渼陂在杜甫的笔下接天莲叶、波涛琉璃、川湖相映，可谓美不胜收。

宋代知鄠县管勾劝农公事官张偓于宣和四年（1122年）游渼陂时撰碑文《空翠堂记》云："余昔时尝闻士大夫称关中多山水之胜，而渼陂在终南山下，气象清绝为最佳处，及诵杜工部所赋诗……一往游之，以慰所闻，道阻且长，斯愿未遂，每以为恨。宣和元年冬，被命为邑于有扈，而所谓渼陂者实其西郊焉，于是始得偿夙昔之愿。时往游观，翠峰横前，修竹蔽岸，澄波浸空，上下一碧。……陂之北岸有堂，旧矣，久弗加葺，栋宇倾挠。来游者佔压是惧，余喟然兴叹曰：有此佳山水而堂构不修，宴赏无所，大非其宜。因顾从吏而

询其故，乃知自清平建军，县涝水之西，割地以隶，故陂虽近户，而地非所属，虽属终南，而距邑为远。远者不喜修，近者不得修……于是增卑补薄，基址廓焉，去故取新，栋宇壮焉。……咸请以'空翠'名其堂，盖取杜工部诗中语，且以志所见也。"由于唐代渼陂的盛名，宋代人亦有所向往。从张伋的记文中可看到宋代时其风景依旧，周围的细竹遮蔽湖岸，终南山映入广阔水面，上下一碧。虽然文中运用了夸张的手法，但可以判断该文基本为写实类，反映了宋代时渼陂不仅风景绝佳，而且面积广大。除此之外，为了寄思"诗圣"杜甫，张伋将陂中之堂以杜诗中"空翠"二字命名，更添几分意境。空翠堂初建于何时未见记载，据《宋史·地理志三》载："清平军，本凤翔府周至县清平镇，大观元年升为军，复置终南县，隶京兆府。"即1107年后渼陂属终南县管辖，陂中之堂颓废。张伋令重修，自此"空翠"之名始有。

三、废弃与重建

唐宋时期的渼陂无论是从其灌溉、产鱼、设碾硙方面，还是其怡人景观上都可以证明该时的渼陂面积相当广大，水量充足。元末明初，渼陂的命运就大不如前了，甚至遭到废弃。明代王九思的《渼陂镇重修石桥记》曰："渼陂镇在县西三里许，人有数百家，因住陂水之上，故自称为陂头云，镇西南七八里有胡公庙，下泉水涌出，东北流灌溉巴稑之田，又合诸泉水，流于镇之东南，钟而为陂，空旷阔远，可行舟楫。…… 元末兵起，盗决堤岸取鱼，其水散出，流为数支，不复为陂矣，其一支北流经镇之东复转而东流入于涝水，当镇之路冲处，为津岸高不可涉……" 王九思生活的年代距离元末不过百余年，其记述应为可信。"钟而为陂"，也就是在水体周围筑障围堤，元兵决开堤岸后，水流四散。陂体是不存在了，但仍然有散出水流注入涝水。从这里可以清楚地看出渼陂决堤之前与其后状况的对比。

明崇祯年间知县张宗孟对渼陂重新加以疏浚，其碑文《重建渼陂记》更加详细地叙述了陂体在元代以后的废弃过程："余任鄠时即有寇警，于是四乡建堡使民避贼锋，去城西三里为陂头镇，有高阜，上为空翠堂，按其地可拒寇，因建堡濬壕……春莫出游空翠堂……曰此渼陂故址也。……逮元人以渼陂之鱼能治瘻，因决陂取鱼，陂之亡也，迄今三百余岁矣。水落石出，尽为稻垅，惟渼水无恙，仅留陂之一字与渼水共存焉耳。……移堡后古道于北百步外而高大之，则渼陂当年所决处也，为桥以通往来……环濬鱼池阔五丈，与堡壕通……堡前造水磨一所，从堡内居民之便；且引水入濠，作金汤之险。……唐之后为宋，而空翠堂之创，又为宋张令，其时陂犹未决。至昭代，则陂决于元，并空翠堂亦寥落就圮矣。渼水潆洄，亘千古而尝碧。"

元末蒙古人因为渼陂所产鱼类可以治痔而决堤采捕，以竭泽而渔。明崇祯年间才得以重修，也就是说有明一代渼陂都是处于衰微中，至张宗孟生活年代已近三百余年，陂体干涸，沦为稻田。张宗孟打算在陂头镇高阜即空翠堂所在地建堡拒敌后，又将堡向北移至百余步外的一处高地，并且说该处为渼陂当年决口的地方。笔者实地考察时发现现在渼陂水体北偏东大致百余米有一十余米的高地，这里应该是示兵于渼陂水体较低处（北面）所决。并且高地以西是横绝渼陂北端的桥梁，盖此桥所在为张宗孟文中所提及的桥址。

康熙《鄠县志》"乡贤条"有："冯俊，字子英，渼陂人，豪爽明辨，好为大言……落其籍为民。既归，于所居渼水之上，艺植竹木花卉，相错如绣，因名其锦绣沟。"即锦绣沟就在渼水之上。乾隆《鄠县新志》卷一《地理（一）》更为明确地说锦绣沟就是渼水之上游。但该地区也是上文所提"障之为陂"的范围，怎么能"艺植竹木花卉"呢？其原因盖是唐宋时期陂体较大，自陂头至曲抱村。元陂体决堤后靠近渼水上游的地方自然萎缩，从而成为锦绣沟。也就是说，冯俊所处时代，渼陂靠近进水口处的大部分区域已经为锦绣沟，而不再为陂体。现在的锦绣沟位于鄠县城西约2公里处，南自曲抱村，北至陂头村，地势低洼，呈西南至东北走向，与前文所述渼水在此的走向是一致的。如前所述，渼陂实为拦水筑堤而成的水库，元末决堤以后自然不复存在。张宗孟在文中提到陂体废弃后渼水依然潆洄，也就是说渼水经此地直接入涝，"陂"字却有名无实。至此重修陂体就是将直接入涝的渼水再筑堤障而为陂。

元兵的决堤导致了渼陂的衰微，张宗孟加以重建后虽有所改善，但唐宋时的胜景不复为观。清康熙年间唐如琏修纂的《鄠县志》中提到："渼陂……今其地为百姓水利，前代胜游不复观矣，旧惟水硙存焉。"尽管如此，清代涉及渼陂的诗歌却不在少数，只是由咏其胜景转为稻畦桑里。现在的渼陂周回仅约二里，并且水面较浅。

除了元末游兵决堤破坏导致沦为稻田外，上游水量的减小也是渼陂衰微的原因之一。王九思有《同康侯观胡公泉歌》曰："鄠西丈八村东侧，平地涌泉映空碧。绕岸甃瓦几十围，澄波到底余五尺。石罅暗泻东北流，旱亦不竭潦不溢。东北万顷树秔稏，岁资灌溉蒙膏泽。"此时的胡公泉水源充分，灌溉万顷。但到了明万历四十五年（1617年），即就在张宗孟重建渼陂之前薛应儒所撰碑文《胡公泉创建石栏记》载："第年深岁久，砌流圮湮。无论罟鱼饮畜辈，恣意出入；其浣濣浴溽之竖，几成不堪见之境也。"可以看出，作为渼陂水源之一的胡公泉因附近村庄的牲畜、渔业以及生活等用水水量减小，加之岁月年久而近于湮没。这必然会影响渼陂的水量。民国《鄠县志》卷一"胡公泉"下载："且近岁大旱频仍，渼泉源日涸，如胡公渼泉皆停蓄而不能出地，水田且变为旱地矣。"由此可知，水源减小的另一原因是气候的干旱，使得泉水日涸。对于渼陂的另外两个水

源，即白沙泉、西涝河是否也存在这种状况，文献中鲜有记载。但是考察时据当地老者言，胡公泉、渼泉、白沙泉在20世纪六七十年代就已经干枯。我们在当地能看到的仅《创建石栏记碑》一通，甚至白沙泉具体位置都无法辨别。由此看来，众水源中仅西涝河留存。

除此之外，需要说明的是，尽管以上所述诸泉水均已湮没，但是沿其流路的地下水仍然对渼陂水量的补给起着很大的作用。从丈八寺至曲抱村一带属于秦岭北麓山前洪积扇北缘向扇缘洼地过渡地带，地下水资源极为丰富。据1987年新修《户县志》记载，1980年咸阳地区文管会普查文物时曾在丈八寺北堡遗址发现一个殉葬坑，并推断其时间上限为周代，下限为汉代，发现时已出露地表。类似情况在丈八寺南堡遗址也有发生。这就说明该地地势曾有下降。当地老人也反映附近群众近多年来取掉土层3至4米。与此同时，割耳庄一带在1975年南距现在六号路50米处打井时于地下9.5米发现稻茬和柳树根。再向下为2米深的青泥污土，再向下即为沙石。也就是说白沙泉所在的割耳庄一带地势至少升高了9.5米左右。从以上事实中可以看出，白沙

泉一带地势上升，胡公泉、渼泉一带地势下降，从而造成地下水位的变化。现在去当地考察时，可以看到丈八寺以北至曲抱村一带地下水出露，流至玉蟾台，当地人仍认为这是上游的胡公泉来水，实际上却为出露的地下水。可以肯定的是，该区地下水始终作为渼陂水源的补给。因此，渼陂的状况与整个关中水环境息息相关。随着人类活动对该区地貌的改造以及对地下水的不合理使用导致了地下水位的持续下降也不失为渼陂衰微的一个间接原因。

从"波涛万顷堆琉璃"，再到"水落石出，尽为稻垅"，渼陂自元末以来的变迁过程中，人类活动的力量占据着主导地位。

丝管啁啾空翠来（节选）
——历史变迁中的渼陂湖

朱立挺

（《唐都学刊》2006 年 1 月）

摘要：今西安户县境内的渼陂湖，在汉唐时期是皇家园林和风景名胜，从历史和地理的角度切入，并结合描绘渼陂湖的相关文献诗歌，可以推断出渼陂湖的历史变迁和功用。自唐宋以来，历代文人墨客都留有大量的吟诵渼陂湖的诗文，反映出了渼陂湖的自然景观与人文景观在不同历史时代的变迁，并揭示了明清以来对渼陂湖的开发与整治，从而展现出关中地区悠久的文化传统，对保护和开发利用渼陂湖这一历史文化资源无疑将有一定的帮助。

一、渼陂湖的历史变迁

渼陂湖位于现户县县城西 1.5 公里处。在秦汉时，是皇家园林的一部分。渼陂湖水源于终南山，出谷之后，潜流十里，复涌而出，汇成陂湖。所谓"渼"，《现代汉语词典》（1989 年版）解释为波纹；而"陂"，《现代汉语词典》释意为池塘、水边、山坡之意。从其名称看，当初就应是一个湖水既深又清，湖面既大且美，波光荡漾、景色秀丽的在天然地形基础上改造而成的人工湖泊。

作为唐朝都城长安城附近的一处风景名胜，渼陂湖在现存的历史文献中留下不少记载。经过千余年自然和人为作用的影响，渼陂湖现已不复当年的风采，但在历史时期，有关渼陂湖的记载确实连篇累牍。如北魏郦道元的《水经注》载："水出宜春观北，东北流注涝水。"又唐人李吉甫《元和郡县图志》也载:"渼陂,在鄠县西五里,周围十四里。"《新唐书·地理志》:"鄠县有渼陂。"唐梁载言撰《十道志》载:"本五味陂,陂鱼甚美,因误名之"。《说文》载:"渼陂在鄠县,周十四里,北流入涝水。"宋人张礼《游城南记》载:"紫阁之阴即渼陂。杜甫诗曰'紫阁峰阴入渼陂'是也。"文后注解为:"渼陂,在今鄠县西南五里,俗称陂头,为名胜区。"宋人程大昌之《雍录》是如此记载的:"在鄠县西五里,源出终南山。有五味陂,陂鱼甚美,因加水而以为名。其周一十四里,北流入涝水,即杜甫所赋渼陂也。其曰'水面月出蓝田关'者,峣关在其东南也。"宋人宋敏求所著《长安志》载:"渼陂出终南山诸谷,合胡公泉为陂。"清代毕沅所撰《关中胜迹图志》载:"渼陂,在鄠县西五里,一作美陂。"

戴应新在其所著《关中水利史话》一书之《隋唐关中水利》篇中,从水利工程的角度记载:"唐朝前期在关中兴修和恢复的水利工程,除了漕渠外,还有库峪渠等,渼陂就是其中一个。渼陂,在户县西,是蓄积渼水而成的一个人工湖,有灌溉、养鱼和催动碾

砣等多种效益。开元天宝年间(713—756年),诗人杜甫和岑参常到这里泛舟吟诗,可见规模是不小的。志书记载说它宽广有好几里。"

前述文献记载表明,渼陂湖由秦汉至唐,作为皇家园林的一部分或国都附近的园林胜景,备受时人关注,常有皇室贵胄与文人墨客游览。唐以后长安失去首都的地位,宋元时成为一方军镇。明、清、中华民国乃至20世纪六七十年代,历史风云变幻,天灾人祸频繁,整个关中地区的社会环境变化很大,其政治、经济、文化的落后也导致了渼陂湖的衰微。

二、唐宋诗歌中的湖光山色

经过秦汉的经营,在唐时,渼陂湖已成为一处胜景。因在国都长安附近,少不得有文人墨客来渼陂湖游玩观赏,并留下一些赞赏的诗文。唐时,许多文人墨客来此游赏,如杜甫、岑参、韦应物等,其中尤以杜甫流传下来的咏湖之诗最多,如《渼陂行》《城西陂泛舟》《渼陂西南台》《与鄠县源大少府宴渼陂》等,其中以《渼陂行》最能表现湖景之胜。

唐玄宗天宝十三载(754年)春天,岑参兄弟邀请杜甫游渼陂湖,至天黑才

返，杜甫作《渼陂行》。杜甫以其固有的沉郁风格，却又不失浪漫地描绘了渼陂湖景色的变幻，同时还写出了渼陂湖的地理位置和周围的一些名胜。诗中"半陂以南纯浸山，动影袅窕冲融间。船舷暝戛云际寺，水面月出蓝田关"句最为传神。当时作者困居长安，前途渺茫，心情郁闷。看到湖上天气忽晴忽阴，湖光山色变幻不定，联系到自己的身世，感叹造物弄人、人生苦短。

岑参当时却与杜甫际遇迥然不同，正春风得意，心情愉快，此行公私兼顾，所记自然与杜甫意趣相异。现摘录岑参游渼陂时所写的两首诗：

> 载酒入天色，水凉难醉人。
> 清摇县郭动，碧洗云山新。
> 吹笛惊白鹭，垂竿跳紫鳞。
> 怜君公事后，陂上日娱宾。
>
> ——《与鄠县源少府泛渼陂》
>
> 万顷浸天色，千寻穷地根。
> 舟移城入树，岸阔水浮村。
> 闲鹭惊箫管，潜虬傍酒樽。
> 暝来呼小吏，列火俨归轩。
>
> ——《与鄠县群官泛渼陂》

这两首诗体现了一种闲适的官宦生活，描写的也是作者眼中的渼陂风光和游览过程。极言湖之广之深，景物之幽美。同时也点出渼陂湖的位置，以及湖与城的距离。可见，渼陂湖在当时是兼有防洪、生产和观赏等多重作用的。

又过了34年，至唐代宗大历十三年（778年），诗人韦应物时任鄠县县令。任内，闲来无事前往渼陂湖玩赏。写下了一首名为《任鄠县令渼陂游眺》的诗：

> 野水滟长塘，烟花乱晴日。
> 氤氲绿树多，苍翠千山出。
> 游鱼时可见，新荷尚未密。
> 屡往心独闲，恨无理人术。

在诗人眼中，水是野水，花是乱花。一切都是那么安静，一切又是那么冷清。对景抒怀，作者似是既怨自己作为县令治理无方，又感叹自己朝中无人。抛开诗人抒情，从诗中"游鱼时可见"一句，可知当时陂中的鱼还是很多的。

唐朝时，陂中盛产莲菱、凫雁和各种鱼类。当然，渼陂湖最有名的还是湖中特产的鱼。据传，渼陂鱼身长如剑，红鳞。据《长安志》载："陂鱼甚美，可以治痔。"《长安志》又载："……唐宝历二年，敕渼陂令尚食使收管，不得杂入采捕，其水令百姓灌溉，勿令废碾硙之用。文宗初，诏并还府县。"

皇家的做法很聪明，鱼很珍贵，百姓不得随意捕食。水是可以随意使用，因为不能废了农业生产，少了皇家的租税，断了百姓的生计，造成社会不稳定。历代为渼陂鱼作诗者甚多，宋代苏轼在游湖尝鱼后，也曾写有《渼陂鱼》诗，最具神韵，表达出羡鱼之情：

……

其诗先描写了渼陂鱼的形状、色彩，再写鱼之美味、食客的急切以及鱼之难得。由此可知，宋时湖水还颇为壮观，但陂鱼已不甚丰，与江南"滨江易采不复珍，盈尺辄弃无乃僭"相比较，渼陂鱼真可谓珍贵难得了。

三、明清之际湖之衰微与重建

渼陂湖的衰微，明清至民国时期文献也有不少记载，《鄠县志》记载："……旧《县志》云陂在县西又有锦绣沟，即渼陂之上游，自瓜牛台北而下至渼陂二里许。元季以陂鱼可治痔漏，游兵决陂取之，陂遂废，其地皆为水田。明崇祯己卯，知县张宗孟重加障筑。"一直到明代末年，明嘉靖三十五年（1556年）、四十五年（1566年）进行了两次修整，但规模不大；崇祯十二年（1639年）才由知县张宗孟重新修整，恢复了部分景观。其中明朝解元、

富平人刘士龙所写的《渼陂记》一文记载较详细，其文曰："山谷之水并胡公白沙诸泉，合而北注，渼陂受之，自陂头南至曲抱村，可数里许，高岸环隄，一泓荡漾，层峦叠嶂，影落数百顷波涛，半陂以南纯浸山。"《富平县志稿·儒学》载："刘士龙，字雨化，万历癸卯解元。嗜古博学，工诗，古文词名噪海内。"其《渼陂记》当为明末崇祯年间张宗孟重修渼陂湖后所作。

明代文人王九思曾结庐渼陂湖边，并自号"渼陂"。据《明诗纪事》记载：王九思（1468—1551），年八十四。字敬夫，号渼陂，又号碧山翁、紫阁山人，陕西户县人。……九思为文苍古，叙事似司马迁，议论似孟子，与李梦阳、何景明、康海、徐祯卿、边贡、王廷相合称"弘治七才子"。……所作秀丽维爽，曲辞可与元人颉颃。九思著作甚多，诗文结集为《渼陂集》16卷等。王九思攀附权臣，也许有他的苦衷。后致仕回家乡，纵情山水、弹词作曲，面对终南山色、渼陂湖光写下了大量的诗文，并以"渼陂"为其诗文集名。在《渼陂别知诗序》中他写道："渼陂子栖于南山之麓，安厓先生赐之书曰：'子之清才茂学，海内之人皆知之，

皆仰之，所不知者其为人耳。'又曰："尝读子之《渼陂集》矣，其渊然之音，苍然之色，馡然之芳，腴然之味，耳目口鼻，各满其欲，则几席之间，春风袭人，当与古人求之矣。'"

从以上这些记载可知，渼陂湖在明末，风光还是很怡人的，并保持了一定的规模。当时的渼陂湖虽不复唐宋时的规模和景色，但依然不失为一个吟花赏月的好去处。

清代康熙三十九年（1700 年）、雍正九年（1731 年）在原有基础上对渼陂湖进行重修再建，渼陂湖一度又成为松竹掩映的游览胜地。清人王士禛在《鄂人王明府十洲酒间述渼陂高冠潭古涤之胜，因赋二绝句》其中一首诗中写道："百里皆修竹，阴森入渼陂。朝朝看紫阁，倒影散凫鹥。"嘉庆朝以后，渼陂湖渐渐凋敝。《鄂县志》所绘地图中，没有渼陂湖。在《鄂县志·艺文》中，清代歌咏渼陂湖的诗文不多。除过当地人，外地人更是不知渼陂之名以及它的来历和所处位置。渼陂湖真的衰微了。

渼陂湖现有水面 500 余亩，周长约 5 公里左右。水深平均 2.5 米。陂中有土堆积而成的高阜，阜西有一座祠堂，名曰"空翠堂"，取自杜甫《渼陂行》中"丝管啁啾空翠来"句。原建筑是宋宣和四年（1122 年）修建，已不存。现在的祠堂是明朝复建的，即明末知县张宗孟重修渼陂湖时所修，并刻石纪念。后清朝康熙年间，观察贾鉉捐俸请知县朱文卿重修了空翠堂，并刻石纪念。以上这些石碑都已不存。

渼陂湖沿岸还留存了一些古迹。在西岸 500 米处，耸立着一个覆斗形大土堆，传说为王季陵。《鄂县志·古迹》载："……《史记·周本纪》皇甫谧注云：葬鄂县之南山；《旧（县）志》云：陵在渼陂西。护陵地为民侵占，知县王九皋从公丈量陵内地共九亩八厘。……"

在陂头村，传说有秦惠文王修建的萯阳宫遗址。《三辅黄图》记载："萯阳宫，秦文王起，在今鄂县西南二十三里。"《汉书·宣帝纪》载："甘露二年冬十二月，行幸萯阳宫属玉观。"应劭注："宫在鄂，秦王所起。"《鄂县志·古迹》载："秦萯阳宫，《旧（户县）志》在县西三里，秦惠文王所造。秦王政九年，嫪毐作乱，族，迁太后于雍萯阳宫，即此父老相传今陂头东岳宫即其旧址。"

秦汉萯阳宫地望考（节选）

程义，王亚涛

（《咸阳师范学院学报》2006年2月第1期）

摘要：萯阳宫是秦汉时期著名的离宫之一，但只知其在户县，具体地望说法不一。通过走访和踏查，并结合地方志和碑石资料，初步认为应在今户县曹村堡、富村窑一带，北延及南丈八寺村。

一、关于萯阳宫地望的两种说法

萯阳宫，为战国秦惠文王建。最早记载见于刘向《说苑·正谏》中。《正谏》曰："（秦始皇）取皇太后迁之于萯阳宫"，后有茅焦谏曰："迁母萯阳宫，有不孝之行"，于是"皇帝立驾千乘万骑，空左方自行迎太后，归于咸阳"。《汉书·东方朔传》记载，汉武帝曾"私置更衣，从宣曲以南十二所，中休更衣，投宿诸宫，长杨、五柞、倍阳、宣曲尤幸"。颜师古注曰："倍阳即萯阳也，其音同耳。宫名，在鄠县也。"《汉书·宣帝纪》："甘露二年冬十二月，行幸萯阳宫属玉观。"应劭注曰："宫在鄠，秦文王起。"伏俨注曰："在扶风。"《汉书·地理志》右扶风下有："萯阳宫，

秦文王起。"《三辅黄图·秦宫》载："萯阳宫，秦文王起，今在鄠县西南二十三里。"北魏郦道元《水经注·渭水》曰："（甘水）出南山甘谷，北经秦文王萯阳宫西，又北经五柞宫东。"据陈直、何清谷等先生考证，"文王"应为秦惠文王。

李吉甫《元和郡县图志·关内道》"鄠县"条云："秦萯阳宫，在县西南二十有三里。"元人王士点《禁扁》"前汉宫殿"部分有"资阳、萯阳，鄠县西南二十五里"。而此处之"资阳"应是受《艺文类聚》的影响，自己又未做深入研究而致误。《艺文类聚》的错误可能是因字形相近而讹。《大明一统志》及《读史方舆纪要》记载略同，称萯阳宫在鄠县西南二十三里。顾祖禹在论及涝水时又说："（甘水）北流经秦萯阳宫西，又北迳甘亭西，合于涝水。"《大清一统志》也记载萯阳宫在鄠县西。现存最早的《鄠县志》是《崇祯增补鄠县志》，仍沿用《三辅黄图》旧说。

这样一处秦始皇、汉武帝、汉宣帝、汉成帝都曾幸临过的离宫，却因西汉末年的战乱而惨遭破坏。史称："赤眉贪财物，复出大掠，城中粮食尽，

遂收载珍宝，因大纵火烧宫室。……乃自南山转掠城邑""任良据鄠"。(《后汉书》)萯阳宫作为昆明池周围建筑群中最大的一组，自然也在所难免。此后京师东迁洛阳，长安乃至关中衰落了，出现了"三辅大饥，人相食，城郭皆空"(《后汉书·刘玄刘盆子传》)的情景，昔日的上林苑竟有梁鸿牧豕于其中(《后汉书·逸民列传》)。随后，农民入苑垦荒，构屋筑舍，渐成村落。再加之地处南山脚下，河水含沙量大，河流泛滥改道频繁，使得地面残迹屡遭破坏。时过境迁，到了清朝，甚至有人开始对萯阳宫的地望产生了疑惑并有了不同的看法。康熙二十一年(1682年)修的《鄠县志》说："秦萯阳宫在县西三里……父老相传今陂头东岳宫即其旧址。旧志西南二十三里，误矣。"《乾隆鄠县新志》《民国重修鄠县志》等皆从康熙《志》。由此看来康熙《志》应是陂头萯说的始作俑者。

二、陂头萯不是萯阳宫

所谓的陂头东岳宫即萯阳宫旧址，因地处渼陂湖西岸，故今人称之为渼陂萯或陂头萯。此地现为户县玉蝉乡陂头小学，红漆大门上额题"秦萯阳宫"，显系后人所加。"内有陈列室，

仅有秦始皇迎母连环画，只根据传说无较早文献或出土文物佐证，似显不足。"门口有明代石雕白泽兽一对。据《重阳宫道教碑石》所录《重修祖庭碑》的记载，"永乐乙未始修陂头玄真观"，这里应是明永乐十三年(乙未，1415年)玄真观旧地，也就是康熙《志》中所说的东岳宫。在此碑中只字未提萯阳宫，可见元代人对萯阳宫的地望还是很清楚的。白泽兽应为明代道观旧物。观之大者称宫，玄真观后来逐渐发展为东岳宫，再讹为康熙《志》中的萯阳宫旧址。

渼陂湖东岸有一高地，在那里也出土过大量的汉代瓦当、板瓦、筒瓦等建筑材料，说明此处也是一汉代建筑遗址。但这里是宜春观旧址，不是萯阳宫遗址。关于这一遗址的性质，在宋代程大昌《雍录》中已有辨证，崇祯《志》沿用此说，《志》称："汉宜春观，在长安鄠县涝渼二水之旁上林故地也。《水经注》曰：'涝水迳汉宜春观，合渼入渭。'师古曰：'观在鄠县。'《十道志》曰：'汉武帝所造也。'合数语而求之，则宜春观在汉城之西，秦上林苑中。而下杜之宜春自在汉城东南，其别甚明也。说者误以为下杜之宫为鄠县之观，胥失之矣！故师古于《东方朔

传》下辩之曰：'在鄂者自是宜春观耳！在长安西岂得言东游也！'其说极为允笃也。"这就是说湖东的汉代遗址是宜春观而非蓂阳宫。这一观点被《大清一统志》沿用。

通过以上分析可见，湖东和湖西的遗址都不是秦蓂阳宫旧址。另据《户县文物志》记载，在渼陂湖周围曾发现过大量秦汉墓葬，而未发现过其他建筑遗址，这也许可以证明蓂阳宫根本就不在渼陂湖一带。

此外，近年出土的蓂阳鼎因出土地点不详，且铭文只提到"鄂蓂阳共鼎"，只能确定此宫在户县，而难以确定蓂阳宫的具体位置。鼎上还有另一段铭文"槐里容一斗一升"，周晓（即周晓陆师）认为："蓂阳宫所在地当在槐里……今渼陂（蓂阳宫遗址所在）与兴平市东南（传说是槐里故城），仅隔渭河，秦时蓂阳宫地属槐里，而至西汉此地划归户县。"对于这一推测笔者有不同的看法。首先，关于西汉划蓂阳宫归户县，在文献中并未有证据；其次，此鼎铭文，据拓片看不是一次所刻，也就是说"鄂蓂阳共鼎"和"槐里"两段铭文缺乏共时性证据，因而把蓂阳宫和槐里联系在一起的证据似显不足。

此鼎较小，有可能在秦末汉初流落至槐里，刻铭于其上，入藏于一离宫。而至汉武帝扩修上林苑时，再入藏蓂阳宫。因此鼎出土地点不明，铭文字数又少，难以作为判定蓂阳宫具体地望的证据。

在对西安市北郊相家巷出土的秦封泥"蓂阳宫印"作注解时，大家仍沿用旧说，称蓂阳宫位于"户县北，渭河南，涝河侧的渼陂蓂，汉世延用"，似有重新讨论的必要。

三、蓂阳宫的具体地望

那么蓂阳宫的具体地望到底在哪里呢？在《户县文物志》中著录有元仁宗延祐六年（1319年）立于今户县白庙乡曹村堡的廉维方撰《创建崇真观碑》，碑文讲道"涝水左引、甘水右萦……秦之蓂阳宫故址在焉，信夫天壤间，自昔为佳处也"，在建筑部分存录了一观名——属玉观，并指名在今户县白庙乡曹村堡。属玉观是蓂阳宫的一部分，宣帝曾行幸之。就曹村堡方位而言，西距甘水约五里，东距涝水约六里。东北距汉旧城二十一里，基本符合《三辅黄图》《水经注》的记载。是否可以将蓂阳宫定在曹村堡、南丈八寺村一带呢？为此笔者专门走访了这一地区。

据曹村堡的老人们讲，相传元代

在此修建店铺时，墙壁直接建在宽厚的夯土之上。这些夯土可能就是萯阳宫的残迹。他们又讲，曹村堡内戏楼处就是属玉观旧址，原为一高台，20世纪70年代平地时，用拖拉机推掉1米，才和周围持平，有瓦盆瓦罐出土，年代应不会太远。再下挖1米多，发现了砖铺地面，非常光滑，还发现了两个大石柱础，可惜全部被毁，而在立碑的地方，往下挖什么都没有。照此分析，萯阳宫遗址在元代以前被部分破坏，20世纪70年代被彻底破坏。因此，考古资料也无法直接确证此宫的地望。在曹村堡东北一里半处，有一村庄叫富村窑，但本地人仍按旧俗呼之为萯阳村。另外在曹村东北约八里的南丈八寺村，村民皆言该村旧称富阳村。这一点值得注意。颜师古于《汉书·宣帝纪》"萯阳宫"句下引李斐曰："萯音倍"，于《东方朔传》"倍阳宫"下注曰"倍阳即萯阳也。其音同耳，宫名"。检"萯"字有两音：《说文》曰：从草负声，《广韵》注为"房久切"，草名；一为"薄亥切"（《集韵》），为宫名（见上引颜师古注）。盖因年代久远，后人不知"萯"为宫名时应读为"bèi"，而误为草名之音"fù"，这种现象在地名中常见。

这种误读恰恰证明今之"富阳"即古之"萯阳"。这里地势明显较周围高出许多，东依涝河，南对秦岭，视野开阔，是宫殿的理想选址。据新修的《户县志》记载，此地曾有一些瓦当出土，但记载过于简略，无法判定其年代。笔者曾从一挖土人手中购得一秦茧形壶，盖内及壶底有"咸里广高"戳印，另有一带火烧痕迹的陶缶，说明这里距咸阳较远，秦汉时期这里可能有居民为萯阳宫做杂役。据史书记载，汉武帝时，以萯阳宫为驰射校猎的地方，"右内史发小民供侍会所"。其后为扩大上林苑，迁鄠杜之民，"发人室庐"，此地居民点被毁。（《汉书·东方朔传》）

此处地势较高，似乎不会出现顾祖禹所说"（甘水）北流经秦萯阳宫西，又北迳甘亭西，合于涝水"的那种情形。可是在《重阳宫道教碑石》所录的《栖云真人开涝水记》（此碑立于至元十一年，即1274年）中有"抵东南涝峪之口，行度其地可凿而致之……涝之水可源源而来，自（重阳）宫东而北（今户县祖庵镇），萦纡周折，复合于甘水，连延二十余里"之语。此渠旧址在南丈八寺村，顾氏见到的应是此渠或由此渠漫流而成的河。今南丈八寺村一带，田地耕土层非常薄，往下便是沙石层，很明显是古河道之遗迹。这也证明蓂阳宫旧址西确实有河流经过。

　　诸多的原因造成对蓂阳宫的地望发生了认识分歧。通过以上分析和调查，笔者以为：所谓的陂头蓂，是清人的误识（乾隆年间毕沅所撰《关中胜迹图志》不误），可能是把道宫之"宫"误以为宫殿之"宫"。正确的地望应在汉时甘、涝二水之间，即今户县白庙乡曹村堡、富村窑一带，其北可能延及天桥乡南丈八寺村附近。

第八编·濮陵大事记

回望历史，濮陵从公元前325年始有记载以来，饱经历史沧桑，发生在这里的一些重要事件，清晰地勾勒出了濮陵的前世今生，历史的书写奠定了今日濮陵的厚重和丰富。

○ 公元前 325 年前后，秦惠文王在渼陂北岸（一说在户县西南二十三里）修建萯阳宫。

○ 秦王政九年（前 238 年）嬴政迁太后赵姬于萯阳宫。

○ 西汉初，上林苑扩建至涝河，渼陂称西陂，朝廷设池监之官，专司管理。

○ 建元三年（前 137 年），汉武帝微行出巡游猎，投宿萯阳宫。

○ 唐天宝十三载（754 年），诗人杜甫与岑参兄弟游渼陂，流连数日。杜甫创作了《渼陂行》《城西陂泛舟》《渼陂西南台》等诗歌；岑参创作了《与鄠县源少府泛渼陂》《与鄠县群官泛渼陂》等诗。

○ 唐代宗大历十三年至十四年（778—779 年）著名诗人韦应物任鄠县令，常游渼陂，先后创作《任鄠令渼陂游眺》《扈亭西陂燕赏》等六首有关渼陂的诗歌。

○ 唐敬宗宝历二年（826 年）七月癸未，皇帝诏令，渼陂由朝廷直接管辖，隶尚食，禁民渔。

○ 宝历二年十二月，敬宗遇害，唐文宗李昂即位，诏令渼陂还归鄠县管辖。

○ 宋代嘉祐年间（1056—1063 年），理学家程颢任鄠县主簿，游涝河及渼陂诸景，作七言绝句诗《春日偶成》，后录入《千家诗》第一首。

○ 宋仁宗嘉祐六年至十一年（1061—1066 年），苏轼做凤翔府签书通判，食渼陂鱼后作诗《渼陂鱼》，苏辙作《次韵子瞻渼陂鱼》和之。

○ 北宋徽宗大观元年（1107 年）朝廷为军需之计，于周至青平镇（今终南镇）设立清平军，旋改终南县，将涝水以西包括渼陂在内划归终南县管辖。

○ 宋宣和四年（1122年），张伋任管勾劝农公事兼兵马监押，修复渼陂空翠堂，并作《空翠堂记》。

○ 元代至元初（约1264年），终南县整建制划归周至县，渼陂由周至管辖。

○ 元代至元十八年（1281年）渼陂复归户县管辖。

○ 元末兵乱，蒙古兵盗决堤取鱼，陂水散出，流为数支，不复为陂也，后仅余渼水北流转而东，流入于涝水。

○ 明弘治八年（1495年），户县建程明道祠，纪念宋代著名理学家程颢。

○ 明永乐年间，渼陂镇乡贤冯俊于渼水之上艺植竹木花卉，相错如绣，建成锦绣沟。绣沟春禊逐渐成为渼陂独有的习俗，同时绣沟春禊也成为甘亭十二景之一。

○ 明正德七年（1512年），王九思罢官回乡，居住涝河东岸。正德八年在渼陂东岸修十亩园，建渼陂书院。创作杂剧《杜甫游春》。

○ 明嘉靖二十一年（1542年），王九思倡修的县城西关涝河桥竣工。桥高1丈5尺，宽3丈6尺，长25丈，10孔。

○ 明嘉靖二十四年（1545年），镇民冯荣重修渼陂镇石桥，王九思为之撰文作记。

○ 明嘉靖三十五年（1556年），鄠县知县王玮重修渼陂空翠堂等处，创修堂三楹、厨三楹，空翠堂规模扩大，体制臻于完善。

○ 明崇祯十一年（1638年），户县知县张宗孟于陂头镇空翠堂所在高阜上，建堡濬壕，抵御李自成起义军。崇祯十二年重修渼陂空翠堂，广植花木，濬壕扩池，设水磨，建桥修庙。撰有《重建渼陂记》。

○ 清康熙三十五年（1696年）年前后，户县理学家王心敬在孙家碨创办二曲书院。

○ 清康熙三十八年（1699年），知县朱文卿重建空翠堂，改其名为杜工部祠，有《创建杜工部祠记》记其事。

○ 清乾隆三十五年（1770年），县令舒其申创建明道书院。

○ 清康熙年间，王士祯（渔洋山人）游渼陂，作《渼陂》诗。

○ 1946年，县办民丰面粉厂在陂头成立，有立轮水打磨两盘，日产面粉600斤。

○ 1947年，由陕西省水利局主持兴修的涝惠渠竣工通水。

○ 民国时期，于右任游渼陂，作《游渼陂》五绝："醉寻怀素集，醒游渼陂湖。半醉半醒归，吟诗颂杜甫。"

○ 2016年5月，涝河渼陂湖水系生态修复工程启动。

第八编·渼陂大事记